中国当代集体农地制度史

1978—2014

农地承包、调整与流转

刘宪法◎著

（上册）

国家行政学院出版社
NATIONAL ACADEMY OF GOVERNANCE PRESS
·北京·

图书在版编目（CIP）数据

中国当代集体农地制度史：1978—2014：农地承包、调整与流转/刘宪法著．—北京：国家行政学院出版社，2023.1

ISBN 978-7-5150-2612-1

Ⅰ.①中… Ⅱ.①刘… Ⅲ.①土地制度-历史-中国-1978—2014 Ⅳ.①F321.1

中国版本图书馆 CIP 数据核字（2022）第 143500 号

书　　名	中国当代集体农地制度史（1978—2014） ZHONGGUO DANGDAI JITI NONGDI ZHIDUSHI（1978—2014）
作　　者	刘宪法　著
责任编辑	王　莹　马文涛
出版发行	国家行政学院出版社 （北京市海淀区长春桥路 6 号　100089）
综 合 办	（010）68928903
发 行 部	（010）68928866
经　　销	新华书店
印　　刷	北京盛通印刷股份有限公司
版　　次	2023 年 1 月北京第 1 版
印　　次	2023 年 1 月北京第 1 次印刷
开　　本	185 毫米×260 毫米　16 开
印　　张	42
字　　数	810 千字
定　　价	168.00 元（上下册）

本书如有印装问题，可联系调换，联系电话：（010）68929022

推荐序一

如果说有哪些经济制度最具中国特色，那一定包括中国的集体土地制度。

站在历史的高度，相比于世界各国，这个土地制度不仅独特，而且它在中国经济的发展过程中，起到了独特的“社会稳定器”的重要作用。

首先，集体土地制度的建立，在制度上杜绝了中国几千年历史中不断发生的、导致社会动荡以至改朝换代的土地兼并现象。

其次，土地集体所有，实行了家庭联产承包制之后，农户只有土地使用权，没有土地所有权，可以把它转租给他人耕种，但不得把土地拿去抵押或买卖，不能失去它。这就是说，这个制度规定一旦成为农民，就不得成为“失地农民”（国家征用土地的情况下则要给与补偿）；不得卖地换钱，家里有困难，集体经济的存在，可以多少提供一些帮助。承包的农地可能不会给农民带来高额收入（城市周边的农地比较值钱但那只是少数），但它是农民的“社会保障”。农民外出打工下岗了，仍可以回归家乡的农地，仍然有一份收入的来源。

但是集体土地制度会由于不适当的耕作与管理体制，导致资源配置和利用的无效率。这就是1978年以前的“大锅饭”体制的弊病，所以它需要改革。家庭联产承包制的实施，一方面使农民有了按市场供求来安排耕作和配置土地的自由，也使他们有了配置自己的另一种生产要素即劳动力的自由：当他们在土地上的边际生产率趋于零的时候，他们可以选择外出打工。他们被称为农民工，带着农地集体所有权和家庭承包权的制度背景，加入并加速了中国经济工业化和城市化的进程。

随着中国农业和农村的发展变化，随着工业化和城市化的深入，随着城乡公共服务体制的发展与完善，新的条件不断出现，推动农村利益结构发生变化，从而需要对最初的联产承包制进行进一步的调整与改革，包括流转与确权。刘宪法的这本著作，就是对1978年以后一系列改革与变迁历史的翔实的记述。

如刘宪法自己所说，他是从“咨询走向了研究”。然而做咨询的人很多，最后能做研究写出这样一部学术著作的人很少见。学术著作与一般那种随笔式的论述，或针对产业问题、企业问题或政府政策问题的分析文章不同，它要求对前人观点详尽的引述、对史料的充分占有，不仅言之有物，而且言之有据，这种工作，复杂而烦琐，不是所有的人都做得到的。而刘宪法做到了。这说明，他虽然是做咨询出身，但本身有着优秀研究人的特质，那就是求知欲、好奇心，对科学方法的敬畏，和刨根问底又持之以恒的钻研精神。于是我们就有了这部有关中国集体土地制度改革与变迁的“百科全书式”的扎实而严谨的学术著作。

我们需要更多这样的研究人，和更多这样的学术著作。

樊　纲

2022年11月22日

推荐序二

中国当代土地制度变迁始终受到两大约束。一个是制度制约，另一个是目标制约。坚持土地公有制，即在城市地区实行土地国有制，在农村地区实行土地集体所有制，这是一项最重要的制度制约。目标制约是实现经济现代化，在城市地区实现城市化，在农村地区保持稳定的同时不断提高农民收入。

按照传统经济学理论，在所有制结构中，所有权是最重要的，其他权能都是从所有权基础上派生出来的。改革后的中国农地制度变迁史证明，在不改变土地集体所有制前提下，通过土地所有权和土地使用权的“两权分离”，强化农户的使用权，确保土地集体所有权的法律地位；在此基础上，再分离出可交易的土地经营权，变成“三权分置”，实现土地产权的流动，使土地资源配置达到或接近最佳匹配状态，制度层面上，保证了农村经济发展目标的实现。这是一个生动的“中国故事”

在实行家庭联产承包之初，农民首先获得的是部分耕作权和部分收益权。在这一时期，农民种什么、种多少还要服从生产队或生产大队的安排，但怎么种则是农民自己说了算；农民的收益怎么算，也要和生产队或生产大队“讨价还价”，自己说了不算。之后，随着农产品市场和农资市场的不断放开，种什么、种多少也完全是农民自己说了算了。这时，农民获得了完全的耕作权。此时农产品剩余的收益分配也逐渐演变成“租”“税”“费”的现代产权权益分配形态。与此同时，国家权力越来越深入地介入到农村土地产权场域。土地承包期不断延长、土地调整的限制越来越严格，农民的土地承包权“物权化”。这就使得土地承包制实际上变成了国家、集体和农民三方合约关系的结构。国家以法律和政策形式，与农民“签订”了“三十年不变”或“长期不变”的合约，村集体与本集体经济组织成员签订将国家与农民签订的合约，具体落实到户、落实到人、落实到地块的合约。由此，农民获得了受国家权力保护的土地“永佃权”。这是一个世界上独具中国特色的土地产权合约结构。

搞农业到了农民那里就很具体了。就是要生存、要过好日子。悠久的自耕农传统，且长期缺乏国家福利的“眷顾”，造就出一大批具有超强生存能力的中国农民群体。中国农民的生存能力之强，可能在世界范围内少见。一旦在国家层面上放弃了“以阶级斗争为纲”的错误路线，将国家的工作重心转到经济建设上来，农民就会选择最适合自己生存之道。这就是“分田到户”，将自家的命运掌握在自己手里。实行家庭土地承包制是中国农村土地制度演进的一个关键节点。从理论上，家庭土地承包制很容易定义，但在实践中，其具体内容是十分丰富而生动的。各地有各地的做法，不同的农民有不同的选择。正是这些多样化的制度选择，不断推动中国农村土地制度不断演进。总体而言，虽然制度演进过程颇为曲折，但总的演进方向是不变的，即土地制度给与了农民越来越多的选择，而不是对其约束。现在，农民可以自己种地，也可以将土地转出去给别人种，也可以联合其他农户共同合作等。农民也不断得了“自由身”，可以进城打工，甚至也可以落户，变成城里人。

从根本上说，国家的农业现代化目标是与农民“要过好日子”的目标契合的，但具体到农民个体和群体，那就不一定了。在现实中，国家推行土地适度规模经营总是遇到重重困难就是一个例子。农民在自己的土地上“种房子”更是这种矛盾的体现。林农的林地经营和牧民的草原承包经营的意愿也经常与国家发展目标相冲突。在这种情况下，国家不得不要“花钱”取得农民的支持，让农民或林农、牧民服从国家的发展现代农业目标。正是这种内在张力，给中国农村土地制度演进提供了空间。

回顾改革以来中国农村集体土地制度的历史演进，我们就能发现一个制度形成和扩散的规律。首先是农民自己按照自己逻辑安排土地合约关系；取得一定成效后就会被地方政府或新闻传媒所发现，加以宣传报道；一些致力于农村研究的有识之士就会跟进，并按照主流的话语体系将这些地方实践总结出来，找出其通用之处；中央政策制定部门一般会积极反馈，征求各方的意见，斟酌这些制度探索在复杂的实践中是否可行，是否可以上升为国家政策；如果还拿不准，就不明确表态，看看再说，或者是找个试点先试验一下再说。与俄罗斯及其他转轨国家相比，这样的一种特殊的制度形成和扩散过程，可以避免许多制度风险，少走许多弯路。更为重要的是，这些农民自发进行的制度探索，大部分的制度成本是农民自己承担的。

然而，近些年来，情况发生了一些变化。现在，大量农村集体土地制度改革都是由政府发动的。农民的“存在感”在下降，越来越多的农民加入了“看热闹”的行列，甚至是“挑刺人”，这种现象很值得深思。我们现在真应该静下心了，认真回顾近 40 多年中国农村集体土地的历史，从历史中获得智慧。

我与宪法兄是在山东德州一次有关当地征地经验研讨会上认识的，之后也有一些联系和交流，一块开过一些会。宪法兄在珠三角深入调研多年，其细致和较真的程度无人达到，尤其是对珠三角地区集体建设用地，特别是村集体违法用地的情况了如指掌。这种对待事实、对待究竟的态度，也成就了他这本巨著的写就。收到本书样稿后，一点不意外，与其说是一部中国当代集体农地制度变迁史，毋宁说是一部中国农民操刀的中国集体制下农地制度“变法”史，其场景感、史料的扎实、其求真的态度，成就了这本书。感谢宪法兄花那么多时间，用如此“笨”的功夫，给中国伟大的土地制度变革留下了最可歌可泣的活的历史。

刘守英

2022 年 12 月 4 日

自序

我接触农村的事是很晚的。2003年春季过后的一天，我的同事也是好友李津逵邀请我参与一个有关福建漳州区域发展的咨询项目。在聊到项目要求时，他略显难色地对我说："漳州农业全国闻名，产业化程度很高，研究漳州区域发展必须要有农业这一块，而且项目对接的市领导是主管农业的，是个'农口'的'老手'，可是院里有谁能做这个事呢?"显然，他知道我是干不了这件事的。当时，我刚刚读了曹锦清的《黄河边的中国》，对农村充满好奇和向往。此刻，我这个"深圳人""胆大妄为"的冲劲就上来了。我对他说："你就把这件事交给我吧，我来!"可实际上，此时我对农村的事几乎是一无所知，不仅没有任何农村生活的经历，而且还缺乏有关农村的文字阅读。我对农村的认识，除了来自曹锦清这本书，就是少年时阅读的赵树理、马蜂、浩然等作家的小说，以及40年前回农村老家时留下的模糊记忆。

此事敲定后，我做的第一件事就是到书店找书，阅读一切可以找到的有关农村、农业的书。当时对我影响最大的书除了曹锦清的《黄河边的中国》，还有温铁军的《中国农村基本经济制度研究——"三农"问题的世纪反思》、周其仁的《产权与制度变迁——中国改革的经验研究》、贺雪峰的《新乡土中国》、朱冬亮的《社会变迁中的村级土地制度》等。之后就是下乡调研，尽最大可能走进我不熟悉的农村，见什么就问什么。这时，我最担心的事就是问多了"现眼"，生怕我这个冒牌专家"露馅"了。好在，我事先文字阅读的功夫做得比较充分，也上网查阅了一切有关漳州农业的资料，我最担心的事并没有发生。只是有一次，问到"两田制"时，不知怎么就说成"两亩地"了(《两亩地》是印度作家泰戈尔所作的著名诗篇)，搞得对方一脸茫然。在我做过的所有项目中，漳州的项目报告写得最苦。在写报告时，我实在没词了，就对我的同事说，咱们还是再到漳州乡下去看看吧!随即就驱车到了漳州。漳州项目已经了结了，报告说了些什么，委托方是如何评价的，我现在已记不清了，但在漳州农村的所见所闻我至今历历在目。

有了漳州项目“垫底”，我就越发大胆了，连续承接或参与了广东顺德、南海、阳江，山东德州、日照，河北永清，重庆永川，湖南长沙，贵州湄潭，福建石狮、深圳大鹏半岛等一系列与农村土地有关的咨询项目。借着项目调研的机会，我跑的农村地区就更多了。见得多了，农村的事也就知道得多了。对农民、村干部和乡镇干部做事和想事的“路数”，逐渐有些明白了。这方面的知识，对我这个城里人来说是十分宝贵的。我心里十分清楚，我的这点见识是远远不够的，要想打开眼界，还必须有足够的阅读量。

阅读量大了、阅读面宽了，我逐渐有了自己的一些想法。我总感到，这些市面上的相关的书和文章，绝大多数是论述、理论概括、问题分析以及政策建议，很少能把中国土地制度具体是如何运作的讲得很明白。可能是因为这些著作面对的读者是同行专家，而不是我这种初学者。有些事情行内的人都很清楚，无须多言。还有一个原因，是我的需求不同。我并不以做学问为业，赖以安身立命的是做咨询项目。做咨询项目主要就是给甲方“出招”，也就是要告诉甲方“应该怎么做”。要能想出“应该怎么做”，就必须先知道现在是怎么做的，更为重要的是要“懂规矩”；否则，就不知道我想出的“应该怎么做”的解决方案是否“合规矩”。这些“规矩”既包括正式的规则即国家的政策、法律、法规，也包括非正式的规则即“老乡们”能认可和接受的规则。农业生产是要靠“老天爷”和“土地公”的。懂点“老天爷”和“土地公”“定下的规矩”也是很有必要的。不止于此，还应该知道我所想出的解决方案，在其他地方或者历史上是否有人做过，其效果如何。总之，我的这些阅读经验告诉我，这种知识型读物还是需要的。这样，我就萌生了写一本有关中国土地制度的知识性读物的念头。

在2007年底或2008年初，美国Cato研究所的蒋狄青博士通过朋友介绍来深圳，邀请我和刘守英教授参与该研究所的一个有关中国土地制度的项目。我记得当时蒋博士所关心的是农村“小产权房”的事（可能因为深圳“城中村”有名，所以才找到我这个“深圳人”）。弄清项目的要求后，我就向刘守英教授和蒋博士建议，将项目主题定在中国农村土地市场制度上，包括农用地流转、集体经营性建设用地入市和“小产权房”即宅基地和农房私下交易；我还提议该项目应该是“描述性”的，重点描述事情发生的过程。我的建议得到刘守英教授和蒋博士的认可。实际上，我心里是想尝试写一本有关中国农村土地制度的知识性读物。之后，我就开始动笔写。

一动笔写，我就发现写好这样一本书，并没有想象的那么简单，需要很高的学术功力。我突然意识到费孝通的名著《江村经济》实际上就是向国际社会介绍中国农村社会的知识性读物。虽然我对自己写的报告并不满意，但还是按时交了一个 2 万字左右的有关中国农用地使用权市场的报告。任务完成后，我仍继续写，想写一本有关中国土地市场制度演变过程的书，内容包括中国土地基本制度、征地、国有建设用地市场、农用地流转市场和农村集体建设用地市场等几个部分。时断时续，到了 2014 年退休时，形成了一个约 30 万字的稿子。

2014 年退休后，我下决心将这个半成品的稿子进行补充和修改。然而，我越改越对这个旧稿子不满意。一是写作计划过于庞大，难以驾驭；二是想要说的事太多，但又没找到好的叙述框架；三是总想做点理论探讨，但又没那个功力。一句话，就是不会写！既然不会写，就干脆放弃，反正这又不是必须完成的签约项目。这样一搁就是两年多。

虽然这不是签约项目，但是我退休后曾跟张曙光老师表示过，我想写一本关于中国土地制度的书。之后，每次见面时，张老师都会问及我的写作进展，令我无言以对。对我来说，这也是与张老师签订的一个“合约”。在本书搁笔的两年多时间里，一想到张老师，我就深感不安和愧疚。终于到了 2020 年 5 月的某一天，我突然醒悟，知道这书该怎么写了。

第一是确定写作范围，只写农用地即耕地、荒地、林地和草地，并且确定下来不写什么：不做理论概括、不做概念提炼；不做价值判断，也就是不论是非；不仅不做政策建议，也不说“以史为鉴”之类的话；少总结、少做深入分析，更不做高度分析。需要说明的是，并不是这些东西不应该写，而是因为之前学者所做的理论概括以及“深入”和“高度”的分析已经很多了，各种大同小异的评价和政策建议类的论著更是数不胜数；如果没有找到新的解释范式，再做这些就是重复劳动，没有必要了。“不做理论概括”并不是说不要理论，而是说不做理论命题的论述，不去寻求理论上的新解释，而仅仅将理论作为理解事实的思想工具。例如，如果不依赖新制度经济学理论，就很难真正理解家庭土地承包经营制的形成过程。但对于为什么家庭土地承包经营制能产生如此之大的经济绩效这样的理论命题，我在本书就不深究了。

不写什么定下来了，再说要写什么。第一是写史。写自1978年到2014年的中国集体农地制度史。将1978年作为写史的起点，这很好理解，众所周知，这是中国改革开放的“元年”。但为什么将写史的终点落在2014年呢？一是写史最好要有足够的时间距离。2014年距今已有8年了，写史的时间距离勉强够了；二是以2014年收尾，“故事”的叙述大体还算完整。为什么要写集体农用地呢？因为相比于其他类型的土地，集体农用地的制度发育比较充分，制度变迁过程也比较完整，更具备成史的条件。由于2014年并不是什么历史转折点，所以，是个大约的截止时间点。

第二是确定写史方式。既然是写史，是否要分期呢？我考虑了许久，最后决定放弃这种通常的写法，而是参照赵冈《中国土地制度史》的写法，按主题叙述。一章一个主题，每章相对独立。这样做的不好之处是有的章节在叙述上难免会有交叉，甚至重复，而且历史进展的时间节点不清；好处是保持各章叙述的相对完整。两害相权取其轻，我选择了“叙述完整”。另外，同一件事站在不同角度来叙述，能使叙述更有条理、更容易展开。这有点像有的小说所用的“复调结构”写法。同一件事先用第三人称写，然后再用第一人称重写一遍。例如，本书第十一章和第十二章就是这样。这两章都说到“大户”和农业企业参与土地流转的事，但两章的着眼点不同。第十一章着眼于地方政府的行为，第十二章着眼于“大户”和农业企业的行为。

第三是以叙述为中心。既然是写史，就要将重点放在叙述历史事实过程上。适度分析是必要的，但要有节制，要服从于对历史事实过程的叙述，即通过分析，将分散的事实“串起来”，使事实的展开过程变得更容易理解。虽然本书不做理论上的讨论，但还是有一个叙述框架的。这个叙述框架就是结构—行为—规则—绩效，即首先是外部环境发生结构性的变化，这种结构性变化必然会导致人的行为发生变化（从根本上说是人们观念的变化），人的行为变化就会促使新的规则或制度生成，在新的规则或制度下，一定会产生新的绩效或表现。这就是诺斯在其名著《西方世界的兴起》中所设计出来的分析框架。叙述历史事实的最大难点是还原历史真相。后来人如何还原历史真相呢？我认为，途径只有一个，这就是到历史细节中去找，即所谓的“真相在细节之中”。本书用大量的篇幅，甚至是略显冗长地叙述细节，试图以此还历史以真相。总之，本书的基调是叙述性的，而不是分析性的，这可能是本书与其他同类著作的最大不同。

第四是史料的选择与解读。写史首先要有史料。我把所有的相关政策文件、调研报告、经验总结、社会学调查、地方志，以及相关的学术论著都当作史料来看。在这些史料中最好找的也是数量最大的是学者所做的实证研究性质的著作（因为我把这些学者的论著当作史料来看待，所以，我不太关注学者的分析、观点以及结论，除非这些观点对制度的形成产生了边际影响）。这样一算，这方面的史料可谓浩如烟海。通过整理大量的史料，梳理出历史事实，找出历史事实展开的脉络。运用史料的原则是，尽量采信当年人的说法，实在不得已，才用后人回顾性论述。具体地说，说 80 年代的事，用 80 年代人所写的东西；说 90 年代的事，用 90 年代人所写的东西。至于如何解读这些史料，既依赖于逻辑思考，也依赖于我这 10 多年“跑乡下”的经验感悟。与写其他任何题目的历史书一样，叙述得是否准确、详略是否得当，皆会受限于所掌握的史料。

第五是深挖地方实践。我在写作过程中，预设了一个假定，即所有的制度变化都源自地方实践，制度形成的“根”在“乡里”。因此，一定要设法到“乡里”去寻找制度变化的起因。政策和制度的效果如何，更是要看“乡里”是如何做的。中国的“乡里”这么大，怎么找？我坚信只要耐心去挖掘、去消化和理解，在浩如烟海的史料中，一定会有这样或那样形式的记录。透过这些记录，就可以寻觅到其踪迹，找出历史事实。这么做，虽然费时费力，但我也从中获得了淘宝似的乐趣，常常在一些不经意的文字表述中发现重要的历史事实。

第六是注重观念的作用。观念的转变对政策以及制度的形成起着关键作用。在大量的资料阅读过程中，我发现学者的讨论往往能在地方实践与政策制定之间起到承前启后的作用。关注学界的有关讨论能够更为准确地把握制度和规则的形成过程。实际上，有些学术讨论已经成为历史事实的一个重要组成部分。

第七是认真作注。作注有这么几个目的：一是写史的基本要求是要言之有据，这就要在注释中逐一说明资料来源。二是在当代中国，制度主要是通过各种政策文件，以及相关的法律、法规来表达的。叙述中国集体农地制度的历史，大量引用政策文件和法律、法规是必需的。有些领导讲话及学者的论述也很重要，也需要引用，但如果在正文中大段引用这些内容，难免会在阅读上有割裂之感。因此，我尽量将这类引文放到注释中。三是有些相关的说明和引申性质的叙述，也放到注释中，这相当于是延伸阅读吧。这样一来，本书的注释所占篇幅就较大，约占全书总字数的三分之一。

这么一看，我写这本书的目的似乎又回到了“写本知识性的读物”的初衷。这就是，用写史的方式，将有关中国集体农地制度较为分散的知识，整理成较为系统和完整的知识。

我在本书的写作过程中，常常会浮现一个令我心虚的念头。在众多亲身参与这一时期农村改革的专家面前，我这个局外人有资格写这段历史吗？譬如，我未曾去过草原，又如何能写出在草原上发生的事情呢？我的这些劣势太明显了。但这可能也是我的一个优势。“旁观者清!”这也是写史的一个好处。即使一个没有任何汉代生活经历的现代人，只要经过了一定的学术训练，具有较强的消化史料的能力，建立一个好的叙述框架，并具有敏锐的观察与理解力，完全可以写出一部不错的汉代史来。我是这么想的，也是这么要求自己的。要求自己以“旁观者”的视角、以“后来人”写史的心态来叙述这段不久之前发生的历史。至于做得如何，这只能由读者自行评判了。更加期待的是，能有这段历史的亲历者和研究者，不吝赐教，指出我这个“后来人”所写的这段历史的不实之处。

是以为序。

刘宪法

于深圳彩田村

目录

承包篇

调整篇

承包篇

第一章　家庭土地承包经营制度的建立*

众所周知，中国的经济改革发端于农村，起步于家庭土地承包经营制的合法化和普遍推广。家庭土地承包经营制的形成与确立不仅对中国农村的发展产生了深刻的影响，而且很大程度上决定了中国经济制度改革的路径。这就是，在原有体制内部，沿着“帕累托改进”的路线，从分配制度改革开始，逐步过渡到产权制度改革；从改革微观生产管理组织方式，到建立市场化的经济运行体制。① 对历史观察表明：以家庭土地承包经营制为主要内容的农村土地产权制度改革，起因于农民的生存压力，成事于思想解放；从农民的自救行动和政府的权宜之计，上升为国家对于农村发展的大政方针，最后演变为中国农村最基础的经济制度。在这一演变过程中，观念的转变起着十分关键的作用。可以说，家庭土地承包经营制的形成与确立是观念的转变决定人们对制度的选择的一个经典案例。②

一、重提农业生产责任制

（一）普及大寨县

1976 年 10 月，“四人帮”被抓，“文化大革命”结束，社会生产逐渐恢复

---

* 除非特殊说明，本书前十二章中所说的土地主要指耕地。根据第一次全国土地资源调查，截至 1996 年 10 月 31 日，全国耕地总面积为 19.51 亿亩，占全国土地面积的 13.7%，其中集体所有的耕地面积为 19.07 亿亩。李元主编《中国土地资源》，中国大地出版社，2000，第 140 页、第 369 页。根据第二次全国土地资源调查，截至 2009 年 12 月 31 日，全国耕地总面积为 20.31 亿亩，占全国土地面积的 14.3%，其中集体所有的耕地面积为 18.15 亿亩。中华人民共和国国土资源部、国务院第二次全国土地调查领导小组办公室编著《中国土地资源与利用》，地质出版社，2017，第 139 页、第 217 页。值得说明的是，国土资源管理部门所统计的耕地数与农业部门的统计相差较大。据农业部门统计，到 2014 年，农村共有耕地总面积 13.55 亿亩，其中家庭承包的耕地面积为 13.29 亿亩。中华人民共和国农业部编《2015 中国农业发展报告》，中国农业出版社，2015，第 181 页。另据 2015 年农业部经管司公布的数据，全国集体所有的耕地面积为 14.54 亿亩。农业部农村经济体制与经营管理司、农业部农村合作经济经营管理总站编《中国农村经营管理统计年报（2015 年）》，中国农业出版社，2016，第 40 页。

① 在本书所述的历史时段（1978 年至 2014 年），中国的集体农用地的制度演进是在保持农村土地集体所有制不变的基础上，以土地使用权即土地经营权、土地收益权和土地交易权的制度形成为主线展开的。有关对农村集体土地所有制历史的简述，见本书的附章。

② 有关观念对制度变迁过程作用的理论阐释，参见［美］诺思《理解经济变迁过程》，钟正生、邢华等译，中国人民大学出版社，2008。

正常。此时，各行各业百废待兴。在经济领域，农业问题尤为严重。据统计，1979年在北方旱作区，人均口粮在300斤以下的占19.8%；在南方水稻区，人均口粮在400斤以下的占18.3%。[①] 另据统计，全国有28%的农民不能“吃饱肚子”。[②] 许多农民长年处于“忙时吃干、闲时吃稀”的半饥半饱的状态。令人震惊的普遍饥荒情况发生在革命老区。1980年初，有4名新华社记者到黄土高原农村做调查。这些记者在调查中发现，人均口粮在360斤以下的生产队的占比，在吕梁地区为10%、庆阳地区为16%、延安和榆林地区为23%、平凉地区为45.6%、固原和定西地区高达87%以上。当这些新华社记者将他们亲眼所见的触目惊心的农村贫困状况写成“内参”报给时任新华社总编辑穆青时，穆青久久不能平静。[③] 像穆青这样在陕甘宁边区工作和生活过的老干部，得知新中国成立30年后还有这么多的老区人民在饥饿中挣扎，不由得对老区人民产生了深深的愧疚之心。

此时，城市的粮食供应形势也不容乐观。自1978年底开始，大批在“文化大革命”中上山下乡的知识青年陆续返回城市，[④] 城市对粮食的需求随之大幅增加，这就加重了本来就十分紧张的粮食供应短缺问题。一直挥之不去的“吃饭问题”，再次成为中国执政当局不得不面对的问题。但中国农业的发展出路在哪里？上至中央领导人，下至农民，各有各的感受、各有各的思路。

在当时中央最高领导人华国锋主导下，中央所确定的农业发展路线仍然是

---

① 陆学艺：《关于包产到户的几个问题》，《农业发展的黄金时代——包产到户的调查研究》，甘肃人民出版社，1983，第46页。

② 1978年党的十一届三中全会通过的《中共中央关于加快农业发展若干问题的决定（草案）》，对全国粮食征购规定，“水稻地区口粮在四百斤以下的，杂粮地区口粮在三百斤以下的，一律免购”。这一口粮标准是维持农民“吃饱肚子”的最低标准。据1980年财政部的统计，1979年，口粮不足上述规定标准的（也就是免征农业税和免购“公粮”的）占全国生产队和农业人口的比例为28%。参见1980年8月下发的国务院批转财政部《关于执行农业税起征点办法的情况报告》。转引自王力主编《新中国农业税历程》，中国税务出版社，2009，第933页。另据统计，到1978年，全国农村居民平均消费粮食不足400斤，为398斤。参见中华人民共和国农业部计划司编《中国农村经济统计大全（1949—1986）》，农业出版社，1989，第577页。

③ 傅上伦、胡国华、冯东书等：《告别饥饿》，人民出版社，1999，第4页、第18页。

④ 据估计，1978年底至1979年底，大约有500万知识青年从农村返回城市。参见［法］潘鸣啸《失落的一代——中国的上山下乡运动（1968—1980）》，欧阳因译，中国大百科全书出版社，2013，第170页。

“农业学大寨”,[①] 并提出了在全国范围内“普及大寨县”的“时间表”。[②] 1978年2月召开的第五次全国人大第一次会议上，华国锋承认当时中国的农业基础还很脆弱，“一旦发生大的自然灾害还会遇到更大的困难”，但他认为农业之所以没发展好，是因为在许多社队没有真学大寨。[③] 华国锋在此次大会上算了一笔账，“大寨去年平均每人生产粮食两千多斤，如果我们所有……社队都能向他们看齐，我国国民经济将会出现一个多么令人欢欣鼓舞的景象啊”。[④] 1978年，全国农村人口约为8亿人，按大寨的平均每个人生产的粮食产量计算，如全国农村都能达到大寨标准，全国粮食总产量将达到8亿吨，而1978年全国粮食总产量仅为3亿吨。这的确是“一个多么令人欢欣鼓舞的景象啊”。[⑤] 然而，有些有识之士看到残酷的农村现实，开始认识到，实施了10多年的“农业学大寨”运动已很难集拢人心了；要想摆脱农业生产的困境，解决迫在眉睫的“吃饭问题”，必须尊重广大社员的意愿，寻求新的出路。正是在这个问题上，一些地方政府的想法和做法与中央政府的思路出现了重大的分歧，尤其是安徽。

---

① “农业学大寨”开始于1963年。1966年8月党的八届十一中全会正式传达了毛泽东“农业学大寨”的决策。“农业学大寨”由学习先进典型，变为一场在农村全面展开的运动。陈吉元、陈家骥、杨勋等：《中国农村社会经济变迁（1949—1989）》，山西经济出版社，1993，第383—388页、第404—405页。

② 所谓的“普及大寨县”就是扩大核算单位，由以生产队为基础的“三级核算”，过渡到以生产大队为基础的“两级核算”。“普及大寨县”运动开始于1975年。在1975年9月召开的全国农业学大寨的会议上，时任国务院副总理的华国锋提出了“普及大寨县”的奋斗目标，即到1980年，全国1/3以上的县要建成大寨县。参见中华人民共和国国家农业委员会办公厅编《农业集体化重要文件汇编（1958—1981）》（下），中共中央党校出版社，1981，第886—895页。1977年12月召开的普及大寨县工作座谈会提出：“实现基本核算单位由生产队向大队过渡，进一步发挥人民公社‘一大二公’的优越性，是前进方向，是大势所趋”；“各级党委应当……努力创造条件，逐步向以大队为基本核算单位过渡”；“今冬明春，可以再选择一部分条件已成熟的大队，例如10%左右，先行过渡”。参见黄道霞、余展、王西玉主编《建国以来农业合作化史料汇编》，中共党史出版社，1992，第871页。据统计，到1978年底，全国大队核算的总数达6.67万个，比1976年增加了1.9万个，生产队基本核算单位减少了8万个。1978年生产大队总数约为69万个，生产大队一级核算的约占全国生产大队的9.7%，接近普及大寨县工作座谈会上提出的目标。参见王贵宸《中国农村合作经济史》，山西经济出版社，2006，第496页。

③ 在1975年9月召开的全国农业学大寨的会议上，时任国务院副总理的华国锋提出了“大寨县六条标准”。参见黄道霞、余展、王西玉主编《建国以来农业合作化史料汇编》，中共党史出版社，1992，第848页。当时的中央领导层认为，许多社队因受“四人帮”的干扰，空有“大寨县”之名，实际上并不符合“大寨县六条标准”，不是真学大寨，而是假学大寨，或者是半真半假地学大寨。参见1977年11月召开的普及大寨县工作座谈会讨论提出的汇报提纲，转引自黄道霞、余展、王西玉主编《建国以来农业合作化史料汇编》，中共党史出版社，1992，第869页。

④ 人民出版社编《中华人民共和国第五届全国人民代表大会第一次会议文件》，人民出版社，1978，第19页。

⑤ 按照1977年11月召开的普及大寨县工作座谈讨论会的估计，如果按计划目标将全国三分之一社队建设成“大寨县”，就可以为国家提供1000亿吨的商品粮，并认为“我国的粮食问题就解决了”。参见黄道霞、余展、王西玉主编《建国以来农业合作化史料汇编》，中共党史出版社，1992，第869页。

（二）安徽的“突破”

1977年6月，万里出任安徽省委第一书记，他一到安徽就下农村调研。在调研时，万里吃惊地发现，有的农民穷得穿不上裤子，许多农民仍在饥饿线上挣扎。[①] 全省28.7万个生产队中，只有12%能维持温饱。[②] 面对异常贫困的安徽农村，在万里的主持下，1977年11月，安徽省委出台了“安徽六条”[③]。根据“安徽六条”，“生产队可以组织临时的或固定作业组，实行定任务、定质量、定工分的责任制，只需个别人完成的农活也可以责任到人”。这就是之后为人们所熟知的农业生产责任制的雏形。

1978年，中国北方地区出现了大旱灾，安徽等地受灾严重。饥饿的安徽农民要求生、避免挨饿，首先想到1961年度过“三年自然灾害”时用过的责任田到户办法。[④] 1978年春，凤阳县马湖公社领导听从了一些生产队长的建议，将“不动磙子的农作物”（指不用石磙脱粒的山芋、花生、烟叶等，之后又包括了豆类）即除了主产农作物水稻的其他农作物全部包到户。[⑤] 1978年9月，在安徽农业减产已成定局的紧急情况下，安徽省委决定在非常时期采取非常措施，实行“借地度荒”，即“凡是集体无法耕种的土地，借给社员种麦种菜；鼓励社员在不影响水土保持的前提下，谁种谁收，国家不征公粮，不派统购任务”。[⑥] 此项政策一出，肥西县南山区立即作出积极的响应，将“借地度荒”变为“定产到

---

① 张广友：《风云万里》，新华出版社，2007，第216—232页。

② 吴象：《中国农村改革实录》，浙江人民出版社，2001，第106页。

③ 安徽省委制定的《关于当前农村经济政策几个问题的规定》。“安徽六条”包括：第一条搞好人民公社的经营管理；第二条加速生产发展；第三条尊重生产队的自主权，根据不同的农活，生产队可以组织临时的或固定的作业组，实行定任务、定质量、定工分的责任制，只需个人完成的农活可以责任到人；第四条减轻生产队和社员的负担，分配要兑现；第五条粮食分配要兼顾国家、集体和个人利益；第六条允许和鼓励社员经营正当的家庭副业，其收获除完成国家任务之外，可以在集市上出售。参见彭森、陈立等《中国经济体制改革重大事件（上）》，中国人民大学出版社，2008，第23页。

④ 1961年，在时任安徽省委第一书记曾希圣的支持下，曾实行“包产到田、责任到人”，实际是“包产到户”的责任制。参见陆德生《安徽责任田兴衰的轨迹》，载《农村改革风云实录》编委会编《农村改革风云实录》，中国文史出版社，1998，第95—110页。

⑤ 在当时，有些社员在白天收割“不动磙子的农作物”时，故意“漏收”，到晚上再返回地头，将这些“漏收”的作物收回家。由于这些作物“不动磙子”，所以队里不易发现，即使发现了，社员也很容易“耍赖”，搞得生产队很头疼。因此，生产队干部就提出干脆把这些作物包到户。参见辛生《万里与农村经济体制改革》，载《农村改革风云实录》编委会编《农村改革风云实录》，中国文史出版社，1998，第154—155页。

⑥ 吴象：《中国农村改革实录》，浙江人民出版社，2001，第121页。

田、责任到户”，以责任田的名义，把土地包给社员种。[①] 此时，滁县地区也出现了两个对安徽之后提出生产责任制具有重要意义的典型：一个是来安县烟陈公社杨渡大队魏郢生产队实行的“分组作业、定产到组、以产计工、统一分配”；另一个是天长县新街公社对棉花生产实行的“联产计酬、责任到劳的产量责任制”。[②] 凤阳县马湖公社、肥西县南山区和滁县地区的这些“胆大的做法”，很快就引起了安徽省农委的关注，并将情况上报给安徽省委，得到了万里的肯定。[③] 1978 年 10 月，新华社记者张广友在新华社《内参》上，报道并总结了安徽实行生产责任制的做法。[④]

1978 年 12 月，安徽省凤阳县小岗村的一个生产队的 18 户农民秘密签订了“分田到户”的协议，并摁下了手印，私自将生产队的土地分配到各家各户自行耕种，国家“公粮”交售任务、还贷任务和公共积累等都包给农户，剩余的都归自己。[⑤] 这种做法就是之后普遍推广的“包干到户”。小岗村这种“包干到户”的大胆做法，对家庭土地承包经营制的形成起到了关键性的历史作用。在中国改革史上，安徽小岗村被公认是家庭土地承包经营制改革的发源地。[⑥] 但在当时，小岗村的这种做法尚处于秘而不宣的状态。[⑦]

安徽的这些做法显然是与当时中央所确定的“农业学大寨”“普及大寨县”的大政方针背道而驰的，因而遭到了中央一些高层领导的激烈反对。1977 年 11 月，

① 1978 年秋冬小麦种植时节，肥西县南山区提出的“责任到户”方案是：按每个劳动力 5 亩麦子、5 分油菜；小麦亩产 200 斤、油菜亩产 100 斤；种子、化肥等每亩 5 元的标准将土地都分到户；每亩粮食超产 100 斤奖励 60 斤，减产 100 斤如数赔偿。吴象：《中国农村改革实录》，浙江人民出版社，2001，第 122 页。另参见郭崇毅《责任到户的性质及其有关问题》（1979 年 8 月），载中国农村发展问题研究组编《包产到户资料选（一）》（内部资料），1981，第 15—25 页。

② 张广友：《风云万里》，新华出版社，2007，第 150—151 页。

③ 辛生《万里与农村经济体制改革》、王立恒《肥西县山南公社推行家庭联产承包责任制纪实》，载《农村改革风云录》编委会编《农村改革风云实录》，中国文史出版社，1998，第 155—157 页、第 203—205 页。

④ 张广友：《风云万里》，新华出版社，2007，第 152—158 页。

⑤ 吴象：《中国农村改革实录》，浙江人民出版社，2001，第 131 页。

⑥ 有学者认为，中国最早实行包产到户的地区不在安徽，而是四川蓬溪县的群利公社。群利公社在 1976 年 9 月就决定将该公社所属的九龙坡村的一些边角地分给农户包种。到 1978 年，这种将土地包给农户种植的做法已经在全公社推广。参见［英］罗纳德·哈里·科斯、王宁《变革中国——市场经济的中国之路》，徐尧、李哲民译，中信出版社，2013，第 71 页。笔者认为，小岗村的贡献不仅是“包干到户”，而且还贡献了一句话，即“交够国家的，留足集体的，剩下的都是自己的”。小岗村农民用这一句话就把“包干到户”说清楚了。

⑦ 1980 年 1 月，凤阳县委将小岗村的做法写成调查报告［凤阳县委政研室：《政策放宽穷队翻身——小岗生产队实行大包干到户的变化》，载中共安徽省委农村工作部编《安徽省农业生产责任制资料选编》（内部资料），1983，第 210—213 页］，向安徽省委汇报，万里看到该报告后大加赞赏。张广友：《风云万里》，新华出版社，2007，第 181—182 页。

华国锋在普及大寨县工作座谈会上说，“学不学大寨”是“无产阶级同资产阶级的激烈大搏斗”，暗含着否定“安徽六条”。[①] 时任国务院副总理、主管农业的陈永贵作为“大寨经验”创造者，更是批判安徽做法的急先锋。1978 年春节，陈永贵回到山西，策划了一系列将矛头指向安徽做法的批判文章，并于 1978 年 4 月 21 日和 5 月 23 日连续在《人民日报》上发表。[②] 然而，就在这时，中国的政治风向出现了历史性的新转机。

1978 年 5 月 11 日，《光明日报》发表了题为《实践是检验真理的唯一标准》的特约评论员文章，由此引发了一场全国性的有关“真理标准”的大讨论。这场大讨论使得动不动就在政治上“扣帽子”的惯常做法开始为人们所唾弃。在这种舆论环境下，多少会缓解安徽省委所面临的政治压力，而真正的历史转折点是党的十一届三中全会。

（三）终结“农业学大寨”运动，重提生产责任制

1978 年 12 月，党的十一届三中全会在北京召开。全会确定了“实事求是、解放思想”“以经济建设为中心”的大政方针，党内气氛一下子就宽松起来。[③] 万里代表安徽省委就农业发展问题向中央提交了一份报告。在该报告中，首先质疑“普及大寨县”“穷过渡”[④] 的农业发展思路，提出要以定产包工到组、定工包工到人的生产责任制代替“大寨工分制”，并提出要实行“联产计酬”，即将社员的劳动报酬与产量联系起来。[⑤] 虽然“包产到户”及“包产到组”曾受到过

---

① 王贵宸：《中国农村合作经济史》，山西经济出版社，2006，第 511 页。

② 同上书，第 511—512 页。

③ 1978 年，党的十一届三中全会召开，因此 1978 年被视为中国经济改革的“元年”。但实际上，更具有实质意义的会议是在此之前为党的十一届三中全会做准备的中央工作会议。本来这次中央工作会议主要是讨论具体经济工作，其中第一项议题是讨论《中共中央关于加快农业发展速度的决定》，即党的十一届三中全会下发的《中共中央关于加快农业发展的若干问题的决定（草案）》。在讨论具体经济工作之前，会议就全党今后的工作重点、纠正“文化大革命”时期造成的冤假错案，特别是对当时有人提出的“两个凡是”（凡是毛主席作出的决策，我们都坚决维护；凡是毛主席的指示，我们都始终不渝地遵循），进行了激烈的辩论，最终，会议统一了思想，确定了邓小平提出的“实事求是、解放思想”，将党的工作重点从“以阶级斗争为纲”转移到以经济建设为中心的总方向上。参见苏星《新中国经济史》，中共中央党校出版社，1999，第 639—664 页。

④ 按照当时流行的理论，随着农业生产力的提高，农村的基本核算单位应该不断扩大，即应该由生产队过渡到生产大队，最终要过渡到人民公社。如果不顾农业生产力发展水平，盲目扩大农村的基本核算单位，就称之为“穷过渡”，这被认为是极“左”的一种表现，应该受到批判。

⑤ 安徽省委：《农业上需要研究解决的几个重大问题》，载中共安徽省委农村工作部编《安徽省农业生产责任制资料选编》（内部资料），1983，第 1—11 页。

严厉的批判，但生产责任制毕竟是被写入经毛泽东认可的“人民公社六十条”中了。[①] 在当时的政治氛围下，重提建立生产责任制是一个十分明智的选择，也是阻力最小的方案。安徽省委的建议被该次全会所认可和采纳。全会通过了《农村人民公社工作条例（试行草案）》，下发了征求意见的《中共中央关于加快农业发展的若干问题的决定（草案）》［以下简称《决定（草案）》］。在下发征求意见的《决定（草案）》中，全会确定了意图指导未来20年中国农业发展的大政方针[②]，共有25条之多的“一揽子”政策。这些农业发展政策可以概括为以下五个方面。

第一，放弃了“向以大队为基本核算单位过渡”的“普及大寨县”目标，强调“人民公社要坚决实行三级所有、队为基础的制度，稳定不变”，[③] 并对基本核算单位由生产队过渡到生产大队给予了严格的政策限制，[④] 特别是在此次会议上，不再将“农业学大寨”作为农业发展方向，事实上终结了“农业学大寨”运动；[⑤] 第二，确定了对农民的“休养生息”政策，包括保护社员自留地和集市贸易的合法权益，提高农产品收购价格，减少粮食征购数量，降低农业生产资料

---

① 早在1957年，一些农村地区就实行了生产责任制。当时生产责任制的主要内容是在农业生产合作社内，按照劳动力的强弱和生产技术水平，编制不同的作业组和生产队，实行包工、包产量和包财务（即成本），即“三包”。1958年人民公社时期又再次提起建立生产责任制，这时的生产责任制是公社给生产大队和生产队“定产量、定投资、定措施和超额奖励”，即“三定一奖”。在1960年中央下发的《关于农村人民公社当前政策问题的紧急指示信》提出，“生产队对生产小队要实行包产、包工、包成本和超产奖励制度”即“三包一奖”。1961年安徽开始探索实行“划分责任田，包产、包工到户”的做法，很快就取得了成效。不久就受到了严厉的批判。但不知什么原因，生产责任制还是被写入“人民公社六十条”。该文件第二十三条规定，“生产队为了便于组织生产，可以划定固定的或临时的作业小组，划定地段，实行小段的、季节的或常年的包工，建立严格的生产责任制”。但生产责任制在“文化大革命”中受到了批判。但这一时期，仍有极少数的生产队秘密地采取生产责任制的做法，如广东高州县马贵公社新平生产队、博罗县园洲公社刘星大队。参见王贵宸、魏道南《联系产量的生产责任制是一种好办法》，载中国社会科学院农村发展研究所编辑组编《农业生产责任制论文集》，人民出版社，1986，第2—3页。

② 赵树凯：《“大包干”政策过程从“一刀切”到“切三刀”》，《华中师范大学学报》（人文社会科学版）2018年第2期。

③ 《中国共产党第十一届中央委员会第三次全体会议公报（一九七八年十二月二十二日通过）》，《人民日报》1978年12月24日。

④ 《中共中央关于加快农业发展的若干问题的决定（草案）》中提出，“不允许在条件不具备、多数社员又不同意的时候，搞基本核算单位从生产队向生产大队的过渡；条件具备了，大多数社员同意了，实行这样的过渡，要报省一级领导机关批准”。这项政策规定实际上禁止了基本核算单位由生产队向生产大队的过渡。

⑤ 在党的十一届三中全会公报上没有出现“农业学大寨”的提法，在下发的《中共中央关于加快农业发展的若干问题的决定（草案）》中将“农业学大寨”放在农业发展“25条”之后，作为农村干部做政治思想工作的一个内容，其提法是：“各级党委要继续引导广大干部和农民学习大寨的基本经验，即坚持政治挂帅，思想领先的原则，自力更生、艰苦奋斗的精神，爱国家、爱集体的共产主义风格。”该文件在肯定了“大寨的政治思想工作经验”的同时，还提出“大寨和全国一切先进单位都要对自己一分为二”。这就是说，大寨自身也有问题，不是全国农村发展的标杆。

的价格，以及加大对贫困地区扶持力度等；[①] 第三，纠正了推行多年的“以粮为纲”的农业发展政策，强调在“抓紧粮食生产的同时”发展经济作物，实现农、林、牧、副、渔五业并举，特别是要大力发展畜牧业和水产业；第四，加大国家对农业的投入、增加对农业的贷款，提高国家财政对农业支出的比重，发展化肥、农药和农业机械等农业生产资料的生产等；第五，决定在全国农村推行生产责任制。

对于生产责任制，党的十一届三中全会提出的基本政策：一是恢复了1956年高级农业合作社所建立的对社员的计酬制度。[②] 全会通过的《农村人民公社工作条例（试行草案）》提出，“加强劳动组织，建立严格的生产责任制”。该文件所规定的生产责任制内容是，“建立小组的或个人的岗位制，实行定人员、定任务、定质量、定报酬、定奖励的制度”。二是认可了安徽提出的联系产量计算劳动报酬的做法。全会下发征求意见的《中共中央关于加快农业发展的若干问题的决定（草案）》中提出：生产责任制“也可以在生产队统一核算和分配的前提下，包工到作业组，联系产量计算劳动报酬”。三是划出了两条政策底线，“不许分田单干”“不许包产到户”，即所谓的“两不许”。

可见，当时中央高层对生产责任制所达成的基本共识是：在坚持生产队统一核算的前提下，改变“评工记分”的方式，推行定额管理[③]，也可以联系产量计算劳动报酬，即“联产计酬”，贯彻按劳分配原则；也可以以小组为生产作业单位，包工到组，调动社员的劳动积极性。这就是被当时中央所认可的生产责任制。总之，生产队统一核算不能变，“两不许”的政策底线不能突破；否则，就

① 党的十一届三中全会公报提出：“社员自留地、家庭副业和集市贸易是社会主义经济的必要补充部分，任何人不得乱加干涉……在今后一个较长时间内，全国粮食征购指标继续稳定在一九七一年到一九七五年‘一定五年’的基础上不变……粮食统购价格从一九七九年夏粮上市的时候起提高百分之二十，超购部分在这个基础上再加价百分之五十，棉花、油料、糖料、畜产品、水产品、林产品等农副产品的收购价格也要分别情况，逐步作出相应的提高。农业机械、化肥、农药、农用塑料等农用工业品的出厂价格和销售价格，在降低成本的基础上，在一九七九年和一九八〇年降低百分之十到十五。”

② 1956年6月全国人大通过的《高级农业合作示范章程》规定，“农业生产合作社要正确地规定各种工作的定额和报酬标准，实行按件计酬”“农业生产合作社可以实行包产和超额奖励”“合作社可以实行包工，按照所计算的劳动日数量，把生产任务包给生产队”。

③ 定额管理是一种“评工计分”的方法。早在20世纪50年代初兴办初级社时就在一些地区实行。定额管理的一般做法是把农活按等级确定工分，然后把农活包给作业组或社员个人，完工后由生产队验收，合格的按事先确定的工分值计分，不合格的减分。但由于农业生产周期长、耕作过程复杂、农作物品种繁多，要对所有农活都制定出定额是一件十分麻烦的事情，而且农活验收也很困难，因此，定额管理难以广泛推开。参见黄英伟《工分制下的农户劳动》，中国农业出版社，2011，第53—57页。定额管理、按工或按件计酬属于生产责任制的范畴，属于不联产的生产责任制。

会动摇人民公社制度的基石，这是不会被当时的中央高层领导所接受的。

（四）工分制[①]

虽然当时的中央高层仍力图将生产责任制纳入人民公社的体制框架内，仍坚持生产队是基本核算单位，但是，实行联系产量计算劳动报酬的生产责任制是对之前一直极力推行的“大寨工分制”的否定，是在社员劳动成果分配制度上的一个突破。收入分配方式的改变必然要触及产权制度。改变劳动成果分配制度，成为中国农村土地制度改革的一个逻辑起点。

当时，农村广泛流行的是直接计量社员劳动量，按劳动量分配成果的“评工记分”制度，简称“工分制”。“评工记分”的基础是以“底分”为评定社员劳动量的基本标准。具体地说，就是根据农活种类和其劳动强度确定“底分”，出工一天满分，不出工或出工不满一天的扣分。这就是所谓的“死分死记”。为了减少争议，大多数农村地区通常是按年龄和性别评定“底分”。不同年龄和性别的社员干不同的农活。例如，按标准劳动日计算，年满20岁和60岁以下的男劳动力为10分，女劳动力为9分，不足20岁和超过60岁的劳动力为6分到8分不等。这种“评工记分”的方式有一个假定前提，即社员的劳动能力与其付出的劳动量是一致的。但实际上，同等劳动能力的社员未必付出同等的劳动量，“底分”高的社员未必比“底分”低的社员干得更多、更好，这就会造成分配不公。分配不公就导致社员之间比着偷懒、普遍出工不出力。

为了克服这一弊病，不少社队探索实行“死分活评”的方式，即结合社员当天的劳动表现，按劳动定额标准，在“底分”的基础上或加分、或减分。劳动表现好的加分、劳动表现不好的减分。“死分活评”的最大弊病是“活评”的成本太高，劳动定额标准也难以确定。劳动了一天的社员要到队里评工分，往往为了给谁加分、给谁减分争执不休，吵了大半夜，也难分出结果。不少社员怕得罪人，毕竟都是乡里乡亲的，也不愿意耽误睡觉，索性就都根据“底分”标准评工，这又回到“死分死记”了。[②]

针对这种情况，山西昔阳县大寨人想出了一个“自报公议”的“评工记分”

① 有关“工分制”的研究，参见黄英伟《工分制下的农户劳动》，中国农业出版社，2011。

② ［美］李怀印：《乡村中国纪事》，法律出版社，2010，第32页。

的办法，即“大寨工分”。该办法的基本操作过程：先由大家选一个或若干个政治觉悟高、劳动表现好的社员报一个工分值，作为标兵，或由生产队确定一个评分标准。其他社员对照该标兵或标准，自报自己的工分值，并由大家评议。这种“评工记分”的方法要求全体社员都要“出以公心”，不能太计较个人得失，要“发扬共产主义精神”，并强调优秀社员的表率作用。如果大家都能向标兵或标准看齐，并自觉地找出自己与标兵或标准的差距，并据此报自己的工分，大家评议起来就会较为省事。但现实操作中，许多社员并没有这么“自觉”，况且生产队所评的标兵往往也不是劳动标兵，而是政治标兵，是一些能说会道的人，社员并不服气。这样大家评议起来就更费事了，耗费了社员的大量时间和精力，还很容易产生矛盾。因此，不少生产队从一天一评改为十天一评、一个月一评，最后改为半年甚至一年一评。“大寨工分”又回到“死分死记”的“工分制”。值得一提的是，这些尝试表明：“死分死记”有一个巨大的好处，那就是简单易行。①

即使不同的社员之间有工分总数的差异，在收入分配环节，也可能在不同程度上被“拉平”。到了年终分配时，生产队要保证每个社员都能吃上饭，一般是按年龄、按人头分配基本口粮。按规则，那些劳动力强、劳动力多、出工多的社员户，就能多得粮食或现金；那些劳动力弱、劳动力少、出工少，所挣工分不够基本口粮分配的社员户，要补交现金。② 但在许多没有工副业收入的社队，劳动力弱、劳动力少的社员户没有现金可分，如果再没有其他经济收入来源，这些社员户（通常是困难户）就无钱可交，只能欠账，成了“超支户”。生产队收不上

① 用经济学语言来说，这就是监督成本低、计量劳动报酬的成本也低，虽然这是以巨大的效率损失为代价的。

② 当时生产队通行的分配规则是：到年终，生产队将一年的总收入（按国家粮食收购价）计算，扣除了集体的积累（公积金和公益金）后，除以全队社员的年总工分，得出每个劳动日的工分值（元）；生产队根据当年的剩余粮食产量，按全队人口的年龄、性别制定每个人的口粮标准；再据此标准向社员户分配口粮，并扣除社员户的年工分值（元），口粮按国家粮食收购价计算；如果扣除社员户的年工分值（元）后，该社员户尚有剩余，就兑现现金，如果生产队尚有余粮，则也可以多分粮食。例如，一社员户一家五口总共得到1000分（标准劳动日工分），如果一个标准分的工分值为0.5元，该社员户总工分值为500元，口粮按2000斤原粮分配，每斤口粮价格按0.12元计算，那么，扣除了口粮价款（2000斤×0.12元/斤=240元）后，该社员户尚有260元的年工分值，这就是该社员户年终所分到的现金。如果该社员户年总工分值（元）不足以抵扣口粮价款，例如，按上例，年工分值不足240元，不足部分该社员户应该用现金补足。如出现歉收，社员户所分口粮不足以维持最基本的生活，经公社允许后，可以用赊欠的方式向国家购粮，即“返销粮”。有关人民公社时期依据工分的分配办法，参见张乐天《告别理想——人民公社制度研究》，上海人民出版社，2005，第274—280页。另参见温铁军《中国农村基本经济制度研究——“三农”问题的世纪反思》，中国经济出版社，2000，第470—471页。

钱，也就无法分给挣多工分的社员户，只能记到账上，这些社员户就成了“空分户”。[①] 这样一种变相“按需分配”的“吃大锅饭”的分配方式，严重地打击了社员的劳动积极性。

“工分制”除了难以贯彻按劳分配的原则之外，还有一个更为致命的缺陷，这就是普遍存在“上工一窝蜂”“干活大呼隆”的现象。农业生产是随季节而变的，忙闲不均是其基本特点。因为社员的劳动报酬是按每日的工分乘以劳动天数计算的，出工天数越多，年终所得的总工分就越多，所分的报酬就越多。因此，往往是不管需要还是不需要，生产队都要派工给全队每个社员，否则就不公平了。[②] 这样就会出现三五个人就能干的活，要派给 10 个人甚至 20 个人来干的现象。[③] 再有，通常是生产队队长早上派工计人头，到傍晚太阳快下山时，生产队队长或记工员才到地头来验活记工，可能这时队里所分配的农活，社员早就干完了，或者说，如果抓紧时间，这些农活早就能干完。但由于没人来验活记工，社员也只能在地里“泡时间”，这样一来人为地制造出不少出工不出力的“闲人”和“懒人”。可能真不是社员想“磨洋工”，而是社员不得不“磨洋工”。[④]

（五）“两不许”的政策底线在现实中遇到了“麻烦”

农业生产过程存在着空间的分散性和时间的连续性的特点，使得直接监督社员劳动的成本很高，而且社员的劳动努力与其劳动成果之间还存在着很大的不确定性，也造成了直接计量社员劳动努力程度的成本奇高。[⑤] 政策制定者实行生产责任制所要实现的“愿望”：一是通过划小生产作业单位，降低监督成本；二是通过“联产计酬”，将直接计量社员劳动量，改为对社员劳动成果的计量，降低

---

① 王贵宸：《中国农村合作经济史》，山西经济出版社，2006，第 459 页。

② 有学者所做的微观村史提供这么一个案例。一位妇女来晚了，队里的活已经分完了，该妇女哭哭啼啼地找队长要活干。［美］李怀印：《乡村中国纪事》，法律出版社，2010，第 180 页。

③ 用经济学语言来说，这就是典型的租值消散现象，即在某种无效率的合约安排下，原本有价值的资源在竞争中被白白浪费掉了，谁也没有从中得到好处。这里的“竞争”表现为社员竞相多出工，以换取更多的工分，造成了大量的“窝工”或无效的劳动力的投入。参见张五常《价格管制理论》，载《经济解释》，商务印书馆，2001，第 162—186 页。

④ 有学者认为，社员“干活‘开小差’不可避免地以隐蔽的形式不时发生，但是，在各种正式和非正式的机制约束之下，公开的、完全无视农活质量的‘大呼隆’现象很少会出现”。［美］李怀印：《乡村中国纪事》，法律出版社，2010，第 183 页。还有学者认为，人民公社时期，在农闲时有“磨洋工”的现象，但在农忙时无“磨洋工”的可能。贺雪峰：《新乡土中国》，广西师范大学出版社，2003，第 126 页。

⑤ 林毅夫：《中国农业家庭责任制改革理论与经验研究》，载《制度、技术与中国农业发展》，生活·读书·新知上海三联书店、上海人民出版社，1994，第 30—62 页。

计量成本，并对社员的劳动投入形成有效的激励；三是通过定额管理，建立计量社员劳动量以及支付其报酬的标准，提高对社员劳动量计量的精确度。然而，这只是一种理想的状态，在现实中很难操作执行。

如果严格按照上述的做法，实行定额管理，就要在每个耕作环节之前“定人员、定任务、定质量、定报酬、定奖励”①；每个耕作环节的工作完成之后，再逐一考核数量和质量，计算工分。这种做法实在太麻烦了、工作量太大了。据调查，安徽天长县有个实行定额管理的样本队，该队制定的各种定额共达460多项，有一厚本之多。② 有不少落户地区，本来就没有合格的会计，没几个人会记账，社员分配向来是一笔算不清的糊涂账。③ 加之，这时大批能写会算的知识青年纷纷回城，使得队里能记账、能算工分的人就更少了。④ 在这种情况下，对许多生产队来说，实行定额管理是根本办不到的。

即使队里有合格的会计，如果严格按照政策框框实行联系产量计酬的生产责任制、包产到组，则也是很麻烦的。队里的会计要与队干部一起按不同的农作物，制定包产定额，计算工分，其核算的工作量很大。而且，之前生产队采取“评工记分”是日日派工、日日计分，年终汇总。一般情况下，队里的会计还能应付。如果采取联系产量的生产责任制，就要在春前“定人员、定任务、定质量、定报酬、定奖励”，所有的联产计酬的核定工作都要集中到秋后或收获季节后。秋后或收获季节后，生产队干部要“验活”“验产品”“称重”，队里的会计要按每种农作物核算产量并记账，最后还要折算成工分。这么多的工作，在这么短时间内根本就做不过来。特别是在“双抢”的季节，抢收了早稻，马上就要抢种晚稻，一共才10天左右的时间，队里也没有时间、没有人手去做这些事情。

---

① 该政策到实际执行中就发展为“几定几奖”，如安徽实行的“劳力、定地段、定产量、定费用、超产奖励、减产赔偿”。参见中共安徽省委农村工作部编《安徽省农业生产责任制资料选编》（内部资料），1983，第36页。

② 中国农村发展问题研究组：《农村经济变革的系统考察》，中国社会科学出版社，1984，216页。

③ 陆学艺：《农业发展的黄金时代——包产到户的调查研究》，甘肃人民出版社，1983，第13页、第110页。

④ 话说回来，被强迫下乡的城里知青可能是最反对“双包”（指“包产到户”和“包干到户”）的一个群体。如果没有1978年底开始的“知青大返程”，那些日夜盼望回城、誓死不在农村落户的知青是不会与生产队签订土地承包合同的。对于他们来说，签订土地承包合同就意味着永不能回城，这是这些知识青年无论如何也不能接受的。另外，绝大多数知识青年都熟知极左派的政治口号和各种说辞，他们也会用这些政治口号和说辞抵制“双包”，使得“双包”的推行过程变得更为复杂，变数更多。如此看来，历史确实是由诸多的巧合造就的。“双包”恰巧几乎是与“知青大返程”同时发生，这不能不说是一件“幸事”。

另外，农业受自然气象条件影响很大，定额标准如何才能做到科学与合理，也是一个很大的问题。总而言之，当时中央所设计的生产责任制太脱离实际了。

再有，如果仍坚持由生产队进行统一核算，社员的工分评定还是社队干部说了算，年终分配还是要保证大家都有饭吃，工分制所固有的“干活大呼隆”“吃大锅饭”的弊病仍是难以避免的。一个显而易见的理由是，在人民公社的体制下，作为“掌勺人”的社队干部是“吃大锅饭”的最大受益人。

二、从生产责任制到“双包”①

（一）生产责任制的形式

党的十一届三中全会召开前，邓小平提出了“现在最大的政治就是把经济搞上去”。这一响亮的提法很快就成为中央领导层的共识。党的十一届三中全会通过下发的《中共中央关于加快农业发展的若干问题的决定（草案）》明确地指出：“我们一切政策是否符合发展生产力的需要，就要看这种政策是否调动劳动者的生产积极性。”这些都释放出“一切有利于解放生产力的做法都可以干”的政策松动信号。各地在贯彻“两个文件”② 的过程中，各种各样的生产责任制形式被广大农民创造出来了。

归纳起来，生产责任制可以有两种分法：一种分法是按生产责任单位分，是责任到作业组，还是责任到户或人；另一种分法是按核算内容分，是核算产量，还是核算工作量。这样生产责任制实际上可以有以下五种组合：一是包工到组，

① 在刚刚搞“双包”时，对“包产到户”与“包干到户”之间的界限分得并不清楚，无论“包产到户”，还是“包干到户”，都被统称为“包产到户”。例如，1980 年 7 月，安徽省定远县委出台的《关于农村生产责任制若干问题试行条例》对“包产到户”的表述是，“包产到户有两种形式：一是交产记工，队里统一分配，超奖减赔；二是大包干到户，保证完成生产计划、国家税收和农副产品交售任务，上交公共积累和各项提留”。参见中共安徽省委农村工作部编《安徽省农业生产责任制资料选编》（内部资料），1983，第 451 页。显然，第一种形式是之后所说的“包产到户”，第二种形式是之后所说的“包干到户”。将两者分得比较清楚的是安徽的肥西县和凤阳县，肥西县搞的是“包产到户”，凤阳县搞的是“大包干到户”即“包干到户”。参见安徽省委赴肥西县调查组《迅速恢复和发展农业生产的有效办法》和安徽省委赴凤阳县调查组《“大包干”的成效、做法和问题》。中共安徽省委农村工作部编《安徽省农业生产责任制资料选编》（内部资料），1983，第 179—198 页。在全国其他农村地区，大多没有经过真正意义上的“包产到户”阶段，直接就从“包工到组”或“包产到组”过渡到“包干到户”。但在称谓上，农民和许多农村基层干部通常仍把“包干到户”叫作“包产到户”。

② 《农村人民公社工作条例（试行草案）》和《中共中央关于加快农业发展的若干问题的决定（草案）》，当时被称为“两个文件”。

二是包工到劳，三是包产到组，四是包产到户，五是包产到劳。按产量核算的是“联产的”生产责任制，按工作量核算的是“不联产的”生产责任制。除此之外，还有一种是安徽省凤阳县小岗村实行的“包干到户”。①

“包工到组”一般指“小段包工、定额计酬”，这是不联系产量的生产责任制。“小段包工、定额计酬”的基本做法是：生产队将一段需要连续作业的“农活”，例如耕地、播种、施肥、收割等包给作业组（通常是生产小队），作业组的规模一般在10户左右，并按事先确定的劳动定额、数量和质量标准，折算为工分，秋后统一核算和分配。“小段包工、定额计酬”仍沿用按社员付出的劳动量分配成果的“评工记分”做法，只是在计量劳动量上比“死分死记”更加科学，也不用生产队干部“天天喊工、天天派工、天天验工、天天记工”了。这些包下来的活要怎么干，都是由作业组自己决定和自行安排，社员的劳动时间更为灵活了。这种做法在此之前也实行过，叫“按件记工分制”，主要用在比较容易“算工”、容易控制质量的重体力农活上，如挖河泥、开渠、挑粪、施肥等。也有管理水平较高的生产队对大部分农活都实行按件数记工分方法。总之，社员并不陌生。只是这种做法在“文化大革命”中，曾被认为是“工分挂帅”而受到了批判。② 如前所述，“小段包工、定额计酬”实行起来非常麻烦和烦琐。生产队不仅要对每个种植环节制定出劳动定额、质量标准，社队干部还要负责对数量和质量进行把关，并要配备经验丰富、能测能算的记工员。对大多数社队来说，这是很难做到的。实行“小段包工、定额计酬”的生产责任制的社队，大多是集体经济实力较强、农业机械化水平较高、干部素质较高的社队。

“包工到劳”当时也叫“专业承包”。通常的做法是将一些农业生产中的专项活计承包给社员，例如，种菜、育秧育种、防治病虫害、农机操作等。非农领域的“副业”或“服务业”，如农机修理、建筑、看管村集体仓库等，一般也会采取“包工到劳”方式。乡村医疗、乡村教育实际上也是“包工到劳”的。③ 在

① 按照当时农业部门的分类，生产责任制有“小段包工、定额计酬”“专业承包、联产计酬”“统一经济、联产到组”“统一经营、联产到劳”“包产到户”和“包干到户”6种形式。参见农业部政策研究室《1981农业经营管理经验选编》，人民出版社，1981，第1—6页。

② ［美］李怀印：《乡村中国纪事》，法律出版社，2010，第165—173页。

③ 这种“包工到劳”的做法在实行生产责任制之前就广泛存在，这种“包工到劳”通常为“大队工”，即由大队派给社员做的特殊工作。参见黄英伟《工分制下的农户劳动》，中国农业出版社，2011，第60页。

实际操作中，也有的先是“包工到组”，再由组把活计包给社员，即“包二到劳”。“包工到劳”也是不联系产量的生产责任制。

“包产到组”是将所有的农活都包给作业组，按劳动成果计算社员的报酬。“包产到组”的基本做法是：以作业组为单位实行“几定一奖赔”，“几定”有定产量、定面积、定劳力、定成本、定工分等，超产奖励、减产惩罚。有的社队是以作业组为单位承包产量和土地，超产奖励、减产惩罚。认真实行“几定一奖赔”的社队，还是由生产队进行统一核算和统一分配，只是划小了生产作业单位，由以前生产队队长派活，改为由组长或生产小队队长派活，由以前的评工计分改为按定额计分。也有不少社队是将产量以定额的形式包给作业组，由作业组决定社员的报酬。有的生产队将产量定额定得很低，实际上是将社员报酬的分配权下放到组即生产小队。[①] 因此，就有了将生产队一级核算变为作业组一级核算之嫌。

“包产到户”是生产队根据春前确定的产量定额和费用定额，将产量责任和土地包给农户，由农户自行安排生产；到秋后，生产队根据社员产量定额的完成情况，将每户的产量责任和超产奖励折算成工分，并核算每户实际支出的生产费用，再以货币加实物的形式将劳动成果分配给社员。“包产到户”与“包产到组”最大的区别是社员可以自由安排时间了，可以不用大家一起出工、一块算账了。

“包产到劳”通常是与其他生产责任制结合在一起的。例如，“包产到组”后，作业组再“包产到劳”，或者是名义上是“包产到劳”，由家庭主要劳动力承包生产队的定额任务，实际上是全家老小一起上，[②] 这实际上与“包产到户”没有什么区别了。[③]

---

① 在这个时期，安徽将这种“包干到组”称为“大包干”，即作业组与生产队签订承包产量合同，收获后，作业组按合同上交产量给生产队，剩余的由作业组自行分配，但这种形式的“大包干”很快就发展成为“包干到户”了。当地老百姓管“包干到户”叫“大包干到户”或“小包干”。参见安徽省委赴凤阳县调查组《“大包干”的成效、做法和问题》，载中共安徽省委农村工作部编《安徽省农业生产责任制资料选编》（内部资料），1983，第197—198页。

② 来安县委书记下乡看到一家人在地里挖穴施肥。夫妻在前面挖穴、一个6岁的孩子往穴里丢肥，另一个3岁的小孩在肥上盖土。这就是全家老小一起上的情景。安徽省委政策研究室：《包产到户情况的调查报告》，载中共安徽省委农村工作部编《安徽省农业生产责任制资料选编》（内部资料），1983，第163页。

③ 在当时，“包产到劳”似乎比“包产到户”更能为当时的主流意识形态所接受。因为“包产到劳”还是符合按劳分配的社会主义原则，但按照当时主流意识形态说法，家庭即“户”，是“私的”，“包产到户”也有“私的”成分了。

“包产到组”“包产到户”“包产到劳”都是联系产量的生产责任制，也都是要由生产队统一核算和统一分配的。这样一来，生产队会计“算账太麻烦的问题”仍是避免不了。一项当时的调查显示，在“大集体”时期，一个30户的生产队记2000多笔账，实行“包产到户”后，增加到4000多笔。计算起来很烦琐，没有一定水平的会计，想算也算不清楚，即使算清楚了，社员也算不清、记不清。[①] 另外，不同生产队的社员付出同样的劳动，但因自然条件的差异，产量收获也不同。例如，涝时，地处低洼地的生产队减产，而地处高地的生产队保产，旱时，结果相反。如出现这种情况，怎么算工分？而且，如果仅按产量算工分，那么，生产队干部误工的损失怎么算、怎么补？这些都是很实际的问题。安徽省全椒县有个生产队只有16户共92人、34.5个劳动力、209亩耕地。为了推行“包产到户”，该生产队制定了一个多达“五章二十二条”的规章，内容无所不包，计算起来非常烦琐。[②]

最为省事的是凤阳县小岗村所实行的“包干到户”。“包干到户”是生产队将土地和产量责任包给农户，农户不仅要自行安排生产，还要自负生产费用；到了秋后，农户按春前与生产队签订的承包合同，“交够国家的，留足集体的，剩下的都是自己的”。“包干到户”既不用生产队核算产量，更不用生产队算工分；对农户来说，账算得清清楚楚、明明白白，对生产队和农户双方都好。

在以上几种生产责任制中，采用劳动定额制，“包工到组”和“包工到劳”最“正宗”；由生产队统一核算和分配的“包产到组”和“包产到劳”也是符合政策的，但如果将劳动成果分配权下放到作业组就违反政策了；而“包产到户”和“包干到户”则明显地突破了“两不许”的政策底线。但是，如果搞了“包产到户”，仍由生产队统一核算和分配，在做法上还可以做政策“变通”。有一些农村地区，名义上是“包工到组”或“包产到组”，但实际上这个“组”是几

① 根据当时所做的调查，“包产到户”要按“几定几奖”如定田、定工、定费用、定产量、定奖罚等，按上交的产量和品种计算工分，进行分配。例如，粮食定产，就分玉米、红薯、水稻等，水稻又要分粳稻、籼稻、红稻、江稻、早稻、晚稻等，品种不一样，价格就不同。这样就使生产队的会计工作量成倍增长。陆学艺：《包产到户的动向和应明确的一个问题》，载《农业发展的黄金时代——包产到户的调查研究》，甘肃人民出版社，1983，第110页。

② 王贵宸、魏道南、陈一咨：《关于安徽包产到户情况的调研报告》（1980年8月），载中国农村发展问题研究组编《包产到户资料选（二）》（内部资料），1981，第25页。

个自由组合“户”，最后还是“包产到户”。例如，广东省南海县有个农户在1981年搞“包产到组”时，因为别的农户都不愿意和他家一个组，他也不愿意与别家一个组，不得已该农户一家就算作一个作业组。[①] 虽然这是个别现象，但也说明农民对“包产到组”是可以想出很多“变通”办法，搞“包产到户”的。安徽省肥西县为了回避“包产到户”这一敏感称谓，将“包产到户”称为“责任到户”，将分给社员使用的土地叫作“责任田”，[②] 或者叫“定产到田、责任到户”，力图在说法上将“包产到户”也纳入生产责任制的范畴。[③]

对于“不用算工分”、产品也无须由生产队统一分配的“包干到户”，对政策的突破最大，在当时的人们看来，就是要倒退到“分田单干”。要想证明“包干到户”也属于集体经济，也是社会主义的生产责任制，就必须在思想上有更大的解放，在理论上也要作出新解释。

（二）“两不许”的政策底线在实践中被“突破”

将生产责任落实到农户才是最有效率的，也是最省事的。这一朴素的道理，农民在多年的生产实践中早已悟出来了。而且，实行“双包”的好处几乎是立竿见影的、谁都能看得见的。因此，“包产到户”，特别是“包干到户”最为农民所接受。虽然中央对生产责任制定下了“两不许”的政策框框，但在一些贫困的农村地区，如安徽、四川、贵州等地，地方政府特别是省一级的政府在落实生产责任制时，不得不考虑当地基层干部和农民的诉求。按照“实践是检验真理的唯一标准”的指导思想，不得不作出政策上的让步。中央对生产责任制所设定的“坚持生产队为基本核算单位”和“两不许”的政策底线，很快就在实践中被突破。

坚持生产队统一核算和统一分配曾一度被认为是坚持集体经济的一个“底

---

① 汪勇、李尚旗、刘娟：《求索中的演进——佛山夏西村的变迁》，广东人民出版社，2008，第40—41页。

② 在集体所有的土地上划出“责任田”的做法起源于1961年的安徽省。直至今日，在全国许多地区，农民仍将承包地称为“责任田”。郭崇毅：《责任到户的性质及其有关问题》（1979年8月），载中国农村发展问题研究组编《包产到户资料选（一）》（内部资料），1981，第15—25页。

③ 1980年1月，时任安徽省副省长（当时称为省革命委员会副主任）王光宇在全省农业会议上发表的讲话中说：“定产到田、责任到户，同其他形式的联系产量责任制一样，都是经营管理的一种形式。定产到田是以产量为中心，合理确定劳动定额的问题。责任到户则属于明确分工问题，这两方面都不涉及所有制问题”。参见中共安徽省委农村工作部编《安徽省农业生产责任制资料选编》（内部资料），1983，第25页。

线”，认为只要坚持生产队统一核算和统一分配，“包产到户”就不是“分田单干”，[①] 并区别于遭到毛泽东批判的“包产到户”。当时安徽省委公开支持的是肥西的“定产到田、责任到户”即“包产到户”，而不是凤阳的“包干到户”。[②] 安徽省小岗村曾迫于压力，不得不将“分田到户”的农户归拢成八个假作业组。[③] 推行“包产到户”最积极的安徽省肥西县，因坚持要由生产队进行统一核算，害得生产队干部将绝大部分精力都消耗在核算和分配上了，苦不堪言。[④] 湖北省新洲县，有生产队干部发牢骚说，联产计酬是“半分不分，实在难搞筋，要么就不动，要么砍断筋”“不如一拳一脚，干净撇托，分田到户，各自顾各”。[⑤] 另外，与实行“评工计分”时相比，实行“包产到户”后，需要更多人来专职记账，这就凭空增加了不少不下地干活的人，这也引起了社员的不满。有的生产队为了应付上级“坚持生产队一级核算和分配”的硬性要求，不得不搞两本账，一本生产队的统一核算账，另一本是“包干到户”的账，瞒上不瞒下。社员把这种做法叫“脱裤子放屁”。[⑥]

实践证明，“包干到户”见效最快、效果最好，更加为农民所接受。作家李准在河南省西华县农村调研时，听到农民说：“大包干、大包干，直来直去不拐弯。”李准当即就问农民“不拐弯”是啥意思，农民答：“‘大包干’干净利索，不用算这么多的账。社员收多少，出多少，自己都能看得见。”[⑦] 实际上，对于许多缺乏会计、根本就没人会算“定额管理账”的生产队来说，如果要搞生产责任制，就只能选择不需要算账、不需要计算工分的“包干到户”。除此之外，

① 当时安徽六安县提出了“包产到户”的六条底线，其中一条就是“坚持生产队统一核算，统一分配”。六安县这个提法，得到了时任安徽省第一书记的万里的肯定。在万里看来，只要坚持生产队统一核算，统一分配，就不是“分田单干”，就属于一种生产责任制，言外之意，这是社会主义的。参见中共安徽省委农村工作部编《安徽省农业生产责任制资料选编》（内部资料），1983，第14—16页。

② 1980年1月，时任安徽省副省长（当时称为省革命委员会副主任）王光宇在全省农业会议上发表的讲话中明确肯定了肥西县南山区的“定产到田、责任到户”的做法。参见中共安徽省委农村工作部编《安徽省农业生产责任制资料选编》（内部资料），1983，第25页。

③ 凤阳县委政研室：《政策放宽穷队翻身——小岗生产队实行大包干到户的变化》，载中共安徽省委农村工作部编《安徽省农业生产责任制资料选编》（内部资料），1983，第210—213页。

④ 安徽省委赴肥西县调查组：《迅速恢复和发展农业生产的有效办法》载中共安徽省委农村工作部编《安徽省农业生产责任制资料选编》（内部资料），1983，第183页。

⑤ 黄荣华：《农村地权研究：1994—1983——以湖北省新洲县为个案》，上海社会科学出版社，2006，第206—207页。

⑥ 孙方明：《潮聚潮散——记中国农村发展问题研究组》，大风出版社，2011，第66页。

⑦ 李准：《一个“精灵”的出现——河南省西华县农村见闻琐记》，《人民日报》1981年8月21日，载沈冲、向熙杨主编《十年来：理论·政策·实践》，求实出版社，1988，182—187页。

别无选择。对广大普通社员来说，“包干到户”还有一个实实在在的好处，这就是不必有事没事都天天“泡在田里”了；不算工分了，生产队也就不用没完没了地开会了，社员可以早点回家休息。例如，有一个湖南湘潭的年轻农民，当时就以这个理由鼓动大家搞“包干到户”。他对乡亲们说：“分田可以啊！以后想干就干，不想干就在家睡觉，不用天天出工了。”[①] 这句话可谓一语道破天机，太有说服力了！

在安徽省凤阳县委的支持和默许下，不少因太穷而胆大起来的社队纷纷效仿小岗村的做法，把土地包给农民。[②] 到1979年底，安徽凤阳已有83.5%的生产队实行了“包干到户”，当年该县的粮油产量比上年增加了48%，大大超过历史最高水平；社员的人均口粮比上年增加了107斤，达到602斤，吃饭已不成问题。[③] 安徽省其他县，如肥西县、六安县、无为县等也大范围地实行“包产到户”或“包干到户”，其中全面实行“包产到户”的安徽省肥西县山南区，粮食产量比上年增长了31.36%。[④]

(三)“七省三县”农村工作座谈会前后

农民这些自发的做法，得到了当时部分国家农委和省领导的认可和支持。[⑤] 1979年3月7日，《人民日报》刊发了一篇记者张广友所写的题为《农业劳动报酬联系产量计算调查》的文章。该文对安徽“包产到户”的做法给予了间接或隐含的肯定，[⑥] 从而引起了社会舆论界的广泛关注。安徽再次成为“出头鸟”。

① 于建嵘：《岳村政治》，商务印书馆，2001，第495页。

② 当时凤阳县委支持的做法是“大包干”即“包干到组”。对小岗村的“包干到户”的做法，当地公社领导采取不支持也不制止的态度，认为就算是“复辟资本主义了”，也就这一个村，无关大局。凤阳县委政研室：《政策放宽穷队翻身——小岗生产队实行大包干到户的变化》，载中共安徽省委农村工作部编《安徽省农业生产责任制资料选编》（内部资料），1983，第210—213页。

③ 安徽省委赴凤阳县调查组：《“大包干”的成效、做法和问题》，载中共安徽省委农村工作部编《安徽省农业生产责任制资料选编》（内部资料），1983，第194页。

④ 安徽省委赴肥西县调查组：《迅速恢复和发展农业生产的有效办法》，载中共安徽省委农村工作部编《安徽省农业生产责任制资料选编》（内部资料），1983，第182页。

⑤ 国家农委副主任杜润生就是“包产到户”政策的坚定支持者，也是家庭土地承包经营制的设计者，被称为“中国农村改革之父”。安徽省委书记万里、辽宁省委书记任仲夷、内蒙古自治区党委书记周惠和贵州省委书记池必卿也是“包产到户”政策的坚定支持者和推动实施者。

⑥ 该文章简要地介绍了安徽实行的“包产到组、责任到人”的做法及其成效，并论证实行这种“产量责任制”不是“单干倒退”“不会产生资本主义”。参见沈冲、向熙杨主编《十年来：理论·政策·实践》，求实出版社，1988，第112—115页。实际上，“包产到组、责任到人”或“联产计酬，责任到人”，都是当时对“包产到户”或“包干到户”的变通说法。

此时，中共党内的争论也日趋激烈。为了统一认识，1979年3月，刚刚组建的国家农委主持召开了“七省三县”农村工作座谈会①。

“七省三县”农村工作座谈会主要讨论两个问题：一是“包工、包产到组”是不是划小核算单位，是不是动摇了“三级所有、队为基础”的人民公社制度；二是承认不承认“包产到户”。对于“包工、包产到组”问题，因为“包工、包产到组”仍在人民公社制度框架内，只是改变了作业单位和计酬方式，从道理上说，仍可以实行生产队统一核算方式，所以，这么做是能说通的。但在会议期间，一封“张浩来信”及《人民日报》编者按，使会议上的争论更加复杂化和尖锐化了②。几经争论，对于“包工、包产到组”的做法，加了一个“不许”，即“不许划小核算单位”。③ 对于“包产到户”，会上的争论更为激烈。由于“包产到户”曾被毛泽东判了“死刑”，当时中央主要领导人对此持明确反对态度，④“包产到户”被视同“分田单干”“是一种倒退”而遭到了会议的否定。⑤ 这样一来，中央对生产责任制的政策底线由“两不许”变为“三不许”，政策限制变得更严苛了。但也不能说这次会议没有任何进

① 参与“七省三县”农村工作座谈会的有广东、湖南、四川、江苏、安徽、河北、吉林七省的农村工作部门负责人，以及安徽全淑、广东博罗、四川广汉三县的县委负责人。

② 1979年3月15日《人民日报》在头版头条上以“三级所有，队为基础应该稳定”为题，刊登了“张浩来信”，该信反映：洛阳不少县和社搞“包产到组”，把生产队的土地、农具和牲畜都分了，这是明显的从“队为基础”的倒退。该来信的编者按明确表态：对已经出现“分田到组”“包产到组”的地方，应当正确贯彻执行党的政策，坚决纠正错误的做法。参见沈冲、向熙扬主编《十年来：理论·政策·实践》，求实出版社，1988，第115—118页。《人民日报》编者按的这一表态，实际上是反映当时主管农业的国务院副总理王任重的意见。参见黄启昌《农村联产承包责任制实施推广纪实》，东方出版社，2014，第62—64页。

③ 《关于农村工作问题座谈会纪要》指出：现在存在包括“常年包工包产到组”在内的几种办法，“只要群众拥护，都可以试行”，但“都不许包产到户、不许划小核算单位”。参见沈冲、向熙扬主编《十年来：理论·政策·实践》，求实出版社，1988，第123页。另参见杜润生《杜润生自述：中国农村体制变革重大决策纪实》，人民出版社，2005，第105页。当时中共中央最高领导人华国锋虽然没有公开反对划小核算单位，但是他也结合了在湖南的执政经验，说在“双抢”季节，需要组织全队的劳动力，如果都分到组是不行的。这表明，华国锋是不认可划小核算单位的。参见周曰礼《围绕包产到户展开的大争论》，载《农村改革风云实录》编委会编《农村改革风云实录》，中国文史出版社，1998，第180—192页。另参见彭森、陈立等《中国经济体制改革重大事件（上）》，中国人民大学出版社，2008，第38页。

④ 华国锋认为“评工计分、按工分分配，工分也是联系产量的”。周曰礼：《围绕包产到户展开的大争论》，载《农村改革风云实录》编委会编《农村改革风云实录》，中国文史出版社，1998，第180—192页。当时明确固守人民公社制度，明确反对包产到户的高层领导人，除了华国锋和陈永贵，还有国务院副总理兼国家农委主任王任重。参见彭森、陈立等《中国经济体制改革重大事件（上）》，中国人民大学出版社，2008，第39页。

⑤ 《关于农村工作问题座谈会纪要》指出，“包产到户，是指把主要作物的全部农活由个人承担，产量多少也完全由个人负责。它失去了集体劳动统一经营的好处，即使还承认集体对生产资料的所有权，承认集体统一核算和分配的必要性，但在否认统一经营这一点上，本质上和分田单干没有多少差别，所以是一种倒退”。参见沈冲、向熙扬主编《十年来：理论·政策·实践》，求实出版社，1988，第123页。

展。在国家农委主要负责人杜润生的极力撮合下，最终说服了当时的中共中央最高领导人华国锋，使其认可了“深山、偏僻地区的孤门独户，实行包产到户，也应当许可”的提法，① 并将其写入了会后形成的“七省三县”农村工作座谈会纪要。②

“张浩来信”及《人民日报》编者按在当时的影响是很大的，给人以其“来头不小”的感觉。一些省份的领导和农村基层干部怕“犯政治错误”，开始“收紧政策”，纠正“冒尖”的做法。③ 很快，安徽就作出“反击”。1979 年 3 月 30 日，《人民日报》在头条显著位置上发表了由安徽省组织写出的“正确看待联系产量的责任制”的来信，驳斥了“张浩来信”的观点。《人民日报》就此来信加了编者按。在该编者按中，否定了“张浩来信”的观点，在保持生产队统一核算和统一分配的前提下，肯定了“包工、包产到组”的做法。④《人民日报》的这一表态，对稳定人心、避免对生产责任制争论的政治化起到了较大的作用。

（四）“不许”变成了“不要”

1979 年 9 月，党的十三届四中全会正式通过了《中共中央关于加快农业发展的若干问题的决定》，该决定将原来文件《决定（草案）》中的“不许包产到户、不许分田单干”，改为“不许分田单干，除某些副业生产的特殊需要和边远山区、交通不便的单家独户外，也不要包产到户”。⑤ “不许”改为较为委婉的“也不要”，而且，包产到户没有被完全禁止。这就给包产到户留了一个政策

① 此次座谈会通过的《关于农村工作座谈会纪要》提出，“至于喂养家畜、家禽、管理鱼塘、经营小宗作物等农活，实行个人岗位责任制，并且规定产量（产值），实行超产奖励，是统一经营下的专业化生产，不是对统一经营的否定，应当允许。深山、偏僻地区的孤门独户，实行包产到户，也应当许可”。参见沈冲、向熙扬主编《十年来：理论·政策·实践》，求实出版社，1988，第 123 页。另参见杜润生《杜润生自述：中国农村体制变革重大决策纪实》，人民出版社，2005，第 104—107 页。

② 此次座谈会通过的《关于农村工作座谈会纪要》以通知的形式，由中共中央转发至全党。在“农口”，通常将该文件称为“七省三县”关于农村工作座谈会纪要。

③ 1979 年春，陕西子长县召开全县干部会议，作出了放宽农村政策的几条决定，其中一条就是推广“包产到组”。但会议刚一开完，子长县的这种做法就受到了当时一个主管农业的省领导的批评和制止。参见傅上伦、胡国华、冯东书等《告别饥饿》，人民出版社，1999，第 160 页。

④ 该文的编者按说，“包产或定产到组，当然也是联系产量计酬的一种形式”，“包工到组、联系产量是一种新的计酬办法，在试行中出现这样那样的问题是难免的。只要坚持生产队统一核算和统一分配这个前提，不要搞包产到户和分田单干，就可以试行”。参见中共安徽省委农村工作部编《安徽省农业生产责任制资料选编》（内部资料），1983，第 33—35 页。

⑤ 吴象：《中国农村改革实录》，浙江人民出版社，2001，第 149—150 页。另参见杜润生《杜润生自述：中国农村体制变革重大决策纪实》，人民出版社，2005，第 111 页。

"口子"。[①] 至少包产到户不再被认为是走资本主义道路了。

虽然中央在政策上肯定了包工、包产到组的做法，对包产到户也留了一条"活路"，但坚持"生产队统一核算和统一分配"，坚持生产队计工分仍是一条政策底线。然而，这与广大农民的想法实在相差太大了。

此时的广大农民的真实想法是，不想受生产队的约束了，不想大家一起受穷了，说到底，就是不想要"生产队统一核算和统一分配"。多年的"大集体"实践已经使许多农民明白了一个道理：生产队是靠不住的，要想吃饱饭，要想过好日子，就只能靠自己。"包产到户"，特别是"包干到户"就可以满足农民的这个诉求。当时一些思想比较开明、比较务实、不"较真"的地方政府官员，也认准了"实行包产到户，也应当许可"这个政策，而不管是不是"边远山区、交通不便的单家独户"了。"双包"就这样发展起来了。

到 1980 年底，全国实行"双包"的生产队占生产队总数的比例由年初的 1.02% 上升到 14.4%，其中包干到户的占 5%。[②] 安徽全省实行"双包"的生产队超过了 30%，[③] 其中有的地区如滁县，实行"包干到户"的生产队已经占 96%。[④] 在贵州省委第一书记池必卿的明确表态支持下，贵州"双包"的发展更为迅猛。1979 年，贵州实行"双包"的社队占比为 10%，1980 年底，这一比例迅速上升到 80%。[⑤] 在广东，"双包"则是在没有上级领导的承认下，由社队干部组织社员自己偷偷摸摸地进行。到 1980 年，广东实行"双包"的社队占比已达到 10% 左右。[⑥]"双包"特别是"包干到户"的做法大有蔓延之势。

之所以出现这种情况，与当时政治气氛的改变有很大的关系。此时"文化大革命"刚结束不久，"扣帽子""上纲上线"的做法在党内极受反感，也被当时

---

① 据新华社记者的调查，在甘肃省庆阳县农村就有这种独户社员"包产到户"的情况。在庆阳县的一个小山村，有个社员单家独户住在山上，该社员参加集体劳动每天要下山、上山走一个多小时的山路，而山上的地，因路途远也没人种。1979 年春，该生产队决定把山上的 66 亩地都包给这家社员户种，当年该社员户就分得粮食 8700 多斤，平均每人分得粮食 870 斤。傅上伦、胡国华、冯东书等：《告别饥饿》，人民出版社，1999，第 155—156 页。

② 苏星：《责任制与农村集体所有制经济的发展》，参见中国社会科学院农村发展研究所编辑组编《农业生产责任制论文集》，人民出版社，1986，第 329 页。

③ 安徽省委政策研究室：《包产到户情况的调查报告》，载中共安徽省委农村工作部编《安徽省农业生产责任制资料选编》（内部资料），1983，第 161 页。

④ 杨勋：《怎样看待包产到户——安徽滁县地区农村调查》，参见中国社会科学院农村发展研究所编辑组编《农业生产责任制论文集》，人民出版社，1986，第 178 页。

⑤ 杜润生：《杜润生自述：中国农村体制变革重大决策纪实》，人民出版社，2005，第 128 页。

⑥ 同上书，第 129 页。

刚刚召开的党的十一届三中全会全面否定。“实践是检验真理的唯一标准”是当时最流行的说法，已成为党内的一个基本共识。安徽的实践证明，“双包”确实大幅地促进了农业生产，即使反对“双包”的农村基层干部也不得不承认，“要想粮食陡升，只有包产到户”。[①] 另外，当时的大多数中共各级领导人来自农村或在农村工作过，对农民的感情还是很深的；即使不赞成“双包”，也不愿打击农民的生产积极性，不愿强制农民“纠偏”，只能是一再强调要“耐心引导”。中共中央批转的《关于农村工作问题座谈会纪要》就明确地说，“搞了包产到户、分田单干的地方，要积极引导农民重新组织起来”“如果一时说不服，也不要勉强去纠正，更不要搞批判斗争”。[②] 这就意味着：农民自发搞起来的“包产到户、分田单干”，上级政府不能强制纠正。在缺乏强制性手段，更不能发动政治运动的情况下，在许多地方，事实上只能对农民的做法放任自流了。一些省（自治区）如安徽、四川、贵州、内蒙古等，以“尊重群众的意愿”为由，对农民自发搞起来的“包产到户、分田单干”采取放任甚至支持的态度。[③]

（五）全国人民公社经营管理会议及之后

1980 年 1 月，国家农委召开了全国人民公社经营管理会议。在该会议上，安徽代表周曰礼的发言以大量的事实证明“包产到户”优于其他形式的生产责任制，认为“包产到户”也是一种联产计酬的生产责任制。[④] 周曰礼的观点得到了一些省份代

① 郭崇毅：《责任到户的性质及其有关问题》（1979 年 8 月），载中国农村发展问题研究组编《包产到户资料选（一）》（内部资料），1981，第 15 页。

② 沈冲、向熙扬主编：《十年来：理论·政策·实践》，求实出版社，1988，第 123 页、第 124 页。研究农村改革的学者一直特别强调《关于农村工作问题座谈会纪要》中提出的“深山、偏僻地区的孤门独户，实行包产到户，也应当许可”的表述，但笔者认为同样重要的是“如果一时说不服，也不要勉强去纠正，更不要搞批判斗争”这一提法。

③ 例如，1980 年 1 月在安徽召开的全省农业会议上，安徽省第一书记万里发表讲话指出，“无论是哪一种形式的责任制，只要有利于充分调动群众的积极性，有利于发展生产，符合群众的意愿，得到群众的拥护，就应当允许试行”，“包产到户也是联系产量责任制之一”，“对某一种生产责任制，赞成搞的不要说不搞的‘思想僵化半僵化’，不赞成搞的也不要说搞的是‘赶浪头’‘当风派’，更不要说是‘倒退’‘复辟’”。参见中共安徽省委农村工作部编《安徽省农业生产责任制资料选编》（内部资料），1983，第 12—20 页。再如，1979 年 12 月，四川省委曾召集县委书记讨论农村工作问题，会上有些县委书记认为，只要坚持社会主义公有制和按劳分配原则，应该允许一些生产队在一定范围内实行包产到户、包产到人。参见沈冲、向熙扬主编《十年来：理论·政策·实践》，求实出版社，1988，第 131—133 页。

④ 周曰礼：《联系产量责任制的强大生命力》，参见中共安徽省委农村工作部编《安徽省农业生产责任制资料选编》（内部资料），1983，第 51—56 页。另参见周曰礼：《围绕包产到户展开的大争论》，载《农村改革风云实录》编委会编《农村改革风云实录》，中国文史出版社，1998，第 180—192 页。

表的认同，但来自江苏、浙江等地的代表则激烈反对。支持“包产到户”是会议中的少数派。在会议期间，华国锋明确表态反对“包产到组”，更反对“包产到户”。时任国家农委主任的王任重也说，现在有一股风（指单干风）[①]。反对“包产到户”的一方占了上风。根据会后国家农委印发的《全国农村人民公社经营管理会议纪要》，该次会议将生产责任制的形式确定为“劳动定额计酬制”，而将“联产计酬”改为“联系产量评定奖励”，否定了“全奖全赔”的做法，并将“联系产量评定奖励”限于“适合于间接管理技术要求高，又便于分别统计产量的作物”，但“一定要坚持集体统一组织”[②] 的提法从某种程度上说，在政策上是“倒退”了。

也应该看到，这次会议对“包产到户”给出了一个政治上比较宽容的政策。根据该次会议纪要，一方面仍坚持《中共中央关于加快农业发展的若干问题的决定》提出的“不要包产到户”的说法；另一方面不主张立即“取缔”“包产到户”，再次强调“更不可搞批判斗争”。[③]

这次会议之后，1980 年 2 月、3 月，《农村工作通讯》连续发文，公开质疑和反对安徽的“双包”做法。[④] 就连一直对“双包”持默认和支持态度的杜润生也不得不表示，“包产到户不应作为方向去提倡”，并承认实行“包产到户”的社队，“只要领导者稍微放松，背后的经济力量就会使它滑向单干的道路上去，最后非冲破集体不可”[⑤]。一些省级领导也对“包产到户”持反对或不支持的态

① 王贵宸：《中国农村合作经济史》，山西经济出版社，2006，第 519—520 页。

② 1980 年 3 月，国家农委印发的《全国农村人民公社经营管理会议纪要》提出：“制定劳动定额是搞好生产责任制的基础。无论是包工到组、包产到组、责任到人，都要按照劳动定额向社员分派任务、计算工分”“凡是能够制定定额的农活，都应制定劳动定额，推行定额计酬制”“田间管理责任到人、联系产量评定奖励，适合于田间管理技术要求高，又便于分别统计产量的作物，如棉花、花生、玉米等”“社员要求奖励现金和部分实物的，也可允许，但一般不要搞全奖全赔”。参见黄道霞、余展、王西玉主编《建国以来农业合作化史料汇编》，中共党史出版社，1992，第 923 页。

③ 该会议的纪要提出：“就全局来说，应当按照《中共中央关于加快农业发展若干问题的决定》，‘除某些副业生产的特殊需要和边远山区交通不便的单家独户外，不要包产到户’。至于极少数集体经济长期办得很不好，群众生活很困难，自发包产到户的，应当热情帮助他们搞好生产，积极引导他们努力保持、并且逐渐增加统一经营的因素，不要硬性扭转，与群众对立，搞的既没有社会主义积极性，也没有个体积极性，生产反而下降。更不可搞批判斗争”。参见黄道霞、余展、王西玉主编《建国以来农业合作化史料汇编》，中共党史出版社，1992，第 923 页。

④ 《农村工作通讯》1980 年第 2 期和第 3 期连续刊发了《分田单干必须纠正》和《包产到户是否是坚持了公有制和按劳分配》这两篇文章，反对“包产到户”。后一篇文章的作者敏锐地观察到，只有集体所有，但没有集体经营的个体农户经营，实质上就是“分田单干”。

⑤ 参见杜润生《改善经营管理工作急需解决的几个问题》，《农村工作通讯》1980 年第 3 期。事后，杜润生也承认这篇文章“造成了一些不好的影响，我应该负责”。参见杜润生《杜润生自述：中国农村体制变革重大决策纪实》，人民出版社，2005，第 108 页。

度。处于风口浪尖上的安徽全省干部内也出现了一次围绕着“包产到户”的大争论。[①] 总之，这时“集体经营优于个体经营”的教条并没有被打破。在一些“双包”已经搞起来的地区，农村基层干部想拦也拦不住、不拦又怕犯错误，只好选择放任自流。这种情况在安徽特别突出。各地农村在“双包”问题上出现了僵持的局面。

值得强调的是，在这时，反对“双包”的意见少有“上纲上线”的，大多数反对意见都是有事实依据的。例如，1980 年 5 月，当时的农业部公社局收集整理了广东等 10 省所反映上来的反对“双包”的意见。这些意见都是针对“双包”所出现的具体问题而提出的。[②]

（六）“双包”命运的再次转机

很快这种僵局就被打破了。此时，邓小平正在谋划“翻两番”的大战略，[③] 而当时中国农业发展状况是实现这个大战略的一个“大弱项”，“双包”却能带来实实在在的好处。这一时期，为了给农民一个休养生息的机会，国家财政加大了对农业的投入。1978 年，国家在农业上的财政支出曾一度达到 13.4% 的历史高位，超过了为了度过“三年自然灾害”时国家对农业上的财政支出的比例。[④] 这一超常的财政支出的比例既是前所未有，也是后无来者的。与此同时，国家还减轻了农民交公粮的负担。[⑤] 为了弥补粮食需求“缺口”，不得不转到国际市场购买粮食，耗费了当时大量的十分宝贵的外汇。据农业部统计，自 1977 年开始，中国的进口粮食总量逐年大幅攀升。1976 年的进口粮食总量仅为 237 万吨，到

---

① 周曰礼：《围绕包产到户展开的大争论》，参见《农村改革风云实录》编委会编《农村改革风云实录》，中国文史出版社，1998，第 180—192 页。

② 这些反对“双包”的干部群众认为，“双包”会造成以下不利后果：第一，影响了农业生产；第二，破坏了集体经济；第三，公益事业，无人问津，民办教师自筹钱粮；第四，农村知青说：有劲无处使；第五，职工来信：是否我们自动退职；第六，现役军人难安心。参见黄道霞、余展、王西玉主编《建国以来农业合作化史料汇编》，中共党史出版社，1992，第 970—971 页。

③ “翻两番”的“大战略”是指从 1980 年到 2000 年，经过 20 年的努力，实现工农业总产值翻两番，人民消费达到小康水平。苏星：《新中国经济史》，中共中央党校出版社，1999，第 680—683 页。

④ 国家统计局农村社会经济调查总队编《中国农村统计年鉴（2002）》，中国统计出版社，2022，第 77 页。

⑤ 1979 年 9 月党的十一届四中全会通过的《中共中央关于加快农业发展的若干问题的决定》提出：“在今后一个较长的时间内，全国粮食征购指标继续稳定在一九七一年到一九七五年‘五年一定’的基础上，并且从一九七九年起减少五十亿斤……水稻地区口粮在四百斤以下的，杂粮地区口粮在三百斤以下的，一律免购”。

1982 年，中国的进口粮食总量达到 1611 万吨，增加了 5.8 倍。同期，出口粮食总量连年下降，从 1976 年的 176 万吨，下降至 1982 年的 125 万吨，下降了 29%。[①] 可以说，这时不仅是农民生活有困难，国家的“日子也不好过”。面临这样的形势，参加了全国人民公社经营管理会议的邓小平，在会议最后讲话时，似乎“跑题”地谈起了到“本世纪末达到小康的目标，每人收入 1000 美元”的发展战略。[②] 笔者分析，邓小平的言外之意是，是否承认“双包”要服从“翻两番”的大战略。

1980 年 4 月，在中央召开的经济发展长期规划会议上，邓小平、姚依林提出，内蒙古、甘肃、云南、贵州等地的贫困地区，干脆实行“包产到户”。[③] 1980 年 5 月 31 日，邓小平发出了事关“双包”命运的著名谈话，明确表态支持安徽的做法。在该谈话中，邓小平不仅支持肥西的“包产到户”，而且还明确支持凤阳的“包干到户”。[④] 这在当时是一个很大的突破。根据邓小平的谈话精神，以及他一贯务实的执政理念推测，当时邓小平是把“双包”作为解决当务之急的农民贫困问题的一个权宜之计来看的，[⑤] 是“翻两番”“大战略”中的“一步棋”。无论怎样，邓小平的表态起到了“扭转乾坤”的作用。就在邓小平表态的当月，国家农委向中央正式提交了《关于包产到户问题的请示报告》，提出：允许在特殊困难地区实行包产到户。[⑥]“双包”的命运再次出现转机。

① 农业部计划司编《中国农村经济统计大全（1949—1986）》，农业出版社，1989，第 522 页、第 535 页。在一些大城市，城市居民口粮在很大程度上依赖于进口粮食。京、津、沪的市场上出现了大量的进口面粉和用进口面粉生产的面包。

② 周曰礼：《围绕包产到户展开的大争论》，参见《农村改革风云实录》编委会编《农村改革风云实录》，中国文史出版社，1998，第 180—192 页。

③ 陈吉元、陈家骥、杨勋等：《中国农村社会经济变迁（1949—1989）》，山西经济出版社，1993，第 492 页。

④ 1980 年 5 月 31 日，邓小平在同中央负责人谈话时说：“农村政策放宽以后，一些适宜搞包产到户的地方搞了包产到户，效果很好，变化很大。安徽肥西县绝大多数生产队搞了包产到户，增产幅度很大。‘凤阳花鼓’中唱的那个凤阳县，绝大多说生产队搞了大包干，也是一年翻身，改变面貌。有些同志担心，这样搞会不会影响集体经济。我看这种担心是不必要的。”《邓小平文选》（第二卷），人民出版社，1994，第 315 页。

⑤ 1980 年 1 月，时任安徽省委第一书记的万里在全省农业会议上的总结讲话中曾说过：“我们之所以承认在特定条件下采用包产到户的形式，是因为在那些长期落后的地方，突出矛盾是穷，农民首先要解决温饱问题……包产到户是集体生产受到严重破坏的条件下采取的让农民休养生息的办法，有利于迅速改变贫困落后的面貌。等到生产发展了，农民富裕了，公积金增加了，国家支援也多了，就有条件引导他们以更高的组织形式去发展，发挥集体经济的优越性，实现农业的机械化、现代化。”参见中共安徽省委农村工作部编《安徽省农业生产责任制资料选编》（内部资料），1983，第 14 页。万里的这番话应该能反映当时邓小平的想法。杜润生也曾解释说：“包干到户，是在公有土地上分散经营，这当作一种中间的过渡形式，在一定必要情况和条件下，也是可以利用的。”参见杜润生《关于农业生产责任制》，载《中国农村经济改革》，中国社会科学出版社，1985，第 4 页。

⑥ 杜润生：《杜润生自述：中国农村体制变革重大决策纪实》，人民出版社，2005，第 115—116 页。

（七）省市区第一书记座谈会与1980年中央75号文

如何看待“双包”是事关中国农村发展向何处去的大问题，不是国家农委所能“拍板”确定的，必须在中央更高的层面上进行讨论。1980年9月，刚刚改组的中央“新领导班子”就以中共中央的名义召集省市区第一书记到北京开座谈会，专门讨论“加强和完善农业生产责任制问题”。会上争论的焦点是：农民群众自愿搞了“双包”，中央要不要承认，要不要禁止，要不要“划个杠杠”。在此次会议上，反对中央承认“双包”还是占多数，但邓小平之前的表态还是很有分量的。杜润生在会上还做了一个很有说服力的报告。[①] 最终在该次会议上形成了一个妥协的方案。这个妥协方案的基本内容是：首先，强调了农业集体化的大方向是正确的，“不可动摇”；其次，主推专业承包、联产计酬的生产责任制，也就是在生产队统一经营、统一核算的基础上，按专业分工的原则，将农活承包到组、到人或到户；最后，在有限的范围内承认“双包”，即“在边远山区和贫困落后的地区，长期‘吃粮靠返销，生产靠贷款，生活靠救济’（即‘三靠’）的社队，群众对集体丧失信心，因而要求包产到户的，应当支持群众的要求，可以包产到户，也可以包干到户，并在一个较长的时间内保持稳定”，并强调“生产队领导下实行的包产到户……并不可怕”，但也不提倡。实行“双包”的，不再要求由生产队统一核算了，这实质上就是认可了“包干到户”。这个妥协方案在很大程度上反映了当时国务院副总理提出的不搞“一刀切”的想法，即“穷队”可以搞“包产到户”，“富队”就不要搞了。按照杜润生在会上的估计，可以实行“包产到户”的“穷队”，大约占全国总数的20%。[②]之后不久，杜润生又向中央提出了实行生产责任制要“切三刀”的建议，即先进地区，搞“专业承包、联产计酬”；中间地区，搞“统一经营、联产到劳”；困难地区，“退到包产到户，搞它三五年”。很快，该建议就得到了中央的认可。[③]

虽然中央对“双包”的认可是有限的，但这是中央第一次在政策层面正式

---

① 杜润生：《关于农业生产责任制》，载《中国农村经济改革》，中国社会科学出版社，1985，第1—9页。

② 同上书，第5—9页。

③ 1981年1月，时任国家农委副主任杜润生陪同国务院总理到湖北、河南和山东农村考察。杜润生于同年2月根据这次考察结果，向中央提交了题为《关于农村经济政策问题的一些意见》的报告，提出了对实行生产责任制“切三刀”的建议。参见《杜润生文集》（上册），山西经济出版社，2008，第20—29页。该报告于同年3月，由中央办公厅向全党转发。参见赵树凯《“大包干”政策过程从“一刀切”到“切三刀”》，《华中师范大学学报》（人文社会科学版）2018年第2期。

承认“包产到户”和“包干到户”。此次会议上通过的《关于进一步加强和完善农业生产责任制的几个问题——一九八〇年九月十四日至二十二日，各省、市、自治区党委第一书记座谈会纪要》[①] 成为中国农村改革史上著名的1980年中央75号文。该文件的出台标志着中国农村土地制度改革进入了“破冰”阶段。由于会上各省之间意见分歧较大，各不相让，为了减少争议，该文件将要不要实行“双包”以及在哪些社队实行“双包”交给各省（市、自治区）政府自行决定，由此产生了“阳关道与独木桥”之说。[②] 这也是一个很有策略的做法。另外，1980年中央75号文还给出了一个实行生产责任制的原则，即“凡是有利于鼓励生产者最大限度地关心集体生产，有利于增加生产，增加收入，增加商品的责任制形式，都是好的和可行的，都应该加以支持”。这样就给予了地方领导人选择何种形式的生产责任制、“切三刀”怎么切以较大的空间和自由度。

（八）1980年中央75号文之后

虽然1980年中央75号文有限度地承认了“双包”，但此时中央的大多数领导人对集体经济还是有充分信心的，相信只要集体经济发展得好，广大农民还是会选择集体经济这条“康庄大道”的，愿意搞“双包”的是“有问题”的少数社队。[③] 然而，此时的农民却是普遍“对集体丧失信心”“要求包产到户”，而且，事实证明“双包”最“有利于增加生产，增加收入”。“双包”的做法很快就从贫困地区和“三靠”社队，扩展到富裕和比较富裕的社队。[④] 这就突破了1980年中央75号文所限定的“双包”范围。

---

① 王仕元、李修义、杨世文主编《中国改革全书（1978—1991）》（农村改革卷），大连出版社，1992，第136—139页。有关这次会议的情况，参见杜润生《杜润生自述：中国农村体制变革重大决策纪实》，人民出版社，2005，第116—120页。

② 在该次会议上，主张搞“双包”的贵州省委书记池必卿对反对“双包”的黑龙江省委书记杨易辰说，“你走你的阳关道，我走我的独木桥”。该会议之后，新华社记者吴象在《人民日报》上发表了“阳关道与独木桥”的文章，“阳关道与独木桥”之说广为人知。

③ 邓小平在1980年5月31日发出的著名谈话中曾说：“可以肯定，只要生产发展了，农村的社会分工和商品经济发展了，低水平的集体化就会发展到高水平的集体化，集体经济不巩固也会巩固起来。”参见《邓小平文选》（第二卷），人民出版社，1994，第315页。杜润生也认为：“对于包产到户，应当看到，随着生产的发展，农民对扩大再生产要求必然会提出来，那时就会重新走向新的联合。”参见《杜润生文集》，山西经济出版社，2008，第24页。

④ 1980年，时任安徽省党校副校长的欧远方曾对地处江南的一个富裕社队进行调研，调研的基本结论是：对于富裕社队来说，“双包”同样也可以调动社员的生产积极性，并可以促进富裕社队社员实行专业化经营，生产发展了，也会提高农业机械化水平。欧远方：《高产地区农民为什么欢迎包产到户——宣城县水阳公社调查》，载《安徽包干到户研究》，安徽人民出版社，1982，第56—69页。

到1981年10月，实行“双包”的生产队的比例已经达45.1%，其中“包干到户”占38%，[①] 大大超过了杜润生在省委第一书记座谈会上所估计的20%的比例。而且，“双包”并没有像1980年中央75号文所期待的那样向“进一步组织起来”的方向发展，[②] 而是朝着反方向发展，即从需要由生产队统一核算、“算工分”的“包产到户”，向不需要生产队统一核算、“不算工分”的“包干到户”方向发展。“双包”特别是“包干到户”扩展到已经解决了农民“吃饱肚子”问题的富裕社队，就不得不使人深思：“双包”仅仅是一个渡过当前暂时困难、“搞它三五年”的权宜之计吗？还是中国农业经营体制变革的一个方向？围绕这样一个大是大非问题的讨论，从党内到党外、从政界到学界广泛展开。

三、“双包”获得了“合法身份”

（一）“双包”在社会上的讨论

1980年，中国进入了一段新中国成立以来前所未有的政治宽松期，政治气候发生了巨大变化，各种讨论异常活跃，各种观点也纷纷涌现。1980年2月，刘少奇得到彻底平反，随之“三自一包”也被“正名”。[③] 同年12月，国家农委提出对支持“包产到户”的邓子恢应给予平反。[④] 到了同年年底，“大寨”的盖子也被揭开了，“大寨经验”被定性为极“左”的产物而遭受批判。[⑤]“包产

---

① 苏星：《责任制与农村集体所有制经济的发展》，载中国社会科学院农村发展研究所编辑组编《农业生产责任制论文集》，人民出版社，1986，第329页。

② 1980年中央75号文指出：“已经包产到户的，如果群众不要求改变，就应允许继续实行，然后根据情况的发展和群众的要求，因势利导，运用各种过渡形式进一步组织起来。”参见王仕元、李修义、杨世文主编《中国改革全书（1978—1991）》（农村改革卷），大连出版社，1992，第138—139页。

③ 即“自留地、自由市场、自负盈亏和包产到户”。这是“文化大革命”时，批判刘少奇及其支持者走资本主义道路所定的一项“罪名”。郑言实：《为“三自一包”辩诬》，载中共安徽省委农村工作部编《安徽省农业生产责任制资料选编》（内部资料），1983，第65—68页。

④ 1980年12月，国家农委向中央提交了《关于为邓子恢同志平反问题的请示报告》，1981年3月中共中央办公厅转发该报告，并正式为邓子恢平反。黄道霞、余展、王西玉主编《建国以来农业合作化史料汇编》，中共党史出版社，1992，第882—889页。

⑤ 1980年9月，《人民日报》、《光明日报》、新华社等单位的记者组成联合调查组，调查所谓的“大寨经验”。调查的基本结论是：“大寨这个所谓‘无产阶级专政下继续革命的典型’，实际上是农业战线上推行极‘左’路线的典型。”该调查报告被刊登在同年11月山西省委宣传部编辑的《宣传工作》第66期上。1980年11月，中共中央转发了《山西省委关于农业学大寨运动中经验教训的检查报告》，中共中央在该报告的批语中认可了山西省委提出的大寨大队是“执行‘左’倾路线的典型”的说法。参见黄道霞、余展、王西玉主编《建国以来农业合作化史料汇编》，中共党史出版社，1992，第883—889页。

到户”的讨论禁区终于被打开了。在这种舆论氛围下，一些理论界、新闻界人士开始公开为“双包”辩护和正名，支持“双包”的观点迅速占了上风。

1980年以前，对“双包”的讨论主要局限于学术界内部。[①] 1980年4月9日，针对《农村工作通讯》上发表的质疑和反对安徽的“双包”的文章，新华社记者吴象在中共中央机关报《人民日报》公开发文肯定安徽“双包”的做法，并为包括“包干到户”在内的联系产量责任制寻找符合马克思主义基本原理的理论依据。[②] 这是中央党报首次公开对“双包”的争论。1980年5月，经济学家杨勋也从马克思的经典著作中找到了证明“双包”合理性的根据。[③] 1980年11月5日，吴象在《人民日报》上发表了轰动一时的文章《阳关道与独木桥》，该文的基本观点是：“包产到户”利大于弊。[④] 1980年10月和12月，北京市经济学会连续召开了两次关于包产到户的学术讨论会。一时间，“双包”成为各界人士讨论的热点话题。一批思想活跃、不愿意受传统教条束缚的年轻学者和在校学生纷纷下乡调查，亲眼看到了“双包”的巨大成效，从而为其在为“双包”辩护和正名的过程中争取到了更多的话语权。此时“实践是检验真理的唯一标准”是一条最流行的口号，年轻学者和在校学生所做的现场调查是最有说服力的。[⑤] 此外，还有一些德高望重的老学者如许涤新、苏星、林子力等，则是从马克思主

---

① 最早写文章支持“包产到户”的是安徽的政务参事郭崇毅和北京的学者陆学艺。1979年8月，郭崇毅写出“责任到户的性质及其有关问题”，1979年10月，陆学艺写出“包产到户问题应当重视”。这两篇文章当时未公开发布。参见中国农村发展问题研究组编《包产到户资料选（一）》（内部资料），1981，第15—33页。同年12月，时任安徽省委党校副书记、副校长的欧远方到全淑、来安、天长、滁县、五河、固镇和凤阳农村就联产承包责任制进行了调查，并写出了“事实·观感·认识——对皖东北七县联产承包责任制的考察”一文。参见欧远方《安徽包干到户研究》，安徽人民出版社，1982，第1—26页。

② 吴象、张广友：《联系产量责任制好处多》，《人民日报》1980年4月9日，载中国社会科学院农村发展研究所编辑组编《农业生产责任制论文集》，人民出版社，1986，第15—26页。

③ 杨勋：《包产到户是一个重要的理论和政策问题》，《农村经济丛刊》1980年第5期。但该文也承认：“我们并不认为，包产到户适用于全国一切地区的农业集体经济，也不认为包产到户将永世长存；只是认为，包产到户对于农业生产力低下的集体经济，是一种可供选择的生产责任制”。引自魏后凯、闫坤主编《中国农村改革与发展研究》，中国社会科学出版社，2018，第18—27页。

④ 参见中国农村发展问题研究组编《包产到户资料选（一）》（内部资料），1981，第1—14页。

⑤ 在这些学者调研中，影响最大、最为系统的调研是1980年由王贵宸等所作的《关于安徽包产到户情况的调研报告》，参见中国农村发展问题研究组编《包产到户资料选（二）》（内部资料），1981，第16—44页。1981年夏，8名年轻学者和大学生（陈一咨、孙方明、王小强、邓英淘、白南生、张木生、白南风、周其仁）组成的调研组到安徽滁县进行过一次调研。据其中参与调研的一名大学生，后来成为著名经济学家的周其仁的回忆，该次调研结果引起了当时的国务院总理的高度重视，给出的批语是“把包产到户后的农村问题说得一清二楚”。应该说，这次调研结果，对促使中央高层下决心承认“双包”的合法性起到了一定的作用。参见陈一咨、孙方明、王小强等《农村实行生产责任制后需要研究解决的几个问题》，载中共安徽省委农村工作部编《安徽省农业生产责任制资料选编》（内部资料），1983，第406—411页。

义经典著作和党的历史经验中寻找“双包”的依据。[①]

支持“双包”的一方握有两个最有说服力的事实：一是实行“双包”能迅速增产、增收；二是广大社员拥护，并积极响应“双包”。即使反对“双包”的人，也无法否认这两个基本事实。反对“双包”的一方主要疑虑：一是“双包”不符合大方向，是“倒退”；二是“双包”会引起贫富两极分化；三是“双包”会影响正在服役的战士、在职干部和工人的情绪；四是“双包”不利于农业机械化、现代化生产。

针对上述对“双包”的疑虑，一些学者以事实为依据给予了逐一回应。[②] 特别引起学者注意的是，“双包”所产生的增产、增收的效果，不仅发生在“穷队”，而且发生在“富队”。这一现象的发生，挑战了当时人们对“小农经济”的普遍认知，促使一些有识之士开始重新思考在农业经营领域家庭经营的制度价值。当时就有学者通过对安徽农村的实地调查，得出了“双包”不是权宜之计，是适应于农业经营特点的、具有普遍推广意义的劳动组织和生产管理方式的结论。[③] 1981 年 10 月，时任国家农委副主任的杜润生在中共中央主办的《红旗》上发表了一篇长文，详细阐述了农业的经营管理与工业的差异，从生产关系应该适应生产力发展水平的角度，很有说服力地论证了“双包”的适宜性和普遍价值。[④]

当时舆论界所达成的基本共识是：“双包”是农业生产经营制度的一种，适应了中国“人多地少”、生产力水平低下的国情，不是仅仅适应于贫困地区；“双包”充分体现了社会主义的“按劳分配”的原则，有效地调动了农民群众的生产积极性，属于社会主义性质，不是走资本主义道路；“双包”没有改变生产资料集体所有的性质，不是“分田单干”；“双包”不会导致农户的两极分化。[⑤]

---

① 这些经济学家当时发表的论文，参见中国社会科学院农村发展研究所编辑组编《农业生产责任制论文集》，人民出版社，1986。

② 王贵宸、魏道南：《论包产到户》，《经济研究》1981 年第 1 期。

③ 王贵宸、魏道南、陈一咨：《关于安徽包产到户情况的调研报告》（1980 年 8 月），载中国农村发展问题研究组编《包产到户资料选（一）》（内部资料），1981，第 39—40 页。

④ 杜润生：《农业生产责任制与农村经济体制改革》，《红旗》1981 年第 19 期。

⑤ 在当时，“双包”能带来农业生产发展和农民收入提高，很少有人否认这一点。但是，对于“双包”是否会导致农户的两极分化，特别是五保户、军烈属、困难户是不是生活水平下降了，或者是更困难了，则有不少人存有疑虑。在这一时期，大量的“双包”调查都用数字证明，“双包”并没有导致农户的两极分化，五保户、军烈属、困难户的收入也增加了。参见省委赴肥西县调查组《迅速恢复和发展农业生产的有效办法》，省委赴肥西县调查组《治穷制服之道》、陈一咨、孙方明、王小强等《农村实行生产责任制后需要研究解决的几个问题》等，载中共安徽省委农村工作部编《安徽省农业生产责任制资料选编》（内部资料），1983，第 179—193 页，第 199—209 页、第 406—411 页。

总之，实践证明，“双包”是有利于解决国家、集体和个人三者关系，促进农业生产、增加农民收入的最有效经营形式，不应仅仅作为应对一时困难的权宜之计。[①] 舆论界的这些讨论，对“双包”合法化、改变人们的观念起到了推波助澜的作用，并对中央高层的最终决策产生了一定的影响，至少是能给“双包”一个符合“正统理论”的说法。[②]

（二）“农口”[③] 统一了对“双包”的认识

历史上，“包产到户”曾有过“三起三落”的惨痛经历。[④] 这次“双包”会不会又重蹈覆辙，是当时广大农民尤其是农村基层干部所特别担忧的。虽然，在理论上可以找出“包干到户”与“分田单干”的各种区别，但在农民看来，“包干到户”就是“分田单干”，认为“包干到户”是“二次土改”。在农村现实操作中，“包干到户”与“分田单干”也确实是很难分清楚，与土改时分田的做法差不多。“在社会主义制度下，‘分田单干’是不会被允许的，是犯法的”，当时的农民都明白这个道理。不少农民认为：由于现在国家有困难，“双包”有利于生产、克服困难，所以，国家就放开了，让农民自己干。但过了这阵子困难以后会怎样呢？农民心里就打鼓了。因此，已经分到田的农户心里并不踏实，不知什

① 有关这一时期对“双包”的讨论，参见中国社会科学院农村发展研究所编辑组编《农业生产责任制论文集》，人民出版社，1986。

② 1984 年初，中共中央下发了《关于加强农村思想政治工作通知》（简称《通知》），并附有《当前农村思想政治宣传教育提要》（简称《提要》）。《通知》及《提要》明确提出：“联产承包责任制是社会主义合作经济的新形式”，并详细阐述了联产承包责任制的社会主义农业经济体制的性质。按照该《提要》的说法，联产承包责任制之所以是社会主义性质的合作经济，是因为：“第一，土地等生产资料仍然是集体所有”“第二，生产过程的基本方面由集体统一经营”“第三，产品分配上，更有利于贯彻按劳分配原则”“第四，联产承包责任制使国家对于农业的计划管理更加落实”。应该说，该《通知》及《提要》是官方给予“双包”的一个最为正统的说法，也是当时舆论界充分讨论的结果。转引自王仕元、李修义、杨世文主编《中国改革全书（1978—1991）》（农村改革卷），大连出版社，1992，第 169—182 页。

③ “农口”是指中共中央和国务院所属的涉及农业和农村的行政管理机构，当时包括国家农业委员会即国家农委、农业部、农垦部、农机部、粮食部、国家水产总局和全国供销合作总社等部门。

④ 自农村集体化运动以来，曾出现过三次“包产到户”的尝试。第一次发生在 1956 年，以浙江永嘉的“包产到户”试验最出名；第二次发生在 1959 年，以河南新乡、洛阳搞的“包产到户”最出名；第三次发生在 1961 年，这次规模较大，发起于安徽，扩大到全国其他部分农村地区。但这三次“包产到户”都很快遭到否定和批判，支持“包产到户”的邓子恢被解职。在之后进行的“四清”和“文化大革命”运动中，“包产到户”被定性为“资本主义复辟”，受到了更为严厉的批判。参见杜润生《杜润生自述：中国农村体制变革重大决策纪实》，人民出版社，2005，第 84—95 页。另参见陈吉元、陈家骥、杨勋等《中国农村社会经济变迁（1949—1989）》，山西经济出版社，1993，第 266—271 页、第 331—333 页。

么时候就会被收回去了。[①] 多数农村基层干部也是“走一步看一步”，在犹豫彷徨中前行。另外，当时党内一些老同志对“包产到户”仍有疑虑和争论，认为这是从制度优越的集体经济“倒退”到落后的小农经济。[②] 一些省级领导人认为，实行农业生产责任制的方向应该是从“统一经营、联产到劳”发展到“专业承包、联产计酬”。[③] 这实际是不认可“双包”的发展方向。问题的核心是：“双包”的性质是不是社会主义的，是不是具有普遍的制度优越性和适应性。对此问题，中央必须要作出明确表态，再含糊下去，只会造成人心不稳。[④]

对“双包”如何表态，中央还是很慎重的。首先“农口”要有统一的认识。1981 年 5 月，根据当时主管“农口”的国务院副总理万里的指示，国家农委组织了“农口”各单位包括国家农委、农业部、农垦部，以及中国社会科学院经济研究所等的人员，分 17 个调查组，赴全国 15 个省、区的农村，对生产责任制的实行情况展开了为期约 2 个月的调查。调查组成员有部长、副部长，也有农业经济问题专家，都是一些说话有分量的人。同年 7 月，国家农委召开了调查结果汇报会。在会上，各路调查组一致认为，“双包”这种生产责任制既发挥了集体经

① 在 1981 年 1 月杜润生陪同国务院总理到湖北、河南和山东农村考察时，有农民说：“包产到户是个穷法儿，三几年后，叫俺咋办就咋办，俺还要集体的。”参见《杜润生文集》，山西经济出版社，2008，第 24 页。作家李准在河南省西华县农村调研时，当地老农民说“有了困难定政策，形势好了变政策，运动来了批政策”。李准：《一个“精灵”的出现——河南省西华县农村见闻琐记》，《人民日报》1981 年 8 月 21 日。参见沈冲、向熙扬主编《十年来：理论 · 政策 · 实践》，求实出版社，1988，第 182—187 页。这些都反映了当时农民的普遍心态。

② 1982 年 2 月，万里从安徽调到北京后，安徽省各级党委和政府曾围绕“双包”问题展开激烈斗争。安徽有个县委书记公开指责说：“搞包产到户比四害横行还坏”“搞包产到户又等于是一次‘文化大革命’”。还有人说“搞包产到户是复辟封建主义”“搞包产到户是不折不扣的拉萨尔主义”。有的省对“双包”采取围、攻、堵、灭的政策。参见陆学艺《农业发展的黄金时代——包产到户的调查与研究》，甘肃人民出版社，1983，第 86—87 页。有的地方领导干部说“包产到户不仅倒退到资本主义，而且是倒退到封建主义，倒退了几千年”“包产到户”是“一些文人舞文弄墨、强词夺理”吹起来的。周曰礼：《农民致富之路——安徽农业大包干四年回顾》，参见中共安徽省委农村工作部编《安徽省农业生产责任制资料选编》（内部资料），1983，第 108 页。中央也有老同志认为，如果认同了“包产到户”就是“晚节不保”，参见杜润生《杜润生自述：中国农村体制变革重大决策纪实》，人民出版社，2005，第 118 页。

③ 1981 年 4 月 5 日《人民日报》上刊登了安徽省委第一书记张劲夫和河南省委第一书记刘杰对河南开封、洛阳和新乡农村进行调查的报道。在该报道中，张劲夫和刘杰表示：“统一经营、联产到劳”既能充分发挥集体经济的优越性，又能调动社员个人的积极性；这种生产责任制有强大生命力和广阔的发展前景。

④ 事实上，到了 1981 年年中，“双包”作为生产责任制的形式，已经得到了间接的正式认可。1981 年 10 月，杜润生在《红旗》杂志上发表了题为《农业生产责任制与农村经济体制改革》长篇文章，该文分析了“双包”的社会主义性质，肯定了农民自发进行“双包”的做法。参见杜润生《农业生产责任制与农村经济体制改革》，载《中国农村经济改革》，中国社会科学出版社，1985，第 49—68 页；农业部政策研究室编辑出版的《农业经济管理经验选编》中，将“包产到户”和“包干到户”作为生产责任制的两种形式；1981 年河南省农业委员会编辑出版的《农业生产责任制试行办法》也将“包干到户”作为生产责任制的一种形式。

济的优越性，又充分调动了广大群众的积极性，应该给予肯定，不应该仅仅作为权宜之计，“要给群众吃个定心丸”。该调查还反映，中央提出的实行生产责任制要“切三刀”的政策，起不到什么好的指导作用，只会造成干部群众的思想混乱，而且在实践中也很难执行。[①] 这次调查不仅统一了“农口”内部的认识，而且直接促使中央下决心给“双包”一个比较明确的说法。

（三）“双包”终于得到承认

1981年10月，全国农村工作会议和农业工作会议同时在北京召开。会上讨论了国家农委起草的《关于农村工作几个问题的通知》。会后，在杜润生的主持下，经过反复修改后，综合了各方的意见，最终形成了《全国农村工作会议纪要》。[②] 1982年1月，中共中央以批转《全国农村工作会议纪要》的方式，发出了中国经济改革史上具有标志性意义的1982年中央一号文件。

1982年中央一号文件明确提出，“目前实行的各种责任制形式，包括小段包工定额计酬，专业承包联产计酬，联产到劳，包产到户、到组，包干到户、到组，等等，都是社会主义集体经济的生产责任制”，“包工、包产、包干，主要是体现劳动成果分配的不同方法”，并特别指出“包干到户”不是“分田单干”，“不同于合作化以前的小私有的个体经济”。这样，在社会主义集体经济的“大帽子”下，“双包”终于正式获得了合法的身份，而且也不再有专业承包、联产到劳与“双包”之间谁“高级”、谁“低级”，谁“先进”、谁“落后”之分了，一视同仁。但此时，中央对“包干到户”仍是持允许和不反对的态度，并认为“包干到户”“一般只适用于某些宜于分散经营的项目和单一经营的单位”。这表明，即使在现实中“包干到户”已经势不可当了，但中共党内的部分人对完全承认取消生产队统一核算、“不算工分”的“包干到户”做法，还是有一些“心理障碍”的。1982年中央一号文件起草者也不得不作出某种“妥协”。

1982年2月，在国家农委组织下，北京大学、北京农业大学和中国人民大

① 张广友：《实践使他们提高了认识》，《人民日报》1981年8月4日。载沈冲、向熙扬主编《十年来：理论·政策·实践》，求实出版社，1988，第188—192页。

② 彭森、陈立等：《中国经济体制改革重大事件（上）》，中国人民大学出版社，2008，第108页。

学的农村学生利用度寒假的机会，对全国150多个村庄，围绕着实行生产责任制的情况进行调查（这就是当时著名的“百村调查”）。根据该调查，农民普遍更拥护“包干到户”，认为“包干到户”的增产、增收的结果最明显。① 这一调查结果，在很大程度上促使中央高层对“包干到户”给出了一个更为明确的说法。②

1983年中央一号文件对包括“包干到户”在内的分户承包，不再仅仅是不反对和允许了，而是以“赞美之词”列举了其各种优点，将“分户承包的家庭经营”定性为“合作经济中的一个层次，是一种新型的家庭经济”，③ 并给采取承包方式的生产责任制承包制一个统一称谓，用“联产承包责任制”替代了之前的“联产计酬生产责任制”的说法。④ 这就是说，“双包”不再仅仅是一种计算劳动成果的分配方法，而是一种具有广泛适应性的农业生产的经营方式，因此，“应当积极支持”。

1982年12月，全国人大通过了新制定的《中华人民共和国宪法》，正式废除了“政社合一”“三级所有、队为基础”的人民公社制度，并将社会主义责任制写进了新的宪法。⑤ 这就在法律上消除了“双包”违宪的嫌疑。在1983年6月召开的第六届全国人民代表大会上，将家庭联产承包责任制的改革作为经济体制改革的成功样本，给予了十分积极的肯定，并将“联产承包责任制”正式定名

---

① 国家农委政策研究室：《1982年“百村调查”综合报告》，载黄道霞、余展、王西玉主编《建国以来农业合作化史料汇编》，中共党史出版社，1992，第1007—1009页。

② 杜润生：《杜润生自述：中国农村体制变革重大决策纪实》，人民出版社，2005，第123—125页。

③ 1983年中央一号文件即1983年中共中央印发的《当前农村经济政策的若干问题》指出：“联产承包责任制迅速发展，绝不是偶然的。它以农户或小组为承包单位，扩大了农民的自主权，发挥了小规模经营的长处，克服了管理过分集中、劳动‘大呼隆’和平均主义的弊病，又继承了以往合作化的积极成果，坚持了土地等基本生产资料的公有制和某些统一经营的职能，使多年来新形成的生产力更好地发挥作用。这种分散经营和统一经营相结合的经营方式具有广泛的适应性，既可以适应当前手工劳动为主的状况和农业生产特点，又能适应农业现代化进程中生产力发展的需要。在这种经营方式下，分户承包的家庭经营只不过是合作经济中的一个经营层次，是一种新型的家庭经济。”

④ 当时对各种承包经营称谓较多，1981年10月，杜润生在全国农村工作会议的讲话中提出，“应将各种联系产量计酬承包经营的生产责任制统称为联产承包责任制”。参见杜润生《中国农村经济改革》，中国社会科学出版社，1985，第76页。另外，早在1979年，欧远方在《事实·观感·认识——对皖东北七县联产承包责任制的考察》一文就提出了“联产承包责任制”的概念。参见欧远方《安徽包干到户研究》，安徽人民出版社，1982，第1—26页。

⑤ 1975年《中华人民共和国宪法》第七条规定：“农村人民公社是政社合一的组织。现阶段农村人民公社的集体所有制经济，一般实行三级所有、队为基础。”1982年《中华人民共和国宪法》废除了该条，重新表述为：“农村人民公社、农业合作社和其他生产、供销、消费等各种形式的合作经济，是社会主义劳动群众集体所有制经济”。1982年宪法还规定：“国家通过提高劳动者的积极性和技术水平，推广先进的科学技术，完善经济管理体制和企业经营管理制度，实行各种形式的社会主义责任制。”

为“家庭联产承包责任制”。[①]

（四）家庭联产承包责任制的迅速普及

中央对“双包”政策的大转变，促使家庭联产承包责任制在全国迅速推广。家庭联产承包责任制从农区推广到林区、牧区、渔区和菜区。1983 年春，就连土地辽阔、农业机械化水平较高的黑龙江省也有85%的生产队实行了家庭联产承包责任制，并在当年年底就见到了巨大成效。[②] 到了 1984 年，除极少数仍坚持集体经济、集体经营的社队外，几乎全部社队都实行了以“包干到户”为典型形式的家庭联产承包责任制。具体数据[③]见表 1－1。这时，家庭联产承包责任制改革已经由农民自行发起、地方政府自主选择的行为，变为各级政府统一部署的国家行动。

表 1－1　实行各种形式生产责任制的社队占全部社队的比例　（单位:%）

类型	1980 年	1982 年	1984 年
定额包工	39.0	9.0	0.9
联产到组	23.6	9.0	0.9
联产到劳	8.6	9.0	0.9
包产到户	9.4	8.8	0.9
包干到户	5.0	80.9	99.0
其他	7.4	—	—
实行生产责任制	93.0	98.7	100.0

1983 年以前，“包干到户”的广泛推行，并没有采取之前惯常的做法，发动群众、搞群众运动，而是农民自发选择的结果。通常是“穷队”先搞，逐步蔓延

① 第六届全国人民代表大会的《政府工作报告》中是这样表述的：“我国农民在党的领导下创造了多种形式的家庭联产承包责任制，克服长期存在的生产上瞎指挥和分配上的平均主义，把小规模的分户经营与专业化、社会化生产结合起来，继承了合作化的积极成果，从而使集体所有制的优越性和家庭经营的积极性统一了起来，并且同时得到充分发挥。”较早地提出家庭联产承包责任制的还是杜润生。1982 年 11 月，杜润生将建立在家庭经营基础上的联产承包责任制称为“家庭式的联产承包责任制”。参见杜润生《中国农村经济改革》，中国社会科学出版社，1985，123 页。

② 罗小朋、谢扬、李卫群等：《历史的结论——黑龙江农业生产责任制考察》，《中国农村观察》1984 年第 2 期。转引自魏后凯、闫坤主编《中国农村改革与发展研究》，中国社会科学出版社，2018，第 36—41 页。

③ 黄道霞、余展、王西玉主编《建国以来农业合作化史料汇编》，中央党史出版社，1992，第 1390 页。

到“富队”。一项回顾性调查显示，在所调查的村中，到 1982 年，在人均收入低于 300 元的社队中，实行“包干到户”的比例为 76.9%；在人均收入 300 元到 450 元的社队中，实行“包干到户”的比例为 40.39%；在人均收入 450 元到 650 元的社队中，实行“包干到户”的比例为 39.54%；在人均收入 650 元到 900 元的社队中，实行“包干到户”的比例为 33.3%；在人均收入超过 900 元的社队中，实行“包干到户”的仅为 5.91%。① 这组数据充分证明了一个道理，即“越穷越想改”。

到了 1983 年以后，情况出现了一些变化。虽然 1982 年中央一号文件和 1983 年中央一号文件都强调是否实行联产承包责任制，要尊重农民的选择，不搞“一刀切”，但是，在人民公社的社队体制被视为极“左”产物的大环境下，各级政府官员都不愿意背着极“左”的坏名声。到了这时，家庭联产承包责任制实际上是各级政府强力推行的。在“分田到户”已经是大势所趋的情况下，原本集体经济发展较好的“富队”的社队干部也不愿逆潮流而动。② 根据有关口述史的调查，一些从集体经济中成长起来的中、青年社员，也包括一些长期不下地干农活的社员，已经习惯于集体劳动了，并不愿意“分田单干”，嫌“分田单干”麻烦，什么农活都要自己操心，还要承担风险，但迫于形势不得不把田分到户。③

（五）家庭联产承包责任制的制度绩效

家庭联产承包责任制的制度绩效是巨大的，可能也是“谁也没想到”的。6 年间粮食产量由 3 亿吨增长到 4 亿吨，年平均增长率高达 5%。④ 这是世界粮食生

---

① 何道峰：《村级农地制度的变革》，载中国农地制度课题组编著《中国农村土地制度的变革——中国农村土地制度国际研讨会论文集》，北京大学出版社，1993，第 32—33 页。

② 如在厦门郊区的林村，这是个“富队”。1981 年该村曾实行过“包产到组”，其效果不错。但到了 1982 年，在地方政府的催促下，改为实行部分土地“包产到户”。到了 1984 年，迫于地方政府的压力，该村将全部土地分到户，实行“包干到户”。按该村支书的说法，就是“分田单干”。参见黄树民《林村的故事》，生活·读书·新知三联书店，2002，第 183—186 页。

③ 例如，浙江海宁县一个农村干部事后曾说：“我当时到农民中做工作的时候，话说得很干脆。我告诉农民，分田到户是现在的潮流，你不跟着走，就会被潮流所淹没。农民很快就被我说通了。”参见张乐天《告别理想——人民公社制度研究》，上海人民出版社，2005，第 343 页。在河北清苑县农村也有这样的情况。清苑县大阳乡西街村有的生产队，一直到 1984 年才在村干部的说服下实行“包干到户”。参见中国社会科学院经济研究所“无保”调查课题组《中国村庄经济——无锡、保定 22 村调查报告（1987—1998）》，中国财政经济出版社，1999，第 443 页。另参见魏宏远、［日］三谷孝主编《二十世纪华北农村调查记录》（第一卷），社会科学文献出版社，2012。

④ 粮食总产量从 1978 年的 30477 万吨上升到 1984 年的 40731 万吨。参见国家统计局农村社会经济调查总队《新中国五十年农业统计资料》，中国统计出版社，2000，第 37 页。

产史上的一个奇迹。与此同时，农民收入从1978年的133.57元上升到1984年的355.33元，提高了1.66倍。① 一项计量经济研究结果表明，家庭联产承包责任制改革对这一时期农业经济增长的贡献率高达48.64%，在各种增长要素中，其贡献率最大。② 不仅如此，城镇农副产品市场供应也得到了显著的改善。肉、蛋、鱼、菜等农副产品供应充足，出现了自1955年以来从未有过的市场繁荣景象。

除了可以用统计指标计量的制度绩效，家庭联产承包责任制所释放出来的另一个最大好处是农民“自由”了，解放出大量的农村劳动力。过去要干一整天的活，现在只用一上午就可以干完了。据调查，除了农忙季节，“分田到户”后一般农活所用的时间，只有“大集体”时的三分之二。③ 社员说，“大呼隆、三人抵一人，责任制、一人抵三人”。④ 社员不必整天耗在地里、耗在队里开没完没了的会，有了更多的闲暇时间。地里的农活干完，一家人有时间上街赶集和看戏了。⑤ 如果对“穷队”农民来说，从“分田到户”中得到的最大好处是能“吃饱饭”了，有钱盖房子娶媳妇了，那么，对“富队”农民而言，从“分田到户”

---

① 农业部政策法规司、国家统计局农村司编著《中国农村40年》，中原农民出版社，1989，第552页。这一阶段农民收入的快速增长与粮食收购价格的大幅提高有很大关系。1979年到1984年，国家连续三次大幅度上调粮食收购价格（1979年上调30.5%，1983年上调10.3%，1984年上调12%），6年间累计上调幅度高达74.2%。参见陈吉元、邓英淘、薛玉炜等《中国农村的变革与发展——回顾与展望》，广东高等教育出版社，1992，第3—61页。根据刘守英对山东省平度县农村的调查分析，该县自1982年到1986年，粮食亩产收入增长了62.2%，其中产量增长贡献率为58.8%，价格提高的贡献率为41.2%；花生亩产收入增长了97.9%，其中产量增长的贡献率为66.9%，价格提高的贡献率为33.1%。刘守英：《“两田制”变迁与政府行为》，载张红宇、陈良彪编著《中国农村土地制度建设》，人民出版社，1995，第203页。

② 参见林毅夫《制度、技术与中国农业发展》，格致出版社，1992，第63—92页。有学者从分工程度和界定产权效率的角度所作的计量经济研究结果表明，通过改进组织效率对经济增长的贡献率为48%，通过改进资源分配效率对经济增长的贡献率为52%。杨小凯等：《中国农村产权结构变化对商品化和生产率的影响》，参见文贯中主编《中国当代土地制度论文集》，湖南科学技术出版社，1994，第236—273页。有关对家庭联产承包责任制改革为什么能取得如此之“辉煌”的经济绩效的“追问”许多学者曾进行过系统的研究。其中代表性的研究参见周其仁《家庭经营的再发现——论联产承包制引起的农业经营组织形式的变革》，《中国社会科学》1985年第2期；周其仁《中国农村改革：国家与土地所有权关系的变化》，载《产权与制度变迁》社会科学文献出版社，2002，第1—46页；陈锡文《中国农村改革：回顾与展望》，天津人民出版社，1993；钱忠好《中国农村土地制度变迁和创新研究》，中国农业出版社，1999；温铁军《中国农村基本经济制度研究——“三农”问题的世纪反思》，中国经济出版社，2000；张红宇《中国农村的土地制度变迁》，中国农业出版社，2002；刘凤芹《农地制度与农业经济组织》，中国社会科学出版社，2005；蔡昉等《中国农村改革与变迁》，格致出版社，2008；等等。

③ ［美］黄宗智：《长江三角洲小农家庭与乡村发展》，中华书局，2000，第220页。

④ 中共安徽省委农村工作部编《安徽省农业生产责任制资料选编》（内部资料），1983，第314页。

⑤ 据当时的调研，在安徽实行“双包”以后，农村的电影放映量和看电影的人数激增。参见中共安徽省委农村工作部编《安徽省农业生产责任制资料选编》（内部资料），1983，第339页。农民说，“分田到户”后，“戏没少看，集没少赶，亲戚没少串，活没少干，粮没少收”。参见《杜润生文集》，山西经济出版社，2008，第21页。

中获得的最大收益是有时间搞副业、跑买卖了，到乡镇企业就业了。[①]

“分田到户”对妇女的“解放”效果最为明显。农村集体化运动彻底地动摇了中国传统的“男主外、女主内”“男耕女织”的家庭内部分工结构。除了少数妇女干部或“赤脚医生”、乡村老师，绝大多数妇女都要下地“挣工分”，否则就没粮食分。而且，队里往往会把费时、费工，但对体力要求不高的农活分给妇女干。搞得妇女们整日耗在地里，没时间做家务，家里吃穿用都是马马虎虎，小孩没有时间照顾，自己还害上了妇女病。[②]“分田到户”后，农户家庭劳动力可以自行安排。“大集体”时主要由妇女干的类似插秧、割稻子、割麦子的农活（妇女被认为“腰软”，适合干这类农活），家里的男人都接过来了，至少是接过来一大部分。[③]农闲时，妇女不必出工。妇女有时间在家洗衣做饭、缝衣做鞋、照看老小、收拾房间了。妇女到生理期时，也可以在家歇着了，也有时间走亲戚、回娘家了。

回过头来看，家庭联产承包责任制的改革可能是中外历史上很少有的皆大欢喜的制度变革。

四、从家庭联产承包责任制到家庭土地承包经营制

（一）家庭承包经营属于集体经济范畴

在实行家庭联产承包责任制之初，家庭承包经营还是在集体统一经营之下进行的，在政策口径上，家庭承包经营属于“劳动群众集体所有制的合作经济”。[④]

---

① 根据黄宗智对长江三角洲农村的调查，实行家庭土地承包经营制后，在这一地区，产量并没有增长，只是农产品价格提高了。对当地农民来说，实行家庭土地承包经营制的最大好处是农民可以自由地从事非粮生产，可以搞副业，可以进乡镇企业务工，也有更多的闲暇。参见［美］黄宗智《长江三角洲小农家庭与乡村发展》，中华书局，2000，第243—248页。另外，不少“富队”原来也是农业学大寨的典型，对社员管得严，开会也多，弄得农民没有自己的时间。

② 安徽一个农村妇女对记者说，要说过去社员生活苦，女社员最苦，上工同男社员一样干，回家还得干，又带孩子，又做饭，又喂猪，又洗涮，没完没了的家务事，累死也干不完。参见吴象、张广友《江淮地区农村包产到户见闻》（1980年5月），转引自中共安徽省委农村工作部编《安徽省农业生产责任制资料选编》（内部资料），1983，第374页。

③ ［美］李怀印：《乡村中国纪事》，法律出版社，2010，第240—241页。

④ 1983年中央一号文件提出：“人民公社原来的基本核算单位即生产队或大队，在实行联产承包以后，有的以统一经营为主，有的以分户经营为主。它们都属于劳动群众集体所有制的合作经济。”中共中央办公厅、中共中央党校调查组曾在1982年4月27日的《人民日报》上发文称，“现阶段这种组织规模不等、经营方式不同、管理有‘统’有‘分’的集体经济形式，才是符合我国农村经济状况的社会主义集体经济。那些在公有制基础上实行分户经营的，通过承包合同关系，同集体和国家联系起来，也是一种集体经济”。转引自沈冲、向熙扬主编《十年来：理论·政策·实践》，求实出版社，1988，第208页。

正如当时的学者所说的那样，实行家庭联产承包责任制使家庭成为合作经济的经营细胞。[①]

在实行家庭联产承包责任制的初期，家庭经营的集体经济性质主要体现为以下三个方面：首先，村集体作为土地所有权人既有土地的发包权，也有对土地的收回权；其次，家庭经营的安排要服从于集体经营的计划；[②] 最后，一些地区的村集体仍掌握着大型农机具，仍具有统一耕种、统一收割、统一浇水的经营能力。[③] 总之，此时的家庭承包经营是从属于集体经济的。

家庭联产承包责任制之所以定位为集体经济或合作经济，这既有意识形态上的限制，[④] 也有现实的考虑。在此时，计划经济占据国民经济绝对主导地位。在计划体制下，国家与个体农户之间的产品交换，必须在三级所有的集体经济制度框架内完成。国家通过人民公社向生产大队下达农产品征购计划，生产大队会同生产队以承包合同的方式，向农户落实农产品征购数量，安排农户的耕种活动。农户购买其所需的生产资料如化肥、农药、良种等，也要通过生产队，由生产大队层层上报到人民公社。人民公社按国家计划统一安排，通过国家控制的供销社合作社，向农户供应生产资料。总之，个体农户的耕种经营是被嵌入在国家计划体系之内的，个体农户与社会化大生产的对接是透过各级集体组织来实现的，个体农户经营是无法脱离集体经济而独立存在的。这就是家庭经营是“合作经济中的一个经营层次”的实际内涵。然而，这种农户的家庭经营从属于集体经济的情况很快就发生了改变。

（二）家庭承包经营与集体经营成了并联关系

1983 年 10 月，中共中央、国务院发布了《关于实行政社分开建立乡政府的通知》。该通知要求，废除人民公社，建立乡或镇政府，并探索建立村民自治组织即村民委员会。这标志着人民公社对农村经济全面控制时代的结束。

1985 年，国家启动了农产品购销体制的改革，统派购制度转为合同定购和

---

① 周其仁：《家庭经营的再发现——论联产承包制引起的农业经营组织形式的变革》，《中国社会科学》1985 年第 2 期。

② 1982 年中央一号文件规定，“为了保证土地所有权和经营权的协调和统一，社员承包的土地，必须依照合同规定，在集体统一计划安排下从事生产……社员承包的土地，不准买卖、不准转让、不准荒废，否则集体有权收回；社员无力经营或转营他业时应退还集体”。

③ 有关对这一时期集体经济组织运作的讨论，见本书附章第三节。

④ 为了减少争论，杜润生在各种场合曾反复强调“包产到户”“包干到户”不等于“单干”。参见杜润生《中国农村经济改革》，中国社会科学出版社，1985。

市场收购相结合的制度。虽然之后发生了一系列的波折，但个体农户以合同方式直接与国营商业流通企业交换产品的状况一直被维持下来。这直接导致生产大队和生产小队两级村集体丧失了对个体农户生产经营的直接控制权，个体农户直接面对受国家计划控制的农产品销售市场和农业生产资料供应市场。而且，这一时期，农村集贸市场和计划外农资市场的迅速发展，使个体农户不再完全依赖集体组织，而自行直接与市场对接。

另外，在绝大多数地区，集体所有的大型农机具，不是被分到户，就是被承包给个体专业户，集体在农业领域的统一经营能力被大大弱化。而个体农户通过自我装备农机具、自我筹集生产资料，也大大地减少了对集体经济统一经营的依赖。这时的家庭经营已很难再说是集体经济的一种经营形式了。对许多农户来说，这时的农户经营与1953年合作化运动前的个体农户经营并没有多少差别。然而，在政策和法律表达上，个体农户的家庭经营仍一直被强调其集体经济性质。

1987年1月下发的中央75号文中，再次强调“土地联产承包责任制，是合作经济内部的责任制形式”。① 也就是说，这一制度仍属于集体经济的范畴。1990年1月，中央首次完整地表达了“以家庭联产承包为主的责任制”和“统分结合的双层经营体制”的概念，并正式宣布这一体制要“作为农村的一项基本制度长期稳定下来”。这就说明，家庭联产承包责任制不再被作为权宜之计，不再被认为是因为中国农村生产力太落后而作出的迫不得已的选择，而是一项要长期坚持的基本制度。与此同时，该文件仍认为这一体制是集体经济发展的新的经营形式②。1991年11月召开的党的十三届八中全会通过的《中共中央关于进一步加强农业和农村工作的决定》基本延续了上述对家庭联产承包制的表达，但承认了集体统一经营与农户承包经营，集体经济与个体经济、私营经济是并列关系，③

① 1987年1月中共中央政治局通过的《把农村改革引向深入》即中央75号文提出：“土地联产承包责任制，是合作经济内部的责任制形式，发包土地的集体和承包土地的农户都要严格履行合同规定的义务。”

② 《中共中央、国务院关于一九九一年农业和农村工作的通知》提出，“在农村改革中，通过实行以家庭联产承包为主的责任制，建立统分结合的双层经营体制，为集体经济找到了适应生产力水平和发展要求的新的经营形式。这种经营体制，具有广泛的适用性和旺盛的生命力，一定要作为农村的一项基本制度长期稳定下来”。

③ 《中共中央关于进一步加强农业和农村工作的决定》提出，“农村普遍实行了以家庭联产承包为主的责任制，逐步建立起统分结合的双层经营体制，有利于集体统一经营的优越性和农户承包经营的积极性都得到发挥；在发展集体经济同时，个体经济、私营经济也有较大的发展，以集体经济为主体的多种经济成分并存的格局已经形成”。

同时还强调以集体经济为主体，农村改革中的重点是逐步壮大集体经济实力，认为这种双层经营体制是集体经济的自我完善和发展。在1993年3月全国人民代表大会通过的《中华人民共和国宪法修正案》中，将家庭承包经营定性为集体所有制经济，并没有将家庭承包经营作为双层经营中的“分散的一层”与集体经济区别开来。① 这就是说，从正规制度上说，承包土地的农户的承包经营要纳入村集体的管理，还要对集体农业生产负责。这样的政策和法律文本的表达与现实情况并不相符。

为什么会出现这种政策和法律文本的表达与现实情况不相符的情况呢？这既有意识形态上的顾虑，② 也有现实的考虑。按照在当时处于绝对垄断地位的马克思主义理论，所有权是全能的产权，产权等于所有权。集体土地所有制就决定了家庭土地承包经营的集体经济性质。虽然到了20世纪80年代中期以后，“姓资”还是“姓社”的意识形态之争已经大大淡化了，但有关家庭小农经济是否能对接社会大生产，是否有生产效率提高的“天花板”的争论仍然存在。强调家庭承包经营的集体经济性质也会减少改革的阻力。③ 另外，当时中央高层领导人也并没有放弃将农民重新组织起来再走“集体化”之路的想法。④ 更为现实的问题是，1985年到1993年这八年间，国家与个体农户之间的粮、棉、油等主要农产品购销关系很不稳定；在“双轨制”的农产品购销体制下，单靠计划价格调节

① 1993年全国人大通过的《中华人民共和国宪法修正案》将1982年《中华人民共和国宪法》第八条第一款中：“农村人民公社、农业生产合作社和其他生产、供销、信用、消费等各种形式的合作经济，是社会主义劳动群众集体所有制经济”修改为“农村中家庭联产承包为主的责任制和其他生产、供销、信用、消费等各种形式的合作经济，是社会主义劳动群众集体所有制经济”。

② 多年以后，时任中共中央农村工作办公室副主任陈锡文曾回忆道：在起草1983年中央一号文件时，陈锡文曾提出农民这层是经营，但村集体那层好像不是经营。这时杜润生说了一句意味深长的话，小青年啊，不知道厉害，不说双层经营这句话，是要“掉脑袋”的。参见钱昊平、李玲、孙良滋《杜润生：不仅是农民的朋友》，《南方周末》2015年10月15日。

③ 1989年政治风波后，一些人在报刊上发表文章提出：“坚持发展集体经济总方向”；“家庭联产承包责任制绝不可以取代集体经济”；集体经济“代表了中国前进的方向”。转引自王仕元、李修义、杨世文主编《中国改革全书（1978—1991）》（农村改革卷），大连出版社，1992，第294—295页。在这样的政治氛围下，“农口”的政策制定者要强调家庭土地承包制是集体经济性质，也是完全可以理解的。

④ 对于家庭承包经营发展前景，1982年中央一号文件认为，对于家庭承包经营，“随着生产力的发展，它将会逐步发展成更为完善的集体经济”。1990年，邓小平提出了“两个飞跃”著名论断。邓小平在谈到农业问题时指出：“中国社会主义农业的改革和发展，从长远的观点看，要有两个飞跃。第一个飞跃是废除人民公社，实行家庭联产承包为主的责任制，这是一个很大的前进，要长期坚持不变。第二个飞跃是适应科学种田和生产社会化的需要，发展适度规模经营，发展集体经济，这又是一个很大的前进，当然这是很长的过程。”参见《邓小平文选》（第三卷），人民出版社，1993，第355页。1990年6月，时任中共中央总书记江泽民在一次农村工作座谈会上讲话指出：“农村改革总的方向是发展集体经济，引导农民走共同富裕的道路。”中共中央文献研究室、国务院发展研究中心编《新时期农业和农村工作重要文献选编》，中央文献出版社，1992，第597页。

很难保证国家对农产品收购的稳定，[①] 因此，需要村集体以落实承包合同责任的方式，保障国家农产品定购任务的完成[②]。与此同时，在农产品商品化、农业市场化进程加速的情况下，当时的中央农业政策制定者希望通过发展壮大集体经济，将分散的小农经营与社会化大生产、大服务、大市场相对接。这就是加强农村经济中“统的”这一块，做好“一家一户干不了、办不好、办起来不合算的事”[③]。除了上述理由，还有可能是传统的思维惯性所致。

（三）对农户家庭承包经营独立于集体经济的地位的承认

然而，中央的政策口径很快就有了较大的调整。1993 年 11 月，中共中央、国务院发出了《关于当前农业和农村经济发展的若干政策措施》。该文件提出，“以家庭联产承包为主的责任制和统分结合的双层经营体制，是我国农村经济的一项基本制度，要长期稳定，并不断完善”。该文件的这一表述被纳入同年年底召开的党的十四届三中全会所通过的《中共中央关于建立社会主义市场经济体制若干问题的决定》[④] 中。从此之后，彻底甩掉了长期以来缀在家庭土地承包经营制表述之后的“集体经济”这个词，也不再提“以集体经济为主体”之类的说法了。这就是说，家庭承包经营是独立于集体经营的，家庭经营与集体经营是并列关系，而不是从属关系。1993 年 7 月，全国人大通过的《中华人民共和国农业法》将上述中央的政策提法以法律的形式确定下来。[⑤]

1998 年 9 月，中共中央总书记江泽民在安徽考察时，首次正式提出“家庭承包经营”的概念。[⑥] 1998 年 10 月，党的十五届三中全会出台的《中共中央关

---

① 有关这一时期农产品购销体制运作情况，参见陈锡文、赵阳、罗丹《中国农村改革 30 年回顾与展望》，人民出版社，2008，第 79—90 页。

② 1987 年 75 号文即《把农村改革引向深入》提出，“发包土地的集体和承包土地的农户都要严格履行合同规定的义务。承包户应按照合同规定使用土地，不得私自转为非农用途，并应向集体交纳提留，完成国家农产品定购任务；集体也要按合同规定向农户提供服务”。

③ 这是 1991 年 11 月党的十三届八中全会通过的《中共中央关于进一步加强农业和农村工作的决定》对集体经济统一经营的定位。

④ 党的十四届三中全会通过的《中共中央关于建立社会主义市场经济体制若干问题的决定》，被公认是中国建设社会主义市场经济体制的总体方案，具有很高的权威性和长远的指导意义。

⑤ 1993 年 7 月全国人大颁布的《中华人民共和国农业法》第六条规定，“国家稳定农村以家庭联产承包为主的责任制，完善统分结合的双层经营体制，发展社会化服务体系，壮大集体经济实力，引导农民走共同富裕的道路”。

⑥ 江泽民在该次讲话中指出：“深化农村改革，首先必须长期稳定以家庭承包为基础的双层经营体制，这是党的农村政策的基石。”参见江泽民《全面推进农村改革，开创我国农业和农村工作新局面——在安徽考察工作时的讲话》，《人民日报》1998 年 10 月 5 日。

于农业和农村工作若干重大问题的决定》将“家庭承包经营”的概念以中央文件的形式确定下来。① 从此，在中央文件中再也不提“联产”和“责任”了，也就是说，在政策上，承认了农户生产多少是自己的事情，不再与农户承包的土地相联系了，农户也不需要承担集体经济发展的责任了；同时也将“以家庭联产承包为主”中的“为主”两个字拿掉了。1999 年 3 月，全国人民代表大会对《中华人民共和国宪法》作出了相应的修改。② 2002 年 8 月，全国人民代表大会颁布的《中华人民共和国农村土地承包法》正式将家庭土地承包经营制写进了法律。③ 这样，经过了 20 年的实践，从法律表述上，终于完成了从家庭联产承包责任制到家庭土地承包经营制的过渡。④

有关家庭承包的政策及法律表述之所以出现这样的变化，首先应看到观念的转变在其中所发挥的作用。20 世纪 80 年代中后期，新制度经济学被引进到中国经济学界，得到了许多学者的强烈响应。一些学者从现代产权理论的角度，敏锐地观察到家庭联产承包责任制已经涉及农村土地产权制度改革了，⑤ 而且认识到产权是可以分割的，可以将作为使用权的土地承包经营权从全能的所有权中分割出来，应该给予农户包括占有、支配、使用和收益以及转让在内的完整的土地产权，应该承认农户对土地的产权主体地位，而不是依附于集体经济及集体土地所有权。⑥

① 《中共中央关于农业和农村工作若干重大问题的决定》提出，“长期稳定以家庭承包经营为基础，统分结合的双层经营体制”。

② 1999 年《中华人民共和国宪法》将相关的法律条款修改为“农村集体经济组织实行家庭承包经营为基础、统分结合的双层经营体制，农村中的生产、供销、信用、消费等各种形式的合作经济，是社会主义劳动群众集体所有制经济”。

③ 2002 年 8 月全国人大颁布的《中华人民共和国农村土地承包法》第三条规定，“国家实行农村土地承包经营制度。农村土地承包采取农村集体经济组织内部的家庭承包方式”。

④ 为了叙述方便，除非要特别说明，本书以下各章将 1982 年中央一号文件出台以前的土地承包制，称为“双包”，将之后的土地承包制均称为家庭土地承包经营制。

⑤ 国内理论界较早认识到“包干到户”是“农民财产关系的一场变革”的学者是周其仁。但周其仁此时所说的农民财产是指农民通过积累而形成的财产，并不包括土地承包经营权。参见发展研究所综合课题组《改革面临制度创新》，生活·读书·新知上海三联书店，1988，第 65—80 页。

⑥ 在 20 世纪 80 年代早期，一些学者就从马克思著作中发现所有权和使用权可以“分离”，并用这一理论解释家庭土地承包经营制所产生出来的所有权与使用权的“分离机制”。参见中国农村发展问题研究组《农村经济变革的系统考察》，中国社会科学出版社，1984，第 269—272 页。最早从产权分离的视角分析家庭土地承包经营制的学者是张五常。张五常在 1984 年发表的《从“大锅饭”到“大包干”》一文中认为“大包干”实质上是“私权开始形成”。参见张五常《中国的前途（增订本）》，花千树出版有限公司，2002，第 39—48 页。张五常在 1986 年 10 月发表的 *China in transition*：*Where is she head now*？一文中从土地权利划分、土地权利排他性占用，以及土地权益分配方面，证明家庭土地承包合约即家庭土地经营权具有私权性质。参见张五常《张五常英语论文选》，花千树出版有限公司，2005，第 669—683 页。

学术界的讨论重点也从对农户个体经营与集体统一经营之间的经营关系的讨论，[①] 转向对农户土地承包经营权与土地集体所有权之间的产权关系的讨论。1988 年 9 月，由国务院农研中心组织在贵州遵义市召开的农村土地问题研讨会，就是以农户的土地产权为核心展开各种观点讨论的。[②] 另外，在产权范式下，学者对农民合作经济也有了新的理解。有学者认为，农民合作经济不一定要建立在公有制的集体经济之上，可以是农民财产的联合体，如股份合作制；[③] 集体经济的发展方向应该是建立在农户自愿联合基础上的合作经济[④]。法学家则是从土地承包经营权的法律属性方面，论证以承包合同关系界定土地承包经营农村土地集体所有权之间关系的种种不适当性，呼吁以用益物权关系代替承包合同关系。[⑤] 学者的这些理论讨论势必会以各种方式，对中央的决策产生影响。

当然，中央决策层出于对农村现实的考虑可能是更为关键的因素：第一，1993 年以后，国家取消了粮食统销制度，也就是取消了粮票，粮食等主要农产品逐渐不再依赖于国家计划供应，而转向受国家调控的市场化经营影响。这样一来，联产承包责任制所蕴含的由农户所承担的上交公粮的产量责任，也就变得没什么意义了。第二，中央决策层对村集体经济组织现实表现的普遍失望。在实现家庭联产承包责任制的初期，中央决策层曾对村集体经济组织寄予很大希望，希望村集体经济组织能以其土地所有者代表的身份，在统一经营方面发挥关键作用，但现实结果十分不理想。到了 20 世纪 90 年代，村集体经济组织不仅不能很好地在统一经营方面发挥作用，而且往往会凭借土地所有者代表的身份，频繁调整土地、擅自向农民增加税费，最终演变为日趋严重的农民负担问题，因此，有必要适当“弱化”集体土地产权。第三，将家庭承包经营纳入集体经济的范畴，不利于土地承包经营权的稳定。自 1984 年中央提出延长土地承包期十五年以来，中央一直力图将农户的土地承包关系稳定下来。[⑥] 但是，如果农户不能将村集体所交给

---

① 这一时期，运用现代产权经济学概念，从农地制度变迁的角度，对“双层经营”制度进行讨论的，可参见孔泾源《中国农村土地制度：变迁过程的实证分析》，《经济研究》1993 年第 2 期。

② 国务院农研中心试验区办公室、贵州省委农研室合编《产权·流转·规模》（内部资料），1989。

③ 陈锡文：《股份合作制：农村经济新的经营组织形式》，载农业部农村经济研究中心等编《中外学者论农村》，华夏出版社，1994，第 268—272 页。

④ 严瑞珍：《中国农村所有制的变革及其前景》，《理论月刊》1988 年第 3 期。

⑤ 中国社会科学院法学研究所物权法研究课题组：《制定中国物权法的基本思路》，《法学研究》1995 年第 3 期。

⑥ 有关此问题的讨论，见本书第二章第二节。

的责任承担起来怎么办？村集体要不要将其承包的土地收回？按照家庭承包经营仍然属于集体经济的说法，村集体就应该有收回承包地的权力，另行发包，但这种做法显然是与稳定土地承包关系的政策相违背的。正是出于以上种种考虑，将“责任”从家庭土地承包经营制的表述中拿掉，把“集体经济”的后缀甩掉，也就是顺理成章的事了。

第二章　土地承包关系的演变

承包关系是一种古老的合同关系，古已有之。[①] 承包既是一种经营方式，也是一种收入分配方式。按照承包对象，承包分为包地、包资产、包工、包活、包税等。因此，土地承包关系首先是一种合同关系，是以合同方式确定下来的收益分配方式。承包土地农户的权利义务由合同规定，在土地承包合同期内，土地承包经营权受国家保护。[②]

与任何形式及任何标的物的承包关系一样，一旦发包方——村集体与承包方——农户之间建立了承包关系，承包方——农户在履行了承包合同约定的前提下，就获得了对承包标的物即土地的支配权和使用权，但发包方——村集体仍然拥有对承包标的物即土地的所有权。与一般承包关系的不同之处在于：一是承包土地的农户本身是集体经济组织成员，是集体土地的共有产权人，只有集体经济组织成员才有资格承包本村集体的土地；二是家庭土地承包关系并不仅仅是由土地发包方——村集体与土地承包方——农户按双方自愿的原则确立的，而是有国家权力的干预在其中。

在30多年间，随着中国社会经济制度向市场化方向转型，村集体与农户之间的土地承包关系发生了很大的变化。在国家权力的强烈干预下，发包方——村集体的产权权利逐步弱化，承包方——农户的产权权利不断强化；土地承包关系从收益分配关系变成产权关系；土地承包经营权由农户的承包合同权变成财产权，由债权变为物权。与此同时，土地收益分配关系也发生了根本的改变。随着村集体丧失对土地剩余的索取权，承包土地的农户最终获得了在经济意义上的产权。[③]

① 如中外历史上曾盛行的“包税制”就是政府与包税人之间的一种承包关系。近代历史上曾流行的“包工制”则是包工头与企业主之间的承包关系。

② 1986年全国人大公布的《中华人民共和国民法通则》第八十条第二款规定：“公民、集体依法对集体所有的或者国家所有由集体使用的土地的承包经营权，受法律保护。”在现实的司法实践中曾有这样的案例，即村集体在土地承包合同期内，以各种理由强行终止农户的土地承包合同，收回农户承包的土地。地方法院会据此法条，判定村集体败诉，即村集体无权收回农户承包的土地。参见陈坚编著《土地承包合同案例评析》，知识产权出版社，2003，第1—7页。

③ 现代产权学派的著名代表人之一巴泽尔曾对法律权利与经济权利的关系做过精辟的分析。参见巴泽尔《产权的经济分析（第二版）》，格致出版社，2017，第3—4页、第94—96页。

如果说第一章讲的是作为一种经营制度的家庭土地承包制的形成过程，那么，这一章叙述的是农户的土地承包权是如何被私权化的。两者紧密相连，但叙述的角度迥异。

一、从“包地又包产”到“包干土地”

（一）“包干到户”的“胜出”

在20世纪80年代之初，联产承包责任制主要有三种形式：“专业承包”“包产到户”“包干到户”。“专业承包”是在村集体统一经营管理下的以“包工”“包产”为主要内容的生产责任制。在这一时期，通常认为“包产到户”和“包干到户”属于家庭分户经营，而将“专业承包”纳入集体经营的范畴①。在“包产到户”和“包干到户”中，只有“包干到户”才真正触动了当时的土地产权制度，而“包产到户”只是改变了计算报酬的方法，应该属于收入分配制度的改革。按安徽省滁县地区地委书记的说法，“包产到户”只是将“秋后算账”改为“春前算账”。②

“包产到户”的典型做法是：生产队或生产大队根据统一的种植计划，开春前，与社员签订包产合同，并根据包产数量确定工分数；到了秋后，社员按合同规定向生产队上交包产的产品；超出包产部分全部归社员自己；社员在承包地上间种或串种的非主要农作物也归社员所有；生产队根据全队的经营收益情况，核算工分单价，通常是一个10分算一个工，一个工多少钱，并按开春前确定的工分数向社员兑现收入；生产队向社员兑现的收入等于工分数乘工分单价；如果社员没有完成承包产量，所欠部分，在兑现的收入中扣除；如果社员向生产队借款，也要在兑现的收入中扣除。也有的生产队将向社员提供的肥料、种子数量以及农机服务等都折算成现金。到秋后算账时，将这部分投入从向社员兑现的收入中扣除。

---

① 有关专业承包的叙述，见本书第五章第一节。

② 温铁军：《中国农村基本经济制度研究——“三农”问题的世纪反思》，中国经济出版社，2000，第282页。这句话的意思是，在“大集体”时期，生产队到了年终才能根据平日所计的工分，计算出每个社员应得的口粮和现金，而“包产到户”则是在年初时，就用合同的方式规定好每个社员的年终分配规则。这样，每个社员在年初时就知道了年终可能分配到的果实。

与“大集体”时期的“评工计分”相比，虽然秋后还要由生产队进行统一核算和统一分配，但实际上，生产队真正能支配的产品只是包产部分，而超产部分根据春前所定的承包合同，归社员自己，并不实际参与生产队统一分配。有些生产队为调动社员生产的积极性，将包产指标定得很低，社员在超产的名目下拿了产量的大头。这样一来，生产队真正能支配的产品部分就很少，工分值就会大幅下降，社员真正能从生产队那里分到的也就很少了。因为社员自己已经拿了产量的大头，也就不太在乎生产队能分多少了。但有些弱质辅助劳动力家庭无力承包土地，他们还要依赖生产队的统一分配。工分值的大幅下降，对这部分人就会造成较大的伤害。受到伤害的，当然还有不包地的队干部。因为这些人是靠工分吃饭的，当然就不愿意降低包产指标了。

这一时期，有些生产队之所以不嫌麻烦，仍要实行“包产到户”，除了当地政府的强行要求，还有以下几点原因：一是这些生产队有一定的积累，可以向社员提供肥料、种子等生产资料，有一些大型农机具，可以提供统一服务。二是有些队里的管理人员、专业人员如队干部、会计、农机手、技术员、仓库保管员等，还是主要靠挣工分取得收入。取消了工分，这些人的收入就没了着落。三是可以保障缺乏劳动能力的五保户、困难户，以及乡村教师、需要照顾的军烈属等社员的收入。四是生产队向社员提供化肥、种子和农机服务，可以帮助一些生活困难户解决资金缺乏的问题。五是对欠款户，生产队可以从年终分配中扣除其欠款。可能更为重要的理由是，有些生产大队和生产队的干部不愿放权。长期以来，这些人不仅不用下地劳动，而且还能从掌权中得到不少好处。[①] 都是乡里乡亲的，此中的缘由，社员心里都明白。社员普遍对社队干部不信任，担心经这些人过手分配的土地会被他们所“贪掉”和“吃掉”，普遍要求“分田到户”。

如本书第一章第三节所述，1982 年中央一号文件肯定了“双包”后，收入分配不用经过生产队之手、不用算工分、不用与生产队算账的“包干到户”形式很快就取代了“包产到户”。到了这时，实际上，家庭联产承包经营几乎就等于“包干到户”。

---

① 有学者对江苏省东台县农村所做的微观村史反映，当地不愿接受“大包干”的人是渔民、木匠、铁匠、瓦匠、漆匠、赤脚医生和村干部。这些不用下地干活的人，当地农民称之为“白皮的”，即皮肤白的人。“黑皮的”是指下地干活晒黑的农民。“黑皮的”欢迎“大包干”。［美］李怀印：《乡村中国纪事》，法律出版社，2010，第 239—240 页。

（二）“包地又包产”下的“包干到户”

虽然实行“包干到户”无须由生产队进行统一核算和统一分配了，但“包产”仍是当时农户承包土地的一个重要内容。这就是说，农户不仅要“包干土地”，还要“包干产量”，也就是“包地又包产”。典型的包干合同的主要内容包括：一是承包的土地面积；二是社员应上交的国家的统派购农产品作物数量；三是上交集体的提留款或承包费，用现金支付；四是生产队应保障供应的平价化肥；五是社员应该承担的集体工日。这表明承包土地是与农户承包的产量责任相联系的，这也是家庭联产承包经营责任制的实际含义。

与“包产到户”另一个重要的不同之处是，生产队除了向社员提供土地，其他生产资料如化肥、种子都要社员自己解决，生产队提供的农机服务也要收费。[①] 因此，社员把“包干到户”称为“大包干”，意思是说，社员把所有的投入都包下来了。

在生产队与农户签订“包干到户”合同时，一项很重要的工作是核定“包地”所应该“包干”的产量。当时也将“包干产量”叫作“标准产量”。[②] 根据安徽省东至县的介绍，核定“包干产量”的做法是：根据正常年景的产量，核定每块承包地的产量，作为“包产”计算基数，落实到户，并按统一的价格算出相应的产值；扣除承包农户口粮、饲料粮和种子粮后，剩余的就是农户以货币为单位的承包产量指标基数；承包产量指标基数包括计划上交的国家征派购的公粮、集体提留和其他负担；集体提留和其他负担数量根据生产大队在年初提出并经过社员讨论的方案确定。[③] 大多数地区实行的是“包产”基数“一定三年”或“一

① 在实行“包干到户”时，不少生产队把大型农机具也承包给原来的农机手。社员使用队里的农机，集体经济实力强的，有工副业的，由集体付费，集体经济弱的，由农机手向社员收费。

② 1983 年 6 月，中共中央下发《关于加强农村思想政治工作的通知》，该通知所附的《当期农村思想政治宣传教育提要》明确指出：“土地承包，是承包土地的产量，这个产量，是充分和合理地投入劳动之后一般都能达到的产量。因此，它又是衡量承包者的劳动（包括经营，经营也是劳动）状况的标准，所以叫‘标准产量’。规定了标准产量，承包经营中的责任和利益、义务和权利才都有了基本的依据。”参见王仕元、李修义、杨世文主编《中国改革全书（1978—1991）》（农村改革卷），大连出版社，1992，第 176 页。标准产量的概念最早是由经济学家林子力提出的。1982 年 8 月 27 日，林子力在《人民日报》上发表《论标准产量》一文。该文对“标准产量”的含义以及为什么要提出“标准产量”概念作出了解释。另参见林子力《论联产承包制》，上海人民出版社，1983，第 90—104 页。

③ 东至县委农村工作部：《高塘大队是怎样签订包干合同的》，载中共安徽省委农村工作部编《安徽省农业生产责任制资料选编》（内部资料），1983，第 491—492 页。

定五年”不变的政策。也有的生产队，由于“分田到户”时社员少报产量，导致“包产”基数过低，来年生产队也会重新核定和调整“包产”基数。[①]

值得说明的是，“包干到户”的“包干产量”与“包产到户”时的“承包产量”在构成上差不多，都可分为两部分。一部分是上交国家征派购的公粮，另一部分是上交集体的提留。两者的主要差异在于收入分配方式不同。在“包干产量”情况下，社员交售公粮获得扣除农业税后的全部售粮所得；对于上交集体的提留部分，社员也不参与直接分配。而在“包产到户”情况下，社员要向生产队上交定额内的“承包产量”，只有超产部分以及不纳入“承包产量”的农作物归社员自己；生产队负责交售公粮，并按工分向社员分配集体的剩余。由于“包产到户”要经过生产队统一分配，生产队在生产过程也会有较多的投入，所以，通常“承包产量”的数量要高于“包干产量”的数量。

（三）“包干产量”与农产品购销体制

这一时期，之所以要“包干产量”，特别是将“交公粮”作为“包干产量”的重要内容，与当时的农产品购销体制有直接的关系。

自1953年开始实行的农产品统购统销制，经过几十年的发展，统购和派购几乎覆盖所有重要农产品。[②] 1980年，实行国家统购的品种有粮食、棉花、油料和木材，实行国家派购的品种为烤烟、茶叶、生猪、中药材、水产品等127种。[③]在“大集体”时期，国家通过人民公社向生产大队下达统派购计划，生产大队再将任务分解到生产队，由生产队承担国家的统派购任务。如果是生产大队一级核算，则由生产大队承担国家的统派购任务。由生产队或生产大队与国家粮站或供销社，通过农村信用社结算价款，这就是所谓的“队售队结”。

---

① 全淑县调查组：《全淑县三个生产队包干到户年终分配办法》，载中共安徽省委农村工作部编《安徽省农业生产责任制资料选编》（内部资料），1983，第487—488页。

② 根据1961年中共中央出台的《关于目前农产品收购工作中几个政策问题规定》，统购产品为“一类物资”，包括粮、棉、油，派购产品为“二类物资”，包括烤烟、麻类、甘蔗、茶叶、生猪、鸡蛋等。对统购产品，国家以计划的方式，下达征购任务，全部产品都要交给国家，即使完成征购计划后有剩余，也只能卖给国家粮食商业部门即供销社或粮站。社员在自留地生产的，也不能在农村集市上出售。对派购产品，国家以合同的方式，下达派购计划，在完成派购任务之后如有剩余，生产队或社员可以卖给供销社，也可以自己在农村集市上出售。

③ 在这127种派购品种中，中药材54种、水产品21种。参见陈锡文、赵阳、罗丹《中国农村改革30年回顾与展望》，人民出版社，2008，第77—78页。

“包干到户”后，原来生产队或生产大队应该完成的国家统派购计划任务也随之承包给农户。通常的做法是：人民公社向生产大队下达统派购计划及征收农业税任务；生产大队与生产队签订包产合同，规定上交任务（包括品种和数量）；生产队根据农户的土地承包面积，把上交任务摊派到各家农户中，作为农户承包土地所应负的责任。① 有的社队仍沿用“大集体”时期“队售队结”的做法。收获后，农户按包产合同将产品交给生产队，由生产队与国家粮站或供销社结算价款；扣除农业税和集体提留后，生产队将其余售粮金额返回给农户。也有的社队实行“户售队结”的做法。收获后，各家农户按照合同所规定的承包任务，自行向国家粮站或供销社交售农产品，同时上交农业税和集体提留；国家粮站或供销社收到农产品后，向农户开出收据，农户将收据交给生产队会计；生产队收齐农户的收据后，与国家粮站或供销社统一结算；生产队拿到现金，扣除集体提留部分后，按农户交给生产队会计的收据，向农户兑付现金。② 但这种“队售队结”和“户售队结”方式很快就在现实中遇到问题。

如前所述，“包干到户”的一个基本分配原则是，“交够国家的，留足集体的，剩下的都是自己的”。这时，大多数地方粮食收购部门不再实行“全额收购”了，而是“基数收购”。社员交够了统购派购的“基数”，剩下的由社员自己处理或自己消费，或直接到集市上出卖。这样一来，就会出现诸如社员不肯拿出“好的”卖给国家、“好的”和“坏的”难以分开、“户售队结”交售时间难以统一等一系列问题。一些地方就开始探索“户售户结”方式，即农户直接交售“公粮”，国家粮站或供销社在代扣上交农业税及集体提留后，按国家统派购价格向交售“公粮”的农户付现金。③ 1981 年，安徽省有的县开始实行按合同由国家直接向农户收购粮食的制度。具体做法是：国家粮站向每个农户发粮食收购卡，粮食收购卡上按照合同写明征粮和购粮的任务；国家粮站安排粮食收购时间；国家粮站按农户交售的粮食数量和质量，直接与农户结算价款。④ 这样做的

---

① 张乐天：《告别理想——人民公社制度研究》，上海人民出版社，2005，第 343 页。

② 王贵宸、魏道南、陈一咨：《关于安徽包产到户情况的调研报告》（1980 年 8 月），载中国农村发展问题研究组编《包产到户资料选（二）》（内部资料），1981，第 28 页。

③ 1981 年开始，江苏省阜宁县就探索改变农户交售公粮方式。参见红旗杂志社经济编辑室编《八十年代初的我国农业生产责任制——调查报告选编》，红旗出版社，1984，第 133 页。

④ 陆学艺：《安徽包产到户后的新形势和新问题》，参见《农业发展的黄金时代——包产到户的调查与研究》，甘肃人民出版社，1983，第 73 页。

一个结果是：农户向生产队“包干产量”，转为农户直接承担交售公粮的任务。这样一来，农户与生产队之间的“包干产量”关系，就变为农户向国家交公粮的关系了。但这时的生产队仍要向农户下达生产计划，履行监督农户向国家交公粮的责任。

“包地又包产”的做法，在当时各级政府确定的农产品主产区，如粮食主产区、棉花主产区、茶叶主产区等比较普遍。在一些长期吃返销粮的贫困地区和村，原来的国家征派购任务就很低，“包干到户”主要目的是解决自身“吃饭”问题，不要给国家增加负担。一般情况下，只要上交了国家的农业税和集体的提留，对交售“公粮”的“包产”指标也就不做什么硬性要求了。这也可以解释为什么在1982年以前，一些中央高层人士也包括部分地方政府官员不太支持“包干到户”这种做法。[①] 因为在当时的农产品购销体制下，全国农村都实行“包干到户”，农户有了自由耕种权和对产品的支配权，如果农户把生产的粮食都吃了，或者把剩余的粮食私自卖了，不履行“交够国家的、留足集体的”的责任，那么，国家农产品征派购任务又如何保证呢？事实证明，这种担忧是多余的。承包土地的农户不仅能完成征派购任务，而且还因为农户向国家上交大量“超购粮”，部分地区出现了“卖粮难”问题。[②] 值得说明的是，虽然在20世纪80年代初，纳入国家统派购的品种很多，但具体到每个地区、每个村集体，要完成国家统派购任务的品种也只是有限的几种，并不是所有的品种都要纳入“包产”范围。通常所承包产量的品种是主要农产品，即粮、棉、油等。

与此同时，在农资产品供应环节，当时仍实行严格的计划管理。在20世纪80年代，化肥、柴油等农资产品短缺，国家通过基层供销社按计划向社队供应农资产品。农资产品如何分配，还是村集体说了算。村集体根据承包产量，向承包农户分配农资产品供应指标。另外，在生产环节，许多村集体掌握着大型农机

---

① 例如湖北省罗田县1981年曾出台文件指出：包干到户带有包产到户形式的某些特点，但这种办法只是生产资料归集体所有，定有包干任务，而没有生产队的统一分配，也没有大田作业宜统则统的部分，只是有利于调动社员个人积极性，不利于发挥集体的优越性，在罗田县不宜推行。参见中共罗田县委员会《农业联产计酬生产责任制实施办法》（内部资料）。

② 实行家庭土地承包经营制以来，主要农产品如粮食、棉花、生猪、禽蛋、甘蔗、甜菜等的社会收购量均大幅上升。参见周其仁、杜鹰、邱继成《发展的主题》，四川人民出版社，1987，第12页。据统计，1984年粮食商品率（粮食收购量占粮食产量的比重）由1979年的21.7%上升到34.8%，提高了13.1个百分点。转引自农业部政策法规司、国家统计局农村司编著《中国农村40年》，中原农民出版社，1989，第434页。

具和农田水利设施，实行“几统一下的包干制”，如“统一种植、统一耕地、统一浇水、统一治虫、统一使用大中型农机具和饲养役使大部分耕畜”即“五统一”。这就是说，这时的村集体在“生产什么”和“为谁生产”方面尚有很大的权力，至于“如何生产”则是承包农户自己的事。因此，这时的土地承包经营只是一种生产经营方式，是以承包合同的形式，将农户的生产纳入国家的统一计划管理。这一时期，农户与村集体之间所建立的土地承包关系，更多地表现为收益分配关系，而不是产权关系。然而，这种将“包干产量”作为家庭承包经营重要内容的土地承包关系，很快就因为外部环境的变化而发生了重大的变化。这一外部环境的变化主要是农产品购销体制的改革。

（四）“包地又包产”变为“包干土地”

几乎与农村生产经营制度改革同时，中国农村另一项重大改革——农产品购销制度的改革迅速启动。首先是农村集市贸易不再被认为是“资本主义尾巴”，允许农民在农村集市上销售自产的农副产品。① 在 20 世纪 80 年代初期，主要的农副产品仍是由国家通过各级粮站和供销社直接控制，因此，进入农村集市贸易的产品并不多，数量也有限。当然，这也不排除一些农民自发地突破国家统购派购制度，在农村集市上“非法”卖“私粮”。“分田到户”不久，因为农户交售国家的粮食和其他农产品数量大涨，出现了之前未曾有过的农民“卖粮难”、国家粮库不够用的问题。农产品购销制度改革被提上议事日程。

1982 年中央一号文件提出对农产品的收购要实行合同制。② 1983 年中央一号文件又提出要调整农副产品购销政策，减少统购派购的品种和数量，实行基数收购，允许多渠道经营。③ 1983 年 2 月，农产品购销的主管部门——商业部作出了

---

① 党的十一届三中全会提出：社员自留地、家庭副业和集市贸易是社会主义经济的必要补充。参见彭森、陈立等《中国经济体制改革重大事件（上）》，中国人民大学出版社，2008，第 15 页。

② 1982 年中央一号文件提出，“要逐步推行合同制，通过合同把国家计划任务和农民的生产安排更好地协调起来”。

③ 1983 年中央一号文件提出，“调整农副产品购销政策。对重要农副产品实行统购派购是完全必要的，但品种不宜太多”“对某些紧俏商品实行统购派购时，一般不要采取全额收购的做法。凡是能够确定收购基数的，都要定出基数，几年不变，以便给生产留有一定的产品处理权”“农民个体或合伙进行长途贩运，有利于扩大农副产品销售，有利于解决产地积压、销地缺货的矛盾，也应当允许”。

粮油产品多渠道经营的具体规定。[①] 1984 年 7 月，国务院出台文件[②]将商业部系统管理的主要农副产品的统购品种由 21 种减少到 12 种，并减少了中药材的派购品种。这样一来，大大增大了农户自主经营的空间。农户可以对非统购派购的农产品，以及完成统购派购任务后的农产品，随行就市、自行销售。据统计，到 1983 年，在粮食社会总收购量中，农户以议价的方式向国家粮食收购部门卖粮以及自行在集市上售粮的占比达 20.3%。[③]

1985 年中央一号文件即《中共中央、国务院关于进一步活跃农村经济的十项政策》宣布对实行了 30 多年的农产品统购派购制度进行改革。农产品统购派购制度改革的主要内容是：一是将粮食、棉花从计划统购改为合同定购。国家不再向村集体下达统购任务计划，而是在播种季节前与农户协商，农户直接与基层供销社[④]签订定购合同。二是对定购合同之外的粮食、棉花，允许农户自由销售。如果市场粮食价格低于原统购价格，国家仍按原统购价格敞开收购。三是生猪、蔬菜和水产品由派购改为自由上市。总而言之，就是将原来具有行政指令性质的统购派购制度，改革为具有市场交易性质的合同定购和市场收购。

统购派购制度改革的一个重要后果是改变了农户与村集体的土地承包关系。实施统购派购制度改革以后，“户售户结”和“户交户结”成了农户交售公粮的方式。国家粮食收购部门即粮站或供销社以合同定购的方式，直接与农户发生粮食买卖关系。农户直接向国家履行其应尽的义务，即交“公粮”，在上交“公粮”的同时向村集体缴纳土地承包费即集体提留。

在现实操作中，集体提留往往可以以实物主要是粮食来折抵。通常的操作方式是：村干部根据以往各家农户的承包产量，核定上交公粮数额，所核定的公粮

---

① 1983 年 2 月，国务院办公厅转发了商业部《关于完成粮油统购任务后实行多渠道经营若干问题的试行规定》，该文件指出：对农民完成征、超购任务后的余粮，允许多渠道经营，农民私人也可以进城、出县、出省经营；实行粮食多渠道经营以后，以粮食为原料的工商行业，在国家计划供应之外，可以自行采购部分粮食加工成品出售。机关、部队、团体、学校、工矿企业、事业单位，也可采购自己食用的粮食，但不允许贩运。引自王仕元、李修义、杨世文主编《中国改革全书（1978—1991）》（农村改革卷），大连出版社，1992，第 21 页。

② 《国务院批转国家体改委、商业部、农牧渔业部〈关于进一步做好农村商品流通工作的报告〉的通知》。参见中共中央文献研究室、国务院发展研究中心编《新时期农业和农村工作重要文献选编》，中央文献出版社，1992，第 266—276 页。

③ 陈锡文：《中国农村改革：回顾与展望》，天津人民出版社，1992，第 179 页。

④ 当时的基层供销社隶属于国家供销总社领导，国家供销总社对外只是一个“牌子”，其实际业务管理归商业部。

数额5年甚至更长时间内不变，并造册交给粮食收购部门，粮食收购部门据此直接向农户收粮，并按合同价格与农户结算。在不少地区，国家粮食收购部门为了降低收购成本，仍是与行政村一级的村集体签订粮食或其他农产品定购合同，在定购合同上也约定由行政村负责交售公粮①。但在“户售户结”情况下，村干部实际上只是负责向承包农户催粮，即在约定的时间内，催促承包农户向国家粮食收购部门交售粮食，而不是由村集体向国家粮食收购部门交售公粮。村干部之所以有动力协助国家粮食收购部门向承包农户催粮，是因为村干部通过完成催粮任务，可以由国家粮食收购部门代扣农业税及土地承包费。② 在这种情况下，村集体不再向承包农户收粮了，承包农户也不需要向村集体交粮了，承包农户与村集体之间的土地承包关系也就不再包含具体的“包干产量”的内容了。一个明显的证明是，到了1985年以后，村集体与农户之间新签订的土地承包经营合同中，大多不再具体规定上交公粮和村提留的数量了，而改为“依法纳税”“完成定派购任务”“每年×月×日前向发包方缴纳承包费”这样的一般化的约定。

虽然统购派购制度改革并不顺利，其间经历了多次的反复，粮食合同定购曾几度倒退到类似统购的国家定购体制。但是，这没有改变一个基本事实：农户与国营粮食收购企业之间是买卖关系，而不是对村集体的“包干产量”关系。这时的农户承包土地的责任就变为向村集体上缴农业税和村集体提留，并完成国家下达的征派购任务，而不是完成村集体下达的生产计划。③ 在农民看来，这实际上与新中国成立前，农民向地方上有权的人、管事的人纳捐，向政府缴税，剩下的都是自己的事了，没有多少差别了。有差别的是，土地不能买卖，而且地只要是有人种，谁也不能将其夺走。即使农户不能按时“纳捐缴税”，土地也不会被

① 河北省昌黎县侯家营村保留了1985年和1987年两份乡粮油食品站与侯家营村签订的“粮油定购合同书”。该合同书规定，乙方侯家营村负责粮油定购任务的交售，但也明确了粮油定购任务的交售方式是“户交户结”，乡粮油食品站与交售粮食的农户，“一手粮、一手钱”。参见张思主编《二十世纪华北农村调查记录（第四卷）》，社会科学文献出版社，2012，第452—453页。

② 在实行“包干到户”的早期（1981年），安徽省寿县安丰区就开始采取集体提留由粮站代扣的方法，即“将公粮、水费、还贷、定金和集体提留全部交由粮站，在社员交售粮油时代收代结”“在完成国家（任务），交齐集体的之后，社员交售农产品，当面付现金”。参见六安地委农村工作部《坚持包产包干合同改变集体提留方法》，载中共安徽省委农村工作部编《安徽省农业生产责任制资料选编》（内部资料），1983，第489页。

③ 这种情况也有例外，在一些实行集体直接经营和“两田制”的地区和村组，也将上交公粮与承包土地相联系。有关此的叙述，见第七章。

人夺走。这就是“社会主义好”的地方。

随着农产品国际贸易的发展，在很大程度上，国家可以通过国际农产品市场，调节国内农产品生产供需不平衡问题。政府很少采取强制性的行政手段征粮了，而主要是通过调整农产品收购价格，刺激农户完成国家下达的征派购任务。事实上，到了20世纪80年代中期以后，除了个别年份和个别地区，广大农户基本上可以做到想种什么就种什么了。据1991年农业部对全国农村固定观察点所做的抽样调查，到1990年，在所调查的村中，完全由农户自主安排种植计划的村占比为69.8%，由集体与农户协调安排种植计划的村占比为14.5%，仍由集体统一安排种植计划的村占比仅为14.5%，而且集体统一经营的村主要集中在经济较为发达的东部地区。[①]

随着农产品购销体制改革的推进，农资供应也不再通过村集体统一分配了，而是由基层供销社与粮食、棉花、油料合同定购挂钩，直接向农户供应。而且，农资供应也出现了多渠道经营情况，既有计划内的，也有计划外的，还有个体工商户在市场上销售的。农户到市场上直接购买逐渐成为农资供应的主渠道。这样一来，村集体在农资分配上就不再有什么权力了。

另外，“包干到户”后，村干部的行为也发生了很大的变化。“包干到户”前，村干部特别是生产大队的干部基本上是脱产的，专职管理；“包干到户”后，村干部也是承包土地的农户，也要下田种地，对集体生产事务既缺乏积极性，也没有精力去多管了。[②]

以上种种因素导致大部分村集体迅速从农业生产经营活动中退出。其结果是：承包土地不再与承包产量相联系了，土地承包关系就不再建立在土地承包方——农户必须完成承包产量任务的基础之上了。“联产承包”名存实亡。“包地又包产”的家庭联产承包经营逐步演变为承包农户向国家交农业税、向村集体交土地承包费的单纯的“土地包干”关系了，也就是家庭土地承包关系了。[③] 这

① 中共中央政策研究室、农业部农村固定观察点办公室编《完善中的农村双层经营体制——对274个村庄的跟踪调查》，中共中央党校出版社，1992，第49页。

② “集体化时代，公社干部经常抱怨基础干部待在办公室的时间太多，不参加农业劳动，如今恰恰相反；干部经常不在村办公室。特别是收割季节，干部都忙于自家的耕种。”参见［美］李怀印《乡村中国纪事》，法律出版社，2010，第239页。

③ 有学者将这种单纯的“土地包干”称为“定额租＋均田制”。温铁军：《中国农村基本经济制度研究——“三农”问题的世纪反思》，中国经济出版社，2000，第283—284页。

时，农户获得了完全的自主经营权，自身劳动力要素的支配权，以及对包括土地在内的生产要素的使用权。农户对土地承包关系，也不再仅仅是承包经营和收益分配关系了，而是含有了土地产权关系的内容。

二、从“债权”到“物权”——延长土地承包期的努力

（一）土地承包期与土地承包经营权的产权强度

与历史上曾实行的永佃制①类似，农户的土地承包经营权产权强度与土地承包合同期有很大关系。如果土地承包期限短，比如土地承包期限仅为一年，一年后，村集体可以收回土地，重新发包，那么村集体对承包土地拥有较强的分配权。如果土地承包期限较长，比如土地承包期限达到三十年，那么村集体实际上就丧失了对承包土地的分配权。当土地承包期足够长，而且在土地承包期内，国家对土地承包经营权给以充分的保护，承包农户实际上就对土地拥有了完全的支配权。实际上，土地承包经营权就从“债权”转变为“物权”。土地承包经营权的“物权化”或者说是“私权化”，始肇于延长土地承包期。

（二）“第一轮土地延包”政策的提出

在“包干到户”还是要“包产”的情况下，这时的村集体就有必要根据农户承包产量和品种，根据农户完成产量计划的情况，对承包土地随时进行调整。农户也可以根据其“包干产量”意愿的变化，调整承包土地的数量。因此，承包的时间就不能太长。在这一时期，承包时间通常为三年至五年。在实行“分田到户”初期，也有社队一年一包。

随着从“包地又包产”变成单纯的“土地包干”，土地承包期短的问题就显现出来了。一些农村基层干部反映，由于土地承包期短，一般为三年至五年，承包农户倾向于“种地不养地”，只愿施用见效快但不养地的速效氮肥，而不愿施

① 永佃制是指地主将土地永久地租给佃农，地主拥有田底权（“田骨权”），佃农拥有田面权（“田皮权”）。地主可以自由转让田底权，佃农可以自由转让田面权。有关对永佃制的历史考察，参见赵冈《永佃制研究》，中国农业出版社，2005。

用见效慢但养地的猪粪等有机肥，导致地力下降；[①] 承包期快到了，农户就“地不翻了、坝不垒了”，不愿在农田水利和土地整治上做过多的投入。[②] 人心不稳、农民怕变，“种一季算一季，搞一年看一年”是农民的普遍心理状况。一些种地积极性较高的农民，特别是菜农、果农对延长土地承包期的意愿比较强烈。干部怕乱，对频繁“调地”也不胜其烦。另外，土地承包期短，频繁调地，还会加重土地细碎程度，造成农户的耕地不便。根据这种情况，一些地区开始进行延长土地承包期的探索实践。例如，山东省蓬溪县1983年就开始推行延长土地承包期。具体做法是：将旱田和大部分水田作为长期承包地，与承包农户签订的承包合同期限到2000年；村集体留有部分短期承包地，作为机动地，以做调剂人口变化之用。[③] 根据当时一项对农户的实地调研，大多数农民认为土地承包期在十年左右比较好，期限过短或过长都不好。[④] 按照农民的讲法：“太短了不干，太长了不信”“一年上化肥，两年上厩肥，三年上磷肥，十年八年改水池”。[⑤] 农民意愿及现实中的各种做法，很快就得到了中共决策层的回应。[⑥]

1984年中央一号文件[⑦]提出：“土地承包期一般应在十五年以上。生产周期

---

① 事实上，农民不愿施用农家肥的主要原因不是土地承包期过短，而是这时农民有了新的赚钱门路，不愿意再施用费时费力的农家肥，而是以省时省力的化肥替代之。据全国农村固定观察点于1987年所作的统计，在所调查的村中，到1986年，农户每亩化肥施用量从1978年的34.2公斤上升到106公斤，提高了2.1倍。中共中央农村政策研究室、国务院农村发展研究中心农村社会经济调查办公室编《向商品经济轨道的转移——全国农村固定观察点调查报告（1987年）》，农村读物出版社，1988，第86页。

② 小京：《土地承包期过短不利生产——根据调查报告和来稿摘编》，《农业经济丛刊》1983年第6期。

③ 中共蓬溪县委农村工作部：《包干到户这双“鞋”最合脚》，载红旗杂志社经济编辑室编《八十年代初的我国农业生产责任制——调查报告选编》，红旗出版社，1984，第252—260页。

④ 中共原平县委调查组：《下王庄大队怎样搞好土地承包?》，载红旗杂志社经济编辑室编《八十年代初的我国农业生产责任制——调查报告选编》，红旗出版社，1984，第56页。

⑤ 杜润生：《对〈中共中央关于1984年农村工作的通知〉的说明》，参见《杜润生文集》，山西经济出版社，2008，第155页。

⑥ 1984年中央一号文件颁布后，中央书记处农村政策研究室曾对外对该文件精神作出了一系列解释。在解释“为什么要延长土地承包期”时是这样说的：“延长土地承包期的基本出发点，在于稳定联产承包责任制，鼓励农民向土地追加投资，改善与土地相关的生产条件，实行集约经营，提高土地生产力。”引自沈冲、向熙扬主编《十年来：理论·政策·实践》，求实出版社，1988，第254页。除此之外，可能是出于以下两点考虑：一是到了1984年，实行家庭土地承包制的好处已经充分显现出来了，这时，中央决策者已经不再把家庭土地承包制作为权宜之计或中间过渡形式了，而是想把它长期固定下来；二是当时有些农民怕不久国家又会把土地收回去，就用在承包地上盖房子的办法，把土地先占上，所以，中央决策层想通过固定土地承包经营权抑制当时风靡农村的农民占用承包地盖房子的行为。这一时期，农民普遍盖房子，主要因为长期缺房，一旦有了点钱，农民首先想到的是盖房子。

⑦ 《关于一九八四年农村工作的通知》。笔者认为1984年中央一号文件是继1982年中央一号文件之后具有里程碑意义的文件。虽然该文件中涉及农村土地制度问题的文字不足400字，但涵盖了之后几乎所有农村土地制度建设的问题，如土地调整、土地规模经营、土地流转、对农用地转为非农用地的管制等。

长的和开发性项目，如果树、林木、荒山、荒地等，承包期应当更长一些。”由于之前各地农村的土地承包期大多不超过五年，因此，这次的延长土地承包期被称为“第一轮土地延包”。之所以将土地承包期定为十五年，除了满足农民的要求、稳定农民的预期之外，可能也与当时中央领导人对“小农经济”的判断有关。当时的中央领导人认为，这种建立在家庭经营基础上的“小而全”具有自然经济性质的“小农经济”，要过渡到专业化、社会化的商品生产，要用十年到十五年的时间。[①]

（三）“第一轮土地延包”的地方做法

应该看到，“第一轮土地延包”并不是中央强制推行的，更多的是中央对地方政府土地承包工作的政策上的指导和提倡。[②] 大多数地区的地方政府并没有把“第一轮土地延包”作为必须完成的工作，而是听从农民的意愿，更准确地说是听从村干部的意见，由农民自己搞，政府仅仅是给以政策引导。[③] 地方政府主要是县及乡镇政府，往往会根据本地的实际情况，对中央的政策作出取舍。如果延长土地承包期有利于农村的社会稳定、减少土地纠纷，县及乡镇政府就会积极响应中央的号召，力推延长土地承包期的政策。如果延长土地承包期为村干部或大部分村民所抵制，县及乡镇政府往往也不会强推。也有不少村组，延长土地承包期工作一直拖到1990年以后才开始进行。可以说，“第一轮土地延包”工作很大程度上是在农民自愿基础上进行的。由于农民之间各有各的想法，一些村干部也没有意愿强行推。

根据1991年农业部对全国农村固定观察点的抽样调查，约有50%的村的土地承包期为五年，有8.9%的村的土地承包期为六年到十年，有36.7%的村的土地承包期为十一年到十五年。[④] 这就是说，约有三分之二的村的土地承包期在10

① 参见黄道霞、余展、王西玉主编《建国以来农业合作化史料汇编》，中共党史出版社，1992，第1010页。

② 1984年中央一号文件对土地延包工作的表述是“土地承包期一般应在十五年以上”，这是应该或提倡的意思，并不是必须的要求。中央书记处农村政策研究室在解释“延长土地承包期的工作是否要在今年完成”时是这样说的：“各地情况不同，对中央的政策，应结合本地实际情况和群众意愿，因地制宜地灵活执行。”显然，中央并没有对延长土地承包期作出硬性的规定。

③ 据笔者了解，当时广东农村就曾有过这样的做法，将土地承包期的调整权交给村集体，村集体有权缩短或延长承包期。

④ 中共中央政策研究室、农业部农村固定观察点办公室编《完善中的农村双层经营体制——对274个村庄的跟踪调查》，中共中央党校出版社，1992，第18页。

年以内。总之，在全国范围内看，“第一轮土地延包”做得并不彻底，做法也是五花八门。在不少农村地区，“第一轮土地延包”即使是在形式上推行了，也没有真正地执行下去。

从土地承包期的确定情况来看，在这一时期，许多村是根据不同的承包地，甚至不同承包人，选取不同的土地承包期。在推行“两田制”[①] 的地区或村，通常是“口粮田”的土地承包期定得较长，“责任田”的土地承包期定得较短，大多在五年之内。有些工商业较为发达的地区，农户有了其他赚钱的机会，就会“退掉”承担国家公粮任务的“责任田”，只保留“口粮田”，迫使村集体不得不“一年一发包”。一些分水田和旱田的村，为了防止土地撂荒，特别是水田撂荒或“农田冬闲”，将水田的土地承包期定得较短，通常也在五年之内，而“旱田”的土地承包期定得较长，通常在十年以上。还有一些浙江、湖北等的农村地区，本地农村劳动力流入城市务工，农村劳动力不足，由一些外来户承包当地的土地。在大城市郊区，外来户承包菜地的情况也较为普遍。通常，村集体对这些外来户定的土地承包期要比本村人还要短。在许多农村，根据不同的承包地、不同承包人选择不同土地承包期的做法一直延续较长时间。有关确定土地承包期的做法，以山西吕梁地区为例。

1994 年，山西吕梁地区开始土地延包工作。吕梁地区的土地延包有三种做法：第一种做法是“一田制”，即土地按人头承包，一次性地固定下来，永久使用。这种做法的土地面积所占比例约为 25%。第二种做法是“两田制”，即将土地分为“口粮田”和“商品田”。“口粮田”按人口分配，长期不变，承包期在三十年以上，有的达一百年，“商品田”采取租赁方式，租期灵活掌握。长期不变的“口粮田”所占比重为 65%。第三种做法是“三田制”，即除了“口粮田”和“商品田”之外，还有“公用田”即集体机动地。“公用田”和“商品田”的承包期或租赁期较短，分五年、十年和十五年不等。[②] 有些村组即使签订了十五年承包期的承包合同，但在十五年承包期内仍会进行土地调整。[③]

---

① 有关对“两田制”的叙述，见本书第七章。

② 刘启明、田震：《关于赴山西省吕梁地区考察延长土地承包期情况的报告》，《农业经济》1994 年第 10 期。

③ 廖洪乐、习银生、张照新等：《中国农村土地承包制度研究》，中国财政经济出版社，2003，第9 页。

在这一时期，对“第一轮土地延包”政策落实影响最大的是土地规模经营的推行。[①] 例如，广东顺德县。1984 年中央一号文件下达后，顺德政府随即安排了“第一轮土地延包”工作，要求各个村集体将除了鱼塘之外的耕地，包括水稻田、甘蔗田和桑田的土地承包期延长为十五年以上。县政府这个政策一提出就遭到了许多农民的反对。因为鱼产品价格一路上涨，所以，不断有耕地改为鱼塘。农民认为“土地承包期一次定过十五年不公平”。一些农民要求“土地承包期十五年，但不是一次定过，而是滚动式的，先定七八年，到期后，如没出现什么问题，再滚动延期承包”。顺德政府听从了农民的意愿，允许农民按滚动承包的方式搞“第一轮土地延包”。

自 20 世纪 80 年代中期以后，顺德的“乡村工业化”进程加速，顺德已经从原来的农业大县迅速地变成工业大县，“人人包地、户户耕田”的土地承包制已严重不适应这种经济发展结构了。1989 年，顺德政府出台文件提出，要在顺德农村实行“三改”，即改长期承包为短期承包，改分包为投包，该分散承包为连片承包。到 1994 年，顺德实行“三改”的村集体即土地股份合作社占比达 94%，占耕地面积的 65%，其中规模经营户所占耕地比例约为 50%。[②] 之后，顺德“三改”的这种做法被一直延续下来，多年没有大的改变。

紧邻顺德的南海县也有类似的情况。1984 年南海县政府宣布土地承包期为 15 年，政府还发了土地使用证，但到了 1991 年，由于农村劳动力大量外出，没人种地，村集体不得不收回土地，并按每亩 150 元的标准，补偿给想要包地的农户。[③] 显然，顺德、南海这种土地承包做法与 1984 年中央一号文件的要求相去甚远。

虽然在不少地区“第一轮土地延包”政策并没有完全落实，但“第一轮土地延包”政策的最重要的目的达到了，这就是实实在在地给农民吃一颗“定心丸”。这时，广大农民已经相信，共产党不会再干 30 多年前合作化运动时强制收

---

① 有关对土地规模经营的叙述见本书第五章、第六章和第七章。

② 冼润洪编《顺德农村生产关系演变概要》（内部资料），2008，第 216—219 页、第 233—234 页、第 248—250 页。

③ 黄浩新：《南海土地规模经营简介》，参见国务院农研中心试验区办公室、贵州省委农研室合编《产权·流转·规模》（内部资料），1989，第 276—277 页。

回农户土地那样的事了。农民心里越来越明白，即使村集体尚对承包地有调整权，但只要“我还要种地”，村集体也不能强行全部收回自己的承包地。有不少村，土地承包合同到期后，虽然没有按照政策要求与农户重新签订 15 年的土地延包合同，但村集体也不会轻易地“动地”。这实际上是原土地承包合同无期限的顺延。还有不少村，每年以公开张榜的方式，向承包土地农户提出当年所要完成的承包任务，如交公粮的数量、交村提留的金额等。这也是签订土地承包合同的一种形式。

1987 年 1 月，中共中央出台了《把农村改革引向深入》，史称 1987 年中央 5 号文。该文件首次正式明确提出要稳定土地承包关系。[①] 自此，稳定土地承包关系成为中央处理农村土地关系的政策主基调。

（四）“第一轮土地延包”之后学界对中国农地制度走向的讨论

从政策设计的出发点来看，延长土地承包期旨在通过长期合同的形式，保护农户的土地权益。但由于“第一轮土地延包”做得不彻底，农户与村集体之间的关系也不是对等的，村集体作为土地发包方处于强势的地位，而农户则是弱势的一方，所以，在这一时期，农户的土地权益并没有得到有效的保护。村集体往往以“壮大集体经济”为名，甚至仅仅因为妒忌，取消承包合同，收回农户的土地。1988 年 7 月 9 日《人民日报》记者曾报道，山西省临县小甲头村农民刘国让的 10 亩责任田和 10 亩枣树被村集体无偿收回，打乱重分。[②] 村干部以集体名义侵害农户的土地承包经营权权益的情况，引起了一些学者的关注。

这一时期，有学者受明清以来在江南地区普遍流行的永佃制的启发，提出要稳定土地承包经营权，避免村集体对农户土地承包经营权的侵犯，应该实行“土地国有、农户永佃”的土地制度。[③] 一时间，“国有永佃”成为学界热烈讨论的

---

① 该文件提出：“要进一步稳定土地承包关系，只要承包户按合同经营，在规定的承包期内不要变动，合同期满后，农户仍可以连续承包。已经形成一定规模、实现了集约经营并切实增产的，可以根据承包者的要求，鉴定更长的承包合同。”

② 安希伋：《中国土地制度问题——论土地国有永佃制》，载国务院农研中心试验区办公室、贵州省委农研室合编《产权 · 流转 · 规模》（内部资料），1989。

③ 1985 年，中国社会科学院农业经济研究所的研究人员杨经伦首先提出了“国有永佃”的农村土地制度改革的思路。参见杨经伦《论我国农村土地制度总体改革》，《农业经济丛刊》1985 年第 2 期。

话题。[①] 在中央讨论1983年中央一号文件有关“土地承包期延长十五年”政策时，作为该文件起草人的杜润生曾提出建议实行永佃制，但因遭到与会大多数人的怀疑和反对而“作罢”。[②] 虽然此后学界对“土地国有、农户永佃”的讨论仍在持续，但越来越多的学者从务实的角度出发，认为比较现实可行的方案是，在不改变集体土地所有制的基础上，延长土地承包期，稳定农户的土地承包经营权，并赋予农户对土地更多的权利，特别是土地流转权。[③] 国外的土地问题专家也认为，应该在保留土地集体所有制的同时，赋予农民对土地的永久使用权，包括土地使用权的继承权，“终止根据人口定期调整土地的政策”，并给予农民买卖土地使用权的权利。[④]

进入20世纪90年代后，运用产权理论对中国的农地制度进行分析逐渐成为学界的主流范式。这一时期，学界争论的一个焦点是：农户的土地承包经营权“侵犯”了集体土地所有权，还是集体土地所有权“侵犯”了农户的土地承包经营权。[⑤] 随着争论的深入，越来越多的学者认为，虽然土地使用权来自土地所有权，农户的土地承包经营权来自集体土地所有权，但土地使用权即农户土地承包

① 这一时期，对此问题的讨论比较著名的文章参见安希伋《中国土地制度问题——论土地国有永佃制》，载国务院农研中心试验区办公室、贵州省委农研室合编《产权·流转·规模》（内部资料），1989；杨勋《国有私营：中国农村土地制度改革的现实选择——兼论农村改革的成就与趋势》，《中国农村经济》1989年第5期；杨文良《耕地国有，农民永佃势在必行》，《中国农村经济》1988年第11期；张全江《农村土地经营实行永佃权法律制度初论》，《河北法学》1989年第3期；等等。

② 杜润生：《杜润生自述：中国农村体制变革重大决策纪实》，人民出版社，2005，第156—167页。1999年杜润生在中国实行长期而有保障的农村土地制度使用权发言中曾提到了此事说：“在开始搞承包制时，我提出过永佃制，多数同志不赞成，但都赞成承包，赞成时间可长一点。”参见《杜润生文集》，山西经济出版社，2008，第155页。此后，杜润生并没有放弃“永佃制”的想法。2002年，在全国人大主持起草《中华人民共和国农村土地承包法》时，杜润生曾建议“通过修改宪法，改变土地集体所有制，回到‘耕者有其田’（土地私有。——笔者注）或土地国有农民承包使用（永佃制。——笔者注），加上发育土地市场，有偿流转，取代行政调整”，参见杜润生《杜润生自述：中国农村体制变革重大决策纪实》，人民出版社，2005，第284页。

③ 这一时期，在这方面有代表性的文章有：骆友生、张红宇、高宽众：《土地家庭承包制的现状判断与变革构想》，《经济研究》1988年第11期；韩俊：《土地流转与制度创新》，载国务院农研中心试验区办公室、贵州省委农研室合编《产权·流转·规模》（内部印刷），1989。

④ 罗依·普罗斯特曼：《解决中国农村土地制度现存问题的途径探索》，载农业部农村经济研究中心等编《中外学者论农村》，华夏出版社，1994，第236—239页。

⑤ 刘守英：《中国农地制度的结构与变迁》，载农业部农村经济研究中心等编《中外学者论农村》，华夏出版社，1994，第212—213页。根据某学者的分析，农户的土地承包经营权“侵犯”集体土地所有权表现为，“农户从拥有土地经营权，进而可以拥有转让权，这种转让可以经过村集体认可，也可以是转出转入者之间的交易。同时转让付费被逐渐认可……经营权表现为实实在在的物权。极端情况下，土地经营权过度扩张，致使少数农户误认为承包的土地是‘私有的’”，集体土地所有权“侵犯”农户的土地承包经营权表现为，“对农户承包的土地进行户际间调整的现象普遍存在”，对土地限制过多，“不得转让、不能继承，也不能自由耕种”。张红宇、陈良彪编著《中国农村土地制度建设》，人民出版社，1995，第24—25页。

经营权可以被赋予独立的产权地位。有学者认为中国农地制度改革方向是完善农户的土地承包经营权产权合约结构，赋予农户更为完整的产权。[①] 具体来说，就是减轻农户的村提留负担，限制村集体调整土地权利，延长土地承包期。学者的这些理论讨论在一定程度上影响了中央政策制定层对中国集体农地制度走向的选择。

(五)“第二轮土地延包”政策的提出及土地承包经营权物权地位的确定

1993 年 11 月，中央出台了《关于当前农业和农村经济发展的若干政策措施》，史称 1993 年中央 11 号文，提出了“在原定承包期到期后，再延长三十年不变”的政策。鉴于到 1998 年，一些在 1984 年实行“十五年的土地承包期”的地区面临着土地承包期到期的问题，1995 年 3 月，国务院转批了《农业部关于稳定和完善土地承包关系意见》，该文件进一步明确了“三十年土地延包”政策。但在这一时期，这一政策只针对第一轮土地延包到期或即将到期的地区或农村。到了 1997 年，在全国范围内，“第一轮土地延包”普遍到期，1997 年 8 月，中共中央办公厅、国务院办公厅为此发出了《关于进一步稳定和完善农村土地承包关系的通知》，史称 1997 年中办发 16 号文。以该文件出台为标志，“第二轮土地延包”工作在全国正式展开。1998 年 9 月，时任中共中央总书记江泽民在安徽考察工作时提出：“中央的土地承包政策是十分明确的，就是承包期再延长三十年不变，而且三十年以后也没有必要再变。”[②] 1998 年 10 月党的十五届三中全会通过的《中共中央关于农业和农村工作若干重大问题的决定》提出：“要坚定不移地贯彻土地承包期再延长三十年的政策。”[③] 这就是说，这次土地延包已不再仅仅是国家倡导了，而是带有强制性质的国家行动。

很快，延长土地承包期的政策就上升为法律。1998 年经修订的《中华人民共和国土地管理法》（以下简称《土地管理法》）规定：“土地承包经营期限为三十年。”2003 年全国人大颁布的《中华人民共和国农村土地承包法》（以下

① 刘守英：《中国农地制度的合约结构和产权残缺》，《中国农村经济》1993 年第 2 期。

② 江泽民：《全面推进农村改革，开创我国农业和农村工作新局面——在安徽考察工作时的讲话》，《人民日报》1998 年 10 月 5 日。

③ 该决定提出：“要坚定不移地贯彻土地承包期再延长三十年的政策，同时要抓紧制定确保农村土地承包关系长期稳定的法律法规，赋予农民长期而有保障的土地使用权。”

简称《农村土地承包法》）中规定“耕地的承包期为三十年；草地的承包期为三十年至五十年；林地的承包期为三十年至七十年”“承包期三十年不变”的国家政策在法律层面上得到确认。[①] 这就意味着，从法律上，作为土地所有权代表的发包方——村集体已经不能决定合同中最为重要的条款即合同期限了，甚至也没有与农户对合同期限以及合同内容进行谈判的法定权力。国家通过延长土地承包期的努力，事实上已经“剥夺”了村集体对承包土地进行分配的权利。

2007 年 3 月，全国人大颁布了《中华人民共和国物权法》（以下简称《物权法》），结束了法学界多年来有关土地承包经营权是债权，还是物权，还是债权兼物权的争论[②]，将土地承包经营权确定为用益物权。[③] 土地承包经营权的“物权”的地位在法律上得到了确认。

（六）“第二轮土地延包”的推进

1993 年中央提出“三十年不变”的土地承包期政策之后，有的地区就开始了“第二轮土地延包”工作。但此时土地承包期的长短还是主要由村干部和村民自行确定。据农业部于 1994 年 10 月对全国 100 个县所做的调查，在所调查的村，实行土地延包的村占比为 38%，其中规定土地承包期为五年的占 22%，六年到二十九年的占 14%，三十年及三十年以上的占 64%。

以 1997 年中办发 16 号文为标志，“第二轮土地延包”在全国范围内全面推开。各地政府按照中央的要求和农业部的部署[④]相继出台政策，[⑤] 要求由县市农业主管部门制订工作计划，定目标、定进度、定考核指标，向下辖的乡镇下达任

---

① 2008 年召开的党的十七届三中全会又提出，“赋予农民更加充分而有保障的土地承包经营权，现有土地承包关系要保持稳定并长久不变”。中央政府一贯强调“现有的土地承包关系要保持稳定并长久不变”，普遍认为，其政策含义是现行的三十年土地承包期到期后，还要继续顺延，土地承包期限有可能还会更长，如五十年或七十年。

② 陈小君等：《农村土地法律制度研究——田野调查解读》，中国政法大学出版社，2004，第 228—230 页。

③ 根据《中华人民共和国物权法》第一百一十七条的规定：“用益物权人对他人所有的不动产或动产，依法享有占有、使用和收益的权利。”该法在有关“用益物权”的第三篇，将土地承包经营权纳入其中，与《农村土地承包法》相衔接，对土地承包经营权的各权项作出了明确的规定。

④ 1997 年 8 月，中共中央出台《关于进一步稳定和完善农村土地承包关系的通知》。同年 9 月，农业部出台的《关于认真贯彻落实〈关于进一步稳定和完善农村土地承包关系的通知〉的通知》，将延长土地承包期的工作落实给各地农业主管部门，并提出了具体的工作要求。

⑤ 例如，1997 年 11 月，河北省委办公厅、省政府办公厅就下发了《关于落实中办发〔1997 年〕16 号文件精神进一步稳定和完善农村土地承包关系的通知》。

务，对完成情况进行验收，并相应地投入了大量的人力、物力和财力。[①]“第二轮土地延包”做法基本上也是全国统一的。大多数农村地区“第二轮土地延包”的起始时间为1997年和1998年，到期时间为2027年和2028年，也有少数农村地区“第二轮土地延包”工作进行较早，最早的起始时间为1993年，到期时间为2023年。

据农业部统计，截至1999年5月，全国已有89%的村组开展了土地延包工作。[②]据全国人大公布的数据，到2000年底，全国大约有98%的村组已经完成了土地延包工作。[③]官方的这一统计数据与学者的调查存在着显著的差异。有学者团队于1999年做了一项调查，调查表明，在所调查的村中，开始进行“第二轮土地延包”的占比为86.6%，完成“第二轮土地延包”的占比为63.6%。[④]2000年，中国（海南）改革发展研究院也曾对“第二轮土地延包”情况展开过一项调查，该调查结果显示，在所调查的农户中，签订了土地承包经营合同的比例为60.5%，签订了土地承包经营合同并发放了土地承包经营权证的比例为52.9%。[⑤]

（七）“第二轮土地延包”的地方做法

“第二轮土地延包”在基层是如何展开的呢？这里以江西省德兴市（县级市）界田乡为例。1997年初，德兴市开始启动“第二轮土地延包”工作，并与建立土地流转制度相结合，统称为农村土地使用制度改革。为了保证该项工作顺利进行，德兴市选择界田乡作为试点，副市长任界田乡试点工作总指挥。试点工作主要内容：第一，制定了《界田乡关于农村土地使用制度改革的若干规定》

---

① 这一点与推行家庭土地承包经营制的初期和“第一轮土地延包”时有很大的不同。在推行家庭土地承包制的初期和“第一轮土地延包”时，如何分田、承包期多长、参加土地承包人员如何确定、发包方和承包方的责任与权利如何界定等事项，都主要是由社员和社队干部自己决定的，而当地政府仅仅给以政策和业务上的指导。

② 农业部农村经济体制与经营管理司经营体制处：《全国农村延长土地承包期工作情况及几点建议》，《农村合作经济经营管理》1999年11期。

③ 全国人大农业与农村委员会副主任委员柳随年2001年6月26日在第九届全国人民代表大会第二十二次会议上所作的《关于〈中华人民共和国农村土地承包法（草案）〉的说明》。参见王宗非主编《农村土地承包法释义与适用》，人民法院出版社，2002，第181页。

④ 杨学成、罗伊·普罗斯特曼、徐孝白：《关于农村土地承包30年不变政策实施过程的评估》，《中国农村经济》2001年第1期。

⑤ 中国（海南）改革发展研究院：《新时期赋予农民长期而有保障的土地使用权尤为重要》，载王景新《中国农村土地制度的世纪变革》，中国经济出版社，2001，第152—169页。

《界田乡关于农村集体所有土地使用权流转管理（试行）办法》《关于对“界田乡关于农村土地使用制度改革的若干规定”的补充规定》等政策文件，对“第二轮土地延包”作出了具体的政策规定。第二，制定了《界田乡土地使用制度改革实施方案》，明确了工作步骤、工作内容和工作目标。实施方案的具体工作内容包括核定耕地面积和承包人口，制定“四个规划”即村庄规划、宅基地规划、道路规划和农田水利规划，作出实施规划的土地预留，评定土地等级，确定承包户的土地面积，与农户签订三十年不变的土地承包合同，并完成土地交接等。第三，成立了专门的机构负责实施，相关人员落实到村组，并制定了工作完成验收的评分标准。按照试点工作方案的要求，试点工作从当年的 1 月 15 日启动，到 3 月 10 日结束，不到 2 个月的时间。根据德兴市政府的试点工作总结，到当年 3 月 10 日完成试点工作，共签订了 1590 户的土地承包合同和 284 户的土地租赁合同。由于工作总结中并没有给出界田乡共有多少农户，所以，承包合同签约率为多少无从知晓。根据当地领导讲话，界田乡总人口为 1 万余人，由此推测农户数为 3000 户左右。如果以此计算，承包合同签约率在 50% 左右。在不到 2 个月时间内，有 50% 的承包合同签约率，其工作效率是很高的。[①] 但在不到 2 个月时间内，要完成如此之大的工作，是否能真正到位，笔者对此也深表怀疑。

笔者的怀疑被一项研究佐证。有学者在湖北农村所做的一项社会调研[②]表明：经历过“第二轮土地延包”的乡、村两级干部都坦言，当时的工作并不细致，很多土地重新登记和承包权确定并没有让相关的农民签字确认。在沉重的农业负担下，很多村民并不关心每块土地的权属，也不配合土地确权的工作。为了完成“第二轮土地延包”的确权和登记工作，他们只得“闭门造车”，在村民不在场的条件下就填写了土地承包证中的经营者、地块分布、地块四至等各项内容。大量的时间被花费在统计和表格的制作上，因为这样做，至少能在形式上完成上级布置的政治任务。另据一项乡村调查，所调查的乡镇仅用 2 个月就完成了土地延包工作，但实际上，全镇有 1 万多户，只有 300 多户签订了土地延包合同，实际完成率仅有 3% 。[③] 可见，乡镇政府为了完成上级下达的任务，包办代替的情况

① 中共德兴市政研室、德兴市农村工作办公室编《德兴市农村土地“二轮”承包试点资料汇编》（内部资料），1997。

② 郭亮：《地根政治》，社会科学文献出版社，2013，第 99 页。

③ 吴毅、吴淼：《村民自治在乡土社会的遭遇》，华中师范大学出版社，2003，第 218 页。

比较普遍。

值得说明的一个情况是，在“第一轮土地延包”时，土地的发包与承包普遍是在村小组内进行，而在“第二轮土地延包”时，许多村小组的土地发包权利被收到村委会。另外，到“第二轮土地延包”时，绝大多数农村地区不再将土地分为责任田、口粮田、饲料田、自留地，或者人头田、劳力田等各种名目了，“多田并一田”，都叫承包地[①]，并归总起来一同分配。唯一区别的是自留地可以不交农业税费，或者少交农业税费。2006 年全面取消农业税以后，自留地和其他承包地也没有什么区别了。

应该说，“第二轮土地延包”选择的时机并不好，这正是农民负担最为严重、问题最为突出的时期。在许多农村地区，土地对农民来说是“包袱”，而不是什么权利。[②] 有些村干部甚至不敢与农户签订“第二轮土地延包”合同，因为“如果重签，农民都不会签，多出的地没人种”。[③] 另外，“第二轮土地延包”也是“天时不利”。1998 年，各地农村正在轰轰烈烈地开展“第二轮土地延包”之时，中国南方地区正遭遇百年不遇的特大洪灾。在特大洪灾面前，灾区的不少农民望着几近绝收的土地，对在家种地已经失望透顶了，纷纷放弃土地，外出打工，寻找新的生计。这时，乡镇干部和村干部为了完成“第二轮土地延包”任务（还能领点奖金），追着农民签订土地延包合同，追着给农民发“土地承包经营权证”，农民就是不签合同、不领证。这些已经印好了的“土地延包合同”和“土地承包经营权证”，不得不由村委会或乡镇政府代签和代管了。[④]

由于在不少农村地区，农民对“第二轮土地延包”不积极，甚至不想要承包地，所以过程中，也有一些农村地区的村集体就将这些没有人要的承包地包给想要地的农户。例如，在湖北沙洋县，2000 年以前农业税费负担较高，每亩负担高达 240 元；有些农户为了免除税费，放弃了自己的承包地；村集体为了落实

---

① 有些南方地区，将承包的水田叫承包田，将承包的旱地叫承包地，从承包关系上，两者是一样的。

② 20 世纪 90 年代末，中国社会科学院经济研究所曾到河北省清苑县作村庄调查，在调查 20 多天中，农民抱怨最多的是负担太重。参见中国社会科学院经济研究所“无保”调查课题组《中国村庄经济——无锡、保定 22 村调查报告（1987—1998）》，中国财政经济出版社，1999，第 430 页。

③ 陈小君等：《农村土地法律制度研究——田野调查解读》，中国政法大学出版社，2004，第 144 页。

④ 尚旭东：《农村土地经营权流转：信托模式、政府主导、规模经济与地方实践》，中国农业大学出版社，2016，第 124—125 页。

农业税费，就将这些“丢掉的田”包给想多包地的农户，并与这些农户签订了“第二轮土地延包”合同。这些农户就成了日后所说的“中农”。[①]

（八）农户对土地承包经营期的期望与认知

延长土地承包期限，签订长期的土地承包合同，毕竟还是作为发包方的村集体与作为承包方的农户自己要做的事。如果作为发包方的村集体和作为承包方的农户对延长土地承包期限不认可，那么，国家的政策就很难奏效，使政策的落实流于形式。正是出于这种认识，有学者在国家层面上明确了“三十年土地延包”政策之后的不久，就曾就农民对土地产权的意愿问题进行了调查。调查结果显示，对土地承包经营权，认同永久不变的占比为56.3%；反对的占比为26.1%；持无所谓态度的占比为17.6%；对土地承包期，认为应为五年以下的占比为17.9%，认为至少应为十五年的占比为27.7%，认为应为十五年以上的占比为37.4%，认为应以农民意愿为准的占比为17%。这就是说，有65%的农户愿意有超过十五年（含十五年）的土地承包期。该调查还显示，大多数农户（占比62%）对现有的土地承包经营权是有稳定预期的，认为不会被提前收回，但同时有61.7%的农户反对“新增人口不调整土地”的做法。[②] 这种既要稳定土地承包经营权，又要调整土地的矛盾的调查结果，可能恰恰反映了这一时期农民对土地的普遍心态。对于仍依赖土地生活的农民来说，既不希望地权频繁变动，又希望地权分配平均。这也反映了对土地承包期的认知，农户与国家的农村土地政策制定者之间存在着较大的偏差。在许多农户看来，土地承包期为三十年不变是指给予农户的土地承包经营权利三十年不变，但土地还是可以调整的。[③] 也就是说，承包土地的分配是可以改变的。

农业部农村经济研究中心于20世纪90年代末曾组织专家，对2000年以前的中国土地承包制度的实际运作情况做过一次较为系统的调查。该项调查的时间为1998年至1999年，调查范围为6省12个县，样本村（行政村）为36个、样本组（村民小组）90个、样本农户为824个[④]。该项调查显示，在所调查的样本

① 袁明宝：《小农理性及其变迁——中国农民家庭经济行为研究》，华中科技大学出版社，2018，第71—72页。

② 龚启圣、刘守英：《农民对土地产权的意愿及其对新政策的反应》，《中国农村观察》1998年第2期。

③ 陈汉圣：《对第二轮土地承包工作的观察分析》，《经济研究参考》1997年第73期。

④ 该项调查成果以《中国农村土地承包制度研究》为名结集成书，于2003年由中国财政经济出版社出版，作者为廖洪乐等人。本书有多处引用了此项调研的成果，对此项调研统称为“农业部20世纪90年代末的调查”。

户中，大多数农户（占比为67.6%）认为土地承包期应在十五年以上，只有27.2%的农户认为土地承包期应在十五年以下。但即使在赞同土地承包期应该为三十年及以上的农户中，还仍然有不少农户认为在土地承包期内应该根据人口变化进行土地调整，其比例高达43%。[①] 另有学者对江苏、河南和宁夏三地的农户所做的小型抽样调查也显示，在所调查的农户中，期望土地承包期为五年以下的占比22.88%，期望土地承包期为五年到十五年的占比28.03%，期望土地承包期为十五年以上的占比49.09%。[②]

有学者团队曾于1999年选取山东、江苏、江西和河南四省742个农户为调查样本，对“第二轮土地延包”所实行的“三十年不变”的政策进行调查评估。该调查显示：赞成“三十年不变”政策的占比为64.7%，不赞成“三十年不变”政策的占比为9.2%，持无所谓态度的占比为13.9%，“说不清”的占比为11.6%；认为三十年承包期内不会有土地调整的占比为6.8%，认为三十年承包期内还会有土地调整的占比为48%，认为三十年承包期内是否要调整土地“由村干部说了算”的占比为15.3%，认为三十年承包期内是否要调整土地“由中央说了算”的占比为14.2%，另有15.7%的农户“说不清”。[③]

可见，农户对土地承包期有不同的期望，而且分歧较大。虽然如此，但大多数农户还是认可中央在决定土地承包期上的权威性的。农业部20世纪90年代末的调查显示，在样本村组中，有83.5%的农户认为土地承包期应由政府决定，其中有74.3%的农户认为应该听中央政府的，由县、乡政府决定的占17%，由县以上及省决定的占8.7%。[④] 这就表明，土地承包期事关各农户的利益，而且，各农户的利益往往是相互冲突的，很难达成一致意见，需要权威机构作出裁决，以降低集体协商成本。在中国，最具权威的机构是国家即中央政府。

国家从法律上正式将土地承包经营期确定为三十年，这无疑会稳定农户对土

① 廖洪乐、习银生、张照新等：《中国农村土地承包制度研究》，中国财政经济出版社，2003，第165页。

② 钱忠好：《农村土地制度变革农户心态的实证分析及其政策启示——对江苏无锡、泰兴、连云港三市（县）部分农户有关土地制度问题的问卷调查》，《中国农村经济》1997年第4期；另参见钱忠好《中国农村土地制度变迁和创新研究》，中国农业出版社，1999，第175页。

③ 杨学成、罗伊·普罗斯特曼、徐孝白：《关于农村土地承包30年不变政策实施过程的评估》，《中国农村经济》2001年第1期。

④ 同上书，第167页。

地承包经营权的预期。中国人民大学土地管理系与美国农村发展研究所（RDI）联合进行农村土地权利调查[①]表明，自1999年以来，农户对土地承包经营权的产权认知不断得到强化。到2011年，在所调查的农户中，有93.73%的农户认识到"农民的承包地三十年不调整"，并有75.79%的农户明确表示"政府或村干部不经同意不能将承包地流转出去"。[②] 但一项更为全面的土地权利调查，并不能支持上述结论。根据中国科学院农村政策研究中心于2009年做的调研显示，有63.3%的农户认为五年后肯定会拥有目前的地块，有49.1%的农户认为十年后肯定会拥有目前的地块。[③] 这表明，仍然有相当多的农户并没有认定土地承包经营权三十年不变，特别是对于农户目前所占有和使用的地块来说，更不能认定三十年内都不会调整。

虽然国家力图通过延长土地承包期保护农户的土地产权权益，但在很长的一段时间里，农户并不领情。不少农户对祖祖辈辈留下来的土地持漠不关心的态度，甚至在"第二轮土地延包"过程中，有少数农户放弃了其承包土地的权利。之所以出现这种情况，与这一时期的土地承包收益分配问题有着直接关系。

三、土地承包收益的分配

（一）土地承包收益分配关系

众所周知，"大包干"制度的基本内涵是"交够国家的、留足集体的、剩下的都是自己的"。可见，土地承包关系首先确立的是土地承包收益关系，或者说，农户与集体之间形成的土地承包经营关系，是建立在土地承包收益关系基础上的。从理论上说，"交够国家的"是"税"，体现的是国家对农业经营主体——农户的收入再分配关系；"留足集体的"即农民所说的土地承包费是"租"，体

---

① 有关这项调查项目的介绍，参见叶剑平等编著《中国农村土地产权制度研究》，中国农业出版社，2000，第107—155页。

② 叶剑平、田晨光：《中国农村土地权利状况：合约结构、制度变迁与政策优化》，《华中师范大学学报》2013年第1期。

③ 黄季焜、郜亮亮、冀县卿等：《中国的农地制度、农地流转和农地投资》，格致出版社，2012，第31—34页。

现的是集体土地所有权的权益;[①]“剩下的都是自己的”由农户投入劳动报酬及“利润”，与投入其他生产资料如肥料、种子、农机耗损、用电、用水等费用支出构成。[②]然而，在现实中，对土地承包总收入的分配比例，不是由包括土地在内的要素市场所决定的，在很大程度上是国家政策、地方政府的行为、村集体的力量，以及农民对此的应对等多种因素共同作用的结果，其中国家政策起主导作用。在不同时期，国家通过制定不同政策，来协调和平衡地方政府、村集体与农民之间的收益分配关系。

从经济学上来讲，土地收益权是一项基本的土地产权权益。农户的土地承包经营权能够“产权化”的一个基本前提是：扣除了地租和税费之后，农户仍能保有土地要素所产生的“剩余”。如果没有这个“剩余”，农户仅仅保有耕种权，则这种权利是没有什么价值的。对农户来说，这种没价值的土地承包经营权就不值得保持或“稳定”了。[③]因此，讨论农户的土地产权权益，就不能仅仅看农户的土地承包经营权是否“稳定”，还要看土地承包经营权是否能带来土地收益的“剩余”。

（二）实行家庭土地承包经营制后的农户与国家、集体之间的收益分配状况

在“分田到户”之初，农产品价格上调和产量增加的幅度均较大。在“交够国家的”和“留足集体的”相对固定即定额的情况下，增收中的大部分都是“剩下的”，归了农户自己。这就是说，在承包总收入中，农户占了大头。[④]农民税费负担率从1979年的18.41%，大幅下降到1984年的4.96%。具体数据[⑤]

---

① 在实行家庭土地承包制之初，土地承包费可以认为是地租，但到了20世纪90年代，情况有所变化。这时，有些农民虽然不承包土地，或者承包少量土地，但还在村里享受村集体提供的公共服务，因此，不少村集体向村民收费时，不仅按承包土地数量收费，而且也考虑“人头”的因素，按“人头”收取部分费用。

② 按照经济学解释，“税”实质上是政府提供公共服务的价格；“租”是对使用非货币资源的支付（对使用货币资源的支付是利息），“利润”是意外收入。参见 Armen Alchian and Willian R Allen，*Exchange and Production*（Belmont，CA：Wadsworth Publishing Company，1983），p. 129，p. 299，pp. 393 – 394。

③ 按照著名的产权经济学家巴泽尔的观点，“人们获得、保持及放弃权利，是一个选择问题”“当人们相信这种行为（保持、获得产权。——笔者注）的收益将超过成本时，他们就会运用权利。相反，当认为拥有产权的收益并不足以弥补成本时，他们就不会去运用权利，从而使这种产权置于公共领域内”。参见巴泽尔《产权的经济分析（第二版）》，费方域等译，格致出版社，2017，第97页。

④ 农业部统计，在农户家庭经营纯收入中，农户所得的占比，1983年为94.2%、1984年为94.5%、1985年为94.4%、1986年为94.1%。引自农业部计划司编《中国农村经济统计大全（1949—1986）》，农业出版社，1989，第541页、543页。

⑤ 郑有贵、陈洁主编《近代以来中国农村变迁史论1978—2012》（第四卷），清华大学出版社，2019，第195—196页。

见附表2－1。但需要特别说明的是，附表2－1中的税收负担率、集体提留负担率和农民总负担率是以全部农民收入做分母的，其中包括了大量的非农收入，而且有些非农收入是村集体的收入。因此，农户的实际负担并没有这么低。

附表2－1 1979—2001年按农民总收入计算的农民税费负担率变化情况 （单位:%）

年份	农业税负担率	集体提留负担率	农民税费负担率
1979	3. 67	14. 74	18. 41
1980	3. 42	13. 00	16. 42
1981	3. 07	9. 66	12. 73
1982	1. 63	5. 39	7. 02
1983	1. 55	3. 94	5. 49
1984	1. 32	3. 64	4. 96
1985	1. 36	7. 86	9. 22
1986	1. 28	7. 61	8. 89
1987	1. 30	7. 91	9. 21
1988	1. 61	8. 43	10. 04
1989	1. 70	8. 38	10. 08
1990	1. 65	6. 26	7. 91
1991	1. 58	6. 33	7. 91
1992	1. 80	5. 62	7. 42
1993	1. 58	4. 78	6. 36
1994	2. 19	4. 35	6. 54
1995	2. 01	3. 96	5. 97
1996	2. 14	3. 93	6. 07
1997	2. 06	3. 65	5. 71
1998	1. 99	3. 64	5. 63
1999	2. 06	3. 25	5. 31
2000	2. 12	2. 82	4. 94
2001	2. 14	2. 45	4. 59

注：农业税负担率＝农业各税/（农民所得＋农业各税＋集体提留）；集体提留负担率＝集体提留/（农民所得＋农业各税＋集体提留）；农民税费负担率＝（农业各税＋集体提留）/（农民所得＋农业各税＋集体提留）；根据前书定义，农民所得指扣除了农业各税和提留之后的净所得。

据社会学家陆学艺在1981年对山东省东明县马头公社李六屯大队第五生产队的农户苏建兵的调查，该大队年年吃返销粮，长期以来靠国家救济，国家征购粮基数很低。苏建兵也是一个贫困户。实行“包干到户”以后，苏建兵家庭收入大增。1980年其家庭总收入折合现金3701元，仅上交国家农业税9.6元，占比为0.26%，上交集体提留也有限，为236元，占比为6.4%，其余的3455.4元全归自己，占比为93.3%。[①] 再如，一项对安徽省凤阳县的调查显示，全县平均每人负担的集体提留为9.4元，最低的乡只有5.3元，最高的乡为10.6元；集体提留大约占种植收入的5%左右，低于人民公社时期集体提留的比例。人民公社时期集体提留的比例为7.5%~9.5%。该项调查还显示，上交国家的征购、统购粮一般仅占总产量的5%~6%。[②]

另外，“第一轮土地延包”之前，不少村集体与农户签订的土地承包合同所约定的上交集体的承包费是按现金计算的，而且，在承包期内金额不变。但此时，物价已经开始“解冻”，粮食价格出现了明显的上涨。[③] 在这种情况下，农户上交村集体的负担实际上是减轻的。

1984年以后，农民收入的增速开始回落，到了20世纪80年代末90年代初，农民收入增长处于停滞状态。与此同时，自1984年开始，人民公社逐步被乡镇政府所替代。在当时广泛推行“财政大包干”背景下，地方政府需要加大对农民税费的征收，以充实刚刚建立起来的乡镇政府的财力，从而导致农民税费负担率跃升。农民税费负担率从1984年的4.96%上升至1985年的9.22%。之后连续几年，农民税费负担率大致维持在这一高水平上。具体数据见附表2-1。在农户承包收入增量减少情况下，提高“交够国家的”和“留足集体的”的比例，最终演变为旷日持久、难以解决的“农民负担问题”。

（三）“交够国家的”

“交够国家的”指农户应上交国家的各项农业税及完成公粮任务。根据1958年2月全国人大通过的《中华人民共和国农业税条例》，全国平均农业税为常年

① 参见陆学艺《一个包干农户的家庭调查》，载《农业发展的黄金时代——包产到户的调查研究》，甘肃人民出版社，1983，第170页。

② 史探径：《大包干合同制的产生和发展——凤阳县农村调查报告》，《法学研究》1983年第4期。

③ 1981年到1984年，历年粮食收购价格的上涨幅度分别为9.7%、3.8%、10.3%和12%。

产量的15.5%，县级以上政府可以提高税率，但最高不得超过常年产量的25%。该条例还规定，省级政府可以随同农业税征收地方附加，地方附加一般不得超过纳税人应纳农业税税额的15%。农业税是按农产品主要是粮食产量计税的，应该根据产量变化作出调整。[①] 但在实际执行过程中，农业税额并没有大的变化。据1978年12月财政部上报国务院的报告，自1961年起，全国农业税（包括地方附加）的征收额一直稳定在250亿斤细粮水平上，[②] 多年未变，农业税已演变为定额税。

1979年6月，财政部根据党的十一届三中全会下发的文件精神，出台了旨在降低税负的农业税起征点政策。[③] 通过实行该项政策，当年就减少18.8%的农业税征收额。[④] 加之，实行家庭土地承包经营制度后，粮食产量大幅上升，使得实际征收的农业税率从1979年的3.67%大幅下降至1984年的1.32%，之后又有所回升，但直到1993年都保持在2%以下，具体数据见附表2-1。下面的一项微观调查也大体反映了这一趋势。

以河北省昌黎县侯家营村为例。该县的名义农业税率为9.7%，名义农业附

---

① 长期以来，农业税是以实物形式与征购粮一并征收的，统称公粮。1985年4月，国务院出台政策，将征收实物改为按粮食收购价折征现金。参见《国务院转批财政部〈关于农业税改为按粮食"倒三七"比例价折征代金问题的请示〉的通知》，转引自王力主编《新中国农业税历程》，中国税务出版社，2009，第942—943页。为了方便农业税的征收，各地税务部门在实际征收时是按亩计征的，形成了所谓的"计税亩"。根据《中华人民共和国农业税条例》及相关的政策，大量的耕地如新开垦的土地、试验田、散居的山区等免税，各地税务部门在征税时，对贫瘠的土地按产量折算亩数，如以产量计算2亩等于1亩，这样就使得农业部门掌握的耕地的亩数即"计税亩"大大小于国土管理部门实际测量的亩数。例如，1995年农业部门统计的全国耕地总数为14.25亿亩，而当年国土管理部门统计的全国耕地总数为20.15亿亩，两个统计数据相差近6亿亩之多。参见国家统计局农村社会经济调查总队《新中国五十年农业统计资料》，中国统计出版社，2000，第21页；李元主编《中国土地资源》，中国大地出版社，2000，第140页。

② 《财政部关于减轻农村负担问题的报告》，参见王力主编《新中国农业税历程》，中国税务出版社，2009，第929—931页。

③ 《中共中央关于加快农业发展若干问题的决定（草案）》提出：对"水稻地区口粮在四百斤以下的，杂粮地区口粮在三百斤以下的，一律免购"（公粮）。由于农业税是与"公粮"一并征收的，不交"公粮"，也就不能交农业税。因此，1979年6月出台的《财政部关于执行农业税起征点若干具体问题的规定》提出，"每人平均口粮在起征点以下的生产队（包括大队统一核算的单位），免征农业税"；每人平均口粮起征点的标准为"水稻地区400斤，杂粮地区300斤，兼种水稻和杂粮地区，适当低于水稻地区、高于杂粮地区"。参见王力主编《新中国农业税历程》，中国税务出版社，2009，第931—932页。

④ 《中共中央关于加快农业发展若干问题的决定（草案）》提出：对"水稻地区口粮在四百斤以下的，杂粮地区口粮在三百斤以下的，一律免购"（公粮）。由于农业税是与"公粮"一并征收的，不交"公粮"，也就不能交农业税。因此，1979年6月出台的《财政部关于执行农业税起征点若干具体问题的规定》提出，"每人平均口粮在起征点以下的生产队（包括大队统一核算的单位），免征农业税"；每人平均口粮起征点的标准为"水稻地区400斤，杂粮地区300斤，兼种水稻和杂粮地区，适当低于水稻地区、高于杂粮地区"。参见王力主编《新中国农业税历程》，中国税务出版社，2009，第933—935页。

加为15%，以粮食实物计税。[①] 自20世纪70年代有交税记录以来，该村计税的亩数、计税亩产、农业税额，以及农业税附加额就基本没有变过。然而，该村实际的亩数、亩产和总产量每年都是有变化的，实际亩产大大高于计税亩产。由于上交税额是多年固定的，所以，实际税率大大低于名义税率。自1980年到1989年，该村的实际农业税率为2.00%～5.47%，实际农业税附加为2.30～6.29%，农业税和农业税附加两者相加的总税率为4.30%～11.75%。具体数据[②]见表2－1。

表2－1　1980—1989年侯家营村实际亩数、亩产、产量及实际税率

年份	实际亩数（亩）	实际亩产（斤）	实际产量（斤）	实际农业税率（%）	实际农业附加税率（%）	实际加总税率（%）
1980	2543	263.1	669017	5.08	5.85	10.93
1981	2233	278.7	622410	5.47	6.29	11.76
1982	2497	325.8	813510	4.18	4.81	8.99
1983	2526	464.3	1172900	2.90	3.34	6.24
1984	2526	524.5	1324846	2.57	2.95	5.52
1985	2465	559.0	1377884	2.47	2.84	5.31
1986	2632	559.3	1472100	2.31	2.66	4.97
1987	3038	559.9	1701000	2.00	2.30	4.30
1988	3049	481.5	1468000	2.32	2.66	4.98
1989	2943	333.5	981600	3.46	3.98	7.44

值得一提的是，农业税是产品税，即根据粮食产量的多少，按比例征税。[③] 实行家庭土地承包经营制度后，按一家一户的粮食产量，计算征税额的成本太高了，没有现实可行性，只能是按亩征收。农业税就变成了地亩税。

实行家庭土地承包经营制后，农林特产品的产量大幅增长，大大超过了粮食

① 张思主编《二十世纪华北农村调查记录》（第四卷），社会科学文献出版社，2012，第55页。

② 同上书，第31页、第55页。另，表2－1中的实际亩数和实际亩产的乘积与实际产量数据略有差异，资料来源如此，本书未作改动。

③ 根据1958年2月全国人大公布的《中华人民共和国农业税条例》第二十四条："农业税以征税粮食为主。"

产量的增长幅度。[①] 1983 年，国家考虑征收农业特产税，[②] 1988 年开始正式征收，但此时的征收力度并不大。[③] 1994 年 1 月，国务院出台了《关于对农业特产收入征收农业税的规定》，明确规定了农业特产税的税目和税率，并将农业特产税归为地方税。农业特产税全面开征，并成为农业地区县乡两级政府的重要财源。

自 1994 年农业特产税全面开征以来，该税种征收额迅速上升。据国家税务总局统计，1994 年农业特产税由占上年各项农业税总额的 21%，一年之内就升至 34. 66%；1997 年农业特产税的占比曾达到 44. 9%，已接近农业税的征收额了。[④] 农业特产税的开征，提高了农民的总税负。到 1994 年，各项农业税开始超过 2%，之后保持在 2% 左右的水平。具体数据见附表 2 - 1。从总体税负水平来看，农业税负并不重，但在不同地区并不均衡。一项对河南省鄢陵县的调查表明，该县自 1992 年到 2000 年，农业特产税年均增长率高达 43. 2%。[⑤] 由于每家农户或多或少地都要种植一些除了粮食之外的农作物，农业特产税税目、税率繁多，如果按产品、按产量计税，这几乎是不可能的。[⑥] 在实际操作中，农业特产税往往会变为按地亩征收的“地亩税”。[⑦] 这样一来，有些没有产出多少农业特产品的农户也要承担不呈比例的农业特产税，农户对此的怨言就较大。

除了“明税”，还有“暗税”。所谓的“暗税”就是国家征购粮食及其他农

---

① 国家统计局统计，与 1978 年相比，1983 年，全国大宗农林特产品的产量，除了个别产品，多数产品都有显著的增长，如茶叶增长了 50%，桑蚕茧增长了 55%，水果增长了 44%，淡水养殖产品增长了 87%，天然橡胶增长了 70%，都大大超过了同期粮食产量增长水平。参见王力主编《新中国农业税历程》，中国税务出版社，2009，第 40 页。

② 1983 年 11 月，国务院出台了《关于对农林特产收入征收农业税的若干规定》，正式提出要征收农业特产税，但一直到 1988 年，实际上并没有征收该税。参见王力主编《新中国农业税历程》，中国税务出版社，2009，第 954—955 页。

③ 1988 年征收的农业特产税占全部农业税收的比例为 9. 7%。参见王力主编《新中国农业税历程》，中国税务出版社，2009，第 723 页。

④ 王力主编《新中国农业税历程》，中国税务出版社，2009，第 722—723 页。

⑤ 陈锡文、赵阳、陈剑波：《中国农村制度变迁 60 年》，人民出版社，2009，第 243 页。

⑥ 有学者将农业特产税的征收总结为“五难”“四多”“一高”。“五难”是指面积确定难、产量核实难、价格定准难、征收操作难和减免落实难；“四多”是指税目多、税率多、征收环节多和征收方法多；“一高”是指征收成本高。参见温铁军《中国农村基本经济制度研究——“三农”问题的世纪反思》，中国经济出版社，2000，423 页。

⑦ 根据国务院对征收农业特产税的规定，农业特产税为收入税，应该根据农业特产收入计税。1996 年 6 月，国家税务总局曾下发《关于正确执行政策防止和纠正平摊农业特产税问题的通知》，明确禁止农业特产税“按地亩或人头平均摊派的错误做法”。参见王力主编《新中国农业税历程》，中国税务出版社，2009，第 966—967 页。

副产品的价格与市场价或工业品价格之差，即通常所说的“剪刀差”。[①] 1982 年 1 月，国务院出台了“粮食征购、销售、调拨包干一定三年”的政策。[②] 据估计，当时国家征购粮的比例占粮食总产量的 20% ~40% 。[③] 在 1982 年到 1985 年粮食产量大幅上升的情况下，“一定三年”的粮食征购政策势必会大大地减轻农民的“暗税”负担。1985 年，国家正式启动粮食统购制度改革以后，为了稳定粮食生产和供应，不断地调整粮食的征购价格，“暗税”就变得不确定了。当国家定购粮的价格低于粮食市场价，就形成了“正暗税”；当国家定购粮的价格高于粮食市场价，就形成了“负暗税”。总体来看，20 世纪 90 年代中期以前，出现“正暗税”的年份较多。[④] 之后，国家为了刺激农民多种粮、多卖粮，曾多次提高国家定购的粮食价格。到 20 世纪 90 年代中期以后，出现“正暗税”的年份开始减少，或者“正暗税”减轻，并一度出现“负暗税”的情况。[⑤] 但当出现“负暗税”的时候，农民就会倾向于向政府多售粮。不少地区因为粮食收购资金不到位，地方粮食收购部门不得不向农民“打白条”，或者是“拒收”，因此，农民也不能及时从中受益。[⑥]

---

① 自农业集体化以来，国家以“暗税”的形式，攫取了大量的农业剩余。有研究估算，自 1952 年到 1978 年，国家通过工业产品与农业产品不等价交换，从农业部门汲取了 3917 亿元。参见农业部农村经济研究中心等编《中外学者论农村》，华夏出版社，1994，第 57 页。有的研究估算的结果更多。据 1986 年国务院农村发展中心所做的推算，自 1951 年到 1979 年，国家以“剪刀差”的方式，累计从农民手里攫取资金为 6000 亿 ~ 8000 亿元。参见温铁军《中国农村基本经济制度研究——“三农”问题的世纪反思》，中国经济出版社，2000，第 177 页。

② 1982 年 1 月国务院颁布的《关于实行“粮食征购、销售、调拨包干一定三年”的粮食管理办法》中提出：“从 1982 年到 1984 年三年之内，对生产队和农户的粮食征购任务三年不变，生产队和农户完成粮食征购任务后，可以自主处置多余的粮食。”

③ 温铁军：《中国农村基本经济制度研究——“三农”问题的世纪反思》，中国经济出版社，2000，第 175 页。

④ 根据某学者对华北四村的税负调查，1991 年，其中三个村的“暗税”分别为每亩 9. 26 元、1. 22 元和 4. 25 元。裴长洪、蒋中一：《华北四村地税个案调查》，载中国农地制度课题组编著《中国农村土地制度的变革——中国农村土地制度国际研讨会论文集》，北京大学出版社，1993，第 122 页。

⑤ 对这一时期的“暗税”不应估计过高。这时的农户可以拒售或少售“公粮”。为了解决“购粮难”的问题，各地政府也会采取各种办法补贴农户，如供应平价的化肥，在经济发达的地区，给农户现金补贴等。据农业部 20 世纪 90 年代末的调查，到 20 世纪 90 年代末，粮食定购任务已不再构成农民负担了，而成了农民的福利。参见廖洪乐、习银生、张照新等《中国农村土地承包制度研究》，中国财政经济出版社，2003，第 195 页。

⑥ 1993 年 4 月，农业部曾组织人员赴安徽调查国家农业政策的落实情况，详细调查了地方粮食收购部门向农民“打白条”的问题。参见农业部赴安徽省蹲点调查组《从农业大省看农业政策的制度和执行》，载农业部农村经济研究中心《中国农村研究报告（1990—1998 年）》（上），中国财政经济出版社，1999，第 225—228 页。自 1982 年到 2000 年，中国曾出现三次农民“卖粮难”，第一次是 1984 年的卖粮难，第二次是 1989 年到 1992 年的粮食、棉花、油料、糖料、果品等的卖难，第三次是 1996 年到 1997 年的所有农产品卖难。温铁军：《中国农村基本经济制度研究——“三农”问题的世纪反思》，中国经济出版社，2000，第 342 页。

（四）“留足集体的”

“留足集体的”源于人民公社时期的集体提留。根据“人民公社六十条”，生产队在上交国家公粮、分配给社员粮食或现金之后，要提留一部分作为集体收入，用作储备粮、公积金和公益金。“分田到户”后，集体提留仍然被保留下来，有的地区或村称之为土地承包费或土地承包金，一般称之为“村提留”，但集体提留的用途发生了改变。在人民公社时期，集体提留中的一部分要用于生产积累，“分田到户”后，“村提留”主要用于村干部的工资或补助、村的其他行政开支，以及五保户、困难户的生活补助，乡村医生和教师的工资或补助等，很少用于生产积累。另外，这时的“村提留”一般是由原生产大队即村委会，而不是集体所有者原生产队即村小组收取。一般是原生产大队即村委会将“村提留”收上来后，再下发一部分给原生产队即村小组。也有的地区或村是原生产队收“村提留”，再按一定比例上交给原生产大队即村委会。

在实行家庭土地经营制之初，“村提留”水平是较低的，总体上基本保持在5%以下。到了1985年以后，“留足集体的”部分除了“村提留”，又多出了一块“乡统筹”，导致“留足集体的”部分大幅上升，仅在一年的时间里，集体提留的负担率就从1984年的3.64%升至1985年的7.86%。此后几年仍有小幅上升，到1988年升至8.43%，之后又有所下降，到2000年，集体提留负担率下降到3%以下。具体数据见附表2－1。之所以出现这样大幅变化的情况，与当时新建的乡镇体制有很大关系。

（五）“农民负担”成了问题

1985年，人民公社改制为乡镇政府。[①] 乡镇作为一级政府，有独立的财政，有征收税费的权力。当时大多数乡镇都是实行“财政包干”制度，要求乡镇政府自求平衡。这就是说，乡镇政府的行政费用主要靠自己解决。在农业地区，在“人民事业人民办”的口号下，乡镇政府开始向农户收取用于公共服务、公共事

① 1983年10月，中共中央、国务院发出了《关于实行政社分开建立乡政府的通知》，该通知提出：宪法已明确规定，在农村建立乡政府，政社必须相应分开。到1985年春，农村人民公社政社分开，建立乡镇政府的工作全部结束。这标志着农村人民公社体制正式终结。参见陈锡文、赵阳、陈剑波《中国农村制度变迁60年》，人民出版社，2009，第62页。

业、基本建设以及各项行政开支的费用。这部分费用被称为“乡统筹”。[①]“乡统筹”的出现是“农民负担问题”加剧的一个重要因素。

1991 年 12 月，国务院出台了《农民承担费用和劳务管理条例》，对“村提留”“乡统筹”“两工”的使用范围进行了规范，[②] 规定“村提留”和“乡统筹”的收取“不得超过上一年农民人均纯收入的 5%”，对其他项目的收费也给予了原则性的规定。1995 年 6 月，农业部、监察部发出通知[③]，要求各地农村实行农民负担监督卡制度，通过农民的监督，落实中央减轻农民负担的政策。然而，这些政策收效并不明显。在不少农业地区，“村提留”和“乡统筹”只是用于维持村集体和乡镇政府的日常行政性开支，最主要是用于支付人员工资，而涉及生产性或乡村建设的开支，仍要靠设立如“共同生产费”“水利费”，以及各种名目繁多的集资、罚款和摊派来解决。这样就增大了对农户规制外“费”的征收。不少农村地区为了维持日益庞大的日常开支，还人为提高当地农民收入水平，变相提高“村提留”和“乡统筹”的收取标准。在许多农村地区，“两工”也被摊到土地上，[④]“以资代劳”“两工”货币化的情况也很普遍。

1994 年，全国正式推行国税与地税分开的分税制改革。[⑤] 这一改革的结果是税收的大头被中央拿去了，留给地方的是数量小、分散的税收小头，这就包括各种涉农的税收。在许多地区，乡镇实行的是“超少不缴、超支不补、多收多支”的所谓包税制。通常的做法是：县政府在上年年底确定下年全年的包税额，如 100 万元，完成的有提成，完不成的扣奖金，甚至是扣工资。乡镇干部为了保住自己的收入，不得不对农民“横征暴敛”。在一些传统农村地区，如安徽、四川、

---

① 1984 年 10 月，中共中央、国务院下发了《关于制止向农民乱摊派、乱收费的通知》，该通知旨在制止当时在农村出现的向农民乱摊派、乱收费现象。与此同时，该通知还提出，“乡和村兴办教育、修建公路、实施计划生育、优待烈军属、供养五保户等事业的费用，原则上应当以税收或其他法定的收费办法来解决。这一制度建立之前，应按照中共中央‘一九八四年一号文件’的规定，实行收取公共事业统筹费的办法”。当时绝大多数农村乡镇并没有税收和其他法定收费的来源，只能采取“收取公共事业统筹费的办法”。这就是“乡统筹”的由来和政策依据。

② “村提留”包括三项即公积金、公益金和管理费；“乡统筹”包括五项即乡村教育费、计划生育费、优抚费、民兵训练费和乡村建设费。“村提留”和“乡统筹”统称“三提五统”。“两工”即义务工和劳动积累工，义务工主要用于植树造林、防汛、公路建勤、修缮校舍等；劳动积累工主要用于农田水利基本建设和植树造林。

③ 即《关于全面推行农民负担监督卡制度的通知》。

④ 按照 1991 年国务院颁布的《农民承担费用和劳务管理条例》，“两工”应按劳动力人口分摊，但由于许多地区村里的劳动力出外打工了，所以很多情况不得不按亩来分摊。

⑤ 1993 年 12 月，国务院作出了《关于实行分税制财政管理体制决定》，决定从 1994 年 1 月 1 日起改革现行的地方财政包干体制，对各省、自治区、直辖市以及计划单列市，实行分税制财政管理体制。参见彭森、陈立等《中国经济体制改革重大事件（下）》，中国人民大学出版社，2008，第 448—449 页。

河南、湖北等地，干部暴力征税费、农民暴力抗税费的冲突时有发生，引起社会各界的广泛关注。①

据统计，1988—1992 年，全国农民人均纯收入按当年价计算年均增长 9.5%，人均负担（仅农业税、“三提五统”）却增长了 16.7%，比农民人均收入增幅高出了 7.2 个百分点。之后，农民负担有加重之势。与上年同期相比，1995 年“农业两税”即农业税和农业特产税增长了 19.9%，“三提五统”增长了 48.3%，各项社会负担增长了 52.23%，“以资代劳”的“两工”增长了 33.7%，而同期的农民人均纯收入仅增长了 29%。② 另据一项 1999 年做的对湖北省襄阳县 11 个农户的调研，这 11 个农户的负担占纯收入的比重高达 28%。③ 根据全国范围的统计，农民平均负担并没有这么重。但直到 2001 年，农民负担一直超过占农民人均纯收入 5% 的政策上限。这一比例曾一度达到 10% 以上。具体数据④见附表 2－2。

附表 2－2　1990—2002 年按农民人均纯收入计算的农民税费负担变化情况

年份	农民税费负担总额（亿元）	农业各税（亿元）	三提五统（亿元）	农民人均税费负担（元）	税费负担占农民人均纯收入比重（%）
1990	469	87.9	333.3	55.8	9.3
1991	518	90.7	368.8	60.8	8.9
1992	603	119.2	373.1	71.1	10.0
1993	687	125.7	380.0	80.7	10.3
1994	958	231.5	461.3	112.0	12.2
1995	1155	278.1	547.5	134.3	11.0
1996	1248	368.5	679.7	144.4	9.2
1997	1379	397.5	703.0	159.2	8.3
1998	1399	398.8	729.7	161.0	7.7
1999	1363	423.5	669.5	156.6	7.2
2000	1359	465.3	620.4	168.4	7.6
2001	717	481.7	551.7	90.1	3.8
2002	616	717.9	292.8	78.7	3.2

① 2004 年作家陈桂棣和春桃出版了轰动一时的报告文学《中国农民调查》，该报告文学生动而详尽地描述了当时安徽农村所发生的干部暴力征税费、农民暴力抗税费的事件始末。

② 农业部农村改革试验区办公室编著《认识与实践的对话——中国农村改革试验区十年历程》，中国农业出版社，1997，第 413 页。

③ 陈锡文、赵阳、陈剑波：《中国农村制度变迁 60 年》，人民出版社，2009，第 243 页。

④ 孔祥智、钟真、李宾等：《当代中国农村》，中国人民大学出版社，2016，第 22—23 页。

20 世纪 90 年代末，中国社会科学院经济研究所曾到河北省清苑县温仁镇南邓村做调查，提供了较为详尽的农民负担情况的资料。该调查显示，从 1987 年到 1997 年，人均税费增长了 750%，其中农业税增长了 228%，乡统筹增长了 1634%，村提留增长了 442%，而同期的农民人均纯收入仅增长了 142%；由于这一时期耕地有所减少，摊到土地上的税费负担的增长幅度更大；从 1987 年到 1997 年，亩均税费增长了 972%，其中农业税增长了 313%，乡统筹增长了 2086%，村提留增长了 581%。① 笔者根据该调查报告所提供的数据，计算出亩均各项负担、各项负担占土地总产出的比重，以及各项负担占纯收入的比重，具体数据②见表 2－2、表 2－3、表 2－4。

表 2－2　1987—1997 年河北省清苑县温仁镇南邓村亩均产出及亩均各项负担

（单位：元）

年份	亩均产出	亩均农业税	亩均乡统筹	亩均村提留	亩均负担
1987	809.69	3.12	3.66	5.18	11.96
1990	893.06	4.10	7.63	5.82	17.55
1992	929.38	4.12	26.61	21.96	52.68
1995	1090.36	8.13	43.11	44.68	95.92
1997	1185.45	12.90	80.01	35.29	128.20

表 2－3　1987—1997 年河北省清苑县温仁镇南邓村亩均各项负担占亩均收入的比例

（单位：%）

年份	农业税	乡统筹	村提留	总负担
1987	0.39	0.45	0.64	1.48
1990	0.46	0.85	0.65	1.96
1992	0.44	2.86	2.36	5.66
1995	0.75	3.95	4.10	8.80
1997	1.09	6.75	2.98	10.82

① 中国社会科学院经济研究所“无保”调查课题组：《中国村庄经济——无锡、保定 22 村调查报告（1987—1998）》，中国财政经济出版社，1999，第 430—431 页。

② 同上书，第 407—432 页。

表 2 -4　1987—1997 年河北省清苑县温仁镇南邓村各项负担占农民纯收入的比例

（单位:%）

年份	农业税	乡统筹	村提留	总负担
1987	0. 68	0. 79	1. 12	2. 59
1990	0. 79	1. 46	1. 11	3. 36
1992	0. 70	4. 50	3. 71	8. 91
1995	0. 74	3. 93	4. 08	8. 75
1997	0. 92	5. 68	2. 50	9. 10

由上表的计算数据可知，从 1987 年到 1997 年的 10 年间，河北省清苑县温仁镇南邓村的亩均产出增长并不大，仅由近 810 元增长到近 1186 元。由于各项负担大幅增长，导致摊到土地上的负担激增。1987 年，各项负担占亩均产出的 1. 48%，到 1997 年，各项负担在亩均产出中的比例达 10. 82%。这就是说，农民辛辛苦苦地种了一年地，要将占总收入 10%以上的收入上缴给国家、乡政府和村集体。按当地的种粮成本率 30%计算（不算用工成本），扣除成本后的每亩的纯收入中，上缴给国家、乡政府和村集体部分要占到 14%左右。在各项负担中，乡统筹增幅最大。1987 年乡统筹仅占亩均产出的 0. 45%，到 1997 年，乡统筹已经占到亩均产出的 6. 75%。其次是村提留。1987 年村提留仅占亩均产出的 0. 64%，到 1997 年，村提留占到亩均产出的 2. 98%。农业税增幅较小。1987 年农业税占亩均产出的 0. 39%，到 1997 年，农业税占亩均产出的 1. 09%。同期，各项负担在农民纯收入中的占比也大幅度增加。1987 年，农民的负担率为 2. 59%，到 1997 年，农民的负担率上升到 9. 10%，其中乡统筹和村提留占农民纯收入的比重达到 8. 18%，大大地超过了中央规定的不超过 5%的要求。

需要特别指出的是以下三点：一是农民实际负担要大大重于官方的统计汇总数据。根据农业部组织人员赴安徽的调查结果，安徽六安地区，1988 年到 1991 年上报的农民人均负担率为 7. 1%、5. 9%和 5. 1%，但对农户抽样调查显示，农民人均负担率为 8. 5%、11. 3%和 12. 7%。[①] 二是务农的农民的负担更

① 农业部赴安徽省蹲点调查组：《从农业大省看农业政策的制度和执行》，载农业部农村经济研究中心《中国农村研究报告（1990—1998 年）》（上），中国财政经济出版社，1999，第 229 页。

重。附表2－2中计算税费负担占农民人均纯收入比重中的农民人均纯收入包含了非农产业的收入。如果仅指种养殖的纯农业收入，将税费负担分摊到田亩上，那么，农户的税费负担就很重了。三是穷村、穷户农民的负担更重。在现实操作中，农民人均负担不超过农民人均纯收入5%的政策标准是以乡镇为单位统一计算的，核定到村。但村有穷有富。通常，穷村虽然承担税费更少一点，但相对于富村，负担还是更重。根据国务院发展研究中心中国农地课题组于1990年做的调查，在所调查的村，高收入的村亩均集体提留占农业收入的比例约为3%，而中等收入的村亩均集体提留占农业收入的比例约为6%，而贫困村的亩均集体提留占农业收入的比例高达15%。[①] 另外，在一个村里，农户也是有穷有富。但大多数税费是按人头、按地亩征收，无论穷富。[②] 这样，村里穷户的负担就更重了。

由于这一时期务农的农民负担太重，而且将大量的税费负担分摊到田亩上，[③] 一些农民为了逃避税费负担，不得不“弃田而逃”，放弃土地外出打工，在家的农户也尽量少包土地，导致大量土地被撂荒，[④] 并出现了乡镇及村干部央求或强令农户包地的情况。[⑤] 有些工商业发达的农村地区，村集体还采取过出钱补贴的

---

① 何道峰：《村级农地制度的变革》，载中国农地制度课题组编著《中国农村土地制度的变革——中国农村土地制度国际研讨会论文集》，北京大学出版社，1993，第54—55页。另据农业部20世纪90年代末的调查，工商业较为发达的农民人均负担率为2.73%，传统农村的中部地区和西部地带农民人均负担率分别为6.81%和6.63%。参见廖洪乐、习银生、张照新等《中国农村土地承包制度研究》，中国财政经济出版社，2003，第184页。

② 按照当时中央的政策，是不主张一律按亩摊派村提留、乡统筹的。1984年中央一号文件曾规定：“上述各项开支（即乡统筹和村提留），不宜一律按亩摊派，可由各地群众讨论确定适当的征收和提取办法。”但实际上，群众比较能接受的办法主要是按亩摊派。

③ 根据国务院发展研究中心中国农地课题组于1990年做的调查，在所调查的村，农产品征购（现实中，上交农业税与上交公粮是一并进行的）按亩分摊的比例为90.5%；集体提留按亩分摊的比例为53.1%。参见何道峰《村级农地制度的变革》，载中国农地制度课题组编著《中国农村土地制度的变革——中国农村土地制度国际研讨会论文集》，北京大学出版社，1993，第51页、第54页。另据农业部20世纪90年代末的调查，主要是按耕地面积分摊的税费项目有农业税、粮食定购任务、农业特产税、村提留和共同生产费，主要是按人头分摊的税费项目有乡统筹，总体上，按耕地面积分摊的税费负担占总税费负担的60%以上。该调研还显示，纯农业户的税费负担最重。参见廖洪乐、习银生、张照新等《中国农村土地承包制度研究》，中国财政经济出版社，2003，第188页。

④ 一位基层公务员曾向时任国务院总理朱镕基反映：2000年，在湖北省监利县土地撂荒的比例高达65%，并发出“农民真苦、农村真穷、农业真危险”的呼吁。该呼吁得到中央高层的积极反应，也促使中央高层下决心彻底解决农民负担问题。参见李昌平《我向总理说实话》，光明日报出版社，2002，第20—27页。

⑤ 有学者调查，在农业税费改革以前，“乡村基层组织拼命做工作，力图让农民安分种田，针对那些抛荒的村民，他们以‘不种地了，你还叫农民吗？’这一农民的天然责任来进行训斥。村民往往也不示弱，总是气愤地说‘老子不种田照样活’。土地越多，负担就越重，在土地能够满足基本口粮的前提下，村民就不愿多种田”。参见郭亮《地根政治》，社会科学文献出版社，2013，第87页。

办法，以鼓励农户种好责任田。[①]

值得强调的是，长期以来，村集体与农户之间的土地承包收益关系中还隐含地权关系，即村集体收取税费，是其行使土地集体所有权的重要体现。在《农村土地承包法》颁布之前，按当时的法律规定，如果承包农户不能按照合同上缴税费，村集体有权解除承包合同，收回承包地。[②] 在一些传统农村地区如湖北，村集体会把逃税户，一般也是撂荒户的土地收回来，给村民重新发包，或者转租给外来农户。当地的说法是“谁种田，谁付税费”。[③]

（六）农民从此不再“交粮纳税”了

进入2000年以后，中央下决心要彻底解决农民负担问题。首先是推行费改税试点，将“乡统筹”纳入农业税，将“村提留”纳入农业税附加；[④] 其次是取消了除烟草之外的农业特产税，并降低农业税率，扩大农业税免征的范围。[⑤]

---

① 例如，江苏省锡山县太湖村曾对承包责任田达3亩以上的农户，给予每亩每年72元的补贴。参见中国社会科学院经济研究所“无保”调查课题组《中国村庄经济——无锡、保定22村调查报告（1987—1998）》，中国财政经济出版社，1999，第50页。

② 1986年最高人民法院颁布的《关于审理农村承包合同纠纷若干问题的意见》规定，“因发包方或承包方不履行承包合同规定的义务，致使承包方无法继续履行或者没有必要继续履行的，可以‘变更和解除合同’”。1999年最高人民法院颁布的《关于审理农村承包合同纠纷若干问题的规定》中对承包合同变更和终止作出了规定，“因一方不履行承包合同约定的义务，致使承包合同无法继续履行的”，承包土地的农户要承担各项税费是承包合同所约定的重要内容。如果承包土地的农户不按承包合同上缴各项税费，就是不履行承包方合同规定的义务，发包方——村集体就有权解除承包合同，收回承包地。有的省份的地方性法规明文规定，承包方不按承包合同上缴各项税费，就可以收回承包地。如山西省人大1989年颁布，1993年修订的《山西省农村集体经济承包合同管理条例》。该条例第二十八条规定：“承包方未按合同规定上缴国家定购任务、承包费或产品、国家税金和其他提留的，发包方有权按照合同规定要求承包方补交并赔偿经济损失，直至收回发包的项目。”

③ 项继权主编《民权与民生——中国农民权益实证调查》，西北大学出版社，2008，第117—118页。

④ 2000年3月，中共中央、国务院下发了《关于农村税费改革试点工作的通知》，提出了农村税费改革的要求，并将农村税费改革试点确定在安徽。改革后的农业税率为7%，农业税附加为1.4%。之后，农村税费改革试点工作在全国20个省全面推开，未在全省全面推开的11个省，则在部分县（市）进行试点。截至2002年，进行农村税费改革试点地区的农村人口达到6.2亿人，约占全国农村人口的三分之二。参见陈锡文、赵阳、罗丹《中国农村改革30年回顾与展望》，人民出版社，2008，第243—244页。

⑤ 2004年7月，财政部、国家税务总局下发了《关于取消除烟草外的农业特产税有关问题的通知》。该通知提出，“从2004年起，对烟草仍征收农业特产税。取消其他农业特产税”。同年4月，财政部、农业部和国家税务总局下发了《关于2004年降低农业税税率和在部分粮食主产区进行免征农业税改革试点有关问题的通知》。该通知提出：2004年“吉林、黑龙江两省先行免征农业税改革试点，河北、内蒙古、辽宁、江苏、安徽、江西、山东、河南、湖北、湖南、四川11个粮食主产区农业税税率降低3个百分点”“其余省、自治区、直辖市农业税税率总体降低1个百分点”。到2004年，全国已有黑龙江、吉林、上海、北京、天津、浙江、福建和西藏8个省（自治区、直辖市）自主决定免征农业税，到2005年，免征农业税的省（自治区、直辖市）增加到28个。参见农业部《2007年中国农业发展报告》，中国农业出版社，2007，第80页。

2005 年年底，全国人大正式宣布：自 2006 年起，全面取消农业税。[①] 这样一来，农户与村集体及国家之间在土地上也不再有任何收益分配关系了。农民享有了全部的土地承包收益。除非发生了国家征地，村集体也不再享有任何土地权益了。

2003 年《农村土地承包法》实施后，村集体再也不能以欠缴税费、土地撂荒为名义收回承包地了。[②] 地权分配与地权收益分配之间的联系被彻底“割断”了，农村土地集体所有权被严重“虚化”了。在上交税费时期，种地既是农民的权利，也是农民的义务，农民有地不种是不被允许的。一旦农民不用上交税费了，农民种不种地、种多少地，就完全由自己决定了，村里再也管不着了。还是农民看得清楚啊！湖北农民将 2002 年农村税费改革视为“第二次单干”。[③]

2004 年开始，国家全面实行直接面对农民的农业补贴政策。[④] 取消农业税费和农业补贴政策的一个重要结果就是使土地承包经营权变得值钱了。值钱的东西当然会有人要保护，要“稳定”、要索取。许多在“第二轮土地延包”时放弃土地承包经营权的农户纷纷回村索要土地，由此引发的纠纷不断。这时，农民知道再从别的农户手里要回土地已经不太可能了，已经不合法了，要地的农民将目光都集中在村里的机动地上了。

总之，土地承包权益关系的改变，最终使农户的土地承包经营权不仅在法律上，而且在经济权利上得到确立。事实上，农户的土地承包经营权已经私人财产化了。

四、土地承包经营权的确权登记

（一）政策、法律与现实

在“第一轮土地延包”做得较为彻底的地区，除了要签订承包合同，有些

---

① 2004 年 3 月，时任国务院总理温家宝在第十届全国人大第一次会上所作的《政府工作报告》中，宣布“五年内取消农业税”。2005 年 12 月召开的第十届全国人民代表大会常务委员会第十九次会议决定：第一届全国人民代表大会常务委员会第九十六次会议于 1958 年 6 月 3 日通过的《中华人民共和国农业税条例》自 2006 年 1 月 1 日起废止。2006 年 2 月，温家宝发出国务院行政令，宣布取消屠宰税。

② 2004 年国务院办公厅印发的《关于妥善解决当前农村土地承包纠纷的紧急通知》，该文件明确指出，“任何组织和个人不能以欠缴税费和土地撂荒为由收回农户的承包地，已收回的要立即纠正，予以退还”。

③ 贺雪峰、罗兴佐等：《中国农田水利调查——以湖北省沙洋县为例》，山东人民出版社，2012，第 23 页。

④ 张红宇、赵长保主编《中国农业政策的基本框架》，中国财政经济出版社，2009，第 109—113 页。

县级政府还根据承包合同的内容，签发了土地承包使用证，以发证的方式，将土地承包经营权固化下来。[①] 土地承包使用证所确定的土地承包期一般都是执行中央的土地延包政策，将土地承包期定为十五年。在这一时期，土地承包使用证主要是作为乡镇政府向农户征收税费的依据。[②]

1997 年 9 月，农业部根据 1997 年中办发 16 号文即《关于进一步稳定和完善农村土地承包关系的通知》文件精神，出台了《农村土地承包经营权证管理办法》，要求“认真填发证书，加强承包管理”，县级及县级以上政府要向农户发放土地承包经营权证书。[③] 与此同时，农业部还制定了《土地承包经营权证书》的样本。

2002 年 8 月，全国人大公布的《农村土地承包法》正式将政府向农户颁发土地承包经营权证作为一项法律规定。[④] 至此发包方与承包方之间的关系不仅要用承包合同来约定，而且，政府对这种承包关系要以土地承包经营权证的方式给以确认和保护。随着土地承包经营权权益性质的越发凸显，土地承包合同更多的是体现承包户的权益，而土地承包经营权证书也就成了承包农户的土地权益证书[⑤]。

2003 年 11 月，农业部根据《农村土地承包法》的要求，修正出台了《中华人民共和国农村土地承包经营权证管理办法》。根据该管理办法，土地承包经营权证书由农业部监制，由省级政府或农业主管部门统一印制，由县级政府向承包农户发放[⑥]。土地承包经营权证书的主要内容包括：一是发包方及承包方的个人

① 例如，本书第三章第二节所提到的天津市宝坻县大白庄乡隋家庄村。该村的土地承包使用证是附在土地承包合同上的，由宝坻县政府颁发。

② 值得说明的是，在这一时期，虽然有的地方以县政府的名义印制和发放了土地承包使用证，但并没有编号，没有登记造册。这种土地承包使用证实际上是由县政府统一印制的土地承包合同。另外，根据 1986 年 6 月全国人大公布的《土地管理法》第九条规定，“全民所有制单位、集体所有制单位和个人依法使用的国有土地，由县级以上地方人民政府登记造册，核发证书，确认使用权”。这就是说，在这一时期，只有使用国有土地，才须登记造册，核发证书。

③ 1997 年 9 月农业部下发的《关于认真落实〈关于进一步稳定和完善农村土地承包关系的通知〉的通知》中提出，“认真填发证书，加强承包管理。为了加强土地承包管理，我部拟定了土地承包经营权证书的样本内容，供各地参照复制。延长土地承包期后，农村经济经营管理部门要认真组织填写由县或县以上人民政府统一印制的土地承包经营权证书，及时发放到每个农户，并做好有关档案管理工作”。

④ 2002 年 8 月全国人大公布的《农村土地承包法》第二十三条规定，“县级以上地方人民政府应当向承包方颁发土地承包经营权证或林权证等证书，并登记造册，确认土地承包经营权”。

⑤ 值得一提的是，《农村土地承包经营权证管理办法》中明确规定：“农村土地承包经营权证只限承包方使用。”可见，国家力图通过土地确权发证，确定农户土地承包经营权的法律地位。

⑥ 在 2003 年《农村土地承包法》实施以前，有些地区的土地承包经营权的发放单位是乡镇政府。

信息，包括住址、身份证号、邮编、联系电话等；二是承包方土地承包经营权共有人的情况，一般为承包方所代表的家庭成员的信息；三是承包土地情况，包括土地面积、地块数、每个地块的名称（表示地块位置）、每个地块的四至等；四是土地承包经营权变更情况，包括承包方、受让方、变更方式、变更的土地面积等。为了贯彻中央的上述政策安排，各地省级立法机关即省人大依据法律和农业部的政策文件，结合本地区的实际情况，纷纷出台了有关土地承包合同管理的条例。

然而，土地确权发证的实际执行过程并不顺利。在许多地方和场合，农户与村集体的土地承包权关系没有在法律层面上完全得到确认。这主要表现在：第一，土地承包合同签订率及土地承包经营权证书发证率不高。根据中国人民大学与美国农业发展所联合课题组所做的调查，截至2008年，这时“第二轮土地延包”已过去10年了，既无土地承包合同也无土地承包经营权证书的情况占被调查的农户的比例高达41.2%，有土地承包经营合同的占比为43.6%，有土地承包经营权证或其他土地证书的占比为47.7%。[①] 有些村集体拒绝把土地承包合同及县政府发的土地承包经营权证书发给农户，在有可能发生国家征地的城郊地区，这种情况比较普遍。第二，土地承包合同或证书不规范，信息不完整、不准确。许多村集体在与农户签订土地承包合同时并没有对土地进行实地测量，也没有将农户所承包的土地确定到具体地块上。许多土地承包合同只有面积，没有“四至”。有些土地承包合同的面积与实际农户占用面积不符。有“四至”的土地承包合同，“四至”不准确的情况更为普遍。这就是说，即使农民手里有土地承包合同和土地承包经营权证书，也是不符合法律规范的，其法律效力也是存疑的。第三，正因为上述两种情况的存在，对农村土地包括村集体建设用地和宅基地，政府尚没有建立正式的土地登记管理体系。即使已经发了土地承包经营权证，在不少地区，地方政府甚至也没有对土地承包经营权证的原始资料存档，更

① 叶剑平、丰雷、蒋妍等：《2008年中国农村土地使用权调查研究——17省调查结果及政策建议》，《管理世界》2010年第1期。另据中国科学院农业政策研究中心于2008年做的全国代表性调研，在所调查的农户中，同时持有土地承包合同和土地承包经营权证书的占51%；仅有土地承包合同的占17%；仅有土地承包经营权证书的占14%；既没有土地承包合同也没有土地承包经营权证书的占18%。参见黄季焜、郜亮亮、冀县卿等《中国的农地制度、农地流转和农地投资》，格致出版社，2012，第45页。一项小型的抽样调查也显示出同样的结果。到2008年，在山东所调查的样本村中，持有土地承包合同的占比59.6%，持有土地经营权证书的占比44.1%；与2000年相比，土地承包合同签约率和土地经营权证书发证率均未出现明显的变化。参见杨学成、赵瑞莹、岳书铭《农村土地关系思考——基于1995—2008年三次山东农户调查》，《管理世界》2008年第7期。

不用说进行及时变更了。

另外，还有的村集体为了规避三十年土地承包期的政策及法律规定，在土地承包合同之外，村集体还以村规民约的形式，与村民集体签订内部分田协议。村集体内部分田协议主要内容是在三十年土地承包期内进行土地调整的约定，包括哪一类人可以获得承包地、哪一类人要退出承包地，以及土地调整的年限等。①

（二）确权难

农户土地承包经营权确权难主要有以下几个原因：第一，地权不稳定。有些农村地区，还保持着定期调整土地的习惯，无法明确地将土地权利落在具体地块上。有些城市周边农村地区，面临着国家征地。地方政府为了减少以后征地可能产生的麻烦，也不愿将土地承包经营权明确到农户，毕竟保持“模糊产权”状态可以降低国家征地的交易成本。② 第二，确权登记容易使被掩盖的土地产权纠纷暴露出来。对一些有产权纠纷的土地，长期以来，都是靠村里默认的村规民约来处理。一旦产权清晰了，矛盾反而会显现。③ 第三，村集体和农户对土地确权积极性不高，法律意识不强。因为“谁家包多少”“包的地在哪里”，村里的人心里都清楚，“老百姓之间都认账”，并不需要一定要反映在土地承包合同上，或者确认在土地承包经营权证书中。特别是在没有发生规模化土地流转的地方更是如此。第四，土地确权成本高、工作量大。由于农户承包土地的地块细碎、地界涉及的农户多，土地确权工作难度之大、成本之高，在世界上也是绝无仅有的。根据一个关于农村土地登记试点的国际合作项目的测算，中国农村大约有 15 亿块地，涉及农户 2.5 亿人，测量、登记和数据收集等工作的成本，以每块地 10 美元计算，大约需要 150 亿美元，按当时的汇率大约需要 1000 亿元，工作周期需要 30～50 年。④ 另据农业部测算，农村土地承包经营权测算成本为每亩 30～40 元。⑤ 第二次土地调查数据显示，全国耕地面积为 20.31 亿亩，以

---

① 朱冬亮：《社会变迁中的村级土地制度》，厦门大学出版社，2003，第 319—321 页。

② 例如，以土地确权改革试验闻名的成都，一般也不对纳入城市规划区范围内的农地进行确权。

③ 据《财经》记者在湖北的调查，2004 年因“第二轮土地延包”及土地确权引起的农地纠纷激增。据湖北省农业管理部门的统计，仅 2004 年上半年，农民因土地到省上访的近 2000 人次，其中集体上访 80 次；5 月、6 月两个月到省上访的多达 24 批 580 人次。引自贺雪峰《地权的逻辑》，中国政法大学，2010，第 175 页。

④ 赵阳等编著《中国农村土地登记制度试点：背景、实践及展望》，中国农业出版社，2012，第 20 页。

⑤ 成都温江区的土地确权成本为每亩 40 元。中国社会科学院经济研究所课题组：《统筹城乡背景下的农村土地制度改革探索——对成都温江区万春镇的调查研究》，中国社会科学出版社，2013，第 37 页。

此推算，农村土地承包经营权的确权总支出为600亿~800亿元。

土地承包经营权确权在现实中遇到的另一个困难是集体经济组织成员身份的确定。根据《农村土地承包法》和《土地管理法》，集体经济组织成员拥有土地承包经营权。然而，谁是集体经济组织成员，这在“分田到户”时还是一个比较容易说清楚的事情。但经过30多年农村人口的频繁变动，这个事情变得越来越模糊、越来越难以界定。例如，长期外出打工的农民，甚至举家迁出的农民工还是不是集体经济组织成员，外嫁女、大学生、入伍军人等户籍已经迁移的人员是否丧失了集体成员资格，新出生人口、收养人口、嫁入女、入赘女婿等是否能取得集体成员资格。在传统农业地区，这些问题还尚好解决。在一些经济发达的城郊地区，一旦遇到大规模征地，或集体经济组织分红收益较高，就会成为乡村内部村民之间矛盾的焦点，并有可能演变为群体性的社会事件。[①]

再有，如前所述，在2000年以前，承包土地对于农户来说是权益还是负担，这还很难说呢。在这样的情况下，农民也没有动力去领一个不能带来什么好处的证书。

（三）土地承包经营权确权工作的启动

虽然土地承包经营权确权登记发证存在着上述诸多困难，但中央还是下决心着手解决土地确权问题。[②] 2008年中央一号文件将“建立土地承包经营权登记制度”作为稳定和完善农村基本经营制度的一个重要举措。[③] 2008年10月，党的十七届三中全会上通过的《中共中央关于推进农村改革发展若干重大问题的决

---

① 例如，在目前中国农村，“出嫁女”就是一个庞大的对土地权益有强烈诉求的群体。“出嫁女”是指嫁到本村之外，但户籍仍留在本村的妇女。根据农村传统习俗和观念，“嫁出去的女儿、泼出去的水”“出嫁女”不属于村里人，因而也就不能再有承包土地或其他土地权益了。但根据现行的《农村土地承包法》和《中华人民共和国妇女权益保障法》（以下简称《妇女权益保障法》），出嫁女的承包土地或其他土地权益不能因出嫁而被剥夺，这就产生了法律与习俗之间的冲突，成为在中国乡村普遍存在的难以解决的问题，特别是在城市郊区及周边地区，土地权益越大，冲突越激烈。

② 根据联合国粮农组织中国农村土地登记与发展试点项目组专家的意见，“土地登记一方面可以进一步确认农民长期稳定的土地权利，另一方面也可以使农民逐步获得这些权利的全部经济价值。比如说，一个不是本地的人一般不了解某个村的土地权利情况，如果他想通过正常流转来获得该村的土地，那么有了正式的土地登记系统就会大大简化这个交易”。赵阳等编著《中国农村土地登记制度试点：背景、实践和展望》，中国农业出版社，2012，第11页。可见，中央之所以要花大力气来做土地登记这件事，一个重要的动因是促进土地流转。

③ 《中共中央国务院关于切实加强农业基础建设进一步促进农业发展农民增收的若干意见》提出，“加强农村土地承包规范管理，加快建立土地承包经营权登记制度”。

定》明确提出："搞好农村土地确权、颁证、登记工作。"

中央之所以要下大力气搞土地确权，主要动因是：一是保障农民土地权益不被村集体所剥夺，限制村集体调整土地的行为；二是保护在土地流转中农民的权益，推动土地流转和土地规模经营；三是促进"农民工进城"，解除农民工进城的后顾之忧。确权登记发证后，农民工可以带着土地承包经营权证书和其他土地证书进城。另外，土地测绘技术的发展也为土地承包经营权确权登记提供了技术保障。在许多地区，不再采取土法丈量或土地测量员扛着测量仪奔走在田间地头、崇山峻岭上的测绘方法了，而是采取无人机高清航拍、GPS 加实测的方法，大大减少了测绘的工作量，也提高了测绘的精度。[①]

（四）成都的做法

2007 年，成都被国家列为全国统筹城乡综合配套改革试验区。成都改革试验的一个重要内容是土地确权。[②] 2008 年 2 月，成都市政府颁布了《关于加强耕地保护进一步改革完善农村土地和房屋产权制度的意见》。根据该文件，要对集体土地所有权、土地使用权（包括土地承包经营权和宅基地使用权）和房屋产权进行全面确权和登记发证，并将土地确权登记发证与耕地保护补助资金的发放联系起来。[③] 到 2010 年，在成都，《集体所有权证》、《集体土地使用权证》（主要是农户使用的宅基地）和《农村土地承包经营权证》发证率分别为 94%、96% 和 98%。[④] 2010 年，成都市委、市政府又出台了《关于深化农村工作"四大基础工程"的意见》，要按照"五个一致"（土地、台账、证书、合同和耕地保护基金相一致）的要求，对之前的土地确权和登记发证工作进行"回头看"的检查及整改。土地确权整改的主要内容是对之前所采取的"按产量计亩"及在

---

① 土地实测的一个结果是：实测的土地面积与村集体掌握的土地台账上的面积，也就是与上报的土地面积相比大大增加了。因为许多山区丘陵地区的农村，长期采取"习惯亩"，按产量计亩数，这就造成实测亩数很可能大大高于土地台账上的亩数。有的地方，实测亩数大于上报亩数在四分之一以上。郭亮：《地根政治》，社会科学文献出版社，2013，第 56—60 页。

② 有学者将成都市农村土地制度总结为"还权赋能"。参见北京大学国家发展研究院综合课题组《还权赋能：奠定长期发展的可靠基础——成都市统筹城乡综合改革实践的调查研究》，北京大学出版社，2010。

③ 成都市统筹城乡综合改革试验区建设领导小组办公室编《成都统筹城乡发展资料汇编》（内部资料），2010，第 158—161 页。

④ 周其仁：《农村产权制度的新一轮改革》，载成都市统筹城乡综合配套改革试验区建设领导小组办公室编《成都统筹城乡发展专题研究报告》（内部资料），2010，第 6 页。

核定耕地保护基金时采取“动账不动地”的做法进行改正，改为“面积计亩”，将土地产权确实，即“确实权”。①

例如，成都市温江区万春镇。万春镇土地确权开始于2008年3月，结束于同年年底。万春镇土地确权主要经过以下几个步骤：第一，乡镇政府成立土地实测确权工作小组和各村集体的议事会，向农户宣传政策，培训工作人员、调查摸底和征求意见；第二，国土测绘专业机构进行大比例尺的实地测绘，实地测绘结果交由农户逐一确认，锁定土地面积、地块位置和权属关系等；第三，制定土地确权方案，并经过村民代表大会讨论后，向全体村民公示；第四，向农户确权发证，并公示结果5天；第五，与农户签订耕地保护合同。在土地实测确权过程中，根据土地实测情况，结合农户家庭人口变动情况，以家庭内部调整、就亲调整、就近调整、换地、协议流转等方式，对土地进行适当的调整。动员各类户籍不在村的人口退出承包地，实在不愿意退地的，也不确权。②

（五）全国的进展

从全国的情况看，由于土地承包经营权确权登记颁证工作难度很大，投入高，各地情况千差万别，所以，负责此项工作的农业部采取了试点先行的工作方式。③ 2009年，农业部安排了120万元，选择8个省8个村开展试点；2010年，江苏省在13个地市各选1个村开展试点；重庆市在梁平县试点基础上，在全市范围内开展完善确权登记颁证工作。根据农业部所作的总结报告，通过土地承包经营权确权登记颁证试点，摸清了承包地的底数；按照“四到户”（地块到户、面积到户、合同到户、证书到户）的要求，重新变更和签订了土地承包合同和土地承包经营权证；建立了集“一书”（土地承包合同书）、“一证”（土地承包经营权证）、“一簿”（土地登记簿）、“一图”（空间位置图）、“一册”（土地承包档案册）于一体的土地登记制度，同时也解决了一批权属不清或有权属纠纷的问

---

① 周其仁：《农村产权制度的新一轮改革》，载成都市统筹城乡综合配套改革试验区建设领导小组办公室编《成都统筹城乡发展专题研究报告》（内部资料），2010，第5—6页。

② 中国社会科学院经济研究所课题组：《统筹城乡背景下的农村土地制度改革探索——对成都温江区万春镇的调查研究》，中国社会科学出版社，2013，第14—23页。

③ 农村土地确权工作分为四个部分：一是土地集体所有权确权，二是宅基地使用权确权，三是集体建设用地确权，四是土地承包经营权确权。前三个部分的确权由国土资源部负责组织完成，土地承包经营权确权则由农业部负责组织完成。

题。该报告也承认，土地承包经营权确权登记颁证也存在地方积极性不高、实测成本高、相关制度缺失等问题。①

2011 年 2 月，农业部出台了《关于开展农村土地承包经营权登记试点工作的意见》，安排农村土地承包经营权确权登记试点工作，要求试点地区开展如下工作：土地承包档案清理；查清承包地块面积和空间位置；建立健全土地承包经营权登记簿；开展土地承包经营权变更、注销登记；对其他承包方式开展确权登记颁证以及做好土地承包经营权登记资料归档等，并要求每个省选定 1 ~3 个县作为试点。为了减轻地方政府的财政压力，中央财政给以每亩 8 元的确权登记工作费用补助。2014 年，中国农业部负责人表示，5 年内力争在全国基本完成土地承包经营权证确权登记颁证工作。②

根据农业部的统计，到 2015 年年底，全国有 2323 个县（市、区）开展了土地承包经营权确权登记的试点，累计确权面积 4.7 亿亩，占农村集体所有的耕地面积 25.9% 。③

然而，土地承包经营权确权登记真正要落实到“四至”清晰的地块，实际上并不容易。“第二轮土地延包”时，绝大多数村组都建立了土地承包合同台账。这个台账是村集体管理农户承包土地的主要依据。在土地承包经营权确权登记过程中，必须以土地承包合同台账为基础，否则就会产生许多矛盾和纠纷。然而，“第二轮土地延包”以后，有不少村组调整了土地，但因为当时怕麻烦、怕节外生枝，并没有重新签订土地承包合同，也就没有调整台账。还有一种情况，土地承包人已过世或已迁出户口，但仍是土地承包合同签订人，土地使用和占有

---

① 赵阳等编著《中国农村土地登记制度试点：背景、实践和展望》，中国农业出版社，2012，第 293—300 页。

② 根据中国地理信息产业协会反映，在确权登记工作招标环节，一些地方政府以价格作为主要评标条件，各测绘地理信息企事业单位为了中标，竞相压价，使中标价大大低于成本价（成本价为每亩 30 元 ~40 元）。如安徽省长丰县为每亩 10.16 元、安徽毛集实验区为每亩 11.1 元、江西省崇仁县为每亩 11.49 元、江苏很多项目也降到每亩 7 元或每亩 8 元。有些省区甚至达到每亩 5 元。在中标价格过低的情况下，一些低价中标企业为了压低成本，不按标准作业。有的不按要求进行实测，采取直接在室内勾绘的作业方法；有的用 1∶5000 或更小比例尺的地形图代替 1∶2000 大比例尺的地形图；也有的免去了农户的实地指界，农民签章也由他人完成；还有的为了免去软件费，把信息系统也建在互联网上。另外，政府资金确权登记不到位也是一个问题。参见中国地理信息产业协会《关于农村土地承包经营权确权登记工作中存在问题的报告》（内部报告），2015。

③ 农业部农村经济体制与经营管理司：《中国农村经济管理统计年报（2015 年）》，中国农业出版社，2016，第 1 页。中国人民大学于 2016 年所做的长期跟踪调查显示，在所调查的对象中，有 46.3% 的受访者表示所在村搞过土地确权和测量，其中大部分是在 2015 年以后搞的；但真正有土地承包经营权证的村只有 21.4%，有 71.1% 的村尚未启动颁证工作。叶剑平、丰雷、蒋妍等：《2016 年中国农村土地使用权调查研究——17 省份调查结果及政策建议》，《管理世界》2018 年第 3 期。

的变化情况也没有在台账上记录。另外，村民私下“买卖土地”的情况也不少见。这就遇到了一个实际问题，如果以土地承包合同台账为依据进行确权登记，就会与现实情况不符。如果按现实情况确权登记，就要与相关的农户重新签订土地承包合同。这又会产生一系列节外生枝的麻烦，村干部要做大量的工作来解决这个问题。不仅村干部不愿意，“怕翻旧账”，当地政府也不干，“怕拖延了工作进度”。其所造成的结果必然是政府登记发证了，但村里不去领，仍存在政府那里。在不少地区，土地承包经营确权登记又成了一笔“糊涂账”。

第三章　承包地的分配与经营

承包地的分配是指村集体以承包方式，将土地的经营权分配给本村集体经济组织成员。农村土地归本集体成员集体所有[①]的性质就决定了土地承包经营权分配是无偿的，是村集体成员所享有的特有权益，即所谓的成员权。一般而言，承包地的分配可以分为两种类型：一类是一次性地将土地承包经营权分配给农户，而且承包期较长；另一类为村集体根据不同的需要，将部分本集体成员的部分土地承包经营权收回，再分配给其他本集体成员。前一类为土地承包经营权的初始分配；而后一类为土地承包经营权的再分配，即通常所说的土地调整。无论是土地承包经营权的初始分配还是再分配，都在本村集体内部进行。本章叙述土地承包经营权初始分配，简称承包地分配。有关土地承包经营权再分配，即土地调整则放到第四章叙述。

承包地分配决定了农户的土地经营规模及空间分布格局，农户的经营规模及空间分布格局在很大程度上又决定了农户的土地经营方式。农户在土地经营规模以及空间分布格局约束下，尽可能地提高土地利用效率，选择有利于自己的经营方式。随着外部技术经济条件的变化，农户的经营方式也会发生改变。农户如何在不断变化的环境下调适其土地利用方式，也是本章所要叙述的。

一、承包地的分配方式

（一）“分田到户”之初的承包地分配

在“分田到户”之初，各地社队对承包地的分配还处于摸索期，分配方式比较随意，而且分配关系也不稳定。有的社队仍然延续定工分的方式，将劳动力分为男劳力、女劳力、整劳力、半劳力、辅助劳力，按工分值确定承包地，即工分值越高，所分得的承包地就越多；有的社队，不分男女老幼，按家庭人口平均

① 2007 年 3 月全国人大通过的《物权法》规定，“农民集体所有的不动产和动产，属于本集体成员集体所有”。

分配承包地，“单身汉”多分一些地；还有的社队按承包产量任务，以自报公议[①]的方式“以产定地”。对承包的土地，有的社队是以扩大自留地方式，只是将“口粮田”按人口均分给农户，而对生产商品粮、棉、油的“公田”仍由社队统一经营管理。“公田”采取包工到作业组，联系产量计算劳动报酬的生产责任制；也有的社队将产量不稳定旱地承包给社员，社队留有产量比较稳定的水田、园地。[②] 在集体经济较弱的地区，大多数社队不分老小按家庭人口，将全部土地均分给社员。大队干部和不属于国家干部的公社干部、民办教师、赤脚医生和其他主要从事非农工作的人员，如供销社的人员、农机手和修理工等，一般只承包“口粮田”，不用交公粮，并仍享有一定的固定补贴。但相比“大集体”时期，农村干部的固定补贴大大减少了。五保户和军烈属除了承包“口粮田”，是否要承包责任田、承包多少，由他（她）们自己选择，[③] 到年终，大队还应给予这部分人一定的生活补贴，以保障这部分人生活收入不降低，还有所提高。[④]

1982 年中央一号文件出台以后，广大农民开始相信国家对“分田到户”的政策“不会再变了”。在全国广大的农村地区，许多社队纷纷将全部或绝大部分土地都分给农户承包。这时，如何分田，选择何种方式分配承包地就成了社队干部和广大社员特别关心的一个问题。

对于承包地的分配方式，各地政府还是有所考虑的。早在 1980 年，安徽省六安县就提出：承包地不要按人头均分，要人劳结合，适当扩大按劳承包的比

---

① “自报公议”是指社员根据自己的实际情况，自报“包产”的指标，愿意多“包产”的社员可以多“包地”，愿意少“包产”的社员可以少“包地”。自报公议是当时在农村普遍流行的议事和集体决策的方式。

② 例如，四川省蓬溪县在 1979 年先是将边远、零星分散的“瘦地”和荒地、滩地分给社员，1980 年又把旱地包给农户，结果造成“旱地包到户、水田无人做”。1981 年，该县大部分村将全部土地都承包给农户。参见红旗杂志社经济编辑室编《八十年代初的我国农业生产责任制——调查报告选编》，红旗出版社，1984，第 254—255 页。有些社队之所以要保留水田的统一经营权，是担心将水田分给农户后，会产生争水、争牛的矛盾。参见中共安徽省委农村工作部编《安徽省农业生产责任制资料选编》（内部资料），1983，第 159 页。

③ 1981 年安徽省滁县地委曾出台政策规定，“对劳动力弱的烈军属、困难户，可以少包田或不包田”“享受固定补贴的大队干部、民办医生、民办兽医一般只包人口田或口粮田，不包劳力田”。滁县地委：《关于完善、提高包产到户责任制的暂行规定》，载中共安徽省委农村工作部编《安徽省农业生产责任制资料选编》（内部资料），1983，第 459—464 页。

④ 有关对“五保户”和军烈属的安排问题，曾是当时中央领导人决策是否要搞“双包”的一个重要考虑因素。1980 年，在“双包”的争论十分激烈时，有个老帅听说搞“双包”以后军烈属没人管了，就提出反对搞“双包”。吴象：《中国农村改革实录》，浙江人民出版社，2001，第 154 页。在农村中，反对“双包”的人也主要是“五保户”。

例，并逐步稳妥地做到按劳动力承包。[①] 1981 年，安徽省滁县出台文件，要求承包地应按人劳结合的办法分配，建议的分配比例是“人七劳三”或“人劳各半”[②]。这种承包地分配方式的好处是可以避免出现按人口均分土地的矛盾，即劳动力少的农户“做不过来”，而劳动力多的农户“不够做”。有的单身汉，“光棍一条、包田一亩，收粮八百、吃粮一千”。[③] 这一时期，也有学者通过实际调查，发现了“包干到户”会带来农户经营“小而全”、大块土地被分割的问题。[④]

安徽地方政策和实践不久就上升为中央的政策。1982 年中央一号文件提出：提倡按劳动力均分和按人劳比例分配土地，“反对”或者说“不支持”按人口均分土地，而且，强调“社员承包的土地应尽可能连片”。[⑤] 然而，中央所提倡的承包地的分配方式，与农户的现实选择并不一致。

（二）分配方式

1984 年中央一号文件提出延长土地承包期十五年以后，农户对国家的家庭土地承包经营政策更加信任了，对承包地的分配也就更加认真了。各地实行的五花八门的分配土地的方式也趋于简化和统一了。

归纳起来，承包地的分配主要采取以下三种方式：第一种方式是按人口分配土地，即按全队所有的人口，不分大人小孩，一律均分，但也有个别的社队，将小孩折半计算。有的社队在计算农户的家庭人口数时，不仅有现状人口，还将未

---

① 六安县委政策研究室：《关于包产到户、包干到户具体问题处理的建议》，参见中共安徽省委农村工作部编《安徽省农业生产责任制资料选编》（内部资料），1983，第 456 页。

② 滁县地委《关于完善、提高包产到户责任制的暂行规定》，参见中共安徽省委农村工作部编《安徽省农业生产责任制资料选编》（内部资料），1983，第 459 页。

③ 张秉纶：《认识形势　分析新情况　解决新问题》，参见中共安徽省委农村工作部编《安徽省农业生产责任制资料选编》（内部资料），1983，第 419 页。

④ 1980 年 4 月到 7 月，中国社会科学院学者王贵宸等到安徽考察包产到户的情况。在其调查报告中，一方面着力分析了“双包”的积极因素，另一方面也看到了“双包”的一些问题，其中首先提到的就是农户土地经营规模小、土地分散而细碎的问题。该调查报告说，“地块太小，给耕种带来一定困难。包产到户的地方，好坏田、远近田搭配分到户，而且都是家家粮、棉、油，户户小而全，尽管粮田和棉田等多数还是按生产队规划，成片成块种植，分田时有的生产队也注意尽量使各户的田成片，但毕竟要按户划分，这就不可避免地出现将已经平整连片的耕地又分割成若干小块，大田中套小田……影响耕种。比如，有的户分的田块和耙的宽度不成比例，一耙有余，两耙不够，竖耙可以，横耙不行；有的户田块过于分散，不便管理”。参见王贵宸、魏道南、陈一咨《关于安徽包产到户情况的调研报告》（1980 年 8 月），载中国农村发展问题研究组编《包产到户资料选（二）》（内部资料），1981，第 31—32 页。

⑤ 1982 年中央一号文件提出，“在实行包产到户、包干到户的地方，提倡根据生产需要按劳动力或人劳比例承包土地”“社员承包的土地应尽可能连片”“逐步改变按人口平均包地、‘全部劳力归田’的做法”。

来要出生的小孩考虑在内。第二种方式是按劳力和人口比例分配土地，即将土地分为口粮田和责任田，口粮田按人口均分，责任田按劳动力均分。大多情况下，人劳比例在8∶2到4∶6。如果人劳比例为6∶4，即村集体可分配的土地中，有60%为口粮田，按人口分配，剩下的40%为责任田，按劳动力分配。也有不少农村地区，按人口和劳动力比例分田，并没有划分口粮田和责任田，只是在分田时，按约定的人劳比例划分地块，核算该农户所分的土地面积。假如某生产队有100亩地，有60口人，其中劳动力40人，全村组的人均土地面积1.67亩。如按人劳比例为6∶4比例分田即60亩按人分，40亩按劳分，按人分田的标准为每个人1亩，按劳分地的标准为每个劳力1亩。如某农户一家三口，有2个劳动力，1个非劳动力，该农户按人口分得土地3亩，按劳力分得2亩，总共分得土地5亩，人均1.67亩，等于全村组的人均土地面积。如某农户一家三口，只有1个劳动力，该农户按人口分得土地3亩，按劳力分得1亩，总共分得土地4亩，人均1.33亩，小于全村组的人均土地面积。如某农户一家三口全部是劳动力，该农户可按人口分得3亩，按劳力分得3亩，总共分得土地6亩，人均2亩，大于全村组的人均土地面积。第三种方式是按劳动力分配土地，即将劳动力分为整劳动力、半劳动力和辅助劳动力，按劳动力等级分配土地。不少地区，按劳动力分配土地发展为“按能承包”，即按劳动力的能力和意愿承包土地和产量，将土地承包给种田大户或种田能手。到了20世纪80年代中期以后，“按能承包”发展成招标承包。

上述三种主要的承包地分配方式中，按人口分配土地最平均，按劳动力分配土地的效率最高，而按人劳比例分配承包地，则介乎于两者之间，被认为是可以兼顾平均和效率的一种分配承包地的方式。因此，按人劳比例分配承包地的方法就为当时的政策制定者所提倡。但在现实中，大多数农户追求的首要目标是平均，农民更想要的是公平，因此，按人口分配土地成为首选。而且，按人口均分土地也最能保证土地分配的稳定，因为劳动力的变化比人口变化更快。例如，农户家庭成员中不属于劳动力的未成年人，过了几年就会成为劳动力，而曾经是劳动力的老年人，过几年也会因年龄太大或其他身体原因变为非劳动力。如果把劳动力作为分配承包地的主要依据，就要频繁调整土地，土地承包期就不能太长。有学者在1981年进行的一项调查显示，安徽省滁县地区的调查户中，两年内人口变动率为15%，按人口承包土地的变动率为10%，按人劳比例承包土地的变动率为20%。[①] 按人劳比例分配土地的变动率要比按人口均分的变动率大一倍。另外，按人口分配土地操作起来比较简单，在不少农村地区，社员不信任社队干部对劳动力的认定。的确，在农村，谁是劳动力、谁不是劳动力，很难说清楚。在这种情况下，社队干部也只能选择按人口分配土地；否则，会引起许多麻烦。普遍采取比较简单的按人口分配土地的方式，也是“分田到户”能在如此广大的农村快速推行的一个重要原因。

需要补充说明的是，在“分田到户”初期，五保户和军烈属可以只承包口粮田，这是对这些人的优惠政策。到了1984年以后，这种优惠政策显得不那么优惠了。社队中所有的人包括军烈属、五保户、村干部等，都要求平等地分得承包地。

1984年，中共中央书记处农村政策研究室曾在全国范围内进行了一次规模较大的农村社会经济典型调查。该调查涉及全国除西藏之外的省、自治区、直辖市，272个村，37433户。该调查的结果显示：按人口承包的占70.1%；按人劳比例承包的占21.3%；按劳动力承包的占7.7%；按能承包的占0.4%。[②]

农业部于1991年对全国农村固定观察点所做的抽样调查显示，1984年和1990年，按人口承包的占比分别为75.9%和78.4%，按劳承包的占比分别为17.6%和14.5%，招标承包的占比分别为2.1%和3.0%。[③]

20世纪90年代初，国务院发展中心中国土地制度课题组也曾对全国253个村进行了问卷调查。该调查结果显示：按人口分地的占69.4%；按人劳比例分地的占25%；按劳动力分地的占4.37%；还有1.29%的村实行专业队或专业组承包。[④]

2000年，中国科学院农业政策研究中心开展了全国代表性的抽样调查。该调查显示：按人口分地的占65%，按人劳比例分地的占18%，按劳动力分地的

① 陈一咨、孙方明、王小强等《农村实行生产责任制后需要研究解决的几个问题》，载中共安徽省委农村工作部编《安徽省农业生产责任制资料选编》（内部资料），1983，第407页。

② 中共中央书记处农村政策研究室编《中国农村社会经济典型调查（1985年）》，中国社会科学出版社，1987，第16—17页。

③ 中共中央政策研究室、农业部农村固定观察点办公室编《完善中的农村双层经营体制——对274个村庄的跟踪调查》，中共中央党校出版社，1992，第15页。

④ 何道峰：《村级农地制度的变革》，载中国农地制度课题组编著《中国农村土地制度的变革——中国农村土地制度国际研讨会论文集》，北京大学出版社，1993，第31—61页。

占 5%，采取其他方式分地的占 12%。[①] 这几次不同年份的调查结果均显示，以家庭为单位，按人口均分地是承包地分配的主要方式。

值得强调说明的是，1984 年实行“第一轮土地延包”以后，以上三种主要的承包地分配方式的差异变得越来越小了。到了这时，所谓的按劳分地通常是指小孩及还在上学的学生不分地；所谓按人劳比例分地通常是指小孩以及上学的学生只分口粮田，不分责任田。口粮田不用上交各种农业税费。自 20 世纪 80 年代中期以后，全国农村全面推行计划生育政策，并普及了 9 年义务教育制度。这样，对大多数农户来说，家庭成年人与小孩包括还在上学的学生的比例，实际上是相差不多的。因此，落实到每家农户，无论采取按人口分地还是按劳分地或按人劳比例分地方式，实际所分的田都差不多，同样是土地均分。之所以有的村小孩不分地，一是为了推行计划生育政策，让想超生的农户感到超生不划算；二是减少土地调整的频度。如按人口分地，符合计划生育政策的小孩一出生，村里就要给他分地。而如果不给小孩分地，待小孩成年后再分地也有好处。因为有的小孩上学毕业后，有可能不回家了，进城工作了，有可能把户口也迁出村了。这样就不必再给他们分地了。有些农村女孩出嫁较早，可能从学校毕业后不久就出嫁了，户口也迁出去了，她们也不再有分地的资格了。

1997 年推行“第二轮土地延包”以后，许多农村地区都纷纷放弃了当初按劳动力或按人劳比例分配土地的方式，而采取了按家庭人口均分土地的方式。经过 30 多年的演变，除了少数工商业比较发达的农村地区，按家庭人口均分土地几乎已经成为承包地分配的唯一方式。[②]

二、承包地的分配过程

（一）承包地分配的基本操作过程

总体来看，承包地分配是一个由粗到细，不断在实践中探索的过程。在“分

---

① 该调查的有效样本数为 1186 个。参见黄季焜、郜亮亮、冀县卿等《中国的农地制度、农地流转和农地投资》，格致出版社，2012，第 22—23 页、第 30 页。

② 一项 1999 年所做的抽样调查显示：在所调查的农户中，在“分田到户”之初，家庭人口均分土地所占比为 77.5%，到了“第二轮土地延包”时，这一比例已经上升到 91.9%，与此同时，按劳动力或按人劳比例分配土地所占比例由 21% 下降至 1.1%。赵阳：《共有与私用：中国农地产权制度的经济学分析》，生活·读书·新知三联书店，2007，第 96 页。

田到户”初期，一些地方政府如安徽省、河南省、浙江省等都曾出台有关“包干到户”的政策文件，给出了“分田到户”一般原则，如“分田”的规则、什么人可以参加“分田”、“分田”时不要把土地分得太零碎、承包任务的确定等。[①]而具体的“分田”办法一般是由当地人民公社来制定。例如，福建省将乐县安仁人民公社在1982年就如何“分田到户”出台文件，对承包产量的确定、承包土地的落户给以具体规定。[②] 在实际操作过程中，农民会参照上级政府的政策要求，并根据本地的实际情况，不断摸索，定出自己的“分田到户”办法。在“包地又包产”阶段，“包干土地”是以“包干产量”为基础的。

以福建将乐县安仁人民公社为例。该公社1981年全年实收的稻谷为1522万斤。在1982年实行“包干到户”时，该公社以这个数量为“包产”基数向所属的各生产大队下达“包产”任务，生产大队按历史最高年的稻谷产粮或1979年到1981年平均产量，确定本大队的“包产”任务。[③] 当地农民将这种做法称为“大承包”。生产大队在此基础上，将“包产”任务分到生产队，生产队再将“包产”任务分解到农户。生产队根据农户的“包产”任务，算出每个农户应该承包的口粮田、公粮田、商品田、饲料田和种子田等的具体面积，最后用“抓阄”的方式将土地“包干”给农户。[④]

刚开始时，由于土地承包期较短，一般为“一年一包”“三年一包”，也有的农村分地时不约定承包期，即所谓的“政策不变我不变”的无期限承包。由于这时农户不知道“包产到户”能实行多久，所以，农户对承包土地的分配是否公平并不是十分在意。不少地方“分田到户”工作做得并不细致，只要大体公平就可以了。一般来说，一个生产队只有二三十户人家、耕地二三百亩，而且队里的社员对每家和每块地的情况都很熟悉，只要不出什么意外，“分田到户”用不了几天就可以完成。然而，随着国家对家庭土地承包经营越来越强调政策稳定，农户开始重视承包土地的分配了，“分田到户”的过程也越来越细、越来越复杂，通常费时也越来越长。有的村里的农民整个冬闲期间都在讨论如何分地。[⑤]

---

① 参见河南农业委员会编《农业生产责任制试行办法》，农业出版社，1981。

② 朱冬亮：《社会变迁中的村级土地制度》，厦门大学出版社，2003，第340—342页。

③ 这样算下来，生产大队所承担的“包产”任务要多于该公社给生产大队下达的“包产”任务，这就起到保险的作用。

④ 朱冬亮：《社会变迁中的村级土地制度》，厦门大学出版社，2003，第114页、第148页。

⑤ 这是笔者在河北省永清县做调研时，听一个原大队干部说的。可以推论，这种情况不是少数。

而且，到了1984年，“分田到户”的标准也发生了变化，不再强调具体的承包产量数额了，而是依据农户家庭人口或劳动力数量分地了。

根据各地的实践，“分田到户”大体上要经过以下几个步骤：第一步是确定承包地分配方案。这包括确定土地分配的范围，即按大队统一分配还是以生产队为单位分配，或者以作业组为单位分配；[①] 确定分配方式，即按人口分还是按劳动力分，或者是按人劳比例分，或者是其他分配方式；确定分配标准，即按土地分配范围和分配方式计算出每个社员应分得的承包地的面积。第二步是对土地进行定等分级。即根据所要分配土地的地形、地貌、灌溉条件、土质状况以及距离村庄的远近确定土地等级。土地等级的划分“因地制宜”，地形地貌复杂的山区丘陵地带分得就较细，如将地分为“三等九级”。在平原地区分的就较粗，如“地分三等”。通常是以“好地”为标准亩，“好地”1亩等于1亩，“中等地”1亩等于1.2亩，“差地”1亩等于1.5亩，甚至更多等。[②] 计税和交村提留都是按标准亩计算。第三步是划分地块。将全队的土地，按土地等级划分成不同的地块，并对不同地块进行实地丈量；地块的划分主要是依据水源，“以塘定田”或“以井定田”，要让每块地都能浇上水，同时，尽量做到土地连片。第四步是地块的分配。即按照“好坏搭配”原则，确定每人或每户不同地块的分配比例，计算应分配的各地块的面积，然后进行实测丈量，将土地分给农户，并明确地界标志。由于同一地块位置也不同，通常地块分配是采取抓阄的方式，即“谁先抓到号，谁先选地”。地块分配完后，各农户可以根据自家的愿望进行调整和换地。

还有不少农村地区，仍沿袭“包干产量”时分地的方法，按“产量亩”分地的，即用土地产量折算土地面积。另外，也有一些农村地区，在土地分配的过程中，为了照顾农户对“故土”的情结，还会参照土地改革时的分配情况，即在土地改革时分给你家的地，在分承包地时，尽量还分给你家来承包。[③] 另外，生

① 大多数农村地区都是以生产队为单位分配。一些比较大的作业组也调整为生产队，即后来的村民小组。

② 在这个环节，有经验的老农作用就十分重要了。通常是生产队干部邀请有经验的老农坐在地头，一起商量，评估每块地的产量，并将每块地估算的产量相加汇总，与先前生产队时的生产总量核对。如果核对数差不多，就被认为可以了。如果核对数相差大，就要重新调整地块的评估产量，再核对，直至核对数对上了为止。杨志勇、张德勇、陈遥根：《后所营村调查报告》，中国社会科学出版社，2010，第136页。

③ 在湖北荆州地区，将这种分配方式称为按“祖业田”分配。参见郭亮《地根政治》，社会科学文献出版社，2013，第127页。

产队和生产大队还要留出一部分机动地，用于调剂新增人口，如新出生的孩子、退伍军人等。

除了分地，还要分农具、耕牛和水井等其他生产资料。通常的做法是，水井包给农户自愿组成的组，组内的农户可以根据需要自由提水；耕牛和小型农具采取作价方式分到组或户；大型农具如拖拉机、脱粒和排灌机械设备等仍掌握在生产队或生产大队，农户要使用，就要向生产队或生产大队交费。也有的社队是把大型农具承包或作价出售给专业农机操作人员。农户要使用大型农机具，就要向这些承包人付费。为了减少麻烦和矛盾，很快多数农户就自购农机具了，农机具的使用不再依靠村集体了。

上述这种根据土地质量和区位状况将土地分为不同等级，以好坏搭配方式分配土地的方法，势必会导致一个农户分到若干块质量不同而且不相连的土地。例如，一家农户有 5 口人，地分三等，按人口均分就会是每人分得 3 块地，共 15 块地；这 15 块地中可能有相连的，但大部分地块很有可能不相连。①

（二）若干分配承包地的实例

根据中日学者在华北农村所做的入户访谈调查，笔者整理了河北省滦县寺北柴村的分田案例。② 通过该案例可以大致窥见平原地区的农户承包地的分配过程。

寺北柴村位于河北省滦县孟董庄乡。截至 1993 年，全村有 325 户，人口 1409 人，耕地面积 2079 亩，主要作物有小麦、玉米和棉花，还有部分土地为果树园。该村（生产大队）分为 9 个生产队，土地为生产队一级所有。从 1980 年至 1982 年，该村实行口粮田分到户方式，每人分得的口粮田为几分，其他耕地为责任田，责任田按劳动力承包经营。1983 年春耕之前（也有的访谈户说是 1982 年春耕之前），该村开始全面推行“分田到户”。“分田到户”共用了 20 多天的时间。在这段时间内，社队干部和有经验的农民天天讨论和测算分地③方案。最后产生的分地方案是：第一，确定分地方式。根据各生产队的所有耕地

① 如果是按劳动力分配土地，土地细碎化、分散化程度可能会好多了。例如，一家农户有 5 口人，其中有 2 个人是全劳力，还是地分三等的话，那么每个全劳力分得 3 块地，共 6 块地。

② 本案例的资料来自魏宏运、［日］三谷孝主编《二十世纪华北农村调查记录》（第一卷），社会科学文献出版社，2012。

③ 在北方，通常把耕地叫“地”；在南方，通常把耕地叫“田”。因此，在北方叫分地，在南方叫分田。“包干到户”，在南方通常叫“分田到户”，在北方通常叫“分地下户”。

面积，无论男女老幼，按人口均分土地。第二，确定分地标准。由于各生产队的耕地面积不同，所以，各生产队的分地标准有所不同。有的队为人均 1.3 亩，有的队为人均 2 亩高一点，大多为人均 1.5 亩。社员也可以根据自身情况作出选择。不愿种地的可少包点地，愿意种地的可多包点地。由于大家都要"包地"，所以，队内社员所分的土地大体平均。第三，分组。各生产队根据机井的布局划分小组。该村共有 29 眼机井，分为 23 个小组，每个小组大约为 15 户。每个小组至少有一眼机井。由于机井及其周边的耕地距离村庄远近不同，所以，要采用抓阄的方式确定分组。"远地"和"近地"为一组，"中地"为一组。机井的浇灌范围就是各小组可分配的耕地，各小组可分配的耕地面积为 50～130 亩。第四，抓阄分组。以生产队为单位，采用抓阄的方式确定各组分地的农户，将全村 325 户分到 23 个组内。第五，抓阄分地。在各农户分地时，将各小组的土地平均等分为小块，如一组有 92 人，就分 92 小块，一家 5 口人就分 5 块地，一家 6 口人就分 6 块地。由于块地的具体位置不同，所以，同样要采取抓阄方式分配。原则是按距离机井的远近，搭配分配。例如，一家有两块地，离机井远的一块，离机井近的一块。第六，土地承包期。该村在 1984 年确定了"生了孩子不增加，死了人不减少"的原则，土地承包期为 20 年不变。[①]

一位社会学学者在江西省潦河县某村曾做过田野调查，对该村的分田过程作出了较为具体的描述，这可以大体反映广大江南丘陵地区[②]承包地分配过程的一般情况。该村有耕地 3572 亩，大部分为水田，有 3096 亩，其余的为旱地，灌溉水源为村边的南潦河，另外，还有 3000 多亩山林。该村村民有 2578 人，656 户，分 9 个自然村，13 个村民小组（生产队）。1982 年，该村以生产队为单位分田。分田的办法各生产队各有不同，但基本原则都是按人口均分，并根据每块田地的远近、肥瘦、灌溉条件来分田。为了保证公平，由全组的村民开会讨论、划分具体田块的好

① 该村的生产大队经济实力较强，拥有一些大型农机具，如拖拉机、播种机和联合收割机等。该村实行统一耕地、播种和收割，农户要向生产大队交柴油钱。但也有的农户自己购买了农机具，播种和收割自己负责。另外，该地区在 20 世纪 90 年代是重要的棉花种植基地，县、乡政府对棉花种植有指令性要求，即每人要种一分地，折合产量每人 4.2 斤。由于种植棉花费时费力，一些农户就选择放弃种棉花，如不种就要交棉花钱，如棉花价格为每斤 8 元，一分地就要交 33.6 元。至于浇地的安排，则是以村小组为单位，由各家协调解决。浇地设施如水泵、水管的购置和维护，其费用由各家分摊。

② 从自然地理上说，江南丘陵是指长江以南、南陵以北、武夷山以西、雪峰山以东的广大丘陵地区。

坏类型，对土地进行分类。其中灌溉水源条件是划分土地好坏类型的重要标准。一些处于灌溉水源上游的村组，分田就比较容易。有的村小组如“潘村”采取整块地分的方式，即按人均田亩的多少，每户都可分得“良田”“差田”各一半。有的小组处于灌溉水源的下游，如“新屋组”，对田块的划分做得比较仔细。该组将田地分为六种类型，每种类型的田地，每户都要分一点，这样一来田地分得比较细碎。有的地块“良田”只有三分、“差田”只有三厘。[①]

在山区和丘陵地区，采取“产量亩”分田方式的比较多，如福建省将乐县安仁乡。[②] 福建将乐县安仁乡“以产定田”的基本方法是：由本社队的一些富有耕作经验的农民，根据土地质量和水源条件，对每块土地的产量进行评估，匡算出一个总产量；再按人口或劳动力平均分配产量，确定每个农户的产量，然后以抓阄方式确定地块，将产量落实到各个地块上。这样做的好处是，可以保证地块分配的平均，分到“差地”即亩产低的农户可以多分到土地，分到“好地”即亩产高的农户则分到的土地就较少，但产量是一样的。实施“以产定田”分田方法的本意是避免土地分得太碎了，但是，实际上，这种情况是很难避免的。例如，一户人家6口人，每人分得产量1000斤，全家共分得产量6000斤；通过抓阄抓了6块地，但这6块地核定的产量为6500斤，比应分的产量多出了500斤，这就必须按产量“切出”一块地或若干块地分给别人。因为每户均可能遇到这种情况，或者多，或者少，都要“切出”或“切入”土地，这就势必会把土地切碎。

与“以产定田”相类似的做法是对不同质量的地块进行打折。例如，湖南省宁乡县某村组，该村组在1981年实行“分田到户”，分田的方式是按人口均分。到了1996年“第二轮土地延包”时，该村对土地进行了“大调整”，即打乱重分。村民经过5天5夜的讨论，最后确定了分田方案。该方案是按放水方便程度、是否在路边和村口、是否有树荫、是否是洼地等条件，将土地分为6个等级。一等田一亩是一亩，二等田打9.5折，三等田打9折，四等田打8.5折，五等田打7.5折，六等田打7折。[③] 每户分得的土地，打折后的产量面积基本相等，

① 杨秋林：《地权建设与村庄权力秩序的重构》，法律出版社，2012，第70—71页。

② 朱冬亮：《社会变迁中的村级土地制度》，厦门大学出版社，2003，第143—147页。

③ 廖洪乐、习银生、张照新等：《中国农村土地承包制度研究》，中国财政经济出版社，2003，第259页。

但实际面积则不同。这种方法在一定程度上可以避免土地被切碎。

（三）分地方案示例

为了真实反映当年农村承包土地的分田过程，笔者根据所收集到的一份天津市宝坻县大白庄乡隋家庄村的土地承包使用证副本，还原出该村的土地承包方案。

天津市宝坻县大白庄乡隋家庄村参与分地的村民有221人、52户，所分土地面积为595.45亩。该村将全部所分土地划为45块，这45块地中有24块地位于村北的“河外”，有21块地位于村西南的“河里”，并将这45块地分成5个等级，即“经济区”“一等地”“二等地”“三等地”“四等地”。该村所分土地的具体情况①见表3－1。

表3－1 隋家庄村所分土地的基本情况

位置	土地等级	面积（亩）	块数（块）	比例（%）
河外	经济区	77.71	7	13.05
	一等	51.07	5	8.58
	二等	159.89	5	26.85
	三等	82.15	7	13.79
	—	370.82	24	62.27
河里	一等	85.64	4	14.38
	二等	71.03	7	11.93
	三等	44.40	6	7.46
	四等	23.56	4	3.96
	—	224.63	21	37.73
合计	—	595.45	45	100.00

该村采取按人口均分土地面积、按户均分地块的方式，即每人分地标准为2.68亩，每户分得9块地，其中经济区2块，河外一等地、二等地和三等地各1块，河里一等地、二等地、三等地和四等地各1块，而且每个等级的土地面积比

① 天津市宝坻县大白庄乡隋家庄某村民小组的土地承包使用证副本。

例也是一致的。该村每户分田方案①见表3－2。根据笔者对土地承包使用证副本的统计，在实际分田时，有个别户略有调整，但总体上都是按这一分地方案执行的。

表3－2 隋家庄某村民小组的每户分田方案

位置	土地等级	块数（块）	面积比例（%）
河外	经济区	2	13.06
	一等地	1	8.58
	二等地	1	26.87
	三等地	1	13.81
河里	一等地	1	14.55
	二等地	1	11.78
	三等地	1	7.46
	四等地	1	3.89
合计		9	100.00

例如，该村一个叫马贵田的村民，家庭人口5人，共分得土地13.4亩（5人×2.68亩/人=13.4亩），其中河外经济区两块地，面积分别为0.85亩和0.9亩；河外一等地一块，面积为1.15亩；河外二等地一块，面积为3.6亩；河外三等地一块，面积为1.85亩；河里一等地一块，面积为1.95亩；河里二等地一块，面积为1.57亩；河里三等地一块，面积为1亩；河里四等地一块，面积为0.5亩。

三、承包合同

（一）实行“双包”之初时的生产责任制合同

承包地的分配要经过发包方——村集体与承包方——农户之间的互认。互认方式就是签订土地承包合同。在1982年中央一号文件出台之前，土地承包合同是以生产责任制合同的形式出现。

① 天津市宝坻县大白庄乡隋家庄村某村民小组的土地承包使用证副本。这份土地承包使用证副本是宝坻县“宝土字第一号”至“宝土字第五十二号”，每块土地的四至很清楚、面积的划分精确到厘，误差很小。这表明，当时的宝坻县土地管理部门介入了该村民小组的分地工作，对每块土地都做了精确的实地丈量。

在“双包”尚未被正式认可的时期，许多社队对社员“包产”或“包干”的责任与权益往往是以规章或生产责任制方案的形式确定的。但是，这种做法在实践中很快就暴露出了一些问题。首先是“包产”或“包干”责任与权益没有落实到社员个人或社员户，社员心里很不踏实，普遍存在着怕变的心理。例如，山东省陵县的社员就有这种说法：“春天定、秋天变，就怕政策不兑现”“空口为凭，立字为证”。[①] 其次是社员的具体权责不明，生产队也不好管理，社员的承包任务不好落实。

1979 年，实行“双包”比较彻底的安徽省凤阳县、滁县的一些社队就开始自发地探索将社员与生产队的承包权利和义务以生产责任合同的方式固定下来。这种做法很快获得当地政府支持。1981 年，安徽省滁县地区就出台文件要求“健全合同制”[②]，地区所属的各县政府统一印制了“包产合同”和“大包干合同”，下发给各生产大队使用。[③] 很快，安徽滁县地区的合同制经验在安徽全省推广。[④]

差不多在同一时间，山东省陵县的一些社队也开始探索实行生产责任合同管理。生产责任合同上规定生产队与社员各自承担的义务，双方签字画押。但社员提出“地凭文书、官凭印”，光有生产队的签字画押，社员心里仍不踏实。1980 年，陵县政府对生产责任合同实行统一管理。生产队与社员签订了生产责任合同之后，要向生产大队和公社备案，接受大队和公社的监督检查。

1982 年中央一号文件提出，要以承包合同的形式，将农户与生产队之间的承包关系确定下来。[⑤] 之后，各地陆续开始建立和完善承包合同。在现实操作中，承包合同文本有的是由县政府或公社统一制作，并下发至生产大队和生产队，有

① 徐学勤等：《“几统一”下的大包干推动了农业生产的发展》，载红旗杂志社经济编辑室编《八十年代初的我国农业生产责任制——调查报告选编》，红旗出版社，1984，第 188—189 页。

② 滁县地委 1981 年出台的《关于完善、提高包产到户责任制的暂行规定》，载中共安徽省委农村工作部编《安徽省农业生产责任制资料选编》（内部资料），1983，第 459—464 页。

③ 朱成基等：《滁县地区推行农业生产合同制的调查》，载中国农村发展问题研究组编《包产到户资料选（二）》（内部资料），1981，第 398—409 页。

④ 省委农村工作部：《我省实行农业经济合同制情况》，载中共安徽省委农村工作部编《安徽省农业生产责任制资料选编》（内部资料），1983，第 475—479 页。

⑤ 1982 年中央一号文件即《全国农村工作会议纪要》提出，“实行各种承包责任制的生产队，必须抓好订立合同工作，把生产队与农户、作业组、专业人员之间的经济关系和双方的权利、义务用合同形式确定下来”。

的是由村集体自己拟定，自己油印的。[①] 生产队与社员签订的承包合同一式三份，一份归社员，一份归生产队，一份归生产大队。

在这一时期，“双包”合同大多称“生产责任制承包合同”或“生产承包合同”。根据笔者所收集的承包合同文本，这一类承包合同的名称有“农业生产责任承包合同证”“农业生产责任承包合同书”“农业生产承包合同手册”“农业承包合同”“包干承包合同”“农业经济合同”等，名称繁多不一。这一类承包合同都有一个共同的特点，就是在名称上没有直接表明土地承包的字样。

以最早实行“大包干”的安徽凤阳为例。1980 年“大包干”已在凤阳农村普及。凤阳县政府为了规范农户与生产队之间的承包关系，印发了全县统一的合同，规定了承包农户应尽的义务。1981 年又增加了一个附本，规定了生产队在化肥、农药、良种等农资供应方面对承包农户应负的责任。另外，承包农户手里还拿着棉花、烟叶、猪、禽、蛋等几个国家收购合同。1983 年，凤阳县将这些合同合并为一个合同，叫“农业大包干经济合同”[②]。“农业大包干经济合同”包括：甲方（生产队）将土地交给乙方承包；乙方（农户）负责完成粮、棉、油、烟等生产指标；甲方（生产队）有权统一安排用水和向乙方（农户）分摊合同之外的费用如抗旱排涝和用工如农田基本建设等，乙方（农户）必须服从甲方（生产队）生产安排，乙方（农户）必须如数交纳和完成；甲方（生产队）负责提供化肥等必要的生产物资；乙方（农户）超额完成包干任务给予奖励，违反合同规定应受经济处罚。[③]

（二）土地承包合同替代了生产责任制合同

1984 年中央一号文件提出“延长土地承包期”。1987 年 6 月，中央书记处农村政策研究室下发了《关于稳定和完善土地承包制度的意见》。对土地承包合同的签订给出了规范化的意见。该文件主要内容包括：一是明确发包方和承包方，二是明确承包合同的性质以及集体、社员的权利与义务，三是保证集体财产和个

① 笔者曾收集到一份河南省获嘉县王贵楼大队自己拟定、自己油印的“大包干”合同。

② 1982 年颁布《中华人民共和国经济合同法》，该法规定“个体经营户、农村社员同法人之间签订经济合同，应参照本法执行”。该条规定是签订“双包”合同的一个法律依据。

③ 史探径：《大包干合同制的产生和发展——凤阳县农村调查报告》，《法学研究》1983 年第 4 期。

人财产都不受侵犯，四是确定土地承包原则，五是确定土地承包合同约定的事项和变更、解除的条件，六是确定了土地承包合同的管理单位等。[①] 1984 年以后，各种形式的生产责任制合同被土地承包合同所替代。

土地承包合同的甲方是土地发包方——村集体，乙方是土地承包方——本村集体的社员。至于谁是土地发包方，是生产大队，还是生产队，各地都有所不同。在现实中，大多情况下，生产队即后来的村民小组是土地集体所有的主体。而且，各生产队的地界划分也是比较清楚的，特别是耕地。因此，生产队即后来的村民小组应该作为土地发包方，与本集体的成员签订承包合同。但实际上，在大多数情况下，承包合同的甲方是生产大队即后来的村委会，而不是生产队即后来的村民小组。据 1991 年农业部农村固定观察点办公室所做的抽样调查，有 94% 的村的农户是与行政村一级集体组织签订土地承包合同的，其中与村委会签订土地承包合同的占比为 55.8%，与村级集体经济组织[②]签订土地承包合同的占比为 33.61%，与村党支部签订合同的占比为 4.7%。[③] 有学者于 1996 年对江苏三市（无锡、泰兴和连云港）农村所做的农户问卷调查显示，土地承包合同的发包方为行政村一级集体组织的占比为 61.22%，发包方为村小组的占比为 19.39%，发包方为乡政府的占比为 7.82%。[④]

之所以出现上述情况，原因是多样的。有的村在“大集体”时期，生产大队就是最基本的核算单位，实行家庭土地承包经营制以后，生产大队即行政村就自然成了发包方。还有的情况是，由于生产大队内各生产队的人均占有土地面积有

---

① 黄道霞、余展、王西玉主编《建国以来农业合作化史料汇编》，中共党史出版社，1992，第 1118—1120 页。该文件也是首次完整地提出了土地承包制度的基本框架。但该文件的实际影响并不大，在之后众多的文件及相关论述中少有被提及。可能因为中央书记处农村政策研究室权威性不够，只是一个中央高层制定农村政策的咨询部门，而且，之后不久又被撤销了。但无论如何，在尚无《农村土地承包法》之前，这个文件对于地方政府干部指导村集体与农户签订“第一轮土地延包”合同的作用应该是有的。

② 1984 年中央一号文件提出：“为了完善统一经营和分散经营相结合的体制，一般应设置以土地公有为基础的地区性合作经济组织。这种组织可以叫农业合作社、经济联合社或群众选定的其他名称；可以以村（大队或联队）为范围设置，也可以以生产队为单位设置；可以同村民委员会分立，也可以一套班子两块牌子。”根据中央文件精神，各地农村曾试图按“政经分离”的思路设立农村经济合作组织。通常做法是在原大队一级设立经济合作联合社即“经济联社”，在原生产队一级设立经济合作社即“经济社”。原大队一级的集体经济组织与村委会通常是“一套人马、两块牌子”，分开运作的很少。从实践的结果来看，除了在一些集体经济（主要是工商业）发达的地区，如珠三角地区和部分大城市的郊区，在全国范围内，农村经济合作组织并没有普遍设立，即使设立了，不久也都因集体经济实力太弱而停止运行。

③ 中共中央政策研究室、农业部农村固定观察点办公室编《完善中的农村双层经营体制——对 274 个村庄的跟踪调查》，中共中央党校出版社，1992，第 12 页。

④ 钱忠好：《中国农村土地制度变迁和创新研究》，中国农业出版社，1999，第 172 页。

多有少，土地质量或位置等也有好坏差异。为了追求生产大队内的各农户所分的土地平均，就将土地归为生产大队统一分配，由生产大队与承包农户签订合同。[①]更为常见的情况是，由生产队制定土地承包方案，具体负责向本队社员分配土地，由生产大队作为甲方与社员签订土地承包合同。发包主体与签订承包合同主体并不一致。这种情况之所以在现实中广泛存在，主要因为生产队或村民小组没有专职人员和办公场所，特别是没有公章，与乡镇政府也没有直接联系，就没有能力与承包农户签订合同，只能由有专职人员和办公场所，有公章，并与乡镇政府有紧密联系的生产大队即行政村代行其责。在现实操作中，往往是生产队或村民小组商定承包方案后，与队内或组内的农户签订承包合同，再到生产大队或行政村去盖章。

例如，曾出现这样一个土地承包经营权纠纷的案子。1992 年，某村民与村民小组签订了一份鱼塘承包合同，所在村委会在此承包合同上加盖了公章。1997 年，该村委会以提高承包指标为由，欲强行收回该鱼塘。当地法院判定，虽然该村委会加盖了公章，但土地为村民小组集体所有，村民小组是实际的土地发包方，因此，法院判定该村委会无权撤销该份承包合同。[②] 到了“第二轮土地延包”时，除了少数有经济实体如经济社的村小组，几乎所有的土地承包合同都是与村委会签订的。

对签订土地承包合同最为重视的是采取按能承包或者有偿投包方式承包土地的农户和村集体。因为这些承包户一般是专业户、承包大户，甚至是外来户。在这种情况下，村集体都会与承包户签订正式的土地承包合同，并到乡镇政府有关机构做公证或鉴证，以保证其合同的合法性和有效性。

（三）承包合同的内容

从承包合同内容看，也有一个从复杂到简化，从五花八门到标准化、规范化的过程。最为复杂的是“包产到户”的合同。笔者曾收集到一份“包产到户”

① 据农业部 1987 年对全国 1200 个行政村的调查，实施土地归行政村（即原生产大队）所有的占 34%，归村民小组（即原生产队）所有的占 65%。而在 1981 年，在公社、大队、生产队三级核算单位中，以生产队为核算单位的比例为 99.39%。由此推测，实行家庭土地承包经营后，不少村是将归原生产队所有的土地统一归为行政村一级集体所有，土地由行政村统一分配。参见陈锡文、赵阳、罗丹《中国农村改革 30 年回顾与展望》，人民出版社，2008，第 117—118 页。

② 陈坚编著《土地承包合同案例评析》，知识产权出版社，2003，第 3—7 页。

的合同。该合同规定的内容有：一是规定主要农作物的承包产量，划定承包地即责任田。每种农作物的承包产量等于平均亩产乘以承包地亩数，并确定每种作物的种植面积，如种植玉米多少亩、种植大豆多少亩等。二是核定社员承包作物的工日，即按每种作物面积乘以种植每种作物的用工量，计算工日①，然后折算成工分。原则上，费工的农作物工分数高，省工的农作物工分数低。三是核定社员要完成的集体工日数及每个工日的工分数。四是核定生产队要给社员供应多少生产资料以及耕地服务，即按作物面积，计算生产队要给社员供应多少如土粪、化肥、种子等生产资料，以及耕地几遍等。五是规定农户在承包地必须要完成的工序，如平整土地、扬粪、播种、补种、铲地等，以及其他田间管理的操作。六是确定分配办法，即超产全奖、减产全罚，将工分折算成平均日值，按生产队平均日值分配。另外，有些没有专业承包猪或羊等牲畜的生产队，还规定了要上交生产队的牲畜头数，并按牲畜头数计算工分。②

"包产到户"的核心是"包产"，并以"包产"为依据计算工分。"包产"的品种多，而且要算工分，所以，其合同结构就比较复杂。而"包干到户"的核心是"包地"。"包地"就省事多了，所以，其合同结构相对简单。

"包干到户"合同的主要内容包括：一是承包农户的人口。承包农户的人口分为家庭总人口和劳动力人口，通常不包括非农户口的家庭成员。二是承包项目。承包的项目包括土地、耕畜和农机，以及果树、茶树等。土地通常有水田、旱田之分，也按种植作物来分，水田和旱田为粮田，其他还有棉田、菜园、果园、油料田等。耕畜按头计算，农机按架或台计算，果树、茶树按株计算等。三是承包产量和品种。承包的产量和品种按村集体下达的种养殖计划分，包括各类粮食作物、棉花、蔬菜和其他经济作物，以及猪、羊、鱼等。在山区，有的社队把山林产品，如树木、毛竹等包含在承包项目之内。四是承包责任。承包责任包括承包农户应完成的国家征购、派购任务，上缴集体各项提留即承包费，以及出义务工等的约定。1982 年，中国开始在农村全面推行计划生育政策。在许多

① 每种作物的用工量都不同，有的作物费工，有的作物省工。

② "包产到户"曾被称为"五定一奖"的生产责任制，即"定产量、定地段、定费用、定劳力、定工分，全奖全赔"。根据对最早实行包产到户的地区安徽省肥西县的调查，当地的"包产到户"做法是秋后承包农户要按承包产量向生产队上交粮食和其他农产品，生产队按照产量和品种折算成工分，按工分值向承包农户分配实物或现金。参见陆学艺《包产到户问题应当重新研究》，载《农业发展的黄金时代——包产到户的调查与研究》，甘肃人民出版社，1983，第 3 页。

地区，还把执行计划生育政策作为承包农户的一项重要承包责任。还有一些地区把农资供应写进承包合同，包括化肥、农药、良种等①。值得一提的是，在这一时期，许多承包合同并没有年限，即使有承包年限也是空白的，可见，这时的土地承包关系并不稳定。

以上所说的“包干到户”合同一般是由公社或县有关部门统一制定的。合同规定的项目较多，看似全面，但并不实用，有些还把一些应属于“包产到户”的规定也写进合同里面了。如果是生产队自己制定的，内容就会简化很多。以笔者搜集到的一份1982年由生产队自己制定的“包干到户”的合同为例。这份合同的内容包括：一是每个地块的地名、面积及承包地的总面积；二是上缴公粮的斤数；三是上缴集体的钱数；四是生产队负责投入的化肥款。同时，该合同还原则上规定了对出集体工的要求，生产队对农机、浇水服务的承诺等。

在“包地又包产”时期，“包干到户”是要核定“包干产量”的。根据笔者所收集的当时的承包合同，承包土地都是与承包产量相挂钩的，即承包土地面积对应承包产量；还有的承包合同是将每块承包地与承包产量直接挂钩，即在承包合同上直接注明每块地承包的产量。② 对“包干产量”的核定，各地做法各不同。有的是以前三年平均亩产量、上交公粮数和集体提留数为核定“包干产量”基数，有的是以上年的亩产量、上交公粮数和集体提留数为核定“包干产量”基数，还有的是一年一核定。但在执行过程中，许多村集体怕麻烦，实际上是一次确定、多年不变的。一些实际产量没有达到“包干产量”基数的农户，或者少数“难缠户”会要求社队减少上交公粮和集体提留，也有的会要求减少其承包的土地。采用一年一核定方法的社队，承包农户就倾向于少上报产量，以减少“包干产量”基数。核定“包干产量”、签订和执行承包合同是当时社队干部的一项重要的工作。

随着“包干产量”不再作为承包经营的内容，这种“包地又包产”的承包合同也就被废止。③ 事实上，在一些1983年以后才实行家庭土地承包制的地区，

---

① 笔者这里介绍的“包干到户”的合同是生产队自己制定的，比较实用，可以反映“包干到户”的实际情况。

② 笔者搜集的一份河北省张家口地区阳原县辛堡公社某大队与某农户签订的“联产承包责任合同书”，该合同书标明某农户共有6块土地，总面积共29.9亩，承包产量为4460斤，每块土地所承包的产量都在合同上标明。

③ 在许多按照“包地又包产”签订承包合同或制定承包方案的地区，并没有及时更换承包合同，只是在实际操作过程中，“包产”的约定不再执行了，只保留了“包地”的约定。

“包地又包产”的承包合同就根本没有被认真执行过。[①] 到了1984年实行“第一轮土地延包”以后，承包合同开始突出土地承包的概念，承包合同的名称改为“土地承包合同”[②]。

与早期的生产责任制合同相比，土地承包合同的内容更为简单。首先，一般不再有具体承包产量的约定了。对于国家粮棉油定购任务、应上交国家的农业税以及上交的集体土地承包费，大多数土地承包合同上都没有具体数量的规定，只是规定承包农户要按当时的国家政策要求完成和上交。其次，承包项目只有土地一项。由于这时许多分给承包户使用的耕畜、农机大多已经折价卖给承包户了，所以，承包项目也不再包含耕畜、农机等生产资料了。承包土地一般都有面积数和地块位置。最后，土地承包期比较明确。土地承包期一般为五年以上。值得一提的是，20世纪90年代和2000年代初[③]，在农村负担问题比较突出的地区，村集体为了保证完成税费征收任务，在土地承包合同中，往往又会明确规定农户要上交国家各项农业税、村提留、乡统筹、“两工”及其他费用的数量，而且承包合同也是一年一签。[④]

（四）土地承包合同的签订情况

虽然中央在政策上要求村集体与农户签订正规的书面土地承包合同。但是，在现实中，这一政策执行得并不理想。根据1991年农业部对全国农村固定观察点的抽样调查，村集体与农户签订书面土地承包合同的占比为65.7%，其余的都是口头合同或集体合同。口头合同或集体合同通常采取以下几种形式：一是召开村民代表会议，采取这一形式的占比为45.8%；二是张榜公布，采取这一形式的占比为16%；三是村干部口头通知农户，占比为13.8%。还有7%的村未作任何规定。[⑤]

---

① 一项对浙江杭嘉湖（即杭州、嘉兴和湖州）地区所做的社会学研究表明，在所调查的村中，1983年开始实行家庭土地承包制时，在承包合同上，曾详细规定了承包土地的各种作物如早稻、晚稻、油菜、络麻等的种植面积，以及各种作物要上交国家的产量。但这一承包合同只是一纸空文，从来就没有执行过。参见曹锦清、张乐天、陈中亚《当代浙北乡村社会文化变迁》，上海远东出版社，2001，第187页。

② 根据笔者所收集的承包合同文本，这一类承包合同的名称有“土地承包合同书”“农村土地承包合同书”“农村集体所有土地承包合同书”“农村集体耕地承包合同书”“家庭联产承包土地合同书”“土地承包使用证”等。

③ 2000年代是指2000年到2009年的10年间，以下同。

④ 郭亮：《地根政治》，社会科学文献出版社，2013，第93—95页。

⑤ 中共中央政策研究室、农业部农村固定观察点办公室编《完善中的农村双层经营体制——对274个村庄的跟踪调查》，中共中央党校出版社，1992，第18页。

在很长的一段时期内，有不少村是采用集体分田协议方式来分配土地的，而不是挨家挨户与承包农户签订承包合同。[①] 这是因为如果按人口均分土地，有没有承包合同对承包农户来说实际上是无所谓的。农户认为："反正大家都一样，动了我，就等于动大家。"这就是说，本村集体内农户的土地承包经营权是受农户集体保护的，不需要以土地承包合同的方式保护其承包地。然而，随着农村人口变动的加剧，这种土地承包合同的不完备往往是造成农村土地纠纷的一个重要因素。

值得强调的是，在这一时期，签订土地延包合同不仅保护农户的承包地的权益，而且也为村集体向农户收费提供依据。[②] 例如，福建省长乐县。该县为了解决农户欠缴村提留款的问题，于 1990 年在县委、县政府组织下，对全县各村的土地承包合同进行了清理，并重新签订新的土地承包合同。新签订的土地承包合同内容包括：承包地的面积、位置、用途及承包年限，承包农户必须完成的国家收购任务、集体提留和劳动积累工等。该县清理和重签土地承包合同后，与之前相比，村集体提留增长了 4 倍，劳动积累工增长了 2 倍。[③]

重新签订土地承包合同是"第二轮土地延包"的一项重要工作内容。土地承包合同更为规范。土地承包合同一般是由县级政府统一印制。土地承包合同内容包括土地面积、位置和土地承包期等。土地承包期限通常是定为 2028 年。1998 年新修订的《土地管理法》将签订土地承包合同上升为法律规定。[④] 2002 年 8 月全国人大公布的《农村土地承包法》又具体规定了土地承包合同的内容。[⑤] 然而，土地承包合同签订工作的进展并不顺利，这就促使中央下

---

① 这种集体分地协议方式在一些地方延续了多年，直到 1997 年，仍有的村组采取这种方式。参见廖洪乐、习银生、张照新等《中国农村土地承包制度研究》，中国财政经济出版社，2003，第 11—12 页。采取集体分地协议方式的村组，村（生产大队）都会留有各家农户承包土地面积及位置的花名册，以此作为各家农户分地的依据。

② 有学者团队在 1996 年对福建省 4 个村所做的一次问卷调查表明，大多村民都认为签订承包合同的目的是"保障国家定购任务的完成"。参见严金泉《延长土地承包期的政策前提研究》，中国大地出版社，2001，第 142 页。

③ 戴永善：《长乐县完善农业承包合同》，载中共中央政策研究室编《中国农民的伟大实践——农村改革和发展典型经验》，中共中央党校出版社，1991，第 25—28 页。

④ 1998 年新修订的《土地管理法》规定，"发包方和承包方应当订立承包合同，约定双方的权利和义务。承包经营土地的农民有保护和按照承包合同约定的用途合理利用土地的义务。农民的土地承包经营权受法律保护"。

⑤ 2002 年 8 月全国人大公布的《农村土地承包法》规定，"发包方应当与承包方签订书面承包合同。承包合同一般包括以下条款：（一）发包方、承包方的名称，发包方负责人和承包方代表的姓名、住所；（二）承包土地的名称、坐落、面积、质量等级；（三）承包期限和起止日期；（四）承包土地的用途；（五）发包方和承包方的权利和义务；（六）违约责任"。

决心于2008年全面推进土地承包经营权确权登记工作。[①] 之后，土地承包合同签订率大幅提高。据农业部统计，到2010年，土地承包合同的签订率已经高达96.73%。[②]

四、农户承包地的经营规模

（一）农户土地经营的初始格局

农户追求土地数量上的公平，就会倾向选择土地按人口均分；农户追求土地质量上的公平，就会倾向选择按好坏搭配分配地块。这种承包地的分配方式所造成的一个结果是，在中国农村出现了超过2亿个“过小”的家庭农场，而且每个“过小”的家庭农场还分散在多个不相连的小地块上经营。这相当于每个“过小”的家庭农场经营着若干个“微型”的分场。

中共中央书记处农村政策研究室1984年所作的农村社会经济典型调查显示，在被调查户中，平均每个农户的土地经营面积只有8.35亩，而且是分布在9.7个地块上，平均每个地块不足1亩。[③] 两年之后的1986年，中共中央书记处农村政策研究室再次启动农村社会经济典型调查。该调查的结果显示，户均耕地小于5亩的农户占比37.91%，户均耕地面积2.76亩、7.25块地，每块地平均面积0.38亩；户均耕地5~10亩的农户占比30.91%，户均耕地面积7.02亩、11.57块地，每块地平均面积0.61亩；户均耕地10~20亩的农户占比18.94%，户均耕地面积13.65亩、10.28块地，每块地平均面积1.33亩；户均耕地20~30亩的农户占比5.37%，户均耕地面积23.77亩、7.98块地，每块地平均面积3.01亩；户均耕地30~50亩的农户占比2.8%，户均耕地面积36.96亩、8.04块地，每块地平均面积4.59亩；户均耕地50~100亩的农户占比1.22%，户均耕地面积66.79亩、7.06块地，每块地平均面积9.46%；户均耕地100亩的农户占比0.16%，户均耕地面积182.1亩、8块地，每块地平均面积22.76亩。这就是说，有将近70%（68.82%）的农户的土地经营规模在10亩以下，而且这些土地被

---

① 有关对土地承包经营权确权的叙述，见本书第二章第四节。

② 农业部：《2012中国农业发展报告》，中国农业出版社，2013，第187页。

③ 中共中央书记处农村政策研究室编《中国农村社会经济典型调查（1985年）》，中国社会科学出版社，1987，第17页。

分割为9.41块，每块土地面积只有0.49亩。[①] 总之，除了东北、新疆等垦殖地区，“户均不超过10亩，土地7、8块”是大多数农村地区实行家庭土地承包经营后的土地利用的基本状况。

土地经营规模过小和土地分散、细碎是中国农村土地分配与利用的基本特征，是中国农业要实现从传统农业向现代农业过渡的最基本的制约因素，这也是中国农地制度演进逻辑的初始条件。可以说，实行家庭土地承包经营后，中国农地的制度改革包括土地规模经营试验、土地集中、土地流转等，都是围绕着如何克服制约因素这一主题展开的。经过30多年的发展，这种土地利用过小且分散的情况得到一定程度的改善，但与其他国家相比，农户在小规模、小块土地上经营的总体格局并没有根本改变。[②]

（二）全国农村固定观察点的调查

1985年，中共中央书记处农村政策研究室与国务院农村发展研究中心建立了农村固定观察点（之后农村固定观察点办公室被归于中共中央政策研究室和农业部管理）。农村固定观察点提供了1986年到2015年历年调查样本户的土地利用和农业劳动力的动态变化数据。该调查显示，从总体上看，中国农户土地经营的平均规模不足10亩，并呈现出不断下降的趋势。1986年，调查样本户的平均土地经营面积为9.2亩，到2015年，调查样本户的平均土地经营面积下降至7.07亩。与此同时，地块数则不断减少，由1986年的平均地块数8.43块下降到2015年的平均地块数3.27块。平均地块数的下降幅度大于平均土地经营面积的下降幅度。每块地的平均地块面积有明显的扩大，从1986年的1.09亩扩大到2015年的2.16亩。这表明土地利用分散化问题有所缓解。具体数据[③]见表3-3。

---

① 中共中央书记处农村政策研究室、国务院农村发展研究中心农村社会经济调查办公室编《向商品经济轨道的转移——全国农村固定观察点调查报告（1987年）》，农村读物出版社，1988，第131—133页。

② 从世界各国比较角度看，中国的家庭土地经营规模明显是偏小的。如地广人稀的美国，平均每个农业家庭户的经营土地面积达221公顷（3315亩），其中耕地97公顷（1455亩），劳均占用土地规模达155公顷（2325亩），其中耕地68公顷（1020亩）。

③ 中共中央政策研究室、农业部农村固定观察点办公室编《全国农村社会经济典型调查数据汇编（1986—1999年）》，中国农业出版社，2001；中共中央政策研究室、农业部农村固定观察点办公室编《全国农村固定观察点调查数据汇编（2000—2009年）》，中国农业出版社，2010；中共中央政策研究室、农业部农村固定观察点办公室编《全国农村固定观察点调查数据汇编（2010—2015年）》，中国农业出版社，2017。

表 3－3 1986—2015 年农户土地经营规模情况（全国农村固定观察点）

年份	经营面积①（亩/户）	土地块数（块）	每块地平均面积（亩/块）
1986	9. 20	8. 43	1. 09
1987	8. 90	8. 37	1. 06
1988	9. 32	8. 32	1. 12
1989	9. 03	7. 93	1. 14
1990	7. 98	7. 83	1. 02
1991	8. 47	8. 22	1. 03
1993	8. 07	7. 05	1. 14
1995	7. 83	6. 47	1. 21
1996	7. 78	6. 24	1. 25
1997	7. 65	6. 12	1. 25
1998	7. 76	6. 11	1. 27
1999	7. 94	6. 06	1. 31
2000	7. 43	5. 90	1. 26
2001	7. 63	5. 75	1. 33
2002	7. 55	5. 75	1. 31
2003	7. 25	4. 91	1. 48
2004	7. 34	4. 96	1. 48
2005	7. 32	4. 79	1. 53
2006	7. 43	4. 71	1. 58
2007	7. 22	4. 44	1. 63
2008	7. 16	4. 26	1. 68
2009	7. 12	4. 10	1. 74
2010	6. 83	4. 02	1. 70
2011	7. 04	3. 98	1. 77
2012	7. 26	3. 58	2. 03
2013	7. 03	3. 51	2. 00
2014	7. 11	3. 33	2. 14
2015	7. 07	3. 27	2. 16

① 日本平均每个农业家庭户土地经营面积为 1. 2 公顷（18 亩），其中耕地为 1. 1 公顷（16. 5 亩）。［日］速水佑次郎、神门善久：《农业经济论》，沈金虎、周应恒、张玉林等译，中国农业出版社，2003，第 237 页。

对于土地细碎化的情况，农村固定观察点也提供了较为详尽的数据。根据农村固定观察点的地块数分组统计数据，面积不足1亩的地块居多，占调查样本户总地块数的50%以上，5亩以上的大地块占比最小。从趋势上看，随着地块数的减少，土地细碎化程度有所减轻，不足1亩的地块比例从1993年的71.35%下降到2009年的58.78%；5亩以上地块的比例从1993年的3.12%提高到2009年的6.10%。到2015年，4.5亩以上的地块占比达到7.65%。但土地细碎化的格局并没有得到根本改变。[①] 具体数据见表3－4[②]、表3－5[③] 和表3－6[④]。

表3－4　1993—2002年不同亩数的地块在总地块中的比例　（单位：%）

年份	不足0.5亩	0.5～1亩	1～2亩	2～3亩	3～4亩	4～5亩	5亩以上
1993	51.35	20.00	15.04	6.10	2.84	1.70	3.12
1995	49.15	21.64	15.15	6.18	2.78	1.70	3.40
1996	48.56	22.28	14.90	6.09	2.72	1.76	3.69
1997	48.37	21.24	15.85	6.21	2.94	1.80	3.59
1998	48.61	21.44	15.38	6.22	2.95	1.80	3.60
1999	48.84	21.29	15.18	6.11	3.14	1.98	3.47
2000	48.81	21.53	14.92	6.10	3.05	2.03	3.56
2001	48.00	21.74	14.96	6.26	3.13	2.09	3.83
2002	49.91	20.87	14.26	5.91	3.13	2.09	3.83

表3－5　2003—2009年不同亩数的地块在总地块中的比例　（单位：%）

年份	不足1亩	1～3亩	3～5亩	5亩以上
2003	63.95	25.05	6.11	4.48
2004	63.51	25.40	6.25	4.84

① 一项小型的入户调查也支持这一结论。有学者在山东所做的农户调查结果表明，从1995年到2008年，所调查的农户，其户均承包土地面积与地块数变化很小；户均承包土地面积和地块数，1995年分别为5.1亩和4.4块，2008年分别为5.43亩和4.4块。杨学成、赵瑞莹、岳书铭：《农村土地关系思考——基于1995—2008年三次山东农户调查》，《管理世界》2008年第7期。

② 中共中央政策研究室、农业部农村固定观察点办公室主编《全国农村社会经济典型调查数据汇编（1986—1999年）》，中国农业出版社，2001；中共中央政策研究室、农业部农村固定观察点办公室主编《全国农村社会经济典型调查数据汇编（2000—2009年）》，中国农业出版社，2010。

③ 中共中央政策研究室、农业部农村固定观察点办公室主编《全国农村社会经济典型调查数据汇编（2000—2009年）》，中国农业出版社，2010。

④ 中共中央政策研究室、农业部农村固定观察点办公室编《全国农村固定观察点调查数据汇编（2010—2015年）》，中国农业出版社，2017。

续表

年份	不足 1 亩	1～3 亩	3～5 亩	5 亩以上
2005	63.26	25.68	6.05	5.01
2006	62.42	26.11	6.37	5.10
2007	61.26	26.58	6.76	5.41
2008	59.86	27.00	7.28	5.87
2009	58.78	27.80	7.32	6.10

表 3－6　2010—2015 年不同亩数的地块在总地块中的比例　　（单位：%）

年份	不足 1 亩	1～3 亩	3～5 亩	4.5 亩以上
2010	59.70	26.87	7.46	5.97
2011	58.54	26.88	8.04	6.53
2012	55.31	28.49	8.66	7.54
2013	56.41	27.64	8.26	7.41
2014	55.26	27.63	9.01	8.11
2015	56.57	26.91	9.17	7.65

（三）国家统计局农村住户调查和全国农业普查

1984 年，国家统计局农村社会经济调查总队成立（后改为农村社会经济调查司）。该机构负责对农村居民所在社区发展情况、家庭基本情况、居住情况、人口与劳动力就业情况、农业生产结构调整与技术应用情况以及农村居民收入和支出情况展开全面的调查。该项调查提供了历年农户土地经营规模的数据。具体数据①见表 3－7。

表 3－7　1985—2009 年农户土地经营规模情况（国家统计局农村住户调查）

年份	经营面积（亩/户）	人口（人）	整劳动力（人）	人均经营面积（亩/人）	劳均经营面积（亩/人）
1985	10.56	5.10	2.40	2.07	4.40
1986	10.56	5.10	2.40	2.07	4.40
1987	10.35	5.00	2.40	2.07	4.31

① 国家统计局农村社会经济调查司：《2010 年中国农村住户调查年鉴》，中国统计出版社，2010。根据国家统计局农村社会经济调查司对调查对象的说明，该调查的农户不包括举家外出谋生一年以上的农村住户，据此可以假定表 3－7 中所列的整劳动力，或多或少要参与农业生产，但这一假定可能会高估务农的农村劳动力数量。

续表

年份	经营面积（亩/户）	人口（人）	整劳动力（人）	人均经营面积（亩/人）	劳均经营面积（亩/人）
1988	10.09	4.90	2.40	2.06	4.21
1989	10.34	4.90	2.40	2.11	4.31
1990	10.08	4.80	2.50	2.10	4.03
1991	10.25	4.70	2.40	2.18	4.27
1992	9.68	4.70	2.40	2.06	4.03
1993	9.98	4.60	2.40	2.17	4.16
1994	9.81	4.50	2.50	2.18	3.92
1995	9.77	4.50	2.40	2.17	4.07
1996	10.12	4.40	2.40	2.30	4.22
1997	9.11	4.40	2.20	2.07	4.14
1998	8.86	4.30	2.20	2.06	4.03
1999	8.69	4.20	2.10	2.07	4.14
2000	8.32	4.20	2.10	1.98	3.96
2001	8.36	4.20	2.00	1.99	4.18
2002	8.20	4.10	2.00	2.00	4.10
2003	8.04	4.10	2.00	1.96	4.02
2004	8.20	4.10	2.00	2.00	4.10
2005	8.53	4.10	2.00	2.08	4.26
2006	8.65	4.10	2.00	2.11	4.33
2007	8.64	4.00	2.00	2.16	4.32
2008	8.72	4.00	1.90	2.18	4.59
2009	9.04	4.00	1.90	2.26	4.76

从表3－7所显示的调查数据可知，中国农户土地经营规模总体平均水平在10亩上下，并有下降的趋势。与前述农村固定观察点的数据相比，国家统计局农村住户调查所提供的农户平均土地经营规模数据有所扩大，但这也不影响对农户土地经营规模的基本判断。

1994年10月，中国政府对外宣布将进行第一次全国农业普查。[①] 此次全国

① 1994年10月，国务院下发了《关于开展第一次全国农业普查的通知》，对第一次全国农业普查的内容和时间要求作出安排。

农业普查的时间为1996年1月1日至12月31日，因此称为1996年第一次全国农业普查。1996年第一次农业普查数据显示，农户耕地经营面积在9亩以下的在全部农户中的比例达83.39%。这就说明，绝大多数农户的土地经营面积不足10亩。具体数据①见表3－8。这一调查结果与前述的农村固定观察点调查结果及国家统计局农村住户调查结果基本吻合。

表3－8　1996年全国农户按耕地规模分组情况　（单位:%）

农户经营面积分组	所占比例	累计所占比例
3亩以下	30.35	30.35
3～9亩	53.04	83.39
9～15亩	9.78	93.17
15～20亩	3.12	96.29
20～30亩	1.80	98.09
30～50亩	1.47	99.56
50～100亩	0.39	99.95
100亩以上	0.05	100.00
总计	100.00	

（四）国务院发展研究中心课题组引用的农户土地经营规模分组的数据

2016年，国务院发展研究中心开展了一项以“我国农业规模经济的变化与政策含义”为题目的研究，该研究引用了2010年到2013年农户耕地经营规模分布的数据。具体数据②见表3－9。

表3－9　2010—2013年农户耕地经营规模分布

经营面积（亩）	2010年		2011年		2012年		2013年	
	农户数（万户）	比例（%）	农户数（万户）	比例（%）	农户数（万户）	比例（%）	农户数（万户）	比例（%）
10以下	22390.6	85.80	22659.3	85.94	22531.2	86.11	22666.4	85.96
10～30	2824.9	10.82	2819.3	10.69	2742.0	10.48	2711.8	10.28
30～50	609.0	2.33	611.4	2.32	603.6	2.31	673.6	2.55
50～100	201.1	0.77	197.1	0.75	204.9	0.78	225.8	0.86
100～200	48.8	0.19	53.2	0.20	56.9	0.22	62.9	0.24
200以上	23.3	0.09	25.7	0.10	25.7	0.10	28.9	0.11

① 全国农业普查办公室：《中国第一次农业普查资料综合提要》，中国统计出版社，1998，第43页。
② 周群力：《我国农业规模经济的变化与政策含义》，中国发展出版社，2016，第4页。

由表3－9的数据可知，与1996年第一次农业普查数据相比，到2013年，农户经营规模的变化不大，农户耕地经营面积在10亩以下的在全部农户中的比例仍达85.96%。①

从以上几组调查数据可知，在中国农村，有80%以上的农户是在总面积不到10亩的多个小地块上从事农业生产经营的，属于典型的“小农”。这些“小农”是如何在这样小规模的土地上经营的呢？

五、农户的经营安排

（一）影响农户经营安排的主要因素

首先是自然条件。农业生产严重受制于自然条件，主要是水源条件。水源条件好且浇地成本低的地区，农户种植选择空间就较大。农户一般会选择种植产量较高、从播种到收获的时间较短的水稻或小麦。水源条件差的地区，农户就只能选择种植耐旱作物，如玉米、番薯等。在南方丘陵地区，地形、地貌变化大，一个村既有水源条件好的土地，通常被称为“田”，也有水源条件差的土地，通常被称为“土”。“田”上种水稻，“土”上种玉米或番薯，这是农户一般的种植选择。其次是农业技术。化肥、农药的广泛使用，以及良种的大面积推广，也会深刻地影响农户的种植选择及土地利用。例如，农户为了提高土地单产，节省劳动力，通常会选择多使用化肥和农药，当有更好的种子可供选择时，农户也会改变传统的种植安排。农业技术的发展，特别是灌排技术的发展，还会使农户突破农业生产自然条件的约束，扩大农户种植的选择空间。最后是社会消费需求结构。随着人们收入水平的普遍提高，社会消费需求结构必然会发生变化。在农业商品化程度不断提高的中国农村，社会消费需求结构的巨大变化必然会深刻地影响农户的经营安排。

① 值得说明的是，根据第三次农业普查公布的数据，到2016年，全国农业经营户有2.04亿户，而该调查的农户总数为2.63亿户（2013年）。农户总数的数据不同直接影响到该项统计的结果。在现实中，有些农户的土地已经全部转为建设用地了，没有耕地了，有些农户因为没有赶上“第二轮土地延包”或因为其他原因根本就没有承包地，有些农户已经将土地全部流转出去了，不经营土地了。这些农户都属于10亩以下一档的农户。显然，该调查数据估高了10亩以下农户的所占比例。但10亩以下农户在所有农业经营户中占大头是肯定的。

经过30多年的发展，在给定的自然条件和土地规模约束下，随着农业生产技术的提高以及社会消费需求结构的改变，大量的"小农"迅速从恰亚诺夫式的"小农"[①] 转变为舒尔茨式的"小农"[②]。

（二）从恰亚诺夫式的"小农"到舒尔茨式的"小农"

在给定自然条件、技术条件和社会需求条件下，农户的土地经营安排主要考虑以下三个因素：一是家庭劳动力状况，二是家庭消费需要，三是经济效益。在不同时期，这三个因素的考虑侧重点有所不同。无论如何考虑，农户土地经营安排的基本逻辑都没有变，这个基本逻辑就是尽量使家庭劳动力与所能支配的土地条件相匹配，实现家庭劳动力的"充分就业"和个人满足的最大化。

在"分田到户"之初，满足家庭消费需要往往是放在第一位的。在这一时期，农户通常将土地分为两部分：一部分土地用于种植粮食作物，以满足一家人对口粮的需求，并完成上交公粮的任务；另一部分土地用于种植能"生钱"的作物。这一时期能"生钱"的作物主要是能到集贸市场上或经长途贩运卖钱的经济作物。例如，在浙江海宁，农民用一部分承包地种植水稻，用另一部分承包地种植桑叶，用于养蚕。[③] 据全国农村固定观察点于1987年所做的统计，有60%的农户除了种植粮食，还兼种其他经济作物。"粮猪禽型"是大多数农户的兼营模式。[④] 另据1990年的一项调查，农户经营农产品的品种在3种以上的占比高达83.9%。[⑤]

由于能"生钱"的作物受市场价格波动的影响很大，农户的种植收益很不稳定，所以，农户会根据其自身承担风险的能力不断地调节土地经营安排。那些

① 按照恰亚诺夫的理论，小农是以满足家庭的消费需求为依据，安排其经营活动，而不是追求产出的利润最大化，小农要在消费—辛苦之间作出恰当的权衡。参见恰亚诺夫《农民经济组织》，萧正洪译，中央编译出版社，1996。这里所说的恰亚诺夫式的"小农"是指以满足自家消费为导向，安排生产经营活动的"小农"。

② 按照舒尔茨的理论，小农与企业一样，其选择逻辑也是在约束条件下追求产出的利润最大化。参见舒尔茨《改造传统农业》，梁小民译，商务印书馆，1987。这里所说的舒尔茨式的"小农"是指以满足市场需求、追求收入最大化为目标，安排生产经营活动的"小农"。

③ 张乐天：《告别理想——人民公社制度研究》，上海人民出版社，2005，第347页。

④ 中共中央农村政策研究室、国务院农村发展研究中心农村社会经济调查办公室编《向商品经济轨道的转移——全国农村固定观察点调查报告（1987年）》，农村读物出版社，1988，第79页。

⑤ 马永良：《农户家庭生产的目标、环境和资源配置》，载农业部农村经济研究中心《中国农村研究报告（1990—1998年）》（上），中国财政经济出版社，1999，第434页。

人口多、劳动力少的农户往往也是贫困户，一般只能种粮食，无力经营其他。那些劳动力多的农户，既可以多种植一些能“生钱”的作物，也可以出去做买卖或打工。更多的农户会利用农闲时间养鸡、养鸭、养猪、养羊、养鱼等。在这一时期，小农的经营活动安排基本上是服从于恰亚诺夫的劳动－消费平衡模式，即农户劳动力消耗以满足农户的家庭消费为限。

到了20世纪90年代，国家完全解除对粮食的购销管制后，情况发生了变化。这时农户不必付出高价就可以在市场上买到粮食了。而且，农产品市场已经充分放开，农户对土地经营有了更多的选择。对于一般农户来说，土地经营安排就不必过多地考虑家庭消费需要了。家庭消费需要主要是在房前屋后的自留地上解决，主要种些新鲜的蔬菜、瓜果之类的时令作物。在这一时期，农户的土地经营更多的是根据市场行情，按照纯收入最大化的原则进行选择。农户一般倾向选择种植好卖的作物。这些好卖的作物，通常是当地生产和销售的“大路货”，也就是农民所说的“地头货”。[①] 如果家里尚有富裕的劳动力，一般会多种些“费时”“费力”的蔬菜，多养点猪或鸡鸭。到一定时期，小农的经营活动安排基本上是服从于成本－收益的平衡模式，这时的“小农”已经更多地具有舒尔茨的“理性经济人”的特征了。

2000年以后，国家实行了粮食最低收购价或临时收储价格政策，[②] 粮食成了收益比较稳定的“大路货”。不愿操心的农户一般都会选择种植粮食，图省事的农户就会选择种“懒庄稼”即玉米。与此同时，这时农户不再固守土地，对劳动力的安排有更多的自主选择空间。农户兼业化为农业经营的主导模式。大多数农户会选择将家里的壮劳力转到非农行业就业，留在家里务农的劳动力主要是“闲散的劳动力”，主要是老人和妇女；有的农户会选择精耕细作，选择种植更加费工、费时但市价较高的品种，如种植蔬菜、瓜果等；更多的农民愿意增加“闲暇消费”，留出更多的时间在村里闲逛，串门、聊天、打麻将、晒太阳、在家看电视等，而不愿在地里花时间。而且，绝大多数的农户会让能上学的孩子尽量上学，自动减少家庭劳动力供给。

---

① 有些大宗农作物如西红柿、白菜等，只要农民将其收割并运到地头，就会有人来收购。因此，农民就将其叫作“地头货”。

② 详见本书第九章第三节。

（三）2000年代中期以后“小农”经营方式的改变

2000年代中期以后，中国农业生产方式的一个重要变化是农业社会化服务开始普及。大量的诸如机耕、机播、机收、灌溉、病虫害防治、育种育秧等活计，农户都可以通过向农业社会化服务组织购买来完成。这就使农民种地更为轻松和容易了。以往必须壮劳力完成的农活，老年人和妇女也可以承担了。在水稻种植区，犁地、插秧、割稻子等都是重体力活，没有体力的人难以胜任。到这一时期，有了拖拉机、插秧机和收割机，这些农活就相对轻松多了。年轻人都外出打工去了，留在农村种地的中年男人很多是农机手。以老年人和妇女为主体的“小农”就可以花钱雇这些农机手，为他们做那些重体力活，而且效率很高。例如，过去人工插秧，一天只能插1亩，而插秧机一天能插10亩。过去在“双抢”季节，收了春小麦，要赶紧种中稻，全家人要忙活一个月。现在只需10天时间，而且劳动强度也大大降低了。老年人和妇女主要的农活是负责日常田间管理，根据农时，在地里打药、施肥和浇地等。①

到了这一时期，“小农”不仅种地轻松了，购买种子、农药和化肥等农业生产资料也方便了。农民只要打个电话，农资经销商就会把其所需要的农资送到家里来了。粮食收购也是这样。农民收割粮食并晾晒干后，如果不想拉回家储存，打个电话，收粮食的经纪人就会开着车，到地头来收粮，根本不需要农民搬运粮食。据估计，一个60多岁的健康老人，种上10亩地不是什么难事。②

农业社会化服务普及也给“小农”有了更多的选择。一项对农户种粮行为的研究表明，农业机械对农业劳动力的投入有很强的替代关系。在机械化程度很低的情况下，种植小麦的务农天数为179.3天，种植玉米的务农天数为167天；在机械化程度很高的情况下，种植小麦的务农天数只有36.6天，种植玉米的务农天数为91天。该研究还显示，大多数农户选择中等水平的机械，其务农天数

---

① 袁明宝：《小农理性及其变迁——中国农民家庭经济行为研究》，华中科技大学出版社，2017，第58—59页。

② 同上书，第60—61页。

为50~70天。[①] 正因为有这样的一种替代关系，“小农”完全可以根据自家劳动力、土地资源的状况，在劳动力投入与购买农业机械服务之间寻求适当的平衡。比如，家里有身体尚属强壮的劳动力，可能还是老人或妇女，就可以选择自己抛秧，小块的地用耕牛耕，不雇机器，只是到割稻子时，因为要抢时间，或因地块较大，才会雇人、雇机械。

（四）“小农”的经营效率

对农户经营效率问题进行考察，可以有两个视角：一个是土地利用效率视角，另一个是农户视角。对于土地利用效率问题，放在本书第五章第三节中展开叙述。这里仅仅从农户个体选择方面叙述“小农”的经营效率问题。

对于“小农”个体来说，效率更多的是意味着“人有事做、地也没闲着”。农户根据家庭劳动力状况，安排自家的土地经营活动。

例如，安徽省天长市姓叶的一家农户。该农户有耕地8亩，家庭人口6人，老夫（72岁）在家务农，老妇（68岁）在家看管两个孙子上学，儿子和儿媳在离家不远的南京打工。该农户的土地经营安排是：8亩耕地春季播种水稻、秋季播种小麦，收获两季。在水稻种植过程中，4月育秧用2个工，由老夫一人完成；6月旋耕用2个工，需要用拖拉机和儿子帮忙；6月耙田和施肥用4个工，需要儿子帮忙（开小拖拉机）；6月栽秧用14个工，需要儿子和老妇帮忙，并雇8名妇女；7月打药用2个工，由老夫一人完成；9月收割和晾晒用6个工，需要用收割机和儿子、老妇帮忙。在小麦种植过程中，10月耕田和开沟用4个工，需要儿子帮忙（开小拖拉机），10月条播用2个工，需要用播种机和儿子帮忙；10月撒肥料用4个工，由老夫妇两人完成；来年1月打药用2个工，由老夫一人完成；来年5月收割和晾晒用6个工，需要用收割机和儿子、老妇帮忙。两季种植共投入54个工。除此之外，老夫一人经常到田里看管一下，不计工。[②] 这家姓叶的农户耕地8亩，人均耕地只有1.33亩，土地规模很小，农业全劳动力只有一个，而且这个农业全劳动力的年龄较大，可以说，这家农户的劳动力利用还是很

---

① 樊明等：《种粮行为与粮食政策》，社会科学文献出版社，2011，第202页。有学者通过观察总结道，“1年3个月种田，3个月过年，还有半年农闲”。贺雪峰：《小农立场》，中国政法大学出版社，2013，第28页。

② 张建雷：《发展型小农家庭的兴起——皖东溪水镇的小农家庭与乡村变迁（1980—2015）》，法律出版社，2018，第140—142页。

充分的，也可以做到务农务工两不误。[①]

除了种粮或其他主要农作物之外，大多数农户还可以在房前屋后种些菜或其他经济作物，这些都是需要花时间的农活。这就说明，虽然土地经营规模小，但大多数农户也基本上能做到“人有事做、地也没闲着”。从这个角度来看，这种“半工半农”的小农经营方式也是有效率的。

值得指出的是，“人有事做、地也没闲着”并不意味着所有农户的土地经营达到了最佳经济规模。对有些农户来说，如果继续扩大土地规模，家庭劳动力投入的边际收益不仅为正，而且还能高出其劳动力的市场价格。因此，不少农户还是有扩大土地规模意愿的。

例如，根据一项1996年的小型农户问卷调查，在江苏三市（无锡、泰兴和连云港）农村，有54.42%的农户认为“地不够种”，有28.23%的农户认为“地够种了”，有17.35%的农户认为“地种不过来”。[②] 可见，“各家有各家的情况”，不能一概而论。对于那些既不愿意扩大土地经营规模也不放弃土地，仍然坚守自家承包地的小农来说，土地经营不再仅仅是一种经济活动，而是许多小农的一种生活方式了。[③] 其经营活动安排也符合劳动－闲暇平衡模式。按农民的说法就是“有点活干，但也别太累了”。

（五）不同的农户有不同的选择

1982年到2014年这30多年间，中国的农户总数由1.83亿户[④]增加到2.3亿户[⑤]。根据前面的统计，在这些农户中，有80%以上都是“小农”。虽然都是“小农”，但此时的“小农”已经不是彼时的“小农”了。可以有把握地说，1982年，在1.83亿农户中，绝大部分农户都是依赖土地、以务农为生的；到了

---

① 对农村劳动力“充分就业”的理解，也应分情况来看。对于60岁以上的老年农民来说，一年3个月种田、3个月过年、半年农闲也应是“充分就业”了。

② 钱忠好：《中国农村土地制度变迁和创新研究》，中国农业出版社，1999，第171页。

③ 农村社会学家贺雪峰提出了“农业不仅是生产劳动，同时也是休闲方式”的观点，他观察到，在家务农的中老年，不仅在经济上一定程度自给自足，而且在家乡的熟人社会生活安全感高。他们生活的村庄，亲戚朋友相互走动，有个农家小院，生活从容。春播、秋收，随着季节展开的是农民的心情，是他们的生活本身。天旱时盼下雨，农闲时盼过年。因为心中有事要操持，因为务农有收入，人生过得充实有意义，劳动成了一种需要。参见贺雪峰《小农立场》，中国政法大学出版社，2013。

④ 国家统计局农村社会经济调查总队：《新中国五十年农业统计资料》，中国统计出版社，2000，第17页。

⑤ 中华人民共和国农业部编《2015中国农业发展报告》，中国农业出版社，2015，第181页。

2014 年，在 2.3 亿农户中，完全依赖土地、以务农为生的农户已经成为少数了。而且，在中国农村，还出现了为数不少的完全脱离土地的农户。有学者根据江、沪、浙三地农村固定观察点的数据统计发现，到 2002 年，在所调查的农户中，江、沪、浙三地还在经营土地的农户的比例分别为 97.04%、78.6%、53.4%。这就是说，在浙江，完全脱离土地的农户占比高达 46.6%；还在经营土地的农户，江、浙、沪三地的户均土地经营面积分别为 4.31 亩、2.8 亩、2.52 亩，属于典型的"小农"。[①] 有关全国"脱农户"情况的叙述，见第九章第二节，这里就不再赘述了。

即使尚在农村务农的农户，在生计方式上，也出现了明显地分化，形成不同类型的农户群体。这些不同类型的农户群体，对土地的经营安排是不同的。

2012 年，浙江工商大学的研究团队曾对河北、浙江两地农民生计与土地利用状况进行过一次抽样调查。[②] 该研究团队将农户分为纯农户、以农为主兼业户、均衡型兼业户、非农为主兼业户和非农户五种类型，其中非农户不经营土地。[③] 河北、浙江两地的非农户占比分别约为 5% 和 13%。[④] 由于土地资源条件和农民收入水平存在着显著的差异，[⑤] 两地各类农户的经营行为有所不同，但都表现出以下两个特征：一是在农户经营的土地中，均衡型兼业户和非农为主兼业户种植粮食作物的面积比例较高。在河北，均衡型兼业户和非农为主兼业户的粮食播种面积的比重分别为 88.17% 和 93.51%。在浙江，均衡型兼业户和非农为主兼业户的粮食播种面积的比重分别为 26% 和 50.25%。河北、浙江两地的均衡型兼业户和非农为主兼业户种植粮食比重均大大高于纯农户和以农为主兼业户。二是在农户经营的土地中，纯农户和以农为主兼业户更倾向于种植商品化程度较高的经

---

① 史清华：《农户粮作经营及家庭粮食安全行为研究》，《农业技术经济研究》2004 年第 5 期。另参见史清华《农户经济可持续发展研究》，中国农业出版社，2005，第 312—313 页。

② 该项研究成果，参见李翠珍、徐建春《农户生计多样化与土地利用研究》，中国农业出版社，2021。

③ 按照该研究的分类，纯农户是指以耕种为主要生计来源的农户；农为主型兼业户是指以农业生产经营为主要生计来源的兼业户；均衡型兼业户是指农业与非农业兼顾的兼业户；非农为主型兼业户是指以非农收入为主的兼业户；非农户是指已经完全脱离耕种的农户。参见李翠珍、徐建春《农户生计多样化与土地利用研究》，中国农业出版社，2021，第 27—28 页。

④ 李翠珍、徐建春：《农户生计多样化与土地利用研究》，中国农业出版社，2021，第 28—29 页。

⑤ 河北的调查样本户主要地处华北平原、浙江的调查样本户大多处于丘陵地区。2017 年，河北省农村居民人均可支配收入为 1.29 万元，浙江农村居民人均可支配收入为 2.5 万元。参见李翠珍、徐建春《农户生计多样化与土地利用研究》，中国农业出版社，2021，第 10 页、第 14 页。

济作物和林果作物。在河北，纯农户和以农为主兼业户种植经济作物面积比重分别为12.39%和28.03%，种植林果的面积比重分别为34.87%和13.13%。在浙江，纯农户和以农为主兼业户种植经济作物面积比重分别为18.29%和19.66%，种植林果的面积分别为69.62%和56.95%。河北、浙江两地的纯农户和以农为主兼业户种植经济作物和林果作物比重均大大高于均衡型兼业户和非农为主兼业户。具体数据①见表3-9。

表3-9　河北和浙江两地农户的土地经营情况

经营面积（亩）	2010年		2011年		2012年		2013年	
	农户数（万户）	比例（%）	农户数（万户）	比例（%）	农户数（万户）	比例（%）	农户数（万户）	比例（%）
10以下	22390.6	85.80	22659.3	85.94	22531.2	86.11	22666.4	85.96
10～30	2824.9	10.82	2819.3	10.69	2742.0	10.48	2711.8	10.28
30～50	609.0	2.33	611.4	2.32	603.6	2.31	673.6	2.55
50～100	201.1	0.77	197.1	0.75	204.9	0.78	225.8	0.86
100～200	48.8	0.19	53.2	0.20	56.9	0.22	62.9	0.24
200以上	23.3	0.09	25.7	0.10	25.7	0.10	28.9	0.11

之所以不同的农户对土地经营会有不同的安排，是由不同农户对其生计方式的选择所决定的。纯农户和以农为主兼业户的家庭各项开支主要来自土地，要靠土地“赚钱”，因此就要选择种植能够多“赚钱”的农作物。能够多“赚钱”的农作物是果蔬类的园艺类产品。经营果蔬类的园艺类产品的市场风险大，这些农户不仅要像老一代的农民那样时刻关注天气的变化，留心地里农作物的长势，还要认真规划种植产品，四处打听市场行情，估计自家产品可能的销售情况，并盘算着未来的发展，寻思着要不要再扩大土地经营规模，琢磨着谁家承包地还可以包过来。纯农户和以农为主兼业户对土地经营的行为模式更像一个现代企业家，而不是一个传统的农民。对于有更多生计选择的均衡型兼业户和非农为主兼业户来说，其对生计关注的重心在非农领域；在农村老家，

① 李翠珍、徐建春：《农户生计多样化与土地利用研究》，中国农业出版社，2021。

只是在自家的承包地上随大流种些既能用于自家消费，又比较好卖、比较省事的粮食和果蔬作物。均衡型兼业户、非农为主兼业户对土地经营的行为模式更像一个传统自耕农。①

浙江工商大学的研究团队所做的调查显示，纯农户和以农为主型兼业户土地经营规模显著地高于均衡型兼业户和非农为主兼业户。在河北，纯农户和以农为主兼业户的土地经营面积与承包地的倍数分别为1.3倍和1.58倍，而均衡型兼业户和非农为主兼业户则是经营自家的承包地。在浙江，纯农户和以农为主兼业户的土地经营面积与承包地的倍数分别为2.68倍和2.08倍，均衡型兼业户和非农为主兼业户也是主要经营自家的承包地。具体数据见表3-10。从土地经营规模上看，纯农户和以农为主型兼业户大多为“中农”，而均衡型兼业户、非农为主型兼业户则属于“小农”。该调查显示，农户选择“小农”经营方式的占大多数。在浙江，这一比例约为70%，在河北，这一比例约为75%。②

该调查还显示，纯农户和以农为主型兼业户对土地资金和劳动力投入也有高于均衡型兼业户和非农为主兼业户的倾向。在河北，对土地依赖程度最高的纯农户，对土地的资金投入强度最大，每亩投入1054元，投入的劳动力最多，每亩投入2.39人，对土地依赖程度最低的非农为主兼业户，对土地的资金投入强度最小，每亩投入469元，投入的劳动力最少，每亩投入1.14人，其他类型的农户介乎于之间。在浙江，对土地的资金投入，这种关联性就没有这么显著了。在浙江，对土地的资金投入最高的是均衡型兼业户，每亩投入1598元，但同样也是对土地依赖程度最低的非农为主兼业户对土地的资金投入强度最小，每亩投入626元，投入的劳动力最少，每亩投入0.46人。具体数据③见表3-10。

---

① 有研究人员通过农村实地调研发现，许多非农为主兼业户种植生产的主要目的是满足自家的消费。以重庆农村的一家农户为例。该农户家中的主要劳动力儿子和媳妇在重庆市区打工，留在家里的老两口（65岁左右）在家种地，应该属于非农为主的兼业户。该农户经营土地4.3亩，其中水田1.8亩、旱地2.5亩。水田种植水稻，大约产出为2000斤；旱地种植玉米、红薯、油菜、胡豆、大豆等，产出分别为2500斤、10000斤、80斤、50斤和30斤。产出的稻米、油菜、胡豆、大豆等用于自家食用，玉米、红薯等用于养猪、养鸡、养鸭等。该农户的现金收入除了儿子和媳妇的打工收入，还主要来自卖猪、卖鸡鸭的收入。参见桂华《中国农业生产现状及其发展》，《中国市场》2011年第33期。

② 李翠珍、徐建春：《农产生计多样化与土地利用研究》，中国农业出版社，2021，第29页。

③ 同上书，第62—63页、第72页。

表 3-10　河北和浙江两地农户的土地经营面积

省份	类型	承包面积（亩）	经营面积（亩）	经营面积与承包面积倍数（倍）	亩均资金投入（元）	农业劳动力数（人）
河北	纯农户	4.95	6.45	1.30	1054	2.39
	农为主兼业户	6	9.45	1.58	639	1.91
	均衡型兼业户	5.55	5.55	1.00	532	1.63
	非农为主兼业户	4.65	4.65	1.00	469	1.14
	非农户	4.65	0	0.00	0	0
浙江	纯农户	3.75	10.05	2.68	692	1.59
	农为主兼业户	5.85	12.15	2.08	871	0.85
	均衡型兼业户	6.6	7.35	1.11	1598	0.88
	非农为主兼业户	4.2	3.75	0.89	626	0.46
	非农户	4.35	0	0.00	0	0

六、土地细碎化的应对策略

（一）土地细碎化对农户生产经营的影响

土地细碎化对农户生产经营的影响，在不同地区是不同的。在平原地区，除了位置因素之外，土地的质量比较平均，通常，地块分得不太细碎，地块数在10块左右。根据笔者所收集的河南省获嘉县、湖北省大冶县、天津市宝坻县三个村的土地承包使用权证，除了自留地和非耕地，这些村的承包地块大多在10块以内。另外，在平原地区，即使地块分得细碎了，农户之间也可以较为容易地通过土地交换合并来解决。即使不能并地，由于这时农活主要靠人力、耕畜和小型农机具，只要土地别太分散了，对农户耕作的影响不大。因此，土地细碎化问题在平原地区不太突出。如前所述，在较长的一段时期，种植多种作物是大多数农户的选择。农户可以根据自家劳动力和各个地块的条件，错开茬口、调剂忙闲，在不同地块上种植不同的品种，这样就有利于劳动力的安排和土地利用，[①] 并有利于分摊和降低农产品价格变化的风险。

而在山区和丘陵地区则不同。在山区和丘陵地区，受地形、地貌的影响，土

① 张雨林等：《小潭公社的统一经营，包干到户责任制》，《中国社会科学》1982年第6期。

地质量差异较大，通常土地细碎化程度就很高。在广东省江门地区，该地区平均每户有11块以上耕地的生产队占10%以上，有6～11块耕地的生产队占49.5%，有1～2块耕地的生产队仅占1.9%；阳春县有个农户，6.6亩耕地分为71块。当地农民说，“土地零散、东不成、西不就”，“种地像朝山、一天走不完”。[①] 被列入土地制定改革试验的贵州省湄潭县有一家农户，全家6口人，承包地块为88块。[②] 在四川省仁寿县被调查的农户中，户均承包土地面积5.88亩，其中水田3.34亩，分为6.24块，旱地2.54亩，分为7.1块，户均13.34块；最大地块1.23亩，最小地块为0.12亩。[③] 农民将土地细碎化形容为“盘一块、碗一块、一个草帽盖一块”。土地细碎化问题特别突出，对农户生产影响也很大。农民终日奔波于各个大小不一的田间地头，十分辛苦。对一些过小且耕种不便地块，农民不得不放弃耕种，大量“碎地”被抛荒。

土地细碎化对农业机械化程度较高的地区的影响则较大。例如黑龙江省齐齐哈尔市。齐齐哈尔市地处嫩江平原，土地平坦，人均占用土地相对较多。在“大集体”时期，该地区地块面积大、农业机械化水平也较高。实行家庭土地承包经营之后，该地区有80%的村按人劳比例均分土地，农户平均承包33.5亩土地，地块数6～9块不等，多的达到十几块。地块分割得零碎、分散，种植作物也杂，农民称之为“条条田”“花花田”。另外，在分田时，也将大部分大中型农机具分到户了。因为地块小且零散，导致农业机械作业成本增加。地块小，使得每台链轨拖拉机的作业面积由之前的万亩下降到4000～5000亩，耗油量由每标准亩0.947公斤上升到1～1.2公斤。地块分散，使得农户要驾驶农机，往返不同位置的地块，提高了农机空驶率，也增加了作业成本。对于小地块，有些农户选择使用耕畜和小型四轮拖拉机耕地，但使用耕畜和小型四轮拖拉机耕地会造成土地耕层过浅，出现犁底层，土壤硬化，蓄水、排水不畅通等问题。地块分割的零碎、分散还会造成土地浪费的问题。由于农户土地不相连、地块小，拖拉机在耕地时就会产生大量的田间堑沟和不好播种的地头。据该市克山县和讷河县农业部门的估计，两县不能耕种的田间堑沟和地头所多占用的耕地分别为10万亩和8万亩，

---

① 王梦奎：《江门市农村调整土地、延长承包期的调查》，《中国农村经济》1985年第11期。

② 湄潭县试验区领导小组：《贵州省湄潭试验区土地制度建设取得阶段性成果》，载国务院农研中心试验区办公室、贵州省委农研室合编《产权·流转·规模》（内部资料），1989，第241页。

③ 廖洪乐、习银生、张照新等：《中国农村土地承包制度研究》，中国财政经济出版社，2003，第278页。

占两县耕地面积的3%～5%。[①]

再如，河北省清苑县何桥乡何桥村。该村属于平原地区，又是粮食主产区，在集体化时期农业机械化水平较高。“分田到户”以后，由于耕地被分得很细碎，水利设施无法建设和有效利用，村民之间经常因用水产生纠纷，农业机械也难以进入，导致农业机械化水平下降。1979年，全村耕地机耕面积为3550亩、机播面积为3100亩，到1987年，全村的机耕面积降至1000亩、机播面积降至200亩。这种土地细碎分散、耕种和用水不便的情况，直到1991年该村经过了一次土地“大调整”之后才有所好转。[②]

土地细碎化对农户生产经营的影响在各时期也是不同的。在“分田到户”之初，一些农村地区还实行“几统一”。因为土地还都是在生产队边界内的，只是分给了各家农户。生产队的农机手仍然可以开着拖拉机，操作着播种机和收割机，在各家农户分散的地块上，耕地、播种与收割。[③] 只是因为土地细碎，操作起来比较麻烦，要绕路、要与农户协调时间，还要记住耕了、种了谁家的地，收了谁家的粮食。而且，有些小地块，大型农机具进不去。但不久，在大多数农村地区，生产队实行“几统一”的做法就坚持不下去了，一般就只剩下“统一浇地”了。2000年以前，以村小组为单位实行“统一浇水”的情况比较普遍。因为，在“分田到户”时，村小组即原来的生产队大都已经考虑到农户浇水要求了，尽量做到每个地块都有可供浇水的水源。因此，以村小组为单位，在分散的地块实行“统一浇水”通常并没有大问题。

2000年以后，在大多数农村，村集体统筹“耕地”和“浇地”的能力严重弱化，所有的农活包括农田小水利、农路的建设等都是农户自己的事情，而农户很难在分散而细碎的土地上实施农田小水利、农路的建设，不可能在每个小地块上都挖塘或打井取水。这就需要农民在不同地块间来回取水浇地。在取水浇地的过程中，农民要不断地搬动输水管和水泵，安装输水管和水泵，还要有人守着，

① 杨志坚等：《农村土地统种分管经济效益的研究》，载农业部农村经济研究中心《中国农村研究报告（1990—1998年）》（上），中国财政经济出版社，1999，第319—320页。地块分得细碎必然会导致田坎、田间路和沟渠密度大、占地多。就全国而言，据估计，由此造成的耕地浪费，占全部耕地的3%～10%。郧文聚：《农村土地利用研究》，中国财政经济出版社，2012，第326页。

② 中国社会科学院经济研究所“无保”调查课题组：《中国村庄经济——无锡、保定22村调查报告（1987—1998）》，中国财政经济出版社，1999，第582—584页。

③ 这主要指的是北方旱作区，南方水稻区，插秧、收割还主要靠人力。

防止出故障或是被人偷了。这就大大增加了农民的劳动量。另外，2000年以前，大多数农村地区的农业机械化水平不高，农作物的耕、种、收还主要依靠人力和畜力。地块小也有好处。据调查，在水稻生产地区，一个劳动力日均插秧面积约为0.7亩；如果地块太大，一个人一天插不完就会造成土壤板结，而且也不利于后期的田间管理和收割。[①] 2000年以后，机耕、机插、机收作业开始普及，土地分散和细碎的问题越发凸显，在最有利于农机利用的耕地和收割环节，因田间无路或地块过小农机无法进入。一些农民在耕地和收割时不得不仍依靠耕牛和人力，劳动强度很大。一些缺乏劳动力的农户选择了"弃田不耕"，或者抛荒，或者种树、种竹。[②]

土地细碎化、分散化对农户经营的影响还可以从细碎化地块与大块地比较的视角来看。有统计分析表明，实施土地整理后，可增加有效耕地面积5%～10%，增产10%～20%，农机效率提高20%～30%。赣南地区的农民反映，与细碎化的地块相比，经过整理的大块地，每亩每年可节省5个工，按当时的工价100元计算，就可节省500元；而且大块地每亩可增产320斤。[③]

（二）改进分地办法

如前所述，土地细碎化、分散化是按质量均分土地的分地方式造成的。对于这一点，负责分地的村集体不可能不知道。村集体首先能想到的是改进分地办法。

例如，安徽省临泉县八里庄大队。该大队在1980年实行"包干到户"时，各生产队为了追求平均，也是图省事，把地分得很碎。有个叫张道彩的社员一家五口，分到的土地只有2.75亩地，所分的地块多达12块，平均每块地只有二分多。1982年，该大队对小张台生产队的承包地进行了一次重新分配的试点。具体办法是：先将土地评定为一、二、三等，再将三等地按照一亩折九分的标准折成二等地。这样就将土地等级由三等减至两等；在丈量土地时，按小张台生产队

① 王海娟、贺雪峰编著《农地细碎化的公共治理之道：沙洋县按户连片耕种模式调查》，华中科技大学出版社，2017，第6页。

② 有学者运用计量经济分析方法对土地规模化和细碎化问题进行研究，其基本结论是，在现阶段（20世纪90年代），对农户粮食生产有较大负面影响的是土地细碎化，而不是土地经营规模过小。万广华、程恩江：《规模经济、土地细碎化与我国的粮食生产》，《中国农村观察》1996年第3期。

③ 杨邦杰、郧文聚：《良田建设与乡村发展——十年调查与思考》，中国农业大学出版社，2014，第7页。

39户在所分土地上编了39个地块“号头”，不包括机动地，每个“号头”三块地，一块一等地，一块二等地或折算为二等地的三等地，另一块是等外地即河坡地，这样每家能分三块地；在分田时，为了减少块数，根据社员意愿，将两家或几家相邻的地并为一个“号头”，最终减少到26个“号头”，由各家自己商量将土地合并成大块。例如，上面说到的张道彩和分居的儿子两家人分到了四块地，一共8.1亩，“并号”后，两家人自行分为二块地，一家一块。[①] 1984年实行土地延包以后，“并地分田”往往要通过“打乱重分”[②] 的方式来实现。例如，河北省保定市新市区富昌乡大祝泽村。

大祝泽村临近保定城区，耕地较少，人均耕地只有0.7亩多，户均耕地不足3亩。1984年，实行“分田到户”，以生产队为单位，按人头均分土地。有的生产队为了追求公平，在分地时采取每块地按户均分方式，即生产队有6块地，分给每户就是6块“小地”，生产队有7块地，分给每户就是7块“小地”。本来每户分到的地就不多，再切成六七块，每块地就更小了，大多不足5分田，农户耕种极为不便。1994年，该村将全村的土地收回，进行了一次土地重新分配，这次是以村为单位分田，将全村的地分为两大块，一块为“粮田”，一块为“菜地”，再按照村小组各自的土地面积，将这两块地打成若干“大方”，每个村民小组一个“大方”，村民小组再按每户应分的土地面积，将“大方”打成“小方”，分给农户。这样就做到每户有两块“小方”地，一块是“粮田”，另一块是“菜地”[③]。

在华北平原地区，“以井定地”的分配方式也可以起到克服土地细碎化和分散化的作用。以河北省宁晋县曹伍屯乡为例。该乡地处华北平原，主要靠深水井解决灌溉问题。每口深水井大约能保证50亩农田之需。因此土地被划成50亩一方，一方田的中心打一口井。经过多年的努力，到“分田到户”时，已有60%以上的农田有了这种井灌。该乡每户平均可分得的土地为10~15亩。如果实行按户均分地块的方法，当地叫“见地分一垄”，每个农户的地就会分布在多个方

---

① 临泉县委办公室：《认真解决承包土地零碎不便耕种问题》，载中共安徽省委农村工作部编《安徽省农业生产责任制资料选编》（内部资料），1983，第506—507页。

② “打乱重分”属于土地“大调整”。有关对土地调整的介绍，见第四章。

③ 中国社会科学院经济研究所“无保”调查课题组：《中国村庄经济——无锡、保定22村调查报告（1987—1998）》，中国财政经济出版社，1999，第672页、第676页、第690页。

田上，也就是每个农户要用多口井。这就导致农户往返于不同的地块，并要花费大量精力协调户与户之间的种植和灌溉等活计。为了解决这个问题，该乡乡长提出了“一户一块地、联户一口井”的分地方案，即每家农户的土地都分到一方田上，每方田也就是每口井，分给三四户。但土地有远近、好坏之分。如果每个农户只能分到一块地，那么，分到“远地”或“坏地”的农户能接受吗？该乡乡长是靠村里有威望的人来解决这个问题。该乡乡长任命一个由有经验、有威信的老农和村干部组成的土地评价小组，制定一套将“远地”和“坏地”折算成“近地”和“好地”的系数，然后，由农户自愿组成共用一口井的单元，再以抓阄的方式确定每个单元的具体田块和水井。虽然这种分田方法不会使每个农户都满意，但在绝大多数农户都认可的情况下，还是能顺利地推行下去的。对于没有深井的土地，则由全村共同出资打井，并以其他方式给予补偿。曹伍屯乡这种做法不久就在宁晋县其他条件相似的村推广，实行这种做法的村大体都能做到每户一块或二块地。[①]

（三）农户是如何应对土地细碎化、分散化问题的

无论是“并地分田”还是“以井定地”都很难做到完全公平。在地形地貌复杂的山区和丘陵地带，这种分地方式也很难实行。在公平与效率之间，大多数农户还是选择公平。分地方式所造成的土地细碎化、分散化是不可避免的，在现实中也是普遍存在的。

土地细碎化、分散化造成的耕种不便和耕地浪费问题，农户的感受最深，他们一定会想办法应对。农户所能采取的应对策略首先是换地。据笔者在贵州、河北等地农村的调查，“分田到户”时，有不少农户看到所分土地的分散、零碎状况后，马上就想着与其他农户换地。农户之间的换地经常是在“分田”后几天内就完成了。有农民说，由于村里的“分田”方案做得太粗，没有考虑农户的具体情况，存在着明显的不合理，有的农户在分到地的当晚就与其他村组的农户商量“调地”或“换地”的事。但这种农户之间的换地空间是十分有限的。大多数地块是不可交换的。这是因为换地很可能涉及不止两家农户。如果只有两户，

① 罗小鹏：《包产到户与土地集体所有制》，载文贯中主编《中国当代土地制度论文集》，湖南科学技术出版社，1994，第181—182页。

甲家和乙家，甲家的一块大地与乙家的一块小地相邻，正好乙家的一块大地与甲家的一块小地相邻，在这种情况下，甲家与乙家之间相互交换小地就可以了。而在现实中，更有可能的是，甲家的一块大地与乙家的一块小地相邻，而乙家的一块大地是与丙家的一块小地相邻。甲家和乙家就不能直接交换，必须由甲家先与丙家交换，通过丙家与乙家交换，三家一起交换，才能实现各自合并土地的目的。这还只是三户，如果涉及的户数更多，让所有涉及换地的农户都满意，那几乎是不可能的。

如果换地不成，农户所采取的第二个应对策略是与“邻地”的农户协调种植。为了减少日后的矛盾，通常村集体在分田时要考虑相邻土地的农户之间的私人关系，尽量将关系较近的农户，如父子、叔伯、兄弟、堂兄弟、邻居等的土地分到一起，使这些农户的土地相邻。这些“邻地”农户在春季前后相互串门时，一般会商量今年的种植打算，包括种什么、怎么浇水、大中型农机具怎么使用、要路过谁家的地头等，以及化肥、农药和种子的购买等事宜。劳动力弱的农户也会拜托“邻地”的农户多照应一下，劳动力强的“邻地”农户也会作出相应的保证。通过这样的商量，就可以做到小规模的种植连片，并方便了浇水、大中型农机具的进入，至少不会造成种植冲突，包括不同种植作物在喷洒农药上的冲突、用水冲突、大中型农机具的进入冲突等。一般来说，这种“邻地”农户之间的商量是有效的。但如果“邻户”关系不好，或新起了什么矛盾，这些矛盾往往是与种植活动无关的家庭矛盾、邻里矛盾，或是卷入村里的其他矛盾，这样就会出现“邻户”之间不配合甚至故意“插花种植”、人为地造成种植作业冲突的情况。

农户可能采取的第三个策略是合理安排种植。一般来说，农户会重点经营大块地，增加各种投入，精心选择种植作物，勤快的农户也会精心照料距离近的小块地；至于条件差且分散在远处的土地，农户往往会选择种植投入小，不用浇水、不费事的作物，如玉米、番薯等，而且只种一季，平日也很少进行田间管理。对这些地，农户往往是种下去了，施一遍肥就不管了，能收多少算多少。

应对土地细碎化、分散化的最为消极的策略是撂荒。有些缺乏劳动力的农户或是“懒汉户”，只种大块地和“好地”。对过于零散和细碎的地就弃耕不种了，或者是随便种几棵树。

大量的实践经验表明，农户所采取的这些自发的应对策略是有效的，但也是有其局限性的。真正能够较为彻底地解决土地细碎化的方式是：在村集体主导下，对已分配到户的土地，统一进行土地互换与合并。土地互换与合并涉及土地调整，对此的介绍放在本书第四章第四节。随着大规模农田整治的实施，土地均值化程度大大提高了，一种新兴起的克服土地细碎化的方式，即在村集体主导下，在基本保持现有土地分配格局的前提下，以“小农”为主体的“联耕联种”种植模式发展起来了。

（四）“联耕联种”——江苏射阳模式[①]

“联耕联种”起源于江苏射阳县。射阳县位于江苏盐城平原东部，是江苏重点的稻麦生产基地。该县东临黄海，耕地面积有185万亩，其中沿海滩涂复垦面积20万亩，大部分归属国营农场，其余的165万亩耕地中有30万亩通过土地流转已形成规模经营，另外的135万亩仍保持着小农经营方式。[②]“联耕联种”主要针对这135万亩小农经营的土地。

与其他农村地区一样，射阳县农村地区也是采取按人口和土地等级均分的分田方式。其结果是：村集体将约30亩左右的1匡田（由农路或灌排渠道围合而成的“大田”）分给七八个农户；每家农户将分到的小块田用田埂分割开，每块面积三四亩，也有1亩的，而且，农户分到的小块田分散在方位不同的多个匡田内，从而形成了“一田多户”和“一户多田”的土地细碎化、分散化的格局。[③]

2013年，射阳县政府开始严禁秸秆焚烧，推行秸秆还田政策。秸秆还田需要对土地深耕深翻，由大型拖拉机牵引带动秸秆粉碎机，将秸秆就地粉碎后，随即将其翻耕入土。但大型拖拉机作业只能在大田上完成，分散的小块田地只能用小型拖拉机，而小型拖拉机无法完成深耕深翻的作业，更不能自行粉碎秸秆。土地细碎化、分散化给当地政府推行秸秆还田政策带来很大困难，农户偷烧秸秆的行为屡禁不止。秸秆还田政策成了基层干部头疼、农民埋怨的众矢之的。就在这时，射阳县农委发现已有农户自发组织起来，仿照当地国营农场的做法，引入大

---

① 以下内容取材于刘洋等《以农民为主体的农业现代化——射阳县联耕联种调查》，华中科技大学出版社，2017。

② 同上书，第85页。

③ 同上书，第34页。

型农机具作业，打破田埂，实行“联耕联种”。射阳县政府很快就认识到“联耕联种”是一个解决秸秆还田的好办法，决定在全县各乡镇推广。新闻媒体报道，到2015年9月，射阳实行“联耕联种”的面积达60万亩，占全县土地承包经营面积的38.7%。①

射阳“联耕联种”的通常做法是：一是打破作为农户田界的田埂，以打桩等方式确定农户之间的田界；二是引入大型农机，统一旋田、耙田和平田，即“联耕”；三是统一稻种和麦种②，统一采用机械化种植方式，即“联种”；四是日常田间管理如施肥、除草、打药、浇水以及作物收割还是由农户自行负责。显然，射阳的“联耕联种”是建立在小农经营基础上的，没有涉及小农的地权调整。据调查，在射阳最欢迎“联耕联种”的是体弱的老年农民。“联耕联种”使这些老年农民摆脱了难以胜任的重体力活，并使年过70的老年人还可以种地。③另据射阳县政府的统计，实行“联耕联种”方式种植稻麦，每亩综合收益至少能增加500元。④

射阳实践表明，“联耕联种”能否成功的关键：一是村集体能否将分散的农户组织起来，促使农户采取一致行动，动员农户打破自家的田埂，“小田变大田”，并统一稻种和麦种；二是能否通过村集体，实现小农与农业社会化服务组织相互合作、与政府农业技术服务部门相对接。这就是说，村集体在“联耕联种”中起着十分关键的作用。为了促使农户采取一致行动，射阳县政府一方面用行政力量动员农村基层干部，定进度、定指标，将责任落实到农村基层干部身上，强力推进，另一方面增加了对“联耕联种”农户和村集体的政府补贴（补贴标准为每亩100~120元⑤），同时也加大了当地基层农技部门下乡为农户提供技术服务的力度。

促使农户采取一致行动方面，难度在“钉子户”。这些“钉子户”大多是

---

① 刘古清：《亿万农户如何平滑过渡到规模化——江苏省射阳县“联耕联种”模式调查》，《农民日报》2015年9月15日。

② 统一稻种和麦种的主要目的是统一耕种、收割时间，便于大型农机机具进入。因为在1匡田中，如果各个小块农田的种植品种不统一，耕种、收割时间就不同，这样，大型农机机具就不会为小块农田提供农机服务，况且，地块狭小，大型农机机具也难以进入。

③ 刘洋等：《以农民为主体的农业现代化——射阳县联耕联种调查》，华中科技大学出版社，2017，第40页。

④ 同上书，第7页、第72页。

⑤ 同上书，第228页。

"中农"，具有较为齐备的小型农机具，本身就是农机手。参加"联耕联种"以后，这些小型农机具就用不上了，至少是利用不充分了。因此就损害了这部分农户的利益。这就需要村干部反复动员、做工作，同时也要采用一些补救措施，如将这些农机手引入村集体组织的农机专业合作社，成为社员，安排这些农机手做一些大农机无法完成的边角田的作业，或者是不要求其打破田埂，但要在作物种植品种上保持一致，这样也可以部分实现"联耕联种"。[①]

在小农与农业社会化服务组织相互合作方面，射阳县主要有两种方式：一种是由村集体牵头组建农机专业合作社，为本村农户及其他周边村的农户提供农机及农资供应服务；二是村集体协调农业社会化服务组织，由小农自行与农业社会化服务组织对接。从实施效果来看，前者相当于村集体把"联耕联种"的各项作业都"包起来了"，农户坐享其成，村集体责任大、工作量也很大，但村集体容易将农户组织起来采取一致行动；后者则是村集体责任较小、工作量也小很多，但"联耕联种"的推进难度较大。

射阳的实践还表明，如果村集体能解决"钉子户"的问题，"联耕"的问题不大，问题主要出在"联种"环节。因为"联种"要求统一稻种和麦种，而且种植水稻要求改变传统的插秧和抛秧方式，采用机插直播稻技术，这一方面要增加成本[②]，另一方面如果出现减产问题，责任在谁就不好确定。对农民来说，想当然地会把责任推到村集体身上，归因于"联耕联种"。因此，当地基层农村干部特别是村干部和乡镇农技推广人员的工作压力很大。不少农村基层干部认为，要想实现土地规模化经营，最好的办法还是将土地集中起来，流转给一个农业企业，或者建立联营的规模化农场。这表明，仅仅依靠小农户，克服土地经营规模小、土地细碎化和分散化的问题，在生产种植环节，实现小农户与社会化大生产组织对接，还是有一定难度的。

虽然"联耕联种"还有一些实际困难，但这种以小农为基础的农业现代化发展方向得到了国家农业主管部门专家的充分肯定。按照农业部专家的总结，射

---

① 刘洋等：《以农民为主体的农业现代化——射阳县联耕联种调查》，华中科技大学出版社，2017，第142—143页。

② 据统计，如果不考虑小农自身投入的劳动力成本，每亩抛秧的成本为117元，机插直播的成本为每亩200元，即使有每亩30元的政府补贴，每亩机插直播的成本也比抛秧的成本高出50多元。参见刘洋等《以农民为主体的农业现代化——射阳县联耕联种调查》，华中科技大学出版社，2017，第116页。

阳“联耕联种”的制度创新之处是：第一，创造了一种以农民（小农）为主体的农业规模化的实现形式；第二，探索了一条“统分结合”的新路。[①] 中央农村工作领导小组办公室的专家认为，“联耕联种”适用于占全国耕地面积近三分之一的、拥有6.2亿亩耕地的平原农村地区。[②] 很快，“联耕联种”被上升为国家政策，被写入2016年中央一号文件。[③]

---

① 刘洋等：《以农民为主体的农业现代化——射阳县联耕联种调查》，华中科技大学出版社，2017，第15—22页。

② 同上书，第25页。

③ 2016年中央一号文件即《关于落实发展新理念加快农业现代化实现全面小康的若干意见》提出，“支持多种类型的新型农业服务主体开展代耕代种、联耕联种、土地托管等专业化规模化服务”。2017年农业部、国家发展改革委、财政部联合下发《关于加快发展农业生产性服务业的指导意见》，该文件提出，“要总结推广一些地方探索形成的‘土地托管’‘代耕代种’‘联耕联种’‘农业共营制’等农业生产托管形式，把发展农业生产托管作为推进农业生产服务业，带动普通农户发展适度规模经营的主推服务方式，采取政策扶持、典型引领、项目推进等措施，加大支持推进力度”。

调整篇

第四章　土地调整

本书第三章已经叙述了土地承包经营权是如何在村集体内农户之间进行初始分配的。这实际上是描述了农户土地使用权的初始配置状态的形成过程。在农户土地承包经营权初始分配过程中，农户家庭的人、劳因素起着决定性作用。然而，农户家庭的人、劳因素是快速变化的变量。这种变化，有的是属于自然的，如人口出生、死亡，孩子长大、劳动力因生病或变老而丧失劳动能力等，有的是社会的，如因结婚而产生的人口迁移，因另择他业而产生的劳动力及家庭人口的流动等。这些农户家庭人、劳因素的变化，必然会与集体土地“人人有份”的制度内涵发生冲突，从而要求打破农户的土地使用权初始配置状态。再有，土地作为重要的农业生产要素，要与劳动力、资本要素相结合才能发挥作用、产生收益。但不同的土地、劳动力和资本的组合所产生的收益不是等量的。有高效率的组合，有低效率的组合。在土地要素市场充分发育的制度环境下，这种组合将会内在地由低效率趋向高效率。总之，土地使用权再配置是一种必然会发生的现象。

在土地私有制的条件下，土地使用权再配置是通过土地所有权或租佃权的转移来实现的，这就是通常所说的土地买卖和土地兼并。在中国，土地集体所有制被保留和延续下来了，土地买卖被禁止，土地使用权再配置呈现出其特有的形式。

总结起来，土地使用权再配置可分为三种形式：第一种形式是以村集体为主体，运用行政性手段，在集体成员之间进行土地调整。这种土地使用权再配置以追求公平为导向。第二种形式是村集体运用行政性或市场手段，将分散在农户手中的土地集中起来，向种植大户、农业企业或有意愿增加土地的农户发包或出租。这就是通常所说的“土地集中”。这种土地使用权再配置是以效率为导向的。第三种形式是以农户为主体，遵循市场规则或习俗规则，进行土地使用权流转，这就是通常所说的“土地流转”。这种土地使用权再配置是以市场为方式，以效率和互惠为导向的。前两种土地使用权再配置带有较强的行政性“配给”色彩，具有一定的强制性。第二种形式的土地使用权再配置即“土地集中”的典型形式是“两田制”，对此本书第七章将叙述。本章仅叙述第一种形式的土地使用权再配置，即以追求公平为导向的“土地调整”。对土地流转的叙述，将在本书其他相关章节叙述。另外，还有一种为了耕种方便，通过交换合并地块，大块并小块、分散变集中所做的土地调整，即地块调整，这种地块调整一般不涉及或较少涉及土地承包经营权的转移，因此，放在本章来一并叙述。

一、土地调整的原因及其做法

（一）土地调整的原因

家庭土地经营承包制本质是“均分制”，即集体土地“人人有份”“户户均分”。[①] 然而，农户的家庭人口是不断变动的。正如某学者所说，“每年村民的组成都会有变动。有些人出生，有些人死亡，还有些人嫁进嫁出，有的学生考上大学而离开了村庄。既然土地归全体村民所有，这些新的村庄成员也自然而然地是村庄土地的主人，从而也应该拥有一份土地使用权。在这种情况下，村集体只好将村里的土地进行调整，将死亡和离开的村民的土地收回，对村庄的新增成员再分配一份土地”。[②] 特别是中国有“分家析产”的悠久传统，新成家或新立户的农民要求得到一份承包地，被认为是天经地义的。这就是说，人口的变化会导致土地承包经营权分配的事实上的不平均，体现集体土地“人人有份”的公平原则的土地承包经营权初始分配状态会被打破。如果不进行土地调整，就会出现有的农户土地多，有的农户土地少，甚至新增加的人口没有土地的情况。土地承包时间越长，这种情况越普遍。对许多农民来说这是不公平的，是剥夺了农民种地的权利。总之，在现实中不仅存在着土地调整的内在要求，而且这种内在要求也是受到土地集体所有制保障的。有学者认为，土地调整的根本原因是“均田承包”。[③] 而“均田承包”实际上也是集体所有产权实现的内在要求。

---

① 有学者将家庭土地承包经营制的制度内涵概括为“均分制 + 定额租”。参见温铁军《中国农村基本经济制度研究——“三农”问题的世纪反思》，中国经济出版社，2000，第 276—277 页。

② 赵阳：《共有与私用——中国农地产权制度的经济学分析》，生活 · 读书 · 新知三联书店，2007，第 107 页。

③ 有学者提出：“只要是采取均田承包的经营方式，就必然产生根据人口、劳动力变动随时调整土地和平衡人均占有土地的制度现象。”参见张红宇《中国农地调整与使用权流转：几点评论》，《管理世界》2002 年第 5 期。

除了家庭人口变化的因素，因自然灾害造成的土地损毁，或因征地导致的土地减少等也会导致土地调整的发生。还有的农村，因水利条件改变，如修建水渠、打深机井，使原来定为“差地”的变为“好地”，或者是原来定为“好地”的变为“差地”，这时农户就会要求对原来的土地分配作出调整。另外，通过土地调整，还可以解决前一次分地结果不平均的问题。例如，前一次分地时，有的农户运气不好，抓阄没有抓到好地，通过土地调整就可以矫正过来。①

1990 年，国务院发展研究中心中国农地课题组曾对全国 280 个村进行问卷调查。② 该调查显示，土地调整的首要原因是按承包时的规定，家庭人口变化了就要调整，其比例在 70% 以上，其次的原因是根据群众要求，由村组决策所作出的土地调整。具体数据③见表 4－1。

表 4－1　土地调整次数及原因（国务院发展研究中心调查）　（单位:%）

项目		一次	二次	三次	合计
调整次数比例		37.10	19.80	8.30	65.20
原因	人口变化，按承包时的规定	80.00	72.06	78.95	—
	群众要求调整，村委会决定	12.26	16.18	10.53	—
	劳力大量向非农转移，土地经营不好	3.23	2.94	0	—
	土地细碎，不利于机耕作业	1.94	1.47	0	—
	根据上级指示，扶持种田能手	0	1.47	0	—
	其他	2.57	5.88	10.52	—

农业部在 1991 年对全国农村固定观察点进行了类似的抽样调查，该调查显示，截至 1990 年，按人口变动情况进行土地调整的村占比为 71.9%，因实行“两田制”调整土地的村占比为 7.1%，因合并地块，解决土地零散、细碎问题调整土地的占比为 6.1%。具体数据④见表 4－2。1997 年，农业部再次对全国农村固定观察点进行抽样调查，其结果显示，在曾经调整过土地的村组中，因人口变

① 因为“差地”不便耕作，且收益不高，农民不愿种，往往会导致抛荒。有些村就约定，如果出现“抛荒”，下次土地调整时，该地块就不能参与土地调整。参见朱冬亮《农业治理转型与土地流转模式绩效分析》，中国社会科学出版社，2016，第 150 页。

② 何道峰:《村级农地制度的变革》，载中国农地制度课题组编著《中国农村土地制度的变革——中国农村土地制度国际研讨会论文集》，北京大学出版社，1993，第 31—61 页。

③ 同上书，第 35 页。

④ 中共中央政策研究室、农业部农村固定观察点办公室编《完善中的农村双层经营体制——对 274 个村庄的跟踪调查》，中共中央党校出版社，1992，第 399—400 页。

动调整土地的占80.1%，因调整种植结构调整土地的占2.8%，因实施土地规模经营调整土地的占2.8%，因土地撂荒调整土地的占2.8%，因其他原因调整土地的占10.6%。[①] 这些调查均显示，土地调整的主要原因是农户家庭人口变动。

表4－2　土地调整的原因（农业部调查）　　（单位:%）

原因	第一次	第二次	第三次	第四次	第五次	累计
人口变动	76.7	65.1	65.6	80.8	76.2	71.9
劳动力变动	5.9	4.1	0	0	9.5	4.4
土地规模经营	0.5	2.0	1.6	3.9	0	1.3
合并地块	4.1	10.3	6.3	3.9	0	6.1
“两田制”	3.7	11.0	12.5	3.8	4.8	7.1
集体统一经营	0.5	0	0	0	0	0.2
耕地减少	2.7	4.8	3.1	3.8	4.8	3.6
其他	5.9	2.7	10.9	3.8	4.7	5.4

2000年以后，农户家庭人口变动仍然是土地调整的首要原因，但其重要性有所下降。根据中国人民大学土地管理系与美国农村发展研究所做的系统调查，2001年，在所调查的土地调整中，因家庭人口变化而发生的土地调整所占比例达到78.8%，到2010年，这一比例下降至66.1%。除了家庭人口变化，其他原因依次为征地、土地整理及干部调整等。具体数据[②]见表4－3。

表4－3　土地调整的主要原因（中国人民大学调查）　　（单位:%）

调地原因	2001年	2005年	2008年	2010年	平均
人口变化	78.8	73.0	64.5	66.1	69.6
征地	10.8	13.9	10.6	13.1	12.2
土地整理	0.7	5.2	8.6	9.0	6.5
自然灾害	—	1.4	1.0	2.6	1.4
推行规模经营	1.7	1.6	2.5	1.0	1.7
推行“两田制”	0.3	—	—	—	0

① 全国农村固定观察点办公室：《当前农村土地承包地经营管理的现状及问题》，《中国农村观察》1998年第5期。

② 丰雷、叶剑平、蒋妍等：《中国农村土地调整的时序变化及地区差异——基于1999—2010年17省调查的实证分析》，《中国土地科学》2011年第5期。

续表

调地原因	2001 年	2005 年	2008 年	2010 年	平均
推行“反租倒包”	0.3	0.9	2.8	1.6	1.6
农户自愿退地	0.7	0.9	—	—	0.4
干部变化	4.7	0.9	2.5	2.4	2.3
其他	2.0	2.2	7.6	4.2	4.3

陕西省大荔县某农户承包地的变化就是一个土地随人口变化而调整的典型案例。1982 年开始实行土地承包经营时，该农户有人口 6 人，当时按“人 6 劳 4”的方式分地，分得土地 10.9 亩。1987 年，因该农户有老人去世，人口减少到 5 人，土地被调整为 8.9 亩。1993 年，因全村的人口增多，地不够分的，村里就将土地全部收回，按人口均分的方式重新丈量土地，重新确定分地人口，重新分地，这次分地结果是该农户分得土地 7.9 亩，人口仍是 5 人。1998 年，因该农户有两个女儿出嫁，人口减少到 3 人，土地被调整为 4.71 亩。①

（二）土地调整的形式

土地调整有两种形式，即“大调整”和“小调整”。所谓的“大调整”是指村集体按人口的变化重新分配承包地，涉及所有的承包农户。“大调整”也有两种方式：一种方式是村集体收回所有农户的承包地，“打乱重分”，重新发包分配，即“动面积，也动地块”。这种“打乱重分”的“大调整”无异于一次对土地承包经营权的初始分配。这种做法通常发生在承包期到期，或者是在“两轮土地延包”签约时。另一种方式是承包农户的主要地块不动，只动面积，即根据人口的变化重新核算每户承包的土地面积，按新核算的土地面积分配承包地，但所分配的地块尽量落在原来的地块上。由于“大调整”需要重新核查人口、丈量土地和划分地块，还要征得全体农户的一致同意，至少是征得大多数农户的同意，这是一件十分麻烦的事，所以，“大调整”的间隔时间一般都较长，发生的频次较低，一般不会轻易启动。

所谓的“小调整”则是指大多数农户的地不动，村集体仅在个别农户之间，以“多退少补”的方式进行土地调整。“小调整”一般是在村小组内部进行。由

① 廖洪乐、习银生、张照新等：《中国农村土地承包制度研究》，中国财政经济出版社，2003，第 349 页。

于农户都拥有数块地，人口减少的农户就可以将其中一块或几块较差的地退回给村集体，村集体再将这些地分给人口增加的农户。[①] 这样一来，人口增加的农户所承包的土地大多为“差地”。如果这种土地质量的不平均状况突出，往往又会导致一次“大调整”。也有的村组规定，“好地”和“差地”都不动，只能调“中等地”。[②] 在现实中，通常要求增加土地的农户较多，退出的土地不够分，只能采取抓阄或排队[③]的方式分配。运气不好的农户就可能抓不到或排不到，只能等下次调地。在不少农村地区，只针对农户的劳动力变化调地，即人口减少户如老年人死亡和女儿出嫁就要调出土地，劳动力增加户如新娶媳妇和儿女成长到16岁或18岁了，就有权要求调入土地。

不少村小组还以村规民约的形式规定了调地期限，一般是三年到五年，至于是“大调整”还是“小调整”，则是根据当时的实际情况按村民的意愿决定的。例如，湖南宁乡县的新桥村小组，1997年全组村民制定了一份“新桥五组五年制动田合同”，该合同包括了各户田土的明细数，并规定“这次大动（即‘大调整’）后决定五年不动，五年内生死不管”。[④] 也有部分村组明确规定“三年一小调、五年一大调”，但实际上，如何调整往往也要视当时的具体情况而定。大多数情况，无论是“大调整”还是“小调整”都是根据农户的要求和村干部的意愿随机进行的。

总的来说，“大调整”属于土地承包经营权的存量调整，而“小调整”是边际调整。有研究表明，“小调整”与“大调整”之间存在着一定的替代关系，即如果“小调整”的次数较多，就可以替代“大调整”，如果没有“小调整”，就只能通过“大调整”来解决土地分配不均的问题。[⑤] 但也要看到，“小调整”对“大调整”的替代作用是有限的。因为“小调整”是把土地切碎了再分，如果“小调整”的次数太多，就会加重土地的细碎化和分散化程度，土地的细碎化和分散化到了一定程度，还是要通过“大调整”来解决。

---

① 也有的村小组、村集体不收地，而由“调出户”和“调入户”自己“挂钩”，如果没“挂好钩”，再由村小组出面解决。参见廖洪乐、习银生、张照新等《中国农村土地承包制度研究》，中国财政经济出版社，2003，第255页。

② 据调研，河北省迁安县大崔庄镇步步川村就有这一规定，即调地只能“以二等地找”。参见廖洪乐、习银生、张照新等《中国农村土地承包制度研究》，中国财政经济出版社，2003，第317页。

③ 即按时间顺序排队，人口先增加的户先分地，人口后增加的户后分地。

④ 廖洪乐、习银生、张照新等：《中国农村土地承包制度研究》，中国财政经济出版社，2003，第258页。

⑤ 同上书，第207页。

（三）“小调整”的土地来源

如前所述，土地“大调整”是“打乱重分”，其分配方式及其过程与第三章所述的承包的初始分配没什么差别，这里就不赘述了。这里主要说土地“小调整”。

要进行“小调整”就必须有土地来源。可进行“小调整”的土地来源大体为两块：一块是机动地，另一块是承包农户退出的土地。机动地是村集体在“分田到户”时所预留下来的土地，主要用于土地调整和获取集体经济的收益。[①] 机动地主要由两大部分组成，一部分是集体经营的山林地、果园、堰塘等，另一部分是分地时农户不愿意要的“差地”或“边角地”。在机动地没有被重新分配之前，村集体通常是以发包的方式经营，收取租金，用于村内各项事务的开支，主要是村干部的日常开支。[②] 因此，村民将机动地称为干部田。也有些村干部自主扩大机动地，从中为自己谋利，引起了村民的不满。

例如，河北省清苑县温仁镇蔡家营村。该村耕地 952 亩，其中有 856 亩以口粮田和责任田的名义分给农户，人均 1 亩，其余的 96 亩作为村集体机动地，机动地占比为 10.08%。村集体将机动地及农民上交的责任田承包给农户，承包期一年至五年不等，每亩每年的承包费 100～253 元不等。村民反映，村里收到的承包费，既没有用于减轻农民负担，也没有用于集体公共积累，而是被村干部作为各种招待费和用于其他开销。村民对此意见很大。[③] 也有的村集体留的机动地比例较大，高达 30%，村集体用机动地的发包收入为农户上缴各种税费。[④] 这种做法相当于“两田制”。除此之外，在一些集体经济比较发达的地区，村集体没有把土地全部分下去，还留有较大部分的土地用于自己经营，以此增加集体收入。

---

① 对于机动地，当时中央在政策上持支持态度。1982 年中央一号文件提出：集体可以留有少量机动地，暂由劳多户承包，以备调剂之用。在广大农村地区，机动地除了用于土地调整，还用作农户建房的宅基地、村集体企业用地和村公共事业用地，如建村委会办公楼、建小学和幼儿园等。

② 有些农村将承包村集体的机动地称为承包地或承包田，而将分到各家农户的承包地称为责任田。

③ 中国社会科学院经济研究所“无保”调查课题组：《中国村庄经济——无锡、保定 22 村调查报告（1987—1998）》，中国财政经济出版社，1999，第 603 页。

④ 郑宝华主编《中国南方非耕地资源产权制度研究》，中国书籍出版社，2003，第 212 页。即使取消农业税费后，也有少数地区采用预留较大比例的集体机动地的做法。例如，新疆呼图壁县某村。该村固定不变承包给农户的土地与村集体发包给农户的机动地的比例高达 1∶1。发包给农户的机动地可以收回，以分配给新增加的人口。尚旭东：《农村土地经营权流转：信托模式、政府主导、规模经济与地方实践》，中国农业大学出版社，2016，第 142—143 页。

值得指出的是，在广大的以农业为主的农村地区，村集体手中所掌握的机动地可能并没有这么多。根据国务院发展研究中心中国农地课题组于1990年做的调查，在所调查的村中，留有机动地的村占比为37.9%，没有留机动地的村占比为62.1%。这就是说，大多数村都没有留机动地。该调查还显示，在留有机动地的村中，有53.33%的村，机动地占比为15%左右；有31.11%的村，机动地占比为6%到10%；有14.44%的村，机动地占比为10%到20%；仅有1.2%的村，机动地占比超过了20%。① 另据农村固定观察点的数据推算，自实行家庭联产承包责任制到20世纪90年代，村集体所掌握的机动地大约占全部耕地的比例为5%。②

根据中国科学院农业政策研究中心做的全国代表性抽样调查，2000年之前，由集体支配的土地大约占全部耕地的10%，2000年以后这一比例略有下降，但变化不大。③ 这一比例要大大高于国家政策规定的机动地比例不应超过5%的标准。④ 之所以出现这种情况，可能是与部分省份如浙江，村集体经济比较发达，村集体掌握的土地较多有关。在一些经济发达的农村地区，许多农户以土地入股或土地合作的方式将土地退给村集体，由村集体统一经营。这样一来，这些农村地区的村集体就支配了大量的土地，并以对外发包的方式经营。根据上述的调查，2008年，浙江省集体支配的土地的比例高达26.81%。显然，这部分集体支配的土地已经不是通常意义上的机动地了。

值得补充说明的是，村集体预留机动地不仅是为了土地“小调整”和获取集体收入，而且可以解决土地补偿的问题。村集体扩宽村社道路、修建机耕道、

---

① 何道峰：《村级农地制度的变革》，载中国农地制度课题组编著《中国农村土地制度的变革——中国农村土地制度国际研讨会论文集》，北京大学出版社，1993，第31—61页。

② 根据农村固定观察点提供的数据，这一时期，家庭承包经营的耕地占全部耕地的比例为95%左右，除此之外，都可以认为是村集体所掌握的机动地，包括村集体统一经营和专业承包经营的土地。见第五章第一节表5-1。

③ 上述调查有两个结果：一个结果是1996年、2000年、2004年和2008年，集体支配的土地（该调查称之为承包田）占全部耕地的比例分别为11.0%、10.2%、10.0%和9.9%；另一个结果是2000年和2008年，集体支配的土地占全部耕地的比例分别为10.46%和7.64%。参见黄季焜、郜亮亮、冀县卿等《中国的农地制度、农地流转和农地投资》，格致出版社，2012，第110页、第118页。

④ 1994年12月经国务院转发的农业部《关于稳定和完善土地承包关系的意见》中明确提出，“严格发包方借调整土地之机多留机动地。原则上不留机动地，确需留的，机动地占耕地总面积的比例不得超过5%”。1997年8月，中共中央办公厅、国务院办公厅下发的《关于进一步稳定和完善农村土地承包关系的通知》提出，“目前已留有‘机动地’的地方，必须将‘机动地’严格控制在耕地总面积的限额之内，并严格用于解决人地矛盾，超过的部分应按公平合理的原则分包到户”。

建蓄水塘坝等公共项目都要占地。如果集体留有机动地，就可以通过以地换地的方式，对占用其土地的农户给予补偿，否则村集体就要用货币来补偿。货币补偿实际上是在村里集资，找每家每户要钱。这就涉及补偿标准怎么定的问题，标准定低了，被占用土地的农户不干，标准定高了，村里的其他村民不干。有时往往就因为这个问题解决不了，村集体不得不放弃村里的公共项目建设。[①]

虽然村集体预留机动地时一般都会声称主要是用于土地调整，但实际上，不到万不得已，村集体一般不会拿出机动地用于土地调整的。一来机动地是村集体收入（主要是村干部收入）的重要来源，村干部不愿轻易拿出来；二来机动地是村里人共同的“奶酪”，动机动地还是要取得大多数村里人支持的，能做到这一点并不容易。另外，机动地大都承包出去了，也不是想收回就能收回的。因此，可用于“小调整”的土地实际上主要是农户退出的承包地。

在现实中，退出承包地的农户和人主要包括：农转非户和人、外迁户和人、死亡人口，在有些地区还包括外嫁女。按照在大多数农村中可接受的规则，[②] 村集体经济组织成员是指本村在册的户籍人口，如果有农户或人的户籍迁移出本村了，或者是因死亡而被注销了，这些人所承包的土地自然就应被村集体所收回。20 世纪八九十年代，一些进城或进厂的农民，特别是能够取得城镇户籍，到国营企业或事业单位的农民，往往会放弃承包地，或被村集体收回。在一些沿海或大城市周边乡镇企业比较发达的地区，这种情况较为普遍。[③]根据国务院发展研究中心中国农地课题组于 1990 年做的调查，在所调查的村中，对转为城市户口的农户要收回土地作出规定的占比为 82.4%，其中有 97% 的村要求农户交出全部承包地，有 3% 的村要求农户交出除口粮田之外的承包地。[④]

---

① 罗兴佐：《水利，农业的命脉》，学林出版社，2012，第 155 页。

② 这一规则在国家法律上也获得了部分支持。在 2002 年公布的《农村土地承包法》中规定：承包期内，承包方全家迁入设区的市，转为非农业户口的，应当将承包的耕地和草地交回发包方。承包方不交回的，发包方可以收回承包的耕地和草地。但在该法中，对“死亡户”和“外迁户”即外迁到其他农村地区的农户的承包地的收回，并没有作出规定。

③ 几十年后，这些人及其子女有些就成了为争取要回自己的承包地或承包地权益到政府“上访”的人员。例如，广东省佛山市南海区（原南海县）在多年为争取集体股份而上访的人员中，就有因户籍“农转非”“自理粮”进城而放弃土地承包经营权的原集体经济组织成员。

④ 何道峰：《村级农地制度的变革》，载中国农地制度课题组编著《中国农村土地制度的变革——中国农村土地制度国际研讨会论文集》，北京大学出版社，1993，第 31—61 页。

自20世纪90年代到2000年代初，在一些农村地区，有少数承包农户或因无力耕种，或因不愿承担农业税费，主动选择将其承包的土地交回村集体。地处乡镇企业发达的无锡县的农村地区曾出现过农户退田的情况，这也导致“两田制”在该地区普遍推广。在有些农村地区，村集体对基本丧失劳动能力的农户提供基本的生活保障，同时，这些农户要将其承包的土地交回村集体。[①] 也有的村小组在“大调整”时强行收回长期拖欠农业税费的农户的土地。在2000年以前，由于农业税费较重，对有些农户来说，承包土地是负担，所以，只要村里调整土地有道理，许多农户是愿意放弃部分承包地的。这一时期，在大多数农村地区，因为有“小调整”的土地来源，所以，调整土地并不是什么难事。

（四）土地调整的现实操作

在现实中，土地调整一般是在村委会组织下，以村小组为单位统一进行的。如果是“大调整”，通常是由村委会制定统一的“调地方案”，还要告知乡镇政府，寻求乡镇政府的支持。如果是“小调整”，通常是村民开会自行协商解决。“小调整”的具体操作是：每家农户按照村里制定的标准，对照自己家里现有的田亩数，多的地就拿出来，地少的就得地。拿出来的地一般是差地或远地。有的是村小组内农户自行协商，多地户将地直接转给少地户；有的是多地户将地退给村小组，村小组根据情况统一分配；有的差地或远地，没人要就“降价处理”，一亩地算八分地或五分地。如果可调出的土地数量小于需要调进的土地数量，如能用机动地补足，就补足，如不能，只好让缺地户排队等候下一轮调地。如果调地的数量不平衡问题比较严重，往往会引发一次“大调整”。因为调地是在村小组内部进行，一般情况下，调地的矛盾并不大。[②]

在调整土地的具体方式上，各地农村一般都会根据本地的自然条件和耕种方式而定。例如，山东省桓台县。桓台县地处华北平原，是传统的冬小麦—玉米—

① 例如，在位于四川成都平原北部边缘的一个村。该村经社员大会的讨论，将基本丧失劳动能力的特困户作为五保户，由村集体给他们每年每人500斤稻谷和10斤菜油，在春节时还给其一定数额的慰问金，同时，这些特困户要将承包地收回。参见罗兴佐《水利，农业的命脉》，学林出版社，2012，第154页。

② 有学者以江汉平原三个村为例，具体地介绍了村小组的土地调整过程。参见申瑞锋《农村土地问题不只是农民权利问题》，载乡镇论坛杂志社编《农民土地权益与农村基层民主建设研究》，中国社会出版社，2007，第77—87页。

年两熟的粮食生产基地。该县河流少，降雨量低，几乎全部农业灌溉用水都依赖于井灌。耕地地块的划分以井为单元，当地称为“方”或“井片”，每一“方”或“井片”为30～50亩，承包农户为十几家。水井由这十几家农户共同维护、共同使用。调整土地也是在同一“方”或“井片”内进行。具体方式是：当在同一“方”或“井片”内出现农户人口增减的情况，同一“方”或“井片”的农户就会按照地块的顺序逐户推移，即人口增加户的地块向人口减少户的地块推移；但如果只有人口增加，没有人口减少，那么就不能调整土地，直到人口增加户等到了同一“方”或“井片”中有农户减少人口才能调整土地。该地之所以会采取这种调整土地的方式，主要因为该地区农业机械化水平较高，要进行大块土地的耕种收。采取这种调整土地的方式能够保证地块的完整，不会导致土地分得越来越细碎。另外，该地之所以不跨“方”或“井片”调整土地，是因为跨“方”或“井片”调整土地会造成水井费用分担问题。即“外来”的农户要向“方”或“井片”内的农户支付之前的打井即水井的维护费用。但如何确定这笔费用，很难算清楚，很容易产生矛盾，所以就干脆放弃跨“方”或“井片”调整土地了。[①]

在陕西省商南县则采取另一种调整土地方式。该地区土地资源条件复杂、多样，而且以河水自流灌溉为主。在“分田到户”时，该地一般都会将土地分为三等，一等地为好地、二等地为中等地、三等地为差地。在该地，当农户出现人口变化时，人口减少户退出二等地，人口增加户增加二等地，一等地和三等地不动。调整土地数量按增加人口的口粮数量（每人400斤粮食）计算。[②]这种按口粮计算调整土地数量的好处是，如果二等地经改造后，其产量由之前的每亩400斤提高到每亩800斤，人口减少户只需要退出半亩地，而不是1亩地。这样就不会因调整土地而过多地损害退出土地农户所进行的改良土地的利益。

在20世纪90年代，许多实行“两田制”的地区还曾经采取过“动账不动地”即“两田互补”方式调整土地权益，以替代实际的土地调整。具体做法是：将承包土地分为口粮田和责任田，口粮田不交公粮，[③]责任田则要交。如果增加

---

① 龚启圣、周飞舟：《当代中国农村土地调整制度的个案分析》，《二十一世纪》1999年第10期。

② 同上。

③ 这里所说的公粮是指上交国家的农业税、上交乡镇的“统筹款”和上交村集体的“提留款”。对此的叙述见本书第二章第三节。

人口了，就增加承包土地中的口粮田的比例，减少交公粮的责任田比例；如果人口减少了，就减少口粮田的比例，增加交公粮的责任田的比例，但总的承包土地面积不变。例如，一户人家三口人承包土地面积为2.4亩，每人0.8亩。其中，口粮田0.9亩，每人0.3亩；交公粮的责任田为1.5亩，每人0.5亩。如果该户增加了一口人，变为四口人，口粮田就可以增加到1.2亩，交公粮的责任田减少到1.2亩，总的土地亩数不变；如果该户减少了一口人，变为两口人，口粮田减少到0.6亩，交公粮的责任田增加到1.8亩，总的土地亩数仍不变。对于村集体来说，“动账不动地”方式除了可以平衡本集体内部各农户之间的土地权益，其最大的好处是，迫使人均土地较多的多地户退出承包地。这是因为多地户的家庭人口少，往往意味着劳动力少，但还要承担较重的上交公粮的任务。这一因素，在20世纪90年代各项农业税费较重时期，是多地户必须慎重考虑和作出权衡的。一些多地户为了减轻负担，就会选择向村集体退地。村集体就可以将退出的土地调剂给少地户。这种以“动账不动地”来调整土地权益的方式曾被农业部所认可和支持①，但不久就被制止了。② 2006年农业税费被取消后，这种方式在现实中也不可行了。

有些农村还采取一些土办法来代替实际的土地调整。例如，对减少人口但又不愿退地的农户，村集体就按减少的人头收取现金，如每个人头每年收取50元；对增加人口但没有分地的农户，村集体就按增加的人头补助现金，如每个人头每年补助50元。但由于增加的人口总是大于减少的人口，所以，村集体就不得不自己贴钱。③ 类似的还有“动粮动款不动地”的做法，即减少人口的农户可以不退地，但要按减少的人口数增加土地承包费和应交售的公粮，增加人口的农户不增地，但要按增加的人口数减少土地承包费和应交售的公粮。④ 也有的村组是以粮食进行找补，即减少人口的退地户不退地，而是交出粮食给增加人口

---

① 农业部在1994年上报国务院的《关于稳定和完善土地承包关系的意见》中曾提出，“对于确因人口增加较多，集体和家庭均无力解决就业问题而生活困难的农户，尽量通过‘动账不动地’的办法解决”。

② 1997年中共中央办公厅、国务院办公厅下发的《关于进一步稳定和完善农村土地承包关系的通知》中提出，“对原来为了平衡农户负担而实行的‘动账不动地’形式的‘两田制’，无论是‘口粮田’还是‘责任田’，承包权都必须到户，并明确三十年不变”。

③ 据农业部20世纪90年代末的调查，河北省迁安县大崔庄镇步步川村就采取了这一土办法代替调地。参见廖洪乐、习银生、张照新等《中国农村土地承包制度研究》，中国财政经济出版社，2003，第313页。

④ 据农业部20世纪90年代末的调查，陕西省大荔县有些村组就采取了这个办法替代土地调整。参见廖洪乐、习银生、张照新等《中国农村土地承包制度研究》，中国财政经济出版社，2003，第220页。

的增地户。[①] 然而，这些土办法只是权宜之计，难以持续。2006 年农业税费被取消后，这些土办法也就无法操作了。

二、土地调整政策的演变

（一）1993 年以前对土地调整的政策取向

如本书第二章所述，稳定农户的土地承包权是中央一贯坚持的政策。然而，土地调整是造成农户土地承包权不稳定的一个最大冲击因素。较长的一段时期，中央对于土地调整一直持较为谨慎的态度，力图在保证土地承包关系稳定与考虑农民对承包地分配公平、人人有份的实际诉求之间，在土地承包权关系稳定与土地规模经营之间寻找平衡。土地调整总的政策倾向是由认可到默许，再转向比较严格的限制。

在“分田到户”的初期，土地调整问题就显现出来了。一些地方政府面对农户调整土地的要求，主要采取多预留集体机动地、不按实际人口而是按预计的人口分配土地，或者用上交的公粮和集体提留分摊比例（即应进田户少交公粮和集体提留，应退田户多交公粮和集体提留）等方式，来应对因人口变化而引起的土地分配不均问题。[②]

1982 年中央一号文件将“分配和调剂承包地”确定为村集体的一项基本职责；对不按规定使用土地或没有能力经营土地的，村集体有权收回其承包地，允许村集体保留一定比例的机动地。[③] 这就是说，村集体有权调整土地。不久，中央就对这一土地调整政策作出了更为明确的规定，重点是限制村集体任意调整土地的行为。

1984 年中央一号文件在提出土地承包期延长十五年的同时，针对当时出现

---

① 廖洪乐、习银生、张照新等：《中国农村土地承包制度研究》，中国财政经济出版社，2003，第 259—260 页。

② 湖南省委农村工作部：《关于稳定完善农业生产责任制情况》（1983 年 11 月），载黄道霞、余展、王西玉主编《建国以来农业合作化史料汇编》，中共党史出版社，1992，第 1026 页。

③ 1982 年中央一号文件即《全国农村工作会议纪要》提出，“生产大队、生产队作为集体经济组织，仍保留必要的经济职能。要负责合理分配和调剂承包地，管好和用好耕地”“社员承包的土地，不准买卖、不准出租、不准转让、不准荒废，否则，集体有权收回；社员无力经营或转营他业时应退还集体”“集体可以留下少量机动地，暂由劳多户承包，以备调剂之用”。

的土地调整情况，确定了土地调整的“大稳定、小调整”的原则。对于农户有调整土地要求的，允许由村集体统一调整。[①] 当时中央政策制定者的意图是：土地调整主要是解决由于土地细碎化、分散化所造成的农户耕种不便问题，土地调整主要是指承包地的地块调整。也就是说，农户的土地承包经营权要稳定，反对打乱重分的“大调整”。但不反对村集体以土地集中为目的而进行的土地调整。而且，强调“合作经济组织对土地的调整权不要放弃”。[②]

1984 年中央一号文件发出后，中央书记处农村政策研究室曾就 1984 年中央一号文件的内容作出了一个长篇的政策解释。[③] 根据该政策解释，从总的政策方向来看，因人口变化而造成的人地关系的失调不应该通过土地调整来解决，而应该通过向非农领域转移劳动力的方式解决。对目前尚可以向非农领域转移劳动力的地区，可以采取各种形式进行土地“小调整”。[④] 按照当时官方的解释，土地调整包括两个层次：一是通过土地调整，解决承包初期土地划分过于分散的问题；二是通过土地调整，鼓励土地向种田能手集中。该解释认为，第一种土地调整是当务之急，对第二种土地调整，“则应区别情况，因地制宜，采取慎重的态度”。[⑤] 对于在当时农村一度比较盛行的“动账不动地”“两田互补”的调整土

---

① 1984 年中央一号文件即《一九八四年农村工作的通知》提出，“在延长承包期前，群众有调整土地要求的，可以本着‘大稳定、小调整’的原则，经过充分商量，由集体统一调整”。早在一年前讨论 1983 年中央一号文件时，杜润生作为该文件起草主持人就曾向中央提出了对土地调整的看法。杜润生认为：“调整土地总是要进行的，不外两种方式：一种是一切通过合作社管理机构；一种是允许自由‘转包’。地面权、地底权分离。”参见《杜润生文集》，山西经济出版社，2008，第 114 页。杜润生这个想法在 1984 年中央一号文件得到了一定程度的体现。该文件在规定了土地调整政策的同时，也允许农户转包土地，提出“社员在承包期内，因无力耕种或转营他业而要求不包或少包土地的，可以将土地交给集体统一安排，也可以经集体同意，由社员自找对象协商转包，但不能擅自改变向集体承包合同的内容”。但杜润生所提出的“地面权、地底权分离”的建议，并没有被中央高层所认可。参见杜润生《杜润生自述：中国农村体制变革重大决策纪实》，中国社会科学出版社，2005，第 156—157 页。

② 当时主持 1984 年中央一号文件起草，时任中央书记处农村政策研究室主任的杜润生曾说过：“至于土地调整，是有计划的调整好，还是自发的调整好呢？合作经济组织对土地调整权不要放弃。集体出面调整，主要是解决土地使用上的平均主义。承包地过于零散，在目前生产条件下，已经造成耕种的不便。在自愿的基础上调换一下地块，群众是有要求的。”参见杜润生《中国农村经济改革》，人民出版社，1985，第 156 页。

③ 参见在 1984 年 7 月 8 日的《人民日报》上刊登的《中央书记农村政策研究室解释有关土地承包的几个问题》，转引自沈冲、向熙扬主编《十年来：理论・政策・实践》，求实出版社，1988，第 253—259 页。

④ 该政策解释提出，“按人平均使用土地，而且随人口增加，一再调整，一再分割，这不利于土地稳定经营，也不符合经济发展趋势。今后随着农村商品生产的发展，不论现有的还是新增加的劳动力，将逐步向非种植业转移，而不是主要依靠调整承包地解决”“目前，多数地方从事农业的劳动力还不可能迅速大量离开土地。为了照顾某些农户在人口、劳力增加以后对土地的需要，可以采取多种办法解决”。

⑤ 参见 1984 年 11 月 3 日《人民日报》发表的评论员文章《妥善进行承包地调整工作》，转引自沈冲、向熙扬主编《十年来：理论・政策・实践》，求实出版社，1988，第 252—253 页。

地权益的做法，中央的农村政策制定者则持支持态度。[①]

到了20世纪80年代中期，一些农村工副业比较发达的地区，出现了大量劳动力从农业种植领域退出，不以农业为主的情况。按照1987年中央5号文的意见，对于这种情况，应该由村集体将土地收回，重新发包，也可以经集体同意后转包他人。[②] 因为，当时不少农村地区，农户的家庭部分成员不再种地的情况较为普遍。这一政策就给村集体收回承包地，重新调整土地开了一个较大的“口子”。这一政策实际上也符合许多农民的认知。许多农民特别是老农认为“地是集体的，你有别的赚钱的门路，就别占着集体的地了”，尽管这些地还是有人种的。另外，在这一时期的许多农村地区，集体经济迅速走向衰落，“统分结合、双层经营”几近是一个空制度。在这种情况下，“农口”的政策制定者认为要给予作为农村土地集体所有者的村集体调整土地的权力。[③]

20世纪90年代初，各地农业部门曾力推土地适度规模经营。[④] 在当时土地流转市场很不发达的情况下，要想实现土地适度规模经营即土地集中连片，就要允许村集体进行土地调整。土地适度规模经营与不允许土地调整的政策有很大矛盾。在这一时期，土地调整比较频繁，造成的矛盾较多。鉴于此，1991年11月，中央发出了《中共中央、国务院关于一九九一年农业和农村工作的通知》，对土地调整行为作出了进一步规范。首先强调“对已经形成的土地承包关系，要保持稳定”，也就是不倾向于调整土地。其次对于确实需要调整土地的，该文件也给出了如下三个原则：一是允许以解决地块分散、零碎为目的的

---

① 1987年6月，中共中央书记处农村政策研究室下发的《关于稳定和完善土地承包制的意见》提出，“在实行人包口粮田、劳包责任田的‘两田制’的地方，可以用‘两田互补’（即承包土地不变，只调整口粮田和责任田数量）的办法解决。总之，要防止承包地变动频繁，分割过细”。参见黄道霞、余展、王西玉主编《建国以来农业合作化史料汇编》，中共党史出版社，1992，第1119页。

② 1987年中央5号文件即1987年1月中共中央政治局通过的《把农村改革引向深入》提出，“长期从事别的职业，自己不耕种土地的，除了已有的规定者外，原则上应把承包地交回集体，或经集体同意后转包他人”。1987年6月，中央书记处农村政策研究室下发的《关于稳定和完善土地承包制度的意见》所表达的意思更为明确。该意见除了重复上述表述，还加上了：交回给集体的土地，“由集体重新发包，或经集体同意转包给种田能手，以促进土地适当集中”。黄道霞、余展、王西玉主编《建国以来农业合作化史料汇编》，中共党史出版社，1992，第1119页。

③ 1987年4月，杜润生在八省农村改革试验区座谈会上发表讲话说：“我们首先要完善双层经营制，把村一级组织健全起来，使村民委员会执行双重职能，同时作为公有土地管理者，要保持必要的土地调整权。不种田的原则上应放弃承包权；不好好种田的，也要有经济制裁。村要拥有这个权力。”引自马恩成主编《广东农村改革试验区实践》，中国农业出版社，2016，第572页。

④ 有关中央土地规模经营政策演变的叙述，见本书第五章第二节。

土地调整；二是对因人口变动和建设用地占用农地而进行的土地调整，要“从严掌握”，但也不禁止；三是对因实行土地适度规模经营而进行的土地调整，要限于少数地区。①

（二）1993年以后的土地调整政策

1993年后，中央对土地调整的政策态度越来越明朗了，并在立法层面将中央的土地调整政策固定下来。

1993年11月，中央出台了《关于当前农业和农村经济发展的若干政策措施》即1993年中央11号文，决定采纳“湄潭试验”② 的成果，提倡在承包期内实行“增人不增地、减人不减地”的做法，也就是反对因人口变动而进行的土地调整。对因实行土地适度规模经营而进行的土地调整，该文件仍基本维持之前的政策表述，即“少数第二、第三产业比较发达，大部分劳动力转向非农产业并有稳定收入的地方，可以从实际出发，尊重农民的意愿，对承包土地作出必要的调整，实行适度的规模经营”。

1994年12月，农业部向国务院提交了一份意见，建议中央进一步清晰土地调整政策，限制土地调整，特别是要严格限制土地“大调整”。③ 很快，中央就采纳了农业部的这个意见。1995年3月，国务院发出通知向全国转发农业部这一意见。④

根据农业部在1996年所做的问卷调查，在实行土地延包的村中，已经有65.2%的村采取“增人不增地、减人不减地”的做法。⑤ 这表明，“增人不增地、

① 《中共中央、国务院关于一九九一年农业和农村工作的通知》提出，“地块过于零散不便耕作的，可以按照基本等量等质的原则适当调整。因基建占地、人口变动等确实需要调整的，也还要从严掌握。少数确有条件发展农业适度规模经营的地方，根据群众意愿，可以因地制宜适当调整，但决不可不顾条件强制推行”。

② 有关湄潭经验的叙述，见本书第六章第五节。

③ 农业部上报给国务院的《关于稳定和完善土地承包关系的意见》中提出，“提倡在承包期内实行‘增人不增地、减人不减地’。‘增人不增地、减人不减地’，有利于稳定农村土地承包关系，巩固家庭联产承包责任制，各地应积极提倡”，该意见还提出，“未有实行‘增人不增地、减人不减地’的地方，也应保持土地承包关系的长期稳定。对于确因人口增加较多，集体和家庭均无力解决就业问题而生活困难的农户，尽量通过‘动账不动地’的办法解决，也可以按照‘大稳定、小调整’的原则，经该集体经济组织内部大多数农民同意，适当调整土地。但‘小调整’的间隔期最短不得少于5年”。该意见的态度比较明确，即“小调整”还是可以的，但反对“大调整”。同时，该意见还规定了预留机动地的比例，即机动地占耕地总面积的比例一般不得超过5%。

④ 《国务院批转农业部关于稳定和完善土地承包关系意见的通知》。

⑤ 《农业部调查显示：在新一轮土地承包中实行“增人不增地、减人不减地”效果显著》，引自《半月谈》1996年第3期。

减人不减地”的政策是能够为大多数农户所接受的。这就更加坚定了中央对这一政策的信心。

到了1997年全面开展“第二轮土地延包”时，中央对土地调整的态度发生了明显的转变。1997年8月，中央发出了《中共中央办公厅、国务院办公厅关于进一步稳定和完善农村土地承包关系的通知》即1997年中办发16号文件，明确反对“大调整”，并对“小调整”给出了严格的限制，规定只能“在个别农户之间小范围适当调整”。[①] 为了防止村干部通过扩大机动地为自己谋利，该通知还提出，“目前尚未留有‘机动地’的地方，原则上都不应留‘机动地’”。也就是要全部分光。对已留有“机动地”的地方，再次强调“机动地”必须严格控制在耕地总面积5%的限额之内。同时也否定了“动账不动地”的土地调整做法。[②]

1998年新修订的《土地管理法》和2002年颁布的《农村土地承包法》，将1997年中办发16号文提出的政策上升为法律，以法律的方式，对土地调整行为作出了明确的规范。根据新修订的《土地管理法》的相关规定，土地调整不仅要通过三分之二以上村民或村民代表同意，而且还要报乡（镇）政府和县级政府的主管部门批准。[③] 这就是说，从法律上说，土地调整已经不再是村民自己的事情了，土地调整的最终权力在乡镇及县级地方政府。该部法律还规定，只有在耕地抛荒的情况下，村集体才可以收回承包地。[④]《农村土地承包法》更加明确地规定，“承包期内，发包方不得调整承包地”，土地调整范围被

① 《中共中央办公厅、国务院办公厅关于进一步稳定和完善农村土地承包关系的通知》指出，“有的地方随意改变土地承包关系，以各种名义强行收回农民的一部分承包地，重新高价发包，加重农民负担；有的地方在实行土地适度规模经营过程中，违背农民意愿，搞强迫命令，引起群众不满”。为此，该通知作出规定，“不能将原来的承包地打乱重新发包”；“做好‘小调整’工作应坚持以下几个原则：一是‘小调整’只限于人地矛盾突出的个别农户，不能对所有农户进行普遍调整；二是不得利用‘小调整’提高承包费，增加农民负担；三是‘小调整’的方案要经村民大会或村民代表大会三分之二以上成员同意，并报乡（镇）人民政府和县（市、区）人民政府主管部门审批；四是绝不能用行政命令的办法硬性规定在全村范围内几年重新调整一次承包地”。

② 《中共中央办公厅、国务院办公厅关于进一步稳定和完善农村土地承包关系的通知》规定，“对原来为了平衡农户负担而实行的‘动账不动地’形式的‘两田制’，无论是‘责任田’，还是‘口粮田’，承包权都必须到户，并明确30年不变”。这实际上是否定了“动账不动地”的土地调整做法。

③ 1998年新修订的《土地管理法》第十四条第二款规定，“在土地承包经营期内，对个别承包经营者之间承包的土地必须经过村民会议三分之二以上成员或者三分之二以上村民代表同意，并报乡（镇）人民政府和县级人民政府农业行政主管部门批准”。

④ 《土地管理法》第三十七条第三款的规定，“承包经营耕地的单位或者个人连续二年弃耕抛荒的，原发包单位应当终止承包合同，收回发包的耕地”。

限定在“因自然灾害严重毁损承包地等特殊情况”，并重申了《土地管理法》所作出的对土地调整的程序性规定，同时将村集体收回农户承包地的对象，限定在举家迁入城市的农户（不包括城镇），而且村集体收回农户的承包地也是有偿的。①

（三）学界对土地调整问题的讨论

早在20世纪80年代中期就有学者关注土地调整问题了，但这时对土地调整问题的讨论是与稳定农户土地承包经营关系联系在一起的，侧重于政策讨论，理论上的思考并不多。②

进入20世纪90年代后，越来越多的学者开始从理论和实证两方面讨论土地调整问题了。有些学者认为，由于土地调整等因素所导致的地权不稳定，减弱了农民进行中长期投入的激励，其中一个主要表现是农户大量施用化肥，放弃了施用能够养地的农家肥，并阻碍了潜在的土地流转和农地市场的发育。③ 与此同时，频繁的土地调整还会加重土地细碎化。④ 有学者采取计量经济分析方法证明，“那些只被部分调整土地的农户比那些土地被全部打乱重分的农户更愿意对土地进行投资”。⑤ 但也有学者通过实地调查，并不认可这个结论，认为农户对土地中长期投入不足的主要原因是农业比较效益低，⑥ 农户不愿施用农家肥的主要原因是农

---

① 2002年公布的《农村土地承包法》第二十六条第二款规定，“承包期内，承包方全家迁入设区的市，转为非农业户口的，应当将承包的耕地和草地交给发包方。承包方不交回的，发包方可以收回承包的耕地和草地”。该条第三款还规定，“承包期内，承包方交回承包地或者发包方依法收回承包地时，承包方对其在承包地上投入而提高土地生产能力的，有权获得相应的补偿”。

② 较早提出土地调整问题的是在农业部工作的学者。参见骆友生、张红宇、高宽众《土地家庭承包制的现状判断与变革构想》，《经济研究》1988年第11期。

③ 对此问题的研究，可参见姚洋《农地制度与农业绩效的实证研究》，《中国农村观察》1998年第6期；张红宇《中国农地调整与使用权流转：几点评论》，《管理世界》2002年第5期；俞海、黄季焜、张林秀等《地权稳定性、土地流转与农地资源持续利用》，《经济研究》2003年第9期；钱忠好《农村土地承包经营权产权残缺与市场流转困境理论与政策分析》，《管理世界》2002年第6期；等等。

④ 刘坚主编《〈农村土地承包法〉培训讲义》，中国农业出版社，2002，第56页。

⑤ 朱民、尉安宁、刘守英：《家庭责任制下的土地制度和土地投资》，《经济研究》1997年第10期。

⑥ 20世纪90年代末，农业部组织专家所进行的一项调研结果显示，地权不稳定确实对农户的长期投资有负面影响，但这并不是最主要的影响因素；降低农户长期投资的主要因素是农业的比较效益低。参见廖洪乐、习银生、张照新等《中国农村土地承包制度研究》，中国财政经济出版社，2003，第97—132页。农户普遍也认为，对产量有影响的土地投入主要是浇水和施肥，而这些短期投入与地权是否稳定没有什么关系。地权不稳定，对土地平整、修建水利设施和改良土壤等长期投入影响较大。但影响长期投入的更大因素是地块大小，地块太小了，无法进行长期投入。参见廖洪乐、习银生、张照新等《中国农村土地承包制度研究》，中国财政经济出版社，2003，第332—429页。

民劳动力机会成本提高，[①] 而且不调整土地反而会影响土地的合理利用[②]。

虽然学界对土地调整是否会影响土地利用效率存在着不同意见，但频繁的土地调整会导致农户土地承包经营权不稳定，增加农地制度运行的交易费用，影响土地流转市场的发育，这一点是学界的一个基本共识，也是学界的主流意见。[③] 另外，不少学者对村干部和乡镇干部利用手中的权力，通过调整土地为自己谋利，表示了强烈的不满。[④] 这些意见和讨论或多或少地会影响中央的政策制定。

三、2000年以前农户调整土地的意愿及其现实表现

（一）2000 年以前农户对土地调整的意愿

虽然，中央出于保护农户土地权益的考虑，从政策和法律上严格限制村集体调整土地，但农户似乎并不领情。在现实中，农民对土地调整的利益诉求却是实实在在的，并不会完全根据上面的政策意图行事。历年进行的大多数调查都表明，农民普遍是希望调整土地的。

1984 年中央一号文件提出“大稳定、小调整”政策后所做的一项调研表明，在乡镇及村干部中，支持调地的占比高达 90%，其中有 40% 的乡镇及村干部认为应该允许“小调整”或实行“两田互补”，有 50% 的乡镇及村干部认为对耕地应该允许“大调整”。[⑤]

自 1993 年中央提出“增人不增地、减人不减地”、限制土地调整，特别是要

---

① 有学者团队 20 世纪 90 年代中期所做的一项调查表明，延长土地承包期与农户选择轮作、施农家肥和农田基本建设，并没有什么直接的关系。严金泉：《延长土地承包期的政策前提研究》，中国大地出版社，2001，第 117—126 页。农业部的一项调查也表明，农民不愿意施用农家肥的主要原因是用工多、劳动强度大。参见农业部课题组《土地制度：现状判断与变革设想》，载农业部经济政策研究中心《中国农村：政策研究备忘录》，农业出版社，1989，第 356 页。

② 宁夏西海固的农民反映，由于不允许调整土地，造成土地分散，土地无法进行有效利用，村集体无法整合土地，进行机械化作业。参见林燕平《董家湾的农民生活》，中国社会科学出版社，2015，第 225—226 页。

③ 刘守英：《中国农地制度的结构与变迁》，载农业部农村经济研究中心等编《中外学者论农村》，华夏出版社，1994。

④ 1997 年有学者曾组织学生对当时农村情况做过一次小规模的调研。在调查时，有村民反映，农民娶媳妇后能否分地，要看与村干部的关系。如果关系不好，村干部就会以“几十年不变”为理由拒绝分地；如果关系好，村干部就可以按“局部调整”的方式分地给他。秦晖：《农民中国：历史的反思与现实的选择》，河南人民出版社，2003，第 109 页。

⑤ 张宗义等：《土地承包期十五年不变的利与弊——河北玉田县调查》，载黄道霞、余展、王西玉主编《建国以来农业合作化史料汇编》，中共党史出版社，1992，第 1297 页。

严格限制土地“大调整”的政策后，“农口”的政策研究界及学界就特别关注农民对这一政策有没有反映，如有反映，是什么反映。1996 年，农业部农村改革试验区与美国华盛顿大学农村发展研究所就此问题联合组织了一项调查，调查范围为陕西和福建两省 4 县 1080 个农户，调查结果表明，有 45% 的农户支持这一政策，有 49% 的农户反对这一政策。①

许多地区的调查也支持该结果。例如，一项 1995 年对齐齐哈尔市 13 个市（县）区 26 个村 289 个农户的调查显示，有 24.2% 的农户不同意调整土地，这部分农户大多是种田能手，对土地投入较大，生产比较稳定，收入较高；有 55.4% 的农户希望进行“小调整”，这部分农户对土地投入较少，有的因人口增加，有的因分到的土地较差而要求土地调整；还有 20.4% 的农户提出要打乱重分土地，这部分农户有的是农村的“懒散户”，有的是因分到的土地经常受涝灾或旱灾，明显不如其他农户，还有的是人口和劳动力增加过多的农户。②

1997 年全面启动“第二轮土地延包”工作后，农业部曾组织专家做了一项调查。在所调查的样本村组中，有 83.5% 的农户要求进行土地调整，有 15.2% 的农户认为不应该进行土地调整，还有 1.2% 的农户认为调不调无所谓。而且调地的主要理由是“土地是重要的生活来源，人人都应有一份”，占所调查的样本村组的 82.2%。③ 全国农村固定观察点办公室于 1997 年所做的一次抽样调查显示，赞成调地的村组占比达 62.8%，反对调地的村组占比为 36.1%。即使签订了“30 年不变”的土地承包合同，仍有 52.6% 的村组打算调地。④ 另外，有学者团队于 1999 年所做的农户抽样调查显示，在签订的“第二轮土地延包”合同中，有 57.7% 的合同中写明允许在 30 年承包期内调整土地。⑤

以上调查均显示，多数农户是有土地调整要求的。在绝大多数农户都要调整土地的情况下，村集体要进行土地调整，是可以满足“经村民代表大会三分之二

---

① 杜鹰、唐正平、张红宇主编《中国农村人口变动对土地制度改革的影响》，中国财政经济出版社，2002，第 152 页。

② 孙喜杰：《对延长土地承包期政策的问卷调查分析》，《农业经济问题》1995 年第 11 期。

③ 廖洪乐、习银生、张照新等：《中国农村土地承包制度研究》，中国财政经济出版社，2003，第 30—38 页。

④ 全国农村固定观察点办公室：《当前农村土地承包经营管理的现状及问题》，《中国农村观察》1998 年第 5 期。有关农户对“第二轮土地延包”有关土地调整的认知，见本书第二章第二节。

⑤ 杨学成、罗伊·普罗斯特曼、徐孝白：《关于农村土地承包 30 年不变政策实施过程的评估》，《中国农村经济》2001 年第 1 期。

以上成员同意”的政策及法律要求的。另外，村干部对土地调整的态度也很重要。一般来说，对本村事务比较负责、能力较强的村干部倾向于土地调整，认为土地调整有利于土地规模经营、农田水利建设和搞农业科学试验，而一些责任心较差的村干部，则嫌土地调整太麻烦，容易产生矛盾，不愿调地。[①] 当地乡镇政府一般是支持主张调地的村干部的，而且，在村委会选举中，主张调地的村干部也容易获得村民支持。

总而言之，在这一时期，包括严格限制土地调整、延长土地承包期在内的稳定土地承包权的政策，很难说是农民和村干部的自发诉求，[②] 应该说，更多的是国家意志的体现。这一点与1980年前后农民自发进行的“双包”改革有很大的不同。之所以出现这种情况，与20世纪80年代中期以后农民和村干部的日子不太好过有很大关系。

自20世纪80年代中期到21世纪初，中国农村的经济发展由爆发式的增长转入缓慢增长，甚至有所停滞。1978年至1984年农民收入年平均增长速度达到16.3%，1985年到1988年降至4.9%，1989年到1991年只有1.9%，1992年到1996年回升为5.6%，之后又出现增速回落的情况，1997年到2000年为3.7%。[③] 这段时期，引起农民普遍不满的事主要是：第一，种粮的效益低；第二，农民负担过重；第三，计划生育政策太严，农民想多生孩子，而政府不让生；第四，农民到城里打工，受到不公正的待遇，老板经常拖欠工资。这四件事，没有一件事是与土地有关系的。这一时期，村干部普遍烦恼的事主要是：第一,向农户收钱太难；第二，村集体组织的事情如浇水、修路、整地等难干；第三，村集体负债严重；第四，农民不听话，如政府不让农民多生孩子，而农民偏要设法多生；第五，农民都“跑了”，造成土地撂荒。要解决这些村干部所烦

---

① 廖洪乐、习银生、张照新等：《中国农村土地承包制度研究》，中国财政经济出版社，2003，第214—217页。

② 2000年湖北省监利县的一个乡镇干部给时任国务院总理的朱镕基写了一封信，向总理呼吁“现在农民真苦、农村真穷、农业真危险”，轰动一时。这封信中所列举的事实，以及之后农业部派人调查所反映的“农民真苦”情况，没有一件是与土地承包关系不稳定有关系的。相反，这时的农民把土地当作负担，没人愿意要。参见李昌平《我向总理说实话》，光明日报出版社，2002，第20—27页，第63—77页。2004年出版的、轰动一时的《中国农民调查》，通篇说的都是基层政府对农民“横征暴敛”的事，所揭露的触目惊心的案件，没有一件是涉及地权的。参见陈桂棣、春桃《中国农民调查》，人民文学出版社，2004。有关对农民负担问题的叙述，见本书第二章第三节。

③ 韩俊等：《破解三农难题——30年农村改革与发展》，中国发展出版社，2008，第23页。

恼的事，不是固化农户的土地承包经营权，而是要给村干部更多的调整土地的权力。这也是当时村干部可以采取的为数不多的“制服”农民的招数。另外，通过收回农户的承包地，增加村集体机动地，并对外发包，也是村干部的一个重要的收入来源。因此，当时农村政策研究的权威人士就认为，农民实际上是不愿调地的，想调地的是村干部。①

（二）“第二轮土地延包”以前土地调整的现实表现

在全国农村，第一次普遍发生的土地调整是在1984年。在这以前，许多社队是一窝蜂、跟风匆匆忙忙“分田到户”的。当时50岁上下的农民亲身经历过20世纪50年代初的土改，40岁上下的农民亲身经历过20世纪60年代初的“包产到户”。这两次分到户的田，最后还是被国家收回去了，农民白忙活了一场。这次“分田到户”是不是还会重蹈覆辙？对此，农民还是心存疑虑的。不少社队干部认为这是“走回头路”，分到户的田早晚还是要收回集体的。因此，在这一时期，地分得并不认真，差不多就行了，多一点、少一点也没人计较。还有的村是一窝蜂在秋收时分地，农民只顾分地上种的粮食，而没太在意种粮的地。

1984年，中央提出土地承包期延长十五年的政策。对农民来说，这不仅意味着土地承包经营的做法要长期化，而且，农户所分得的土地也要固定下来，长期归自己种，原来草草分地的做法就不被农户所接受了。这些村队，在“第一轮土地延包”时，农户就要求重新丈量、重新进行土地评级、重新分地。有些村队还会根据农户的要求，改变土地分配方式，如将按劳分地改为按人口分地等。这次土地调整应该被视为土地承包经营权初始分配的完善和继续。除此之外，通过这次土地调整，有些村队还解决了当初分地时把土地分得太碎的问题。②

“第一轮土地延包”后，在广大农村地区，土地调整现象仍持续不断。前面

---

① 时任农业部农村改革试验区办公室主任的杜鹰曾说过：“中央提倡的‘增人不增地，减人不减地’的做法，是切实稳定农户承包权的前提。据调查，目前仍有近2/3的地方不接受或未采取这个办法，究其原因，恐怕不是农民不同意，而是村干部有抵触，因为调整土地历来是村干部拿住农民的一种手段和权力。”杜鹰：《关于深化农村改革若干问题的思考》，载农业部农村经济研究中心《中国农村研究报告（1990—1998年）》（上），中国财政经济出版社，1999，第129页。

② 例如，陕西省宝鸡县在1984年推行土地延包过程中，通过土地调整，将小块地合并为大块地，户均地块数由当初分地时的9.5块减少到6.2块。参见廖洪乐、习银生、张照新等《中国农村土地承包制度研究》，中国财政经济出版社，2003，第225—226页。

已述的1990年国务院发展研究中心中国农地课题组所做的调查结果显示，有65.2%的村至少进行过一次土地调整，其中调整不止一次的村占28.1%。具体数据见表4－1。该调查还显示，不调地的村与当地农民收入有一定的相关性，即农民收入越高，农民越倾向不调地。[①] 这就表明真正想要调地的是依赖土地为生的耕者，“耕者要其田”。也有不少村，村干部嫌麻烦，不愿找事，就让农户自行解决，实际上就是不调地。现实表明，不调地的村，大多数是村集体实力较弱，或者村干部责任心不强的村。

全国农村固定观察点办公室1991年所做的抽样调查显示，截至1990年，有80%的村组调整过土地，在这些村中，调整过一次以上的村占比为68%。同样是全国农村固定观察点办公室在1998年所做的抽样调查显示，与1990年相比，到1997年，土地调整的比例和频率变化不大，在有调整土地的村中，仍有66.04%的村调整土地在一次以上。具体数据[②]见表4－4。假定一次土地调整发生在1984年“第一轮土地延包”时，那么，就可以得出这样的一个结论：自“第一轮土地延包”后，有50%以上的村集体发生土地调整[③]。

表4－4 全国农村固定观察点办公室两次对土地调整调查的数据 （单位：%）

调查年份	一次	二次	三次	四次	五次以上	总发生率[④]
1990	32.4	38.4	16	3.6	9.6	80
1997	33.96	31.6	18.87	8.49	7.08	80

另一项小样本的调查大体也是这样的结果。这项调查的对象是安徽和山东两省54户农民。该调查表明，有86%的村庄进行过土地调整，其中经过“大调整”的占68%。[⑤] 再如，对齐齐哈尔市农村的调查显示，自1984年到1994年，在所调查的26个村中，有10个村进行过“小调整”，有3个村进行过“大调

① 何道峰：《村级农地制度的变革》，载中国农地制度课题组编著《中国农村土地制度的变革——中国农村土地制度国际研讨会论文集》，北京大学出版社，1993，第35页。

② 中共中央政策研究室、农业部农村固定观察点办公室编《完善中的农村双层经营体制——对274个村庄的跟踪调查》，中共中央党校出版社，1992，第15页；全国农村固定观察点办公室：《当前农村土地承包经营管理的现状及问题》，《中国农村观察》1998年第5期。

③ 该数字按下列公式得出，二次以上土地调整发生率×土地调整总发生率，即68%×80%＝54.4%和66.04%×80%＝52.83%。

④ 总发生率是指在所调查的村中，发生过土地调整的村所占的比重。

⑤ 罗伊·普罗斯特曼、蒂姆·汉斯达德、李平：《中国农村土地制度改革：实地调查报告》，《中国农村经济》1995年第3期。

整”，有 13 个村没有调整土地；当时尚有 9.7% 的人和 19.2% 的劳动力没有土地，因此，部分村民对土地调整要求比较强烈。[①] 总之，在这一时期，基层地方政府对村集体的“调地”行为，无论是“大调整”，还是“小调整”，只要村集体及农民自己愿意，大体上都是持默许，甚至支持的态度。[②]

值得说明的是，在这一时期，有不少村组即使签订了十五年或三十年的土地承包合同，也会在土地承包期内进行土地调整。农业部 20 世纪 90 年代末的调查显示，在所调查村组中，有 62.5% 的村组的土地承包期为十五年，但其中有 86% 的村组进行过土地调整，而且有一半以上的村组还进行过“大调整”。[③] 同期，由国务院发展研究中心土地课题组所做的调查显示，自“分田到户”以来，在江西，有一次土地调整的村占比为 36.4%，有三次土地调整的村占比 45.5%；在河南，有 30% 的村有过一次土地调整，有 70% 的村有过二次调整；而在浙江所调查的三个县，有一半的村没有进行过土地调整。[④] 这些调查均表明，截至 2000 年，中央力图通过延长土地承包期减少土地调整的努力，在现实中并没有奏效。

四、2000年以后农户调整土地的意愿及其现实表现

（一）2000 年以后农户对土地调整的意愿

2000 年以后，随着农业税费的减免，直至废止，并增加了农业补贴，农户地权利益大大增强了。国家的种粮补贴成了“集体成员权”的一种福利。农户地权利益的增强是把“双刃剑”。已经获得足额的土地的农户当然不愿意调整土地，而没有获得足额的土地的农户，甚至没有土地的农户，就会强烈要求村集体重新分配土地。一些在“第二轮土地延包”中少要甚至不要土地的农民，现在认为吃了大亏，要求村集体把地补给他们。

① 孙喜杰：《对延长土地承包期政策的问卷调查分析》，《农业经济问题》1995 年第 11 期。

② 地方政府的有些基层官员认为：如果土地分配不均，出现无地的农民，这些农民生活没有着落，只好去偷、去抢，成为社会不稳定的因素，因此主张应该进行土地调整。参见廖洪乐、习银生、张照新等《中国农村土地承包制度研究》，中国财政经济出版社，2003，第 214 页。

③ 廖洪乐、习银生、张照新等：《中国农村土地承包制度研究》，中国财政经济出版社，2003，第 9 页。

④ 刘守英：《土地制度与农民权利》，《中国土地科学》2000 年第 3 期。

根据中国科学院农业政策研究中心做的全国代表性抽样调查，在所调查的农户中，支持土地调整的比例，2000 年为 45%，2009 年上升到 52%。[①] 也就是说，《农村土地承包法》出台后，仍有大约一半的农户要求进行土地调整，而且，与之前相比，要求进行土地调整的农户的比例还提高了。另一项于 2005 年做的有关局部抽样调查的结果大体也是如此。该调查显示，在所调查农户中有 38% 的农户认为应该调整土地即“大调整”，有 47% 的农户认为可以“小调整”，不赞同土地调整的仅占农户的 13%。[②] 有学者于 2011 年所做的调查发现，即使在“增人不增地，减人不减地”的发源地贵州湄潭，农民对土地再调整的愿望也十分强烈。该调查结果显示，在所调查的农民中，要求按人口再分配土地的比例高达 93%，有大约 90% 的农民认为嫁入村里的人和新出生的小孩应该分得土地，有 54% 的农民认为死去的人应该把土地交给村集体，由村集体进行重新分配，有 41% 的农民认为土地应该由家人继承。[③] 值得说明的是，上述这些调查的调查对象都是在村农民，不包括不在村的农民。在村务农的农民，当然希望土地分配平均，而不至于缺地种，但外出打工不在村的农民，则希望地权稳定。由于这些调查的调查对象都是在村农民，所以，与真实情况相比，希望调整土地的农户比重可能被高估了。有学者根据自 2006 年到 2015 年前后长达 10 年的田野调研估计，大约有三分之一的农户有土地调整的意愿，大约有三分之一的农户反对土地调整，还有大约三分之一的农户对土地调整持无所谓的态度。[④] 这个估计可能更符合实际情况。另外，对农户土地调整所持的态度，也有不同的视角。大多数农户是从乡村的伦理道德出发，认为集体的土地应该均分，大家都应该有地种，也就是支持因人口变化而进行的土地调整，但一涉及自身的实际利益可能就会反对“动地”了。[⑤]

除了免除农业税费、增加农业补贴的因素，这一时期，农民要求调整土地的另一个重要动因是国家征地。2000 年以后，随着城市化进程的加速和各项大型

---

① 黄季焜、郜亮亮、冀县卿等：《中国的农地制度、农地流转和农地投资》，格致出版社，2012，第 39 页。

② 项继权主编《民权与民生——中国农民权益实证调查》，西北大学出版社，2008，第 110—111 页。

③ 刘守英：《中国土地问题调查》，北京大学出版社，2017，第 57 页。

④ 朱冬亮：《农业治理转型与土地流转模式绩效分析》，中国社会科学出版社，2016，第 147—148 页。

⑤ 有学者于 2006 年在安徽省凤阳县和肥东县做实地调查发现，当向农户问及是否赞成调地时，支持调地和反对调地的各占一半，但问及“已经分配的承包地不进行调整行不行”时，答曰“行”即支持不调地的占绝大多数，只有少数农户答曰“不行”即要调地。参见赵阳、王宾、王明昊《农民对土地承包与流转的看法和意愿调查报告》，《调研世界》2006 年第 12 期。

基础设施的大规模兴建，国家征地的范围从城市郊区扩展到传统农村地区。与此同时，一些房地产开发商开始在其认为有开发价值的农村地区大规模地“跑马圈地”。不断增加的征地补偿金额，使农地变得更值钱，没有分到承包地的农民对调整土地的意愿更加强烈了。另外，土地流转市场的迅速发育，凸显出农地的价值。这也成为农民要求调整土地的一个重要动因。这一时期，农民对调整土地的诉求出现了两级分化的倾向。

总的来看，国家限制土地调整、延长土地承包期的政策，并不是如同家庭土地承包经营制改革那样，是一个皆大欢喜的政策，而是一个有人欢喜、有人愁的政策。这样的政策在现实中一定会遭到农民的抵抗，虽然这种抵抗也会受到外部力量的扼制。

（二）“第二轮土地延包”过程中的土地调整

1998 年开始全面启动“第二轮土地延包”。按照中央的政策，“第二轮土地延包”要“在第一轮土地承包的基础上进行”“不能将原来的承包地打乱重新发包”。[①] 也就是说，不能对承包土地“打乱重分”，只是对现存土地分配状态“顺延”，或作出适当的“小调整”。

1997 年中办发 16 号文[②]下达到地方政府后，从省到县甚至到乡镇的各级地方政府结合本地实际，纷纷出台了相关文件，将“第二轮土地延包”纳入当年的工作，并加以规范。在实际操作过程中，多数村组是按当地政府制定的政策执行的。有的是采取顺延的方式，将原有的土地承包期再延长三十年；也有的是大部分农户承包地不动，仅对个别人口变化较大的农户做局部的“小调整”，然后再延长土地承包期。然而，“第二轮土地延包”政策给农民发出了“以后不再分地”的强烈信号，许多农户及村组干部将“第二轮土地延包”视为最后一次分地的机会，因此，对全村或全组的承包土地“打乱重分”，即进行“大调整”也不在少数。有不少村集体采取“两面派”的手段，向所在乡（镇）政府上报的

① 1997 年中央发出的《关于进一步稳定和完善农村土地承包关系的通知》明确提出，“土地承包期再延长 30 年，是在第一轮土地承包的基础上进行的。开展延长土地承包期工作，要使绝大多数农户原有的承包土地继续保持稳定。不能将原来的承包地打乱重新发包”。

② 1997 年 8 月，中共中央办公厅、国务院办公厅发出的《关于进一步稳定和完善农村土地承包关系的通知》。

是符合政策的土地延包方案，而真正实行的是能够得到大多数村民认可的土地延包方案。这就包括了“打乱重分”的土地延包方案。对此做法，只要不出乱子，当地政府通常也不会制止，甚至还会支持村集体的这种做法。[①]

例如，河南省有些村根据人口的变化，以“大调整”的方式，对土地进行重新分配，然后，再将土地承包期定为三十年。[②] 河北省的一项农村调查也显示，土地重新分配的占所调查样本的38%。[③] “打乱重分”的现象不仅发生在“第二轮土地延包”时，在土地承包经营权确权时也会出现。有新闻报道，2008 年北京举办奥运会前，北京市大兴区黎明村在土地承包经营权确权时，就实施了人均 1.76 亩的土地重新分配的方案。[④] 另外，进行“第二轮土地延包”时，正处于农民负担重的时期。有些劳动力弱或少的农户不愿意包地，或者是想少包点地，村集体不得不将土地收回，重新分配。据农业部的统计，到 2000 年，在已经完成“第二轮土地延包”的村组中，有 51% 的村组进行了土地调整，进行“大调整”的村组占比高达 25%。[⑤]

“第二轮土地延包”时，绝大多数农村地区都是采取按人头分地的方式，因此，确认享有土地承包经营权的人员资格十分重要。享有土地承包经营权的人员资格的主要依据是在册的户口，即户口是否落在本村。户口落在本村的，就是集体经济组织成员，可以参与分地，否则就没有这个权利。有些村还在当地乡镇政府的支持下，规定“凡拖欠税费的农户不能作为承包土地的对象”。有的村组还规定，超生的小孩[⑥]、户口仍留在本村的外嫁女及其子女[⑦]，以及通过非正常婚姻落户本村的人员，也不能参与分地。有些“外来户”到村里包地种，并一直交纳农业税费，在“第二轮土地延包”时，只要办理了落户手续，村集体也会给这

---

① 有资深记者曾记录下中国西北一个普通乡镇，在“第二轮土地延包”时发生的“三天三夜的调地会”。田毅、赵旭：《他乡之税——一个乡镇的三十年，一个国家的“隐秘”的财政史》，中信出版社，2008，第 138—141 页。

② 河南农村社会经济调查队：《农村土地延包状况问卷调查报告》，《农村经济问题》1999 年第 2 期。

③ 刘树、孟颖、安月平：《河北农村土地第二轮承包后的情况调查与分析》，《河北大学学报》（哲学社会科学版）2003 年第 2 期。

④ 参见 2008 年 10 月《中国新闻周刊》的有关报道。

⑤ 杜鹰、唐正平、张红宇主编《中国农村人口变动对土地制度改革的影响》，中国财政经济出版社，2002，第 8 页。

⑥ 按照当时的农村计划生育政策，一对夫妇可以生育两个小孩，超过两个的小孩被视为超生。有的村组对超生的小孩一律不给分地，有的村组是只要交了超生罚款，超生的小孩也可以分地。

⑦ 按照农村的习俗，除了入赘的女婿户，出嫁的女儿应该迁户到婆家。

些农户分地。在确定享有土地承包经营权的人员资格的基础上，重新核定分地人口，按新核定的人口进行土地调整。这种土地调整不少属于“大调整”①。为了解决因家庭人口变化而发生的频繁调整土地的问题，并减少按人口分地而引发的纠纷,② 有些农村地区采取“固化人口”的做法，即规定一个时间点如1997年10月1日或11月1日，以户籍为准，在此时间点以前的家庭户籍人口，按人口均分的方式分得土地，在此时间点以后，无论家庭户籍人口增或减，都不再享有土地承包经营的分配权，也就是不再分得土地，即通常所说的“增人不增地、减人不减地”。③ 也有的村为了避免因人口变化引起的土地分配不公，“按人分地”中的“人”，不仅计入现有人口，还计入未来人口，按人口年龄分地。④

也有经济较为发达的农村地区，在“第二轮土地延包”过程中，通过土地调整，将土地承包给种植大户。例如，浙江苍南县在“第二轮土地延包”时，曾对18个村、4007户、8934亩耕地进行了土地“大调整”，并重新发包；重新发包后，种植大户达225户，增加了12户，种植大户的承包土地面积达5583亩，增加了1021亩；种植大户承包土地面积占比达62.5%；平均每个种植大户的承包土地面积约25亩。⑤

（三）“第二轮土地延包”以后土地调整的现实表现

随着土地承包期三十年政策及土地调整政策的逐步落实，村集体或村民要想调整土地，其难度也越来越大了。村集体调地的行为不再被当地政府所认可，甚至受到明确的反对和制止。因为调地村小组内部总会分为两派，“少地户”主张

---

① “第二轮土地延包”的具体工作都是落在乡镇政府身上，对承包土地“打乱重分”明显违反中央和当地省市的政策，乡镇政府为了完成任务，又要被当地农户所接受，往往会变通出一些秘而不宣的“土政策”。参见田毅、赵旭《他乡之税——一个乡镇的三十年，一个国家的“隐秘”的财政史》，中信出版社，2008，第138—141页。再如，在核定承包人口上，贵州省剑河县就曾出台了有关“三户一人”即“农转非户、外迁户、死亡绝户、农转非人”，退出承包地的政策。参见陆显俊《“三户一人”耕地清退难的原因何在》，《农村经济与技术》1999年第12期。

② 上述北京市大兴区黎明村分地纠纷就是在如何核定分地人口上。参见2008年10月《中国新闻周刊》的有关报道。

③ 在实际操作中，“固化人口”也有一些变通。例如，到了结婚年龄的但未结婚的男性人口，可以分得两个人的地，也就是给未来的媳妇留出一个人的地，或者是给未出生的小孩留地。参见廖洪乐、习银生、张照新等《中国农村土地承包制度研究》，中国财政经济出版社，2003，第264页。

④ 廖洪乐、习银生、张照新等：《中国农村土地承包制度研究》，中国财政经济出版社，2003，第19—21页。

⑤ 罗鉴宇主编《土地适度规模经营——浙江的实践与启示》，浙江人民出版社，1998，第113页。

调地，“多地户”不主张调地，这时乡镇政府的态度就十分重要了。如果乡镇政府声称按照国家的政策不允许调地，那么要调地的农户也只好作罢。另外，2006年农业税费被取消后，要求调地的农户再也不能通过拒交税费来表达其诉求了。自“第二轮土地延包”以后，有些村就再也没有发生土地调整了。即使有土地调整也是“小调整”，而且主要是按照村规民约以自然村为单位，在村小组内部进行，行政村及乡镇政府少有参与。①

2000年以后，仍坚持土地调整的村组，往往是一些有土地调整长期传统的村组。例如，福建将乐县一个村民小组。该村民小组直到2008年仍坚持之前定下的共同“公约”，即“土地五年一分”，五年进行一次“大调整”。2008年“大调整”的方式是，以产量亩750斤确定按人头分地的标准，7个人一个“钩子”即一份产量亩为5250斤的土地。如果一个农户正好有7口人，就分得一个“钩子”；如果一家农户不足7口人，就要与其他农户自行组合，凑够7个人，分得一个“钩子”后，再由农户自行内部调配。②

2000年以后，大多数村集体除了预留部分可用于村内建设包括村公共设施、道路，及农村居民建房（宅基地）的土地③，已将绝大部分土地都分到户。有学者于2008年在山东所做的一项小型调查表明，有61.3%的农户反映村里将全部土地或95%以上的土地都分到户，也有部分村集体尚保留不少机动地。但这些机动地主要用于村集体集中发包，获取土地承包费，而不是用于土地调整。④ 这就是说，农户要想多种地，只能通过向村集体支付承包费，取得土地经营权。这相当于村民向村集体租地，每亩年租金从60元到800元不等。⑤

（四）2000年以后土地调整的新特点

“第二轮土地延包”后，特别是《农村土地承包经营法》实施后，土地调整规模因受到政策和法律的限制而大幅减少，并呈现与此前不同的特点。

---

① 乡镇政府对土地调整的干预，一般仅限于行政村。如果是村小组要调地，乡镇政府也是无能为力的。例如在福建省将乐县安仁乡的京峰村（自然村），“第二轮土地延包”后，该自然村仍约定五年调整一次土地。参见朱冬亮《农业治理转型与土地流转模式绩效分析》，中国社会科学出版社，2016，第145页。

② 朱冬亮：《农业治理转型与土地流转模式绩效分析》，中国社会科学出版社，2016年，第145—146页。

③ 这些土地大多在规划的村庄范围内。

④ 杨学成、赵瑞莹、岳书铭：《农村土地关系思考——基于1995—2008年三次山东农户调查》，《管理世界》2008年第7期。

⑤ 同上。

首先，引起土地调整的主因发生了变化。在这一时期引起土地调整特别是“大调整”的主因：一是“合村并组”。“合村”是指将较小的行政村合并为较大的行政村，“并组”是指将较小的村民小组或自然村，合并成较大的组或自然村。“合村并组”不仅是村组织的合并，也是村落的合并。据统计，1997 年全国的行政村总数为 90.6 万个，到 2017 年减少到 55.4 万个，20 年间减少了 35.2 万个①，自然村减少的应该更多。合并村落就要搬迁腾地，土地位置和面积都要调整，这就不得不对涉及农户的土地进行调整。二是征地。进入 2000 年以后，中国城市建设规模高速扩张，覆盖全国各个角落的交通基础设施网络的建设也进入高潮期。这些建设都需要征地，不仅要大规模地征用城市周边的土地，而且交通路网的建设也会涉及征用边远农村地区的土地。据中国人民大学土地管理系与美国农村发展研究所（RDI）做的调查，因人口变动而进行的土地调整，其占比由 2001 年的 78% 降至 2010 年的 66.1%，而因征地和土地整理而进行的土地调整，其占比分别由 2001 年的 10% 和 0.7%，上升至 13.1% 和 9%。具体数据见表 4 - 3。另据学者所做的抽样调查，“第二轮土地延包”后，因人口变动调整土地的占比 63.5%，因征地调整土地的占比 17.3%，因土地整理调整土地的占比 13.3%，因土地流转到期调整土地的占比 5.9%。② 据笔者的现实观察，到 2000 年代中期以后，虽然农户家庭人口数量仍是土地调整的依据，但农户家庭人口的变化越来越不构成土地调整的主因。这就说明，如果没有来自外部涉及地权变动的事件，如“合村并组”、征地、土地整理、大规模流转、调整种植结构等，仅仅因为农户家庭人口的变化而进行的土地调整越来越少了。即使有调整，也是“小调整”。

其次，土地调整的范围有所变化。在许多农村，特别是在北方平原地区如地处华北平原的河北农村，许多“大调整”包括“第二轮土地延包”时发生的“大调整”，是在行政村一级进行的。③ 在这些地区，曾通过打井、修渠和土地平整来改善土地耕种条件。实施这些工程不仅费用开支较大，而且还需要动员较多

① 田孟：《“合村并组”的政治逻辑与治理》，《华南农业大学学报》2019 年第 3 期。

② 朱明芬、常敏：《农用地隐性市场特征及其归因分析》，《中国农村经济》2011 年第 11 期。

③ 在北方平原地区，多数为集村，居住和耕种都比较集中，而南方丘陵地区，以散村为主，依托自然村设立的村小组即原来的生产队，居住和耕种都比较分散。地理条件在很大程度上决定了农村各项事务的运作是放在村小组还是在行政村。在河北省许多县已没有村小组这一级了。参见廖洪乐、习银生、张照新等《中国农村土地承包制度研究》，中国财政经济出版社，2003，第 4 页。湖北省有些县也存在这种情况。参见贺雪峰、罗兴佐等《中国农田水利调查——以湖北省沙洋县为例》，山东人民出版社，2012，第 448 页。

的劳动力，单独依靠村小组的力量很难完成，因此必须打破村小组的界限，由行政村统一组织、统筹实施。另外，这些小水利工程及土地平整，政府往往会以奖励的方式配套一部分资金。由于负责政府奖励资金发放的乡镇政府主要是与行政村的干部打交道，所以，奖励资金的申请和接受主体往往也是行政村。土地耕种条件的改善会造成土地分配新的不公，而且，实施这些工程往往会占用农户的土地或改变土地的位置，这些都会引发土地调整。而这种土地调整也只能在行政村一级的范围内进行。再有，因征地和自然灾害造成的土地损毁而引起的土地调整，一般情况下，村小组对此是无能为力的，也只能在行政村一级的范围内进行。[①] 因为征地和自然灾害造成的土地损毁往往涉及村小组大部分甚至全部土地。在这种情况下，村小组是无地可调的。

例如，河北省清苑县大庄镇东孟庄自 1982 年到 1997 年进行过三次分地。第一次分地是在 1982 年到 1983 年，由每个生产队各自按人头均分，每个生产队农户的分地标准不同，有人均 1.5 亩的，有人均 1.7 亩的。这次分地把地分得很零碎。第二次分地是在 1985 年，这次还是由每个生产队各自按人头均分，分地标准变化不大，人均 1.3 亩到 1.8 亩，主要是解决土地细碎化问题，土地分配相对集中成片。第三次分地是在 1996 年，这次是在全村（原来的生产大队）分，全村一个分地标准，且只分口粮田，人均口粮田 0.7 亩，剩下的都是责任田，口粮田和责任田的比例大约是 48∶52。责任田用于对外租赁，搞“两田制”。[②] 第二次分地和第三次分地都属于土地“大调整”，其中第三次分地是在行政村范围内进行的“大调整”。

再次，土地调整方式的变化。在有的村组，不是由村组直接调整土地，而是村组要求多地户把一部分土地让出来，调给少地户，至于具体怎么调，调哪块地，由多地户与少地户自己商量解决。例如，江西省铜鼓县一个村组，“第二轮土地延包”以后的“小调整”，不再是将土地收回到村里进行分配，而是按照村里约定，由多地户自行将多出的土地调整给少地户。这样调出的土地大多是差地。这种做法往往会引起少地户的不满，但这也降低了少地户调地的意

① 根据前述农业部组织的调查，河北省很多农村已取消了生产队即村民小组。参见廖洪乐、习银生、张照新等《中国农村土地承包制度研究》，中国财政经济出版社，2003，第 205—207 页。

② 中国社会科学院经济研究所“无保”调查课题组：《中国村庄经济——无锡、保定 22 村调查报告（1987—1998）》，中国财政经济出版社，1999，第 488 页。

愿。当然，这种土地调整方式实施很难，最后还是由村组统一调地。例如，江西省铜鼓县的一个村组20年都没调地了。在2009年的一次换届选举中，老组长被选下去了，新任的村小组长一上台就宣布要“十年一大调、三年一小调”。[①]

最后，村集体或政府推动土地调整的目的也发生了变化。有学者于2010年所做的调查表明，在发生村集体收回农户承包地的样本村中，政府征收（包括“以租代征”）占比41.2%，村集体连片集中后转包大户或企业占比27.1%，村集中部分土地重新发包占比19.2%，因其他目的如修建村公共基础设施和女性出嫁等占比12.3%。[②] 在村民的语境中，只有村集中部分土地重新发包才是土地调整，其他的都属于村集体或政府征地。可以推断，原来以平均地权为目的的土地调整越来越少了。

五、严格限制土地调整政策的实施效果

（一）“第二轮土地延包”前后的比较

自1999年至2010年，中国人民大学土地管理系与美国农村发展研究所联合进行了5次农村土地权利调查，该项调查涉及17个省。1999年的调查显示，自实行家庭土地承包经营以来，有77.4%的农户至少经过了1次土地调整，其中有62.7%的农户反映，土地调整是在1996年到1999年之间发生的，也就是在“第二轮土地延包”过程中发生的。“第二轮土地延包”时进行“大调整”的和进行“小调整”的几乎各占一半。[③] 2005年的调查显示，自“分田到户”以来，有74.7%的村至少经过了1次土地调整，其中有55%的村经过了2次或2次以上的土地调整；“第二轮土地延包”时进行土地调整的占一半左右；“第二轮土地延包”之后还进行过土地调整的占32.8%。[④] 2010年的调查显示，自“分田到户”

① 朱冬亮：《农业治理转型与土地流转模式绩效分析》，中国社会科学出版社，2016，第145—146页。

② 朱明芬、常敏：《农用地隐性市场特征及其归因分析》，《中国农村经济》2011年第11期。

③ 叶剑平、丰雷、蒋妍等：《中国农村土地农户30年使用权调查研究——17省调查结果及政策建议》，《管理世界》2000年第2期。

④ 叶剑平、丰雷、蒋妍等：《2005年中国农村土地使用权调查研究——17省调查结果及政策建议》，《管理世界》2006年第7期。

至1999年和自“分田到户”至2001年两段时间内，进行过土地调整的村占全部被调查村的比例分别为79.9%和82.6%；自1993年至2008年和自1993年至2010年两段时间内，进行过土地调整的比例分别为37.5%和40.1%。[①] 这就表明，进入2000年以后，虽然仍有土地调整，但发生土地调整的村的数量大幅度减少了。2010年的调查还显示，“第二轮土地延包”后，土地调整的频次也有所降低，而且大多以“小调整”为主。自“分田到户”至2001年，土地调整的平均次数为4次，“大调整”和“小调整”各占一半。“第二轮土地延包”后，土地调整的平均次数为2.4次，其中“大调整”平均次数为0.6次，占比25%，“小调整”平均次数为1.8次，占比为75%。[②] 另有学者调查结果显示，在所调查的村中，1984年到1995年调整土地的，占比94.7%；2000年到2010年调整土地的，占比下降到44.4%。[③]

与前面的调查相比，中国科学院农业政策研究中心2009年做的调查更为全面。该调查结果显示，土地调整大体经历了四个阶段。第一阶段为1982年至1985年，是实行家庭土地承包经营的初期。这一阶段，土地调整比较频繁，占所调查农户的比例在20%以上，而且每年“打乱重分”的“大调整”所占比例较大。第二阶段为1986年至1993年，大约处于“第一轮土地延包期”。这一阶段，土地调整比例呈小幅降低的趋势。在大多数年份，土地调整的比例低于20%，而且主要以“小调整”为主。第三阶段为1994年至1999年，大约处于“第二轮土地延包期”。这一阶段，土地调整比例再次提高。1997年至1999年是“第二轮土地延包”在全国范围内集中发生的三年，土地调整进入了高峰期。这三年的土地调整比例分别为38.3%、33.3%和51.7%。第四阶段为2000年以后。2000年以后，土地调整的比例急剧下降，到2008年土地调整的比例只有5.2%，[④] 具体数据[⑤]见表4－5。

---

① 丰雷、蒋妍、叶剑平等：《中国农村土地调整制度变迁中的农户态度——基于1999—2010年17省调查的实证分析》，《管理世界》2013年第7期。

② 丰雷、叶剑平、蒋妍等：《中国农村土地调整的时序变化及地区差异——基于1999—2010年17省调查的实证分析》，《中国土地科学》2011年第5期。

③ 该抽样问卷调查涉及广东、江苏、浙江、湖北、四川和重庆6省（市），每个省抽取3个县（市）、2个乡镇（街道）、4个村（社区），120个农户。参见朱明芬、常敏《农用地隐性市场特征及其归因分析》，《中国农村经济》2011年第11期。

④ 黄季焜、郜亮亮、冀县卿等：《中国的农地制度、农地流转和农地投资》，格致出版社，2012，第37页。

⑤ 同上。

表 4－5　1982—2008 年样本村土地调整情况[①]　（单位：%）

年份	土地调整占比	“大调整”占比	“小调整”占比
1982	25.0	15.0	10.0
1983	25.0	15.0	11.7
1984	20.0	5.0	15.0
1985	25.0	8.3	16.6
1986	13.3	3.3	11.7
1987	13.3	0.0	13.3
1988	15.0	3.3	11.7
1989	16.7	6.7	10.0
1990	25.0	5.0	20.0
1991	18.3	5.0	13.3
1992	16.6	3.3	13.3
1993	18.3	3.3	15.0
1994	23.3	6.7	20.0
1995	28.3	3.3	25.0
1996	20.0	0.0	20.0
1997	38.3	13.3	26.7
1998	33.3	5.0	30.0
1999	51.7	15.0	40.0
2000	15.0	3.3	13.3
2001	8.6	1.7	6.9
2002	6.9	1.7	5.2
2003	6.9	0.0	6.9
2004	6.9	1.7	6.9
2005	12.0	1.7	10.3
2006	8.6	0.0	8.6
2007	3.4	0.0	3.4
2008	5.2	0.0	5.2

① 表中的数据，分别指历年在所调查的村中，发生过土地调整及“大调整”和“小调整”的村所占的比例。如果在所调查的村中，仅做“大调整”，或仅做“小调整”，“大调整”与“小调整”的比例数之和应等于土地调整的比例数；如果在所调查的村中，既有“大调整”，也有“小调整”，“大调整”与“小调整”的比例数之和就会大于土地调整的比例数。

另一项调研结果与上述调查结果相差较大。2006年，国务院发展研究中心课题组在全国范围内进行过一次规模较大的抽样调查。该项调查显示，自“第二轮土地延包”以来大约10年间，全国有12.5%的村进行过土地调整，其中有调整1次或2次的占比为85.1%，调整间隔在5年的占比55.1%；分地区来看，东部地区土地调整比例最大，占比为15.6%，调整次数较多的是中部地区，调整3次的占比达20%，西部地区调整间隔时间较短，3年一调的占比为42.9%。[①]具体数据[②]见表4-6。

表4-6　第二轮土地延包以来土地调整情况　　（单位:%）

区域	调整比例	调整次数占比				调整间隔时间占比		
		1次	2次	3次	其他	3年	5年	其他
全国	12.5	54.5	30.6	9.9	5.0	24.5	55.1	20.4
东部	15.6	56.1	30.7	7.0	6.2	20.4	63.3	16.3
中部	11.3	41.7	31.7	20.0	6.7	17.9	53.6	28.5
西部	9.2	66.7	29.2	4.2	0.0	42.9	38.1	19.0

有学者于2008年对全国6个省的土地调整情况进行大样本随机抽样调查。该调查结果表明，“第二轮土地延包”前，在所调查的村组中，经历过土地调整的村组占比为72.27%，其中“大调整”和“小调整”都有的村组占比为10.92%，只有“大调整”的村组占比为13.45%，只有“小调整”的村组占比为47.9%；“第二轮土地延包”后，在所调查的村中，经历过土地调整的村组占比下降到42.02%，其中大、小调整都有的占比下降到0.84%，只有“大调整”的村组占比下降到3.36%，只有“小调整”的村组占比下降幅度较小，但所占比例仍高达37.82%。虽然上述的调查结果有一些出入，但不可否认的事实是，与“第二轮土地延包”前相比，“第二轮土地延包”后，土地调整的情况大大减少了。[③]

---

① 韩俊：《破解三农难题——30年农村改革与发展》，中国发展出版社，2008，第326—327页。

② 同上书，第327页。东部地区之所以土地调整较为频繁，笔者可以推断，有较大部分是因合并村落或征地而引起的土地调整。

③ 陶然、汪晖、黄璐：《二轮承包后的中国农村土地行政性调整》，载张曙光主编《中国制度变迁的案例研究（土地卷）第八集》，中国财政经济出版社，2011，第202—206页。

与此同时，农户对于土地调整的预期也发生了微妙的变化。一项小型的农户调查显示，与2000年相比，到2008年，认为未来还会进行土地调整的农户占比由之前的48.1%下降到36.9%，认为未来不会进行土地调整的农户占比由之前的7.9%提高到8.4%；但不知道土地是否还会调整的农户占比由之前的15%大幅上升到30.4%。[①] 这表明，直到这时，不少农户对国家的"不调地"政策仍持有怀疑态度。

总体来说，土地调整总的趋势是，"第二轮土地延包"之前，土地调整的频次较高，而且很多都属于"大调整"；"第二轮土地延包"之后，特别是《农村土地承包经营法》实施后，土地调整频次有所降低，而且"大调整"较少。2010年以后，以保证公平为取向的土地调整越来越少了，土地调整主要被限制在《农村土地承包法》允许的范围。一个明显的事实是，2010年以后，无论是政策研究界和学术界还是新闻媒体，对土地调整问题的讨论或现象的揭露都很少了。社会上对乡镇政府及村干部对农户土地权利侵犯的关注转向强迫农户进行土地流转上了。

（二）严格限制土地调整政策的不利后果

由于不能调整土地，土地分配不均的问题就会凸显。以作为"增人不增地、减人不减地"经验发源地的湄潭为例。经过30年不调地后，在湄潭不仅造成了土地分配的严重不均，还产生了不少"滑稽人口"。按当地农民说法，"滑稽人口"是指那些有承包地，但户口已经迁出本村，与本村没有什么关系的人口。据估计，这部分人口占所调查村的人口比例为12.4%。在本村没有承包地的失地农民占所调查村的人口比例高达33.75%。[②] 这种情况在其他地区也很普遍。

一项对宁夏西海固地区农村的微观调查显示，有农民反映，一户人家在分地时有8口人，分得20多亩地，到现在户口上只剩下1口人了，因没有能力种，又不愿意让别人种，地只好荒着；还有一户人家，分地时只有1口人，现在这家

① 杨学成、赵瑞莹、岳书铭：《农村土地关系思考——基于1995—2008年三次山东农户调查》，《管理世界》2008年第7期。

② 刘燕舞：《要反思湄潭土地试验经验》，《学习与实践》2009年第7期。

已经有6口人了，但地只有3亩多一点；也有的农户，全家人的户口都转走了，但地还在这家人手里。[①] 另据对湖北省浠水县三个农村乡镇的调查统计，在1998年“第二轮土地延包”时，缺地户的户数及人口分别占总户数及总人口的11%和5.6%，多地户的户数和人口分别占总户数和总人口的9.3%和4.9%。[②] 如果能够调整土地，把多地户的土地调整给缺地户，那么缺地户的缺地问题基本上能够解决。由于不能调整土地，多地户和缺地户将长期并存，而且随着时间的推移，每户人口数的变化越来越大，缺地户将越缺地，多地户将越多地。

据山东一个农村村干部反映，从1999年“第二轮土地延包”到2006年的7年间，减人户人均土地多的有五六亩，少的也有二三亩，增人户人均土地不到一亩。[③] 减人户往往是在外有挣钱门路的人家，家里的人是干部、公司白领、学校老师等，有稳定收入。而增人户往往是穷人，是没有挣钱门路或能力的贫困户。土地不能调整在一定程度上加重了农村本来就很严重的两极分化。有的农村还出现了“死人有地、活人无地”的情况。[④]

从法理上说，每个村集体经济组织成员都天然享有土地承包经营权，也就是说，只要是村集体经济组织成员都应该分得一份土地。由于不能进行土地调整，这种天然的权利已经无法兑现了。据学者于2008年做的调查，在所调查的村中，有14.2%的农户“在册”的（即有村户籍的）家庭人口没有分到承包地；有16%的农户“不在册”的（即没有村户籍）家庭人口保有承包地。没有分得承包地的“在册”的家庭人口主要是新娶的媳妇和新生儿，保有承包地的“不在册”的家庭人口主要是户籍已经迁出的大学生。[⑤]

因土地不均而产生的农村两极分化也会引起乡村社会的撕裂。缺地户认为“土地人人有份”“土地均分”是天经地义的，要求调整土地，而多地户则依据国家的法律和政策反对调整土地。双方各执一词，相持不下，这也成为一些村纠

① 林燕平：《董湾村的农民生活》，中国社会科学出版社，2015，第224—225页。

② 项继权主编《民权与民生——中国农民权益实证调查》，西北大学出版社，2008，第101页。

③ 张则尧：《二轮土地承包后产生的问题、原因及对策》，载乡镇论坛杂志社编《农民土地权益与农村基层民主建设研究》，中国社会出版社，2007，第102—104页。

④ 隋福民：《干沟子村的发展与变迁——辽西农民生产与生活的历史缩影》，中国社会科学出版社，2015，第69—70页。

⑤ 杨学成、赵瑞莹、岳书铭：《农村土地关系思考——基于1995—2008年三次山东农户调查》，《管理世界》2008年第7期。

纷和冲突不断的根源。

有学者当时估计，到2010年，全国因实施“增人不增地、减人不减地”政策所导致的农村中无地人口数量约为1.56亿人；如果加上因违反计划生育政策超生的人口（这部分人通常是不享有分地权利的），那么农村中无地人口数量则更多。[①] 2010年，农村人口为6.7亿人，以此估算，无地的农村人口所占比例接近25%。[②]

（三）土地调整与土地流转

从理论上说，土地调整对土地流转有一定的替代关系。如果没有了土地调整，农户要取得土地经营权，就不得不向其他农户流转入土地；如果农户可以通过土地调整获得土地，那么，农户向其他农户流转入土地的意愿就会降低。因此，严格限制土地调整，土地流转市场就会发育起来。这应该也是中央农村政策制定层所预期实现的一个政策目标。

土地流转市场发育程度的一个重要指标是土地流转价格。发育不成熟的土地流转市场，土地流转价格较低，反之则较高。一项学者的调研可以部分证明这一结论。该调研显示，有“大调整”的村，土地流转的平均价格为每亩98.2元；有“小调整”的村，土地流转的平均价格为每亩150.17元；没有土地调整的村，土地流转的平均价格为每亩184.56元。[③] 但也应该看到，土地调整对土地流转的替代作用是有限的。这是因为农户参与土地流转的主要目的是扩大土地经营规模，而土地调整的主要目的是保持均分土地的小农经营状态。

---

① 国务院发展研究中心农村经济研究部课题组：《稳定与完善农村基本经营制度研究》，中国发展出版社，2013，第42—43页。

② 在农村中存在着如此数量庞大的无地人口，本身就是一个造成农村社会不稳定的潜在因素。这与中央意图通过稳定保护土地承包经营权，稳定农村社会的政策指向是有相悖之处的。之所以产生这样的相悖情况，其根源在于保护农民的土地财产权与保障农民的土地承包经营权是有内在矛盾的。如果承认农户所承包的土地是农民的私人财产，就要严格限制村集体调整土地，否则就是对农户私人财产的剥夺。如果承认本集体成员应该享有土地承包经营权，那么，村集体就应该给新加入集体的农民分配土地。如果集体手中没有机动地，就要进行土地调整。因此，有学者主张，应该允许村集体在一定年限间隔内，按照人口的变化情况进行土地“小调整”，实现“耕者有其田”。张路雄：《耕者有其田》，中国政法大学出版社，2012，第67—72页。

③ 邓大才：《土地政治：地主、佃农和国家》，中国社会科学出版社，2010，第267页。

六、土地互换[①]与合并

（一）以提高土地利用效率为目的的土地调整

除了以公平为目的的土地调整，还有一种以提高土地利用效率为目的的土地调整。这就是为了解决土地分散和细碎问题而进行的土地互换与合并。与以公平为目的的土地调整不同，土地互换与合并不是调整农户的土地承包经营权，而是调整土地地块的块数和空间位置。如前所述，这种土地调整是受到中央政策支持的。自1984年中央一号文件到1991年出台的《中共中央、国务院关于一九九一年农业和农村工作的通知》，都是赋予了村集体以解决土地细碎化、分散化为目的进行土地调整的权力。之后，中央对此做法在政策上虽然没有明确地表态支持，但也不反对。

自20世纪80年代初全国普遍推行家庭土地承包经营制以来，农户之间自发的土地互换一直没有停止过。但是，这种农户之间自发的土地互换规模都很小，而且是零星发生，并不能从根本上解决土地分散和细碎问题。[②] 有研究表明，农户之间自发进行的土地流转对降低土地细碎化的作用十分有限，真正能够有效解决土地分散和细碎问题的主要途径是村集体主导下的土地调整。这种土地调整在不同时期、不同阶段有不同的模式。

在现实中，为解决土地分散和细碎问题而进行的土地调整，其主要方式是改进分地办法，重新分地。对此内容，在本书第三章第六节已有叙述，这里就不再赘述。除此之外，各地也涌现了不少新的土地调整方式。

（二）“区域种植、统种分管”

20世纪90年代，在一些农村地区，为了避免“插花”种植，克服浇地困

---

① 根据2003年出台的《农村土地承包法》第三十六条，“互换”属于土地流转的一种方式。笔者认为农户之间自发进行的土地“互换”，可以视为土地流转，但如果是由村集体主导的土地互换，应该属于土地调整的范畴。

② 据笔者在贵州、河北等地农村的调查，农户之间的土地互换经常是在分地时的那几天就完成了。农民说，由于村里分地方案做得太粗，没有考虑农户的具体情况，有的农户分到地后，当晚就与其他村组的农户商量调地、换地的事了；能换的地当时就换过来了，剩下的都是不能换的地。再有，农民盖房子也会找有靠近国、省、县道土地的农户换地。这种换地还要加钱。

难，曾实行“区域种植、统种分管”。其主要做法是：在村集体主导下，统一种植作物的布局，将同一种作物连片种植，统一协调耕地、浇灌、施肥、喷洒农药等作业。[①] 实行“区域种植、统种分管”就需要对土地进行适当归并和集中，也就是要根据土地分布和农田水利设施布局，对农户的土地重新划片和调整。调整的方式是调地和换地。

例如，黑龙江省齐齐哈尔市。如本书第三章第五节所述，齐齐哈尔市农村的农业机械化利用条件较好，但均分土地的做法造成了土地的细碎化，降低了农业机械利用效率，浪费了土地资源，浇水也成了问题。为了解决这些问题，该市于1989年开始推动“土地连片种植、统种分管”，到1992年，该市土地连片种植的面积已占全市耕地面积的48.5%。据调查，土地连片种植的方式多达8种。归纳起来，主要做法是：首先，进行土地的种植分区，如分为小麦种植区、大豆种植区和杂粮种植区等；其次，根据水井、田间林带划分地块，小块并大块；再次，以土地流转或土地调整的方式，将农户的土地集中到种植分区上来；最后，以种植大户、农民合作组织和村集体为主，实行统一种植。对不愿参与连片种植的农户，采取换地的方式，将这些农户的土地调整到种植分区之外或者种植分区的边上。[②]

不仅土地资源较为丰富的黑龙江可以实现土地连片，人多地少的地区同样也可以做到。例如，浙江省萧山市许贤乡河口村。该村有190亩耕地承包给一个大户从事花卉、苗木生产，但有38户不愿放弃承包的68亩耕地，为使190亩耕地连成一片，由村集体出面，将这38户的68亩耕地置换到另外的地块。[③]

“统种分管”曾是一些省份推行土地适度规模经营的主要途径。从1984年到1992年，河北省各地农村持续推行旨在合并分散地块的土地调整。到1992年，

① 农业部农村合作经济研究课题组曾连续几年对“区域种植、统种分管”进行过调查统计。该调查结果显示：1990年，全国实行的“区域种植、统种分管”的耕地面积为9104万亩，占全国总耕地面积的6.33%，其中东部地区的占比为11.76%，中部地区的占比为4.84%，西部地区的占比为1.75%；到1994年，全国实行的“区域种植、统种分管”的耕地面积下降到4061万亩，占全国总耕地面积的比例下降到3.1%。参见农业部农村合作经济研究课题组《1990：中国农村土地承包经营制度及合作组织运行考察》，《农业经济问题》1991年第8期；另参见农业部农村合作经济研究课题组《中国农村土地承包经营制度及合作组织运行考察》，《农业经济问题》1996年第2期。为什么会出现这种大幅度的下降，原因尚不是很清楚。笔者推测，大概是这种做法没有得到中央层面的认可，地方政府也就没有动力继续推进了。

② 杨志坚等：《农村土地统种分管经济效益的研究》，载农业部农村经济研究中心《中国农村研究报告（1990—1998年）》（上），中国财政经济出版社，1999，第318—331页。

③ 马晓河、崔红志：《建立土地流转制度，促进区域农业生产规模化经营》，《管理世界》2002年11期。

通过调地和换地，每家农户地块数由十几块到二十几块，合并到 3～5 块（平原地区）和 5～7 块（山区）。这就为河北省农村推行“统种分管”创造了条件。据统计，到 1996 年底，全省实行“统种分管”的耕地占全省耕地面积的 53%。[①]这种在村集体主导下的调地和换地，在政策上归为土地流转，但在农户或村集体看来，这并不是在流转土地，而是在调整土地。

（三）“划片承包”

20 世纪 90 年代末 21 世纪初，湖北省沙洋县的少数村所实行的“划片承包”是在村集体主导下的调地和换地的另一典型案例。

湖北省沙洋县是水稻生产区，用水是农业生产的关键。2000 年农业税费改革以后，村集体统一修建小水利、统一调配用水、统一出义务工修路的职能被大大弱化了。集体水利处于基本瓦解的状态，农户灌溉用水只能是自行解决。但农户修建个体小水利如打井、挖堰需要土地相对集中，否则农户就要“拖着水管子到处转、一天浇不了两亩地”。有些农户因为用水太难就放弃了种地，造成土地撂荒。为了解决这个问题，该县一些村开始探索“划片承包”[②]。

1999 年，该县官垱镇双冢村四组的几家种水稻的农户因受困于水库放水费用高、上游农民偷水，提出村组内的农户自己挖堰。改造或新挖堰塘需要有人出钱、出力。但由于土地分散、没有集中连片，使改造或新挖堰塘的受益人不清，用水也十分不便。有的农户分散在各处的土地有十多块，改造或新挖堰塘不可能全部覆盖，所以也就没人愿意出钱、出力。除了用水难、用水贵的问题，土地撂荒的情况也很严重。该村组共有 230 亩耕地，25 家农户，实际种地的有 19 户，撂荒土地达 40 多亩。面对这些问题，在村“两委”的主持和多次协调下，该村确定了以村小组为单位的“划片承包”的方案。其具体做法是：将全组的土地划成若干片，并根据水源条件分出若干土地等级，每片由若干家农户承包，每家农户在每片的位置由抓阄确定。土地调整到户后，每片选出一个“片头”，主要

① 关锐捷主编《中国农村改革二十年》，河北科学技术出版社，1998，第 673—684 页。

② 有关湖北省沙洋县“划片承包”和“按户连片耕种”的资料，来自王海娟、贺雪峰编著《农地细碎化的公共治理之道：沙洋县按户连片耕种模式调查》，2017，华中科技大学出版社；贺雪峰、罗兴佐、陈涛等《乡村水利与农地制度创新——以荆门市“划片承包”调查为例》，《管理世界》2003 年第 9 期。另参见贺雪峰《乡村研究的国情意识》，湖北人民出版社，2004，第 273—293 页。

负责协调用水和挖堰、打井等。

相比双冢村这种以村小组为单位的“划片承包”做法，更为彻底的是毛李镇三坪村。三坪村是以行政村为单位的“划片承包”。三坪村共有耕地面积2070亩，2002年，三坪村在“第二轮土地延包”之际，争取到国家农田基础设施资金，用于机耕道和小水利建设，总修建机耕道59条、大机井23口、小井74口。该村根据机耕道和水井的布局，将全村土地划成32个片区，每个片区都有灌溉水源，并临机耕道。划定片区后，将片区土地分给村民小组，每个村民小组所分得片区4块到9块不等。村小组再按片区通过抓阄的方式将土地分给农户，一个片区有若干家农户，尽量做到每家农户的地都集中在同一个片区内。同一片区的农户共同承担小水利的建设和维护费用。有的农户抓阄在同一个片区内分得多块地，可以自行换地。除了“划片到组”的方式，还有的村组实行直接“划片到户”，即先划大片，再按照全组的种地户数划小片，如全组有300亩地，有30家种地户就划30小片地，每户10亩小片地。

实行“划片承包”后，极大地方便了农户浇地和农机作业。浇地成本大幅下降，农民的劳动负荷大幅减轻。“划片承包”做法很快在该县其他乡镇、村、组推广。有些水利条件不好的村，实行“划片承包”后，由于每家农户的土地相对集中，农户自发地兴起了挖堰打井的热潮，基本做到“一片、一塘、一井”的水利格局。“划片承包”的另外一个意外的结果是农业机械化作业水平的提高。由于土地连片了，机耕道增加了，方便了农机进入大田，农户购买农机的热情也被激发出来了。以双冢村为例，到2012年，该村平均每家农户有2台拖拉机、二家到三家农户有1台插秧机、三家到五家农户有1台收割机，基本实现了耕、种、收全程机械化。然而，“划片承包”被认为是“打乱重分”的“大调整”，这与当时政府推行的“第二轮土地延包”的“三不准”政策发生冲突①，从而导致沙洋县“划片承包”的探索无法进行下去了。

虽然湖北省沙洋县“划片承包”的做法落了个不了了之的结局，但“划片

① 即“不准重新丈量土地，不准推倒重来，不准土地调整”，这是当地政府根据《农村土地承包法》的法律精神提出的“第二轮土地延包”的政策。

承包”不仅受到大多数农户的欢迎，而且也引起了一些学者的关注，被称为“农地制度创新”。[①]

（四）“按户连片耕种”

2014年，湖北省沙洋县推行土地全面确权，主要是解决农户承包地面积不准、四至不清的问题。当地领导都清楚，土地确权可能会引起一系列麻烦和纠纷，弄不好还会导致农民上访。[②] 这是当地领导很头疼的事情。当时主管该县农业的副县长是一个担任过乡镇书记，又是有着华中科技大学公共管理学博士背景的领导。他敏锐地发现曾经做过“划片承包”的毛李镇三坪村，多年来“零上访”“无刑案”，民事纠纷也很少，是沙洋县上访的“洼地”；而没有实行“划片承包”的村，农户之间因为用水、用电、种植冲突等问题，经常发生纠纷。该副县长很机智地将三坪村“划片承包”与土地确权这两个看似相互矛盾的事情联系起来，并想出了“按户连片耕种”的新说法。按照这个新说法，“按户连片耕种”并没有改变农户的土地承包经营关系，只是改变了农户耕种的地块，使农户的耕种地块连片。2014年4月，沙洋县选择了三个村，开始启动“按户连片耕种”的试点工作。

这三个试点村试验三种模式。第一种模式是官垱镇鄂冢村土地承包经营权流转的模式，即保留农户原来的土地承包权，通过农户之间的土地经营权流转，实现土地的连片耕种；第二种模式是马良镇童沙村土地调整模式，即按照连片耕种的要求，依据家庭人口数量重新分配土地；第三种模式是拾回桥镇马新村土地承包经营权互换的模式，即通过农户之间互换土地承包经营权，实现土地的连片耕种。到当年9月，采取三种模式的村都实现了“按户连片耕种”面积占比达90%以上的目标，其中鄂冢村土地调整模式的实现率最高，达99.22%。为了避免触到“打乱重分、调整土地”的政策“雷区”，2015年在全县普遍推广“按户连片耕种”过程中，县里制定了“以经营权流转为主，以互换为辅、不得打乱重分”的基本原则，并提出了每家农户耕种的土地一般不超过两块且“不插花”、

---

① 贺雪峰、罗兴佐、陈涛等：《乡村水利与农地制度创新——以荆门市“划片承包”调查为例》，《管理世界》2003年第9期。

② 当地有不少农民在“第二轮土地延包”时因不愿交农业税费，放弃了承包地，现在后悔了，要求分地。他们认为土地确权给了他们一个向政府要回承包地的机会，所以，要上访、闹事。

连片率达90%的目标。这就是说，“按户连片耕种”主推土地承包经营权流转和土地互换模式，而且连片的水平要高。

沙洋县“按户连片耕种”的做法很快得到了湖北省领导的肯定，并将“沙洋经验”上报到农业部。农业部随即派人到沙洋县调查，农业部部长在调查报告上写下了“探索有益”的批语。2016年底，“按户连片耕种”被写入2017年中央一号文件①。按照2017年中央一号文件及农业部的要求，“按户连片耕种”的方式应该是“村组内互换并地”“对干部收地打乱重分要禁止（这是时任农业部副部长陈晓华的批示）”。

然而，“村组内互换并地”的空间是十分有限的。多年来沙洋县的农户为了解决用水、用路问题，一直在悄悄地实行土地互换合并，能够互换的地已经互换了，能合并的地已经合并了，剩下的都是无法互换的地。到2015年全县推行“按户连片耕种”时，农户之间互换的空间已经很有限了。据华中科技大学中国乡村治理中心调研组统计，通过农户之间互换实现土地连片的比例只有约10%。这就是说，大部分土地是无法通过互换实现土地连片的。另外，如果要修机耕道，农户就要“贡献”土地，所占用的土地要按户均摊，而且机耕道要相互连接，这在村组内很难进行。因此，村组内互换并地也解决不了修建机耕道占地问题。如果不修机耕道，农民就会觉得土地连片的意义不大，不愿参与土地连片。

面对这种情况，有的地理位置优、用地条件好的乡镇或村主推土地集中流转，动员农户把地交出来，集中流转给“大户”和农业企业。但这里的“按户”中的“户”，其实已经不是普通农户了，而是“大户”。“大户”实现土地连片是比较容易做到的。有的不能做到大规模土地流转的乡镇或村不得不冒着政策风险，以“统一互换”的名义走回“划片承包”的土地调整老路。但在政策解释上，当地乡镇干部非常智慧地将“打乱重分”定义为“打乱重分给新的要地农民”。如果地还是这么多的地、分地的人还是这么多的人，只是调整了各家农户的地块位置，那么，这是符合“增人不增地、减人不减地”政策的，不属于“打乱重分”。这种说法和做法也可以防止有人试图借推行“按户连片耕种”的机会，向村集体和当地政府要承包地。华中科技大学中国乡村治

① 2017年中央一号文件即《关于深入推进农业供给侧结构性改革加快培育农业农村发展新动能的若干意见》提出，“积极引导农民在自愿基础上，通过村组内互换并地等方式，实现按户连片耕种”。

理中心对沙洋县各乡镇所做调研结果表明，“按户连片耕种”做得较好的村，还是采取“打乱重分”的土地调整模式。“打乱重分”后，农户土地集中了，也有利于土地成规模地流转。

沙洋县为解决土地细碎化、分散化问题所做的探索，在全国其他地区也有类似的做法。例如，甘肃省金昌市金川区推行的“以井定田、互换并地”①。2010年，金川区双湾镇营盘村为了解决农户浇地难的问题，由村集体出面协调农户，推行“以井定田、互换并地”。具体做法是：先分井，10家农户自行组成小组分一口井；然后定地，通过互换土地和调整土地的方式，将原来每家农户分散在各处的土地集中到一口井边，并成一块大田。由于井和地的质量不同，该村对不同质量的井采取补差价的方式，即分到好井的农户要向分到坏井的农户补价；对不同质量的地采取折地的方式，即以好地为标准，坏地多折算面积。2012年，金川区开始启动土地确权。当地政府决定将土地确权与互换并地相结合，同步推进，并制定了“保留原有分地人口不变、保留原有承包面积不变”的原则。由此，“以井定田、互换并地”的做法在全区推广。

到2015年，金川区全部完成“以井定田、互换并地”，互换并地后，每家农户的地块由原先的10块左右，合并为二三块，政府给予土地确权登记。通过“以井定田、互换并地”还新增了耕地1.5万亩。与沙洋县的做法相类似，村民之间的互换土地是在当地政府积极推动、村集体的主导和强力干预下进行的。对农户来说，这种土地互换与土地调整的做法差不多。值得一提的是，在金川区具体实施过程中，实际上也适当地对农户的分地人口进行了调整。多地户减少分地人口，少地户增加分地人口。

(五) 土地整合

1998年的《土地管理法》出台后，土地整理被确定为各级国土资源管理部门的法定职责。2003年，国土资源管理部制定了《全国土地开发整理规划》。土地开发整理成为各级政府的日常工作。

---

① 周嵘：《甘肃金昌搞起新“土改”——“以井定田、互换并地”，小块并大块的好处真多》，《农业经营管理》2017年第6期。另参见《甘肃省金昌市金川区以井定田、互换并地，解决耕地细碎化问题》，载韩俊主编《农村改革试验区改革实践案例集》，中国财政经济出版社，2019，第33—35页。

在政府土地开发整理过程中，必然要涉及地块形状、地块位置的改变，土地面积也可能增加，也可能减少。因此，要对地块进行整合。地块整合的一般程序是：一是国土资源管理部门编制土地整治规划，提出地块调整方案；二是经由村集体同意后，向村民公示，并修改和完善地块调整方案；三是如三分之二以上的农民无异议，农户以抽签的方式，选定新划定的地块；四是丈量土地，签订土地承包协议，政府发放土地承包证。下面就以广东清远为例，具体说明在土地开发整理过程中，土地整合是如何进行的。①

广东清远所推行的土地整合起源于叶屋村。叶屋村是清远市的一个自然村组，有 35 户，土地资源比较丰富，包括山坡地，人均土地近 10 亩，户均土地近 40 亩，但由于土地分得分散、细碎，利用效率很低，撂荒的现象比较严重。该村的村主任是一个“猪鱼立体养殖”的规模经营户，有 11 亩连片的土地，年均收入在 10 万元以上。2009 年，该村村主任试图说服农户，将分散的土地集中起来，搞土地规模经营。经过近 1 年的努力，实现了土地相对集中。

叶屋村土地整治具体做法：首先，对全村的土地进行了丈量，弄清了种植现状；其次，修建机耕道和排灌渠道，尽量做到所有的地块通路、通水；最后，重新分配土地。土地分配方案是：将全村土地的 80% 分给农户，家里有务农青壮年劳动力的农户分得一块水田、一块旱地，家里没有务农青壮年劳动力的农户只能分得一块旱地；村集体留有 20% 的土地用于规模经营，转包给规模经营户。经过这次土地调整后，该村形成了 19 户规模经营户，其余的农户也有基本连片的 8 亩地。叶屋村的做法得到了当地政府的支持，并引起了上级主管部门的关注。2014 年，清远市被列入全国农村改革试验区，农村土地资源整合是清远市农村改革试验的重要内容。2014 年开始，叶屋村的土地整合经验在全市农村推广。

清远市的农村土地整合有三种模式：第一种模式是村集体统筹，农户连片无偿发包。由村集体统一规划、统一整理后，划分若干连片的地块，重新无偿分配给本村农户。每个农户获得一二块连片的耕地。承包期限由村民集体商定，到期后重新调整。第二种模式是村集体统筹，农户有偿承包。由村集体划成若干连片

---

① 徐祥临：《中国农村土地整治：从史前版过渡到现代版》，载国土资源部土地整治中心编著《中国土地整治发展研究报告 No. 3》，社会科学文献出版社，2016，第 182—185 页。另参见《广东省清远市积极探索农村土地整合促进适度规模经营》，载韩俊主编《农村改革试验区改革实践案例集》，中国财政经济出版社，2019，第 29—32 页。

地块，有偿发包给本村农户。本村农户提出承包的申请，采取抽签或低价竞标的方式确定地块。第三种模式是土地入股。村集体按人口平分口粮田，其余的土地由村集体统一经营或对外出租。本村农民按股分红，享受土地收益。

除了一般意义的土地整治，高标准基本农业建设往往也会涉及土地调整。高标准基本农业建设起源于农业综合开发项目，之后，被纳入国土管理部门的土地整治项目①。按照高标准基本农田建设标准，要实现“田成块、路相连、渠相通、林成网、旱能灌、涝能排”，这样一来原有的细碎的小块农田就变成了连片的大块农田。建设完成后，原来的土地位置以及地块与水源和路的相邻关系都会发生变化，原有农户的土地就要有所调整。有的乡镇或村对整理后的大块农田进行重新分配。在农户看来，这就是土地调整，但因为不动面积，也可以视为土地互换。例如广西壮族自治区龙州县探索的“小块并大块”。②

广西西壮蔟自治区龙州县是一个山区县，土地细碎化程度十分严重。1999年，有的村为了推广连片规模化种植香蕉和黑皮果蔗，开始自发整理和调整土地，但因为土地整理资金不足而进展缓慢。2008 年到 2012 年，该县连续争取到数亿元国土系统的土地整治资金，开始进行大规模的土地整治，将原来的小块土地整治为大块的农田。同时，出台了鼓励农民自发进行耕地整理的政策。

土地整治完成后，龙州县依照“小块并大块”的原则，按原面积、原人口重新分配土地。对于愿意流转土地的，或项目开发需要流转土地的，由村集体集中土地，对外出租。广西龙州的土地整理项目是由国土资源管理部门负责的。在编制土地整理规划时，国土资源管理部门就充分考虑了完成土地整理之后对土地的划分和利用，并在重新分配土地及土地对外流转环节提供了大量测绘工作的支持。由于国土资源管理部门的大力支持，乡镇政府和村集体的积极配合，以及农民的广泛参与，土地整治经常遇到的土地权属调整难问题得到了有效的解决，因而取得了较好的效果。龙州的这种做法很快就在广西全区推广，并被国土资源系统誉为“龙州模式”。

除了为解决土地细碎化、分散化而进行的土地调整，在一些农村地区还出现

---

① 2012 年国土资源部公布了《土地整治规划（2011—2015）》。该规划提出：到 2015 年，要建设旱涝保收的高标准基本农田 4 亿亩。

② 贺斐等：《合并的力量——广西崇左市“小块并大块”土地整治工作调研报告》，《中国土地》2012 年第 7 期。另参见杨磊等《创新整治模式服务“三农”发展》，《中国发展》2014 年第 4 期。

了为了达成土地流转交易而发生的土地调整。例如在安徽省繁昌县。该县在政府所推动的土地流转过程中，有些农户不愿将土地交出来。但如果这些农户不把土地交出来，就会导致土地无法连片，从而影响租户的经营。如果出现了这种情况，有些村集体就会采取换地的方式来解决，即将不愿意参与土地流转的农户的承包地与不在土地流转范围内但愿意流转土地的农户的承包地相交换。有的农村地区，在当地乡镇政府的主导下，将经过了土地整理的土地划分为集中流转区和自耕区。愿意流转土地的农户的土地放到流转区，确权、确面积、不确地，愿意自耕的农户的土地放到自耕区，确权、确面积、确地块。①

① 孙新华：《再造农业：皖南河镇的政府干预与农业转型（2007—2014）》，社会科学文献出版社，2017，第124—127页。

第五章　土地适度规模经营及其政策演变

土地利用规模小且细碎和分散是中国传统农业的一个重要特征。[①] 新中国成立以后，经过历次的农业集体化运动，实现了土地利用的高度集中。20世纪80年代初开始推行家庭土地承包经营制，土地按人口被均分到各家各户，土地利用再次呈现出规模小且细碎和分散的形态。这种土地利用规模小且细碎和分散的形态，如何与现代化农业对接，实现传统农业向现代农业的转型，是中国农业发展所面临的一个最突出的问题。面对这一问题，中国政府在不同时期、不同发展阶段也作出了不同的政策回应，并形成了相关的土地适度规模政策。

在实行家庭土地承包经营制的初期和中期，一些农村地区，村集体曾主要以专业承包、土地集中的方式，自发地进行了不少土地规模经营的实践探索。与此同时，国家也主动地推动旨在实现土地适度规模经营的制度试验。[②] 有关学者也积极地参与了有关对土地适度规模经营的讨论。这些实践探索、制度试验以及学者的讨论，深刻地影响着国家有关土地规模经营的走向。随着中国整体经济环境的变化，人们对土地规模经营的认识不断深化，土地规模经营政策越来越清晰、越来越明朗。

一、专业承包的政策导向及其实践

（一）专业承包曾被确定为生产责任制的主要发展方向

家庭土地承包经营初期到中期，以土地规模经营为指向的各种形式的专业承包，曾广泛地存在于广大的农村地区，一度呈现出蓬勃发展之势，并曾被寄予厚

---

① 民国时期，金陵大学卜凯教授曾对农户的土地经营面积（土地经营面积既包括农户所有的土地，也包括租佃的土地）做过两次调查。第一次调查的结果是：全国农户土地经营面积的中位数为2.13公顷，剔除一些例外样本后，为2.04公顷，大约为30亩，平均每户的地块数为8.5块。由于这次调查规模小，且调查样本户大多是大户，这一调查结果的数值明显偏高。参见［美］卜凯《中国农家经济》，张履鸾译，商务印书馆，1936，第27页，第47—55页。第二次调查的结果是：全国农户土地经营面积的中位数为1.34公顷即20.1亩，平均每户的地块数为5.6块。参见［美］卜凯《中国土地利用》，金陵大学农学院经济系出版，1941，第216页、第351页。普遍认为，这次调查比较接近当时的中国的实际。

② 对此的叙述，见本书第六章和第七章。

望。事实上，直到土地流转市场发展起来之前，土地规模经营大都采取这种专业承包的经营形式，只是在不同时期，专业承包有着不同的组织形式。可以说，专业承包是这一时期土地集中，实行土地规模经营的一种主要形式。

早在1982年中央一号文件出台之前，以专业队、专业组为主体的专业承包即“专业承包联产计酬责任制”，曾被中央确定为生产责任制的一个发展方向。[①] 当时国务院的工作人员认为，发展专业承包，可以调动广大农民生产的积极性，有利于专业分工，与社会化大生产对接，克服“小农经济”的弊病。[②] 即使到了包干到户的家庭土地承包经营已经成为生产责任制的主要形式的情况下，专业承包仍是中央所积极倡导的农村经营形式。

1982年中央一号文件所提倡的联产承包形式也是专业承包。[③] 1982年4月27日，中共中央办公厅、中央党校调查组在《人民日报》上发表了一篇长文。该文认为，“统一经营、专业分工、联产到劳”是对“‘平分土地’、独自经营的小农思想的否定”，代表了生产责任制新的发展方向，这种专业化生产责任制形式“更有利于充分发挥集体经济的优势和劳动者个人的积极性，促进农业生产更快地发展”。[④] 这一观点，对中央的政策制定产生了较大影响，也可以说，该文反映了当时一些中央“农口”政策制定者的观点。1983年中央一号文件对专业承包及当时已经出现的承包专业户，再次给予了很高的评价。[⑤]

---

① 中国农村改革史上著名的1980年中央75号文即《关于进一步加强和完善农业生产责任制的几个问题——一九八〇年九月十四日至二十二日，各省、市、自治区党委第一书记座谈会纪要》中曾表示：“这种形式（指专业承包联产计酬责任制），既适用现在的困难地区，也能随着生产力的提高和生产项目的增加，向更有社会化特点的更高级的专业分工责任制发展。”参见王仕元、李修义、杨世文主编《中国改革全书（1978—1991）》（农村改革卷），大连出版社，1992，第138页。

② 黄道霞、余展、王西玉主编《建国以来农业合作化史料汇编》，中共党史出版社，1992，第1009—1010页。

③ 1982年中央一号文件即《全国农村工作会议纪要》提出，“在经济比较发达，已形成了较细的专业分工和技术分工的社队，则一般是由劳动力按农、林、牧、副、渔、工等项分业和某些技术分工而实行专业承包”，“即使在那些目前基本上实行分户经营的生产队，也应该逐步量力而行地从事一些多种经营，如林场、茶场、果园、养殖场等，逐步发展专业分工和专业承包，逐步改变按人口平均包地、‘全部劳力归田’的做法，把剩余的劳力转移到多种经营方面来”。

④ 中共中央办公厅、中央党校调查组：《完善农业生产责任制的几个认识问题》，《人民日报》1982年4月27日。参见沈冲、向熙扬主编《十年来：理论·政策·实践》，求实出版社，1988，第203—209页。

⑤ 1983年中央一号文件即《当前农村经济政策的若干问题》提出，“以统一经营为主的社队，要注意吸取分户承包的优点。例如，有些地方在农副工各业统一经营的基础上，实行了‘专业承包、包干分配’的办法，效果很好”，“近年来随着多种经营的开展和联产承包制的建立，出现大批专业户（重点户），包括承包专业户和自营户。它们一开始就以商品生产者的面貌出现，讲求经济效益，充分利用零散的资金和劳力，发挥了农村各种能手的作用，促进了生产专业分工和多样化的经济联合”。

对于中央的专业承包政策，主持起草过20世纪80年代一系列中央一号文件的杜润生曾解释说，“中央最初倡议，土地也实行专业化承包，谁是种田能手，就可以多承包土地，专门从事种植业”。但同时杜润生也认为，“农村商品经济不发达……长期粮食偏紧，土地不但是重要的生产资料，人们还把它当作一种社会保险。因此，群众要求按人承包，这是可以理解的”。[①] 杜润生对克服土地经营规模小而分散弊病曾提出过两个思路：一是依托村集体经济合作组织，在机耕服务、水利、植保方面实现“联合规模”；二是发展和鼓励承包大户。[②]

总之，当时中央对农村经营制度的基本认识是：“分户均包”只是适用于经济实力较弱的社队，与较低的经济发展水平相适应；随着农村经济发展水平的提高，“分户均包”就会被专业承包所替代，专业承包被认为是农村经营制度发展方向。[③]

中央决策层面之所以重视和强调专业承包，这与当时人们对专业分工和社会化大生产的认识有密切关系。作为主流意识形态的马克思主义的经典理论，吸收了斯密“分工效率说”的有效成分。在马克思主义语境下的“分工效率说”，曾一度是解释经济制度效率的主要理论依据之一。另一个解释经济制度效率的理论依据是，从马克思主义的按劳分配理论引申过来的“经济刺激说”。全面实行家庭土地承包经营制以后，一家一户的“小农”经营实际上就成为中国农村主导的经营形态。这种“小农”经营形态解决了经济刺激问题，但有悖于专业分工理论。发展以家庭为主体的专业承包，尽量将土地资源及其他生产资料集中到种植大户手中，这样既可以解决经济刺激问题，同时也有利于实现专业分工，有利于农户的家庭经营与社会化大生产对接。[④] 除了上述理论上的合理性根据，也有现实上的考虑。

---

① 杜润生：《中国农村经济改革》，中国社会科学出版社，1985，第228页。

② 同上书，第262页。

③ 1984年，红旗杂志社曾出版过一个调查报告集即《八十年代初我国农业生产责任制》。该调查报告集收录了1984年以前各地实行农业生产经营制的先进经验总结，共有34篇，其中有27篇是专门介绍农区及农业的。在这27篇中，介绍以村集体为主导，实行专业承包经验的有8篇，介绍按照专业分工原则，按能承包，培育专业种植大户的有5篇，共13篇，是整本调查报告中主题最为集中的部分。这表明：无论何种形式，专业承包都被认为是先进的生产经营形式，值得向全国推广。

④ 例如，当时著名的马克思主义经济学家林子力就曾系统地论述了这一理论。参见林子力《论联产承包制》，上海人民出版社，1983。

（二）专业户与土地专业承包

实行家庭土地承包经营制以后，谁来提供城里人所需要的农产品，这是当时的各级政府普遍担心的一个问题。谁都明白，“分田到户”后的农户，生产出的农产品首先是满足自家的消费需要，有了剩余，才会卖给国家。如果分散的小农户不能生产出足够的“剩余”怎么办。城里人的需要如何满足？一个可行的政策选择是，培育能够生产出足够“剩余”的种养殖专业户。

在实行家庭土地承包经营制不久，农村中就涌现出大量的专业户。这些专业户所从事的领域是十分广泛的，包括农林牧副渔各个领域，如养猪、养牛、养兔、养鸡、养鸭、养鱼、养蜂、栽桑养蚕、农产品运销和粗加工等。据 1982 年安徽徽州地委农村工作部所做的调查，在徽州地区，专业户、重点户占农户总数的 3.43%；在这些专业户、重点户中，从事种植业的占 80%，包括植树造林、种茶、栽桑养蚕、养花、种苧麻等，从事养殖业的占 15%，包括养猪、养蜂、养鸡鸭鹅、养牛、养貂、养兔、养鱼等，其余的 5% 的专业户、重点户从事运输、加工、服务和编织等非农行业。[①] 这些种养殖专业户是农产品商品化经营的主力，通过各种渠道向国家和城里人提供农村的“剩余”农产品。

1986 年，中央书记处农村政策研究室曾对农村专业户展开调查。该调查结果显示，在所调查的农村专业户中，运输专业户最多，占比达 20.77%，其次是商贸专业户，占比 17.02%，再次是工业专业户，占比 16.83%；除此之外，畜牧业专业户占比 10.67%、建筑业专业户占比 3.08%。[②] 这些专业户并不依赖土地，甚至还会退还部分承包地，或者将部分承包地转给别人。真正与土地经营有关的从事种植业的专业户占比为 24.42%，其中种粮专业户占比 11.92%、种植经济作物专业户占比 3.75%、桑茶果专业户占比 7.98%、林业专业户占比 0.77%。这些种植专业户有两个鲜明的特点：一是土地规模化经营，二是生产的商品化程度高。

例如，山西省朔县一个农户，全家 15 口人，7 个劳动力，承包土地 100 亩，

① 中共安徽省委农村工作部编《安徽省农业生产责任制资料选编》（内部资料），1983，第 624 页。

② 中共中央书记处农村政策研究室、国务院农村发展研究中心农村社会经济调查办公室编《向商品经济轨道的转移——全国农村固定观察点调查报告（1987 年）》，农村读物出版社，1988，第 225 页。

其中47亩是自家承包地，47亩是集体的机动地，全年生产粮食7.85万斤，交售3.92万斤，商品率近50%。再如，江西省新区县一个农户，全家9口人，5个劳动力，承包土地72.5亩，全年生产水稻10.3万斤，交售9.4万斤，商品率达91%。[①] 这些规模化种粮户既是最早的土地规模经营户，也是国家商品粮的重要提供者。

例如，江苏省宜兴县。该县的种粮专业户占农户总量的10%，其承包土地面积占全部土地的25%，承担全县商品粮任务的40%。再如，江西省南昌县。该县种粮专业户占农户总量的13%，承担全县商品粮任务的37.7%。在山西雁北地区，仅占不到4%的农户，向国家交售的公粮数量占比高达75%。[②]

在这一时期，种植专业户要想扩大土地经营规模，主要有两个途径：一是承包村集体统一经营的土地；二是按能承包，种田能手多承包土地。

（三）村集体统一经营下的种植专业户

1982年家庭土地承包经营制被正式确立为农业生产经营的基本制度以后，全国绝大多数农村地区都采取了包干到户式的家庭土地承包经营制。“分田到户”后，家庭成为农业生产的经营主体。但当时仍有一些原乡镇企业有一定基础的村集体并没有实行包干到户式家庭土地承包经营制，而是采取在村集体统一经营管理下的以“包工”“包产”为主要内容的生产责任制，将土地承包给种植专业户，实行专业承包。

据中共中央书记处农村政策研究室主持的调研，到1984年，有4.7%的生产队以统一经营为主。[③] 采用以村集体为主导的专业承包的生产经营形式的村，一般是在大城市的郊区，或者是靠近大城市的农村。根据中共中央书记处农村政策研究室主持调研的结果，到1986年，在所调查的村中，城郊村有4.32%的土地由集体统一经营，另有17.45%的土地由村外村集体或个人经营；非城郊村由集体统一经营的土地仅为1.54%，没有由村外村集体或个人经营的土地；贫困村则是既没有集体统一经营的土地，也没有由村外村集体或个人经营的土地，几乎将

① 周其仁等：《初论专业户》，《中国社会科学》1984年第1期。

② 同上。

③ 中共中央书记处农村政策研究室编《中国农村社会经济典型调查（1985年）》，中国社会科学出版社，1987，第17页。

全部土地分到本村的农户。[①]

与“包干到户”不同，在这种制度安排下，村集体按专业分工的原则，将农活承包到队、到组、到劳或到户；[②] 采取“包干计酬”或“包干分配”方式，由生产队或生产大队统一核算和分配。这就说明，对土地的支配权、生产经营的决策权和收益分配权还是在村集体，只是改变了劳动报酬的分配方式，农户或社员也可以较为自由地支配其劳动时间和选择其劳动投入的强度。

集体统一经营、专业种植承包较为著名的典型有北京市昌平县的沙河人民公社、北京市海淀区的四季青公社、天津市静海县的大邱庄村、上海市嘉定县，以及紧靠宁波市的鄞县[③]和紧靠广州市的南海县平洲公社罗坑一队等。[④]

现以北京市昌平县的沙河人民公社为例。沙河人民公社地处北京郊区，下辖17个大队、63个生产队，约有1.6万人，耕地2.3万亩，人均1.44亩。该公社在1982年实行的是“统一经营下的专业承包、联产计酬制”，即种植业和养殖业承包给专业户，工业、建筑业、商业和其他服务业（当时将这几类非农产业统称为“工副业”）按厂、按组承包，并由生产队或生产大队统一核算、统一分配。对于从事工副业的劳动力及其家庭成员的口粮，由生产队或生产大队负责统一供应。该公社的乡办及村办企业比较发达，从事非农的劳动力占全公社劳动力的65%以上，专业从事农业的劳动力只有1500人、900户。这些劳动力和农户就成了种植专业户的主体。种植专业户承包了绝大部分土地，每个劳动力承包的土地为15~20亩，每个种植专业户承包的土地为40~70亩。种植专业户承包的土地相对集中，成方连片，并与水利设施和使用农机相配套。种植专业户按照承包合同的要求，独立安排自己的生产计划，独立安排自己的劳动，独立地进行田间管理。收获后，生产队或生产大队根据承包合同完成情况，采取“包干计酬”或“包干分配”的方法，分配种植专业户的收益。如采取“包干计酬”方法，承包20亩粮田，每亩产量达到1000斤，种植专业户就可获得现金1295元，每亩产量

① 中共中央书记处农村政策研究室、国务院农村发展研究中心农村社会经济调查办公室编《向商品经济轨道的转移——全国农村固定观察点调查报告（1987年）》，农村读物出版社，1988，第130页。

② 对规模大的生产项目，按专业队承包；对一般的生产项目，按专业组承包；对适宜于家庭经营的项目，按专业户承包；对技术性较强或适宜于一个人干的工作，按专业工承包。参见河南省农业委员会编《农业生产责任制试行办法》，农业出版社，1981，第36页。

③ 2002年，鄞县经国务院批准“撤县设区”，更名为鄞州区。鄞州区已变为宁波的主城区。

④ 以上几个村集体发展专业承包的情况，参见红旗杂志社经济编辑室编《八十年代初的我国农业生产责任制——调查报告选编》，红旗杂志社，1984。

达到1100斤，种植专业户就可获得现金1630元。如果采取“包干分配”的方法则更为省事。先在承包合同上把承包指标定死，收获后，种植专业户按承包合同，上交各项使用了集体的生产资料或集体提供的生产服务所产生的开支[①]、各项提留和税费后，剩余的全部属于自己。虽然种植专业户的收入有较大幅度的增加，但务农与务工之间的收入差距却拉大了，务农劳动力的收入仅为务工劳动力收入的1/3。为了尽量拉平收入水平，该公社采取内部转移支付的办法，以工副业补农业。1981年，该公社从乡办及村办企业的利润中提取37万元，用于种粮补贴。1982年，这一补贴金额又提高到51万元，平均每斤粮食补贴和奖励3分钱。[②]

再如天津市静海县的大邱庄。大邱庄是一个大村，全村人口有2015人，753户，耕地4863亩。1978年到1982年，该村进入初级工业化的快车道，由一个贫困的农业村迅速变为一个远近闻名的工业村。到1982年，该村的社会总产值达1200万元，其经济规模与当时落后地区的一个乡镇（公社）甚至一个县相当，非农产业占比高达96.6%，农业占比仅为3.4%。对于农业，该村采取“统一经营、专业承包、联产到劳、累进计奖”的经营体制。具体内容为：一是全村按不同专业，将220个务农的劳动力组成17个承包单位即农业承包队和专业队。农业承包队将全村耕地按好坏分成4个等次，分等次定出每亩的单产，按每个劳动力承包30亩的标准，核定出承包产量。再按核定的承包产量，将耕地承包给农业劳动力。每个农业劳动力实际平均承包30亩，种田能手也可以多包地，多的达到了60亩。有个名叫马德良的种田能手，一家就承包了137亩。二是耕地、耙地、播种、浇水、运输、脱粒和打轧等都是由不同的专业队统一进行；籽种、化肥和农药由农业承包队统一供应。承包农民只负责田间管理。三是收获后，由生产大队进行统一分配。对全年完成30亩承包任务的，大队发给报酬1000元。对超产部分，按玉米计算，超产100斤之内的，每斤奖励0.13元，101～200斤的，每斤奖励0.15元，超产201斤以上的，每斤奖励0.2元。与上例中的北京市昌平县沙河人民公社类似，大邱庄

① 这包括使用集体所有的农机具、水利设施等项费用，以及村集体提供良种、加工化肥、病虫害防治等项科技服务的费用。

② 北京市人民政府研究室等：《实行专业承包走上富裕之路》，载红旗杂志社经济编辑室编《八十年代初的我国农业生产责任制——调查报告选编》，红旗杂志社，1984，第1—9页。

也是采取以副业补农业的方式，拉平务农与务工之间的收入差距。1982 年，大邱庄从村办企业利润中划出 30 万元补贴农业，同时，村办企业还承担所有的农业税费。1982 年，务农劳动力的年平均收入为 2300 元，高出村办企业员工年平均收入 50 元。种田能手马德良的年工资及奖金高达 7800 元，为当时城市中普通技术员工资的 10 倍。①

这一时期还出现了由种植大户专业承包转为集体合作经营的情况。例如上海市松江县陈街巷村。该村 1982 年实行均分土地、“包干到户”。到 1984 年，该村已有 66.9% 的劳动力转移到非农领域，到 1987 年这一比例又增加到 84.8%，因而面临着“有地没人种或没人好好种”的问题。在这种情况下，该村开始实行种植大户专业承包经营，将村集体所集中的 981.8 亩耕地承包给 18 个农户，户均经营规模达 54.5 亩。由于大户的土地经营规模过大，超过了大户自身的经营能力，所以效果不理想。到 1986 年，该村调整了大户专业承包的规模，将全村 1430 亩耕地承包给 68 个农户，户均经营规模为 21 亩。该村集体经济的实力较强，在农业机械、育秧等方面可以为大户提供全方位的服务。村集体为大户提供的服务占全部农活用工量的 60% ~70%，但大户给集体上交的土地承包费仅为每亩 20 元。大户发了财，集体亏了本。并且，发了财的大户也不增加生产积累，而是将大部分钱都用于消费，从而引发一些村里的矛盾。1988 年，该村将大户与村集体机械、育秧等服务队联合起来，组建村农业合作社，采取合作经营的方式。村农业合作社建立以后，上交的集体提留由之前的每年 2.5 万元提高到每年 13.1 万元。②

到了 20 世纪 80 年代中期以后，随着村集体经营重心越来越多地转向工商业以及国家对粮食市场的逐步开放，除了北京郊县、上海郊县及苏南少数地区，③在村集体主导下，对耕地实行统一经营的情况，在全国农村已经很少了。代之而起的是在村集体主导下实行土地有偿承包。这种土地有偿承包的最典型形式是“两田制”。

---

① 中共天津市委农村工作部联合调查组：《四年责任制产值翻三番》，载红旗杂志社经济编辑室编《八十年代初的我国农业生产责任制——调查报告选编》，红旗杂志社，1984，第 26—37 页。

② 国务院农村发展研究中心联络室、农业部农业机械化管理司编《土地规模经营论》，农业出版社，1990，第 208—209 页。

③ 有关对北京郊县及苏南地区所实行的在村集体主导下统一经营农地的叙述，见本书第六章第二节、第三节。

（四）按能承包

在远离大城市的传统农村地区，村集体自己一般不经营土地，而是把全部土地都承包给农户经营，但对不同的农户所采取的承包方式有所不同。对一些家庭人口较多、劳动力较强的农户，村集体会根据其意愿，多包给这些农户一些土地。这就是按能承包的基本含义。通过按能承包，培育专业种植大户，扩大土地经营规模。

例如福建省建宁县。建宁县是农业大县，是福建省商品粮生产基地。与全国其他农村地区一样，1981 年，建宁县全面推行“包干到户”，按人口与劳动力的比例分配土地。虽然“包干到户”极大地调动了农民治穷致富的积极性，但也暴露出一些问题。有些“种田能手吃不饱、能工巧匠守大田”，有些缺少劳动力户、老弱病残户、家中劳动力是工人或干部的农户，承包了土地，但又种不了，不仅完不成承包任务，而且连口粮都成了问题。如何解决这个问题呢？当地县政府发现了种粮大户李广东，并将李广东的做法总结成典型经验，向全县推广。李广东所在的生产队仅有 4 户人家，有耕地 169 亩。该生产队实行按能承包，能者多包。在这 4 户人家中，有一家为五保户，不承包土地，还有一家缺少劳动力，只让其承包口粮田。这样就剩下了李广东一家和另一家。这两家各自承包土地 80 亩。1981 年，李广东一家就收了 5 万斤粮食，交售国家的商品粮 4 万斤。通过对李广东经验的推广，到 1982 年，占全县总户数 5% 的种田能手农户承包了全县 10% 的耕地，所生产的粮食占全县总产量的 14%，所交售国家的商品粮占全县征购粮的 25%。[①]

再如湖北省黄梅县。黄梅县是全国粮食和棉花主产区。1982 年，全县开始推广按能承包的家庭土地经营制，培育种粮大户近 5000 家，占全县农户 3%，承包耕地 8.3 万亩，占全县耕地总面积的 10.4%。按能承包大体有三种形式：第一种形式是以户承包，即家庭作为一个生产经营单元，家庭主要劳动力如丈夫或父亲是种田能手，带领全家共同规模化地承包土地，生产分工在家庭内部进行。这种形式占全县按能承包的比重为 95.6%。如黄双阳一家，黄双阳是个种田能手，

① 中共福建省委调研室：《建宁县粮食专业户的调查》，载红旗杂志社经济编辑室编《八十年代初的我国农业生产责任制——调查报告选编》，红旗杂志社，1984，第 158—161 页。

一家有12口人，8.5个劳动力，共承包了73亩水田。黄双阳一家将8.5个劳动力分为三组：一组为黄双阳夫妇，管理耕地23亩；另一组为黄双阳二弟夫妇，也是管理耕地23亩；再有一组为黄双阳父亲、三弟和大妹，管理耕地27亩。这一家三组，安排种植作物、管水、耕种是全家统一的，田间管理是分组的。第二种形式是联户承包，即由一个种田能手牵头，组织两户及以上的人家，共同规模化地承包土地，生产分工在联户内进行。这种形式占全县按能承包的比重为2%。如陶金汶和王太平两户。陶金汶和王太平两户共有12.5个劳动力，承包湖田120亩，分为三个作业组：陶金汶和王太平两人为一个作业组，负责浸种、育秧、耕田、管水等；陶金汶和王太平两人的老伴为一个作业组，负责后勤和菜园管理；陶金汶和王太平两户的儿女分为两个作业组，负责大田耕作。第三种形式是联劳承包，即不以家庭为基本单元，由若干劳动力组成一个经济联合体，内部管理实行"三包（包产量、包工分、包投资）、联产计酬、八统一分（统一领导、统一计划、统一资金、统一购置和使用大型农机具、统一购买化肥和农药、统一大田作业、统一分配收入、统一提留集体收入、土地分组管理）"。这实际上是一个自由组合的小规模集体经济组织，也可以说是真正意义上的农业生产合作社。这种形式占全县按能承包的比重为2.4%。如李裕平等6名社员，承包了水田150亩；王玉泉等23名社员，承包了低洼田658亩。①

山西省雁北地区曾因推广按能承包而小有名气。1981年，该地区普遍实行按人口均分承包地的方式，致使劳动力多的农户地不够种，劳动力少的农户地种不了。有一家农户，按人头分地25亩，但他家的男主人在矿山工作，老婆孩子也跟着去了，家里只有老母亲一人种地，根本就种不过来，有15亩地荒着。1982年，雁北地区开始推行按能承包。按能承包的具体做法：一是"以劳划成、以成定产、以产定地、土地连片、包干到劳到户"，即根据劳动力的特长，确定适合劳动力专业，根据劳动力专业，确定承包任务，根据承包任务，确定承包地，将土地多承包给农业劳动力多的农户；二是外出就业人员及其家属、民办教师、在校学生以及五保户不包地，从事提倡的工副业的劳动力也不包地；三是不包地的农户口粮，由大队统一调配供应。实施按能承包后，农村中的能人有了用

① 中共黄梅县委办公室：《发展粮食生产的新途径》，载红旗杂志社经济编辑室编《八十年代初的我国农业生产责任制——调查报告选编》，红旗杂志社，1984，第209—213页。

武之地，再也不被束缚在土地上。有手艺的农民纷纷退了地，转行做其擅长的事，土地被集中到专业种粮大户手中。[①] 据调查，在属于雁北地区的应县，有6.9%的农户完全放弃了土地。[②] 雁北地区所做的按能专业承包的努力得到了当时国务院主管领导的肯定，但也提出了一些质疑。[③]

在集体工商业比较发达的地区，一些社队为了鼓励专业种粮大户多包土地，还会给予专业种粮大户一定的补贴。例如，地处武汉市郊的新添村。该村种粮大户的补贴方法是：多种1亩地，补50元；多卖100斤粮食，奖励5元；种30亩地，给予1头牛的使用权，种50亩地，给予一台拖拉机的使用权。除此之外，村集体还对受灾减产的农户给予补贴。在以上措施的激励下，农户的承包土地规模明显扩大。到1984年，该村有28个种粮专业户承包了1270亩耕地，占全村耕地的50.8%，户均承包耕地45.4亩。务农劳动力的年平均收入比务工劳动力高出500元。[④] 之所以村集体愿意以工副业补农业，是因为当时的村集体仍承担着国家农产品上缴任务。村集体只有完成了国家农产品上缴任务之后，才能放开了大力发展乡镇企业。

除了种植专业户，这一时期还出现了不少承包集体鱼塘的专业养鱼户。例如，湖北省应城县的岗上生产队的一个社员。1981年，该社员与生产队签订了25亩水塘养鱼的承包合同，当年就取得了1100元的净收益。1982年，该社员退掉了承包地，接回在镇上吃商品粮的妻子，夫妇二人专业承包水塘养鱼，水塘面积扩大到39亩，当年获得纯收入6050元。[⑤] 由于鱼塘具有很强的不可分性，各种形式的专业承包鱼塘在大多数农村地区都被延续下来。据2002年的一项社会学调查，在广州市白云区某村有827亩鱼塘，全部由村小组掌握，以招投标的形

① 孙慧明等：《雁北地区实行按能承包责任制调查》，载红旗杂志社经济编辑室编《八十年代初的我国农业生产责任制——调查报告选编》，红旗杂志社，1984，第45—55页。

② 周其仁等：《初论专业户》，《中国社会科学》1984年第1期。

③ 当时国务院主管领导曾讲道，“雁北地区实行的工副业专业承包、农业实行‘以劳划成，以成包产，以产定地，土地联片’的办法，劳力强的多包，劳力弱的少包，无劳动能力的不包，这是比较先进的”“当然就这个办法，也有两个问题不大好解决：一是定产比较麻烦，大家愿意定低一点，不容易定准。二是受了灾，评减多少也比较麻烦，好坏地受灾不一样，种什么作物也不一样，评灾比较复杂，农民怕基层干部不公平，容易引起纠纷”。参见黄道霞、余展、王西玉主编《建国以来农业合作化史料汇编》，中共党史出版社，1992，第1009页。

④ 中共中央书记处农村政策研究室编《中国农村社会经济典型调查（1985年）》，中国社会科学出版社，1987，第36页。

⑤ 周其仁等：《初论专业户》，《中国社会科学》1984年第1期。

式由农户承包经营；鱼塘的承包期一般为五年到十年，最短的为二年，最长的为十五年；鱼塘的承包费按相等面积的稻谷产量的一定比例，再以每年国家粮站的稻谷收购价计算（21 世纪初大约为 400 元）。[①]

与前述的在村集体统一经营下的专业承包所出现的情况差不多，到了 20 世纪 80 年代中期以后，按能承包为基础的专业承包越来越难以运行下去了，逐渐被投标承包所替代[②]，并一度发展成颇为流行的“两田制”。

（五）村集体如何才能实行按能承包

1984 年“第一轮土地延包”前，许多农村地区的土地承包期比较短，有的是“一年一定”，有的是“三年一定”或“五年一定”。土地承包期到期后，如果农户不愿继续种地，更准确地说，不愿承担上交产量的责任，就可以与村集体解除土地承包合同，土地自然就集中到村集体的手中。1984 年“第一轮土地延包”后，即使在承包期内，如果村集体能提出更好的生产安排，说服农户放弃土地，村集体也可以收回土地。这样，村集体就可以改变承包方式，按本村劳动力的能力和意愿，将土地分给种植大户承包。

例如，云南省澄江县城关公社有不少社员原来是城镇居民，到 1983 年初已经有 68 户全家离开了本村，不再务农了，另外有 173 户是部分家庭人口“离土”。对此问题，生产队采取了如下办法：一是“离土”户口仍留在本村，但退包土地；二是“离土”户可按标准购买议价粮；三是生产队将收回的承包地发包给强劳力户；四是“离土”户如果经营工商副业失败，生产队再分给其承包地。[③] 另外，有不少“富队”手中还掌握着较多的机动地，对集体机动地的承包，一般会采取按能承包的方式。[④]

然而，这种以按能承包为基础的“专业承包”是不可持续的。由于按能承包的“能”不断变化，今年有能力，不能说明年还有能力，所以，按能承包是一

---

① 万向东：《都市边缘的村庄——广州北郊蓼江村的实地研究》，中国社会科学出版社，2005，第 110—111 页。

② 在这一时期，按能承包也有采取投标承包的形式的。例如，江西省南昌县一个农户，在 1982 年，以上交 1.4 万斤粮食和 1700 元集体积累金为条件，投标承包了 89 亩水田和 23 亩旱地。万向东：《都市边缘的村庄——广州北郊蓼江村的实地研究》，中国社会科学出版社，2005，第 110—111 页。

③ 中国农村发展问题研究组：《农村经济变革的系统考察》，中国社会科学出版社，1984，第 106 页。

④ 有学者调查发现，“穷队”倾向于将所有的集体土地都分到户，而“富队”则愿意多保留一些集体土地。参见［日］田原史起《日本视野中的中国农村精英：关系、团结、三农政治》，山东人民出版社，2012，第 182—183。

种不稳定的土地承包经营方式，必然会被其他形式的土地经营方式所替代。[①]

（六）截至20世纪90年代初期的土地规模经营状况

土地集中的一个重要前提条件是大量农村劳动力有了非农就业的出路，而且农户愿意放弃土地。但在现实中，真正愿意放弃土地的农户是极少数的。即使有了其他非农就业岗位和其他生计来源的非农专业户，家里的劳动力不够，宁愿找“帮工”，甚至倒贴费用临时将土地转给别人种，也不愿意放弃承包地。[②] 由于村集体可集中的土地来源有限，所以，与家庭分户经营相比，无论是集体统一经营，还是种植大户按能承包经营，集中经营的土地所占的比重都是较小的。

据1987年国务院农村发展研究中心农民家庭经营课题组所做的调查，在所调查的村中，集体统一经营的耕地占比仅为1.9%，经营规模在50亩以上的种田能手所经营的耕地总量占比仅为1.5%。[③] 另据农业部农村固定观察点自1986年到1991年的历年调查显示，通过村集体统一经营和专业承包经营所能集中的土地占比仅约为5%，而家庭分户经营的占比约为95%，且这种格局历年变化不大。具体数据[④]见表5－1。

表5－1 1986—1991年历年土地经营方式占比的变化情况 （单位:%）

项目	1986年	1987年	1988年	1989年	1990年	1991年
农户家庭经营	93.63	94.19	95.87	96.10	95.79	94.75
村集体统一经营	1.20	1.86	1.42	0.96	1.38	2.11
专业承包经营	5.17	3.95	2.71	2.94	2.83	3.14

注：表中村集体统一经营数据是根据《全国农村社会经济典型调查数据汇编（1986—1999年）》一书原表中村集体统一经营、经济联合体经营数据汇总得出；表中专业承包经营数据根据原表中合伙（联户）或个人承包经营、村外集体或个人经营、其他单位经营汇总得出。

---

① 早在1984年，就有学者十分敏锐地看到了这一点，并指出了“专业承包”的4个可能演进的方向。“翻译”成现代比较容易懂的语言就是：第一方向是投标承包；第二个方向是财产入股，设立集体股份合作组织；第三个方向是集体将生产指标包给专业户；第四个方式是实行“两田制”，“口粮田”按人口均分，“责任田”以模拟市场机制的方式，承包给专业户。之后发展的历史事实表明，该学者这些预见性判断是令人十分惊叹的。参见中国农村发展问题研究组《农村经济变革的系统考察》，中国社会科学出版社，1984，第85—90页。

② 中共中央书记处农村政策研究室编《中国农村社会经济典型调查（1985年）》，中国社会科学出版社，1987，第35页。

③ 中共中央农村政策研究室、国务院农村发展研究中心农村社会经济调查办公室编《向商品经济轨道的转移——全国农村固定观察点调查报告（1987年）》，农村读物出版社，1988，第74页、第78页。

④ 中共中央政策研究室、农业部农村固定观察点办公室编《全国农村社会经济典型调查数据汇编（1986—1999年）》，中国农业出版社，2001。

二、土地适度规模经营政策的形成

（一）从专业承包到土地适度规模经营

20 世纪 80 年代的中国农村是一个快速变化的农村。长期存在的过剩农村劳动力很快由“隐性”变为“显性”。农村社会分工进程的加速，促使大量劳动力从农业种植领域退出。一些经济较为发达的农村地区出现了土地集中的迹象。这种情况很快就引起了当时中央农村政策研究界的重视。[①] 根据当时农村政策制定者杜润生的判断和估计，“随着多种经营收入日趋稳定，让出承包田的农户会越来越多”“土地慢慢地集中到百分之三十到百分之四十的农户手里，由他们从事专业种植，每一户经营土地的规模可相对的大一倍、二倍、三倍以上”。[②]

正是基于这种判断，中央及时出台了 1984 年中央一号文件[③]。该文件一方面要求延长土地承包期到十五年，另一方面提出“鼓励土地逐步向种田能手集中”。该文件规定，土地集中可以有两种方式：一种方式是按照“大稳定、小调整”的原则，通过土地调整，将土地集中到村集体手中；另一种方式是农户转包土地，也就是转让土地承包经营权。[④] 由于当时的土地流转市场极为不发达，农户之间的转包行为也受到很大限制，特别是限制农户出租土地。[⑤] 在这种情况下，由村集体主导的土地集中包括土地调整和土地转包，在当时是更为现实的选择。

1986 年中央一号文件[⑥]明确提出，“随着农民向非农业转移，鼓励耕地向种

---

① 中国农村发展研究中心（其前身为原国家农委）于 1983 年曾组织 600 名大学生，对全国 390 个村进行调查。在该调查报告中反映：“目前，不少地区的农民开始提出新的要求，即在保持自主权的前提下，追求‘规模经济’效益。调查结果表明，一些经济发达地区，由于对耕地承包，采取专业承包形式，土地连片经营，规模适度，效益较以往有明显提高，农民是满意的。”中国农村发展研究中心联络室：《在新的历史起点上》，《人民日报》1983 年 8 月 1 日。参见沈冲、向熙杨主编《十年来：理论 · 政策 · 实践》（第二册），求实出版社，1988，第 244 页。

② 杜润生：《中国农村经济改革》，中国社会科学出版社，1985，第 229 页、第 215 页。

③ 《关于一九八四年农村工作的通知》。

④ 1984 年中央一号文件即《关于一九八四年农村工作的通知》提出，“鼓励土地逐步向种田能手集中。社员在承包期内，因无力耕种或转营他业而不承包或减少包土地的，可以将土地交给集体统一安排，也可以经集体同意，由社员自找对象协商转包，但不能擅自改变向集体承包合同的内容”。

⑤ 1984 年中央一号文件提出，“自留地、承包地均不准买卖，不准出租”。有关对土地流转政策的叙述，见本书第八章第二节。

⑥ 《关于一九八六年农村工作的部署》。

田能手集中，发展适度规模的种植专业户”。在“农口”各部门的共同建议下，[①] 1987 年 1 月出台的 1987 年中央 5 号文提出，以建立改革试验区的方式，“探索土地集约经营的经验”。[②] 1987 年 10 月召开的党的十三大将“逐步达到合理的规模经营”作为农业发展的一个重要战略。在 1988 年 3 月召开的第七届全国人大第一次会议上，中央首次正式提出“适度规模经营”的概念，并将“适度规模经营”确定为“我国农村经济发展的必然趋势和方向”。[③] 1988 年 11 月，中央出台的文件在提法上则比较谨慎，强调家庭经营是适合“大多数地区农业生产力的发展水平”，但也不排除“少数确实具备条件的地方”“可以引导农民实行适度的规模经营”。[④] 到了 1989 年，中央的政策口径有所变化，适度规模经营适用范围从“少数确实具备条件的地方”放宽到“有条件的地方”，并提出要发展新的集体经济。[⑤] 从此，中央的政策口径由倡导“专业承包”转为引导发展“适度规模经营”。

在政策上，“适度规模经营”与“专业承包”是一脉相承的，但也有所差别。“专业承包”强调发展农业的商品化生产，“适度规模经营”则侧重于提高土地利用效率。这种变化与这一时期农业商品化迅速发展有很大关系。以粮食为

---

① 中央书记处农村政策研究室，农牧渔业部、林业部、水利电力部和国务院农村发展研究中心曾共同向中共中央、国务院提出建议，“鼓励扩大耕地经营规模。在经济发达地区和其他适宜地区鼓励试办一批现代化集约化商品粮家庭农场，发挥规模效益，提高土地生产率；在一般地区，要在户经营的基础上，通过组织产前、产后系列化服务，形成联合规模”。参见沈冲、向熙杨主编《十年来：理论 · 政策 · 实践》（第二册），求实出版社，1988，第 739 页。

② 1987 年中央 5 号文件即《把农村改革引向深入》提出，“在京、津、沪郊区、苏南地区和珠江三角洲，可分别选择一两个县，有计划地兴办具有适度规模的家庭农场或合作农场，也可以组织其他形式的专业承包，以便探索土地集约经营的经验”。

③ 时任国务院总理李鹏在第七届全国人大第一次会议上所作的《政府工作报告》提出，“我国农业的根本出路在于由传统农业向现代农业转变。近年来在一些经济发达地区、大城市郊区开始出现的以集约经营为标志的适度规模经营，是我国农村经济发展的必然趋势和方向。只有适度规模经营，才能更好地使用科技成果，实现劳动者与土地、技术装备的合理组合，取得最佳经济效益”。在此之前，针对农垦企业实行家庭承包经营，在 1983 年 3 月中共中央国务院转批《农牧渔部关于农垦经济体制改革问题的报告》中曾提出，“保持适当的经营规模”。引自王仕元、李修义、杨世文主编《中国改革全书（1978—1991）》（农村改革卷），大连出版社，1992，第 204 页。

④ 1988 年 11 月，中共中央、国务院出台的《关于夺取明年农业丰收的决定》针对农村集体经济发展，提出，“以家庭经营为主的联产承包责任制，符合目前我国大多数地区农业生产力的发展水平，应保持稳定并不断完善……少数确实具备条件的地方，在尊重群众意愿的情况下，可以引导农民实行适度的规模经营，以进一步提高农业劳动生产率”。参见黄道霞、余展、王西玉主编《建国以来农业合作化史料汇编》，中共党史出版社，1992，第 1117 页。

⑤ 1989 年 11 月中共中央发出的《关于进一步治理整顿和深化改革的决定》中提出，“在有条件的地方，可以根据农民自愿的原则，稳妥推进适度规模经营发展新的集体经济”。参见中共中央文献研究室、国务院发展研究中心编《新时期农业和农村工作重要文献选编》，中央文献出版社，1992，第 564 页。

例，1980年，粮食商品化率为19.12%，到1986年，在粮食大幅增产的情况下，粮食商品化率达到了29.41%，提高了10个百分点。① 这就说明，无论是种植专业户还是普通农户，他们都是商品化的农产品的提供者。问题关键已不是农产品商品化率问题了，而是农业生产规模问题。

（二）土地适度规模经营政策及其实施后果

总结起来，这一时期实行土地规模经营的基本做法是：改变按人口均分土地的做法，以村集体为主导，通过土地调整，将土地集中起来，或者是交由村办农场经营，或者是以专业承包的方式重新分配土地，或者是引入竞争机制，如土地投包，将土地发包给种田大户和家庭农场，其中最为著名的是“两田制”。这种集中土地，实行土地规模经营的做法，势必会动摇或破坏土地承包关系的稳定。这也正是中央政策制定者所特别担心的事。因此，中央对土地适度规模经营一直持较为谨慎的态度。

1990年11月，中共中央、国务院出台的《关于一九九一年农业和农村工作通知》提出，“少数确有条件发展农业适度规模经营的地方，根据群众意愿，可以因地制宜适当调整，但决不可不顾条件强制推行”；1993年中央11号文基本维持这一说法②。此外，在农业综合开发领域，即改造中低产田和开发“四荒地”项目，中央的政策是“要尽可能实现规模经营”③。这就是说，这一时期，中央在政策上所认可的土地规模经营仅限于：一是非农产业发展较快、农民非农就业渠道较多、不再依赖土地的少数农村地区；二是“四荒地”和农田改造开发项目。

---

① 据统计，1980年，粮食生产量为32055万吨、粮食贸易量为6129万吨，粮食贸易量占粮食生产量的比例为19.12%；1986年，粮食生产量为39151万吨、粮食贸易量为11516万吨，粮食贸易量占粮食生产量的比例为29.41%。参见农业部计划司编《中国农村经济统计大全（1949—1986）》，农业出版社，1989，第140页、第401页。另据一项研究，1979年到1984年初级农产品生产增长率为6.61%，而同期商品农产品的增长率达17.1%。商品农产品的增长高出初级农产品生产增长10个百分点。参见周其仁、杜鹰、邱继成《发展的主题》，四川人民出版社，1987，第13页。

② 1993年中央11号文即《关于当前农业和农村经济发展的若干政策措施》提出，“少数第二、第三产业比较发达，大部分劳动力转向非农产业并有稳定收入的地方，可以从实际出发，尊重农民的意愿，对承包土地作必要的调整，实行适度的规模经营”。

③ 《中共中央、国务院关于一九九一年农业和农村工作的通知》中提出，“新开发的资源，要尽可能实现规模经营；实行开发承包、管理承包、科技承包等责任制……区域开发要集中连片，统一规划，统一施工，坚持高标准”。

正如中央政策制定者所预期的那样，土地适度规模经营政策首先在农村劳动力非农化程度较高且乡镇企业工商业发达的农村地区“开花结果”。一方面这些地区的农民有较多的非农就业机会及非农收入，愿意放弃承包地；另一方面许多富裕的村集体在“分田到户”时就不是将所有的土地都分光，而是留有不少集体土地。这就为在这些地区推行土地适度规模经营创造了条件。如江苏省无锡县和浙江省鄞县。据调查，到1993年，无锡县有80%的农村劳动力转移到非农就业领域，劳均经营规模由1.48亩提高到7.59亩；鄞县有近70%的农村劳动力转移到非农就业领域，劳均经营规模由1.51亩提高到4.77亩。[①]

然而，土地适度规模的政策影响并不仅仅发生在少数农村劳动力非农化程度较高的地区。在这一时期，上交国家公粮的任务压力很大，地方政府与一家一户的小农户打交道，催收分摊到亩的各种农业税费的难度太大了。将土地集中起来，实现土地适度规模经营，既可以提高农业生产劳动率，又可以降低征收农业税费和征购公粮的成本，何乐不为？对于村干部来说，分田到户后，一方面要面临着催收农业税费的压力，另一方面自己的工资及补助也没了着落。土地归集体所有，这是村干部可以获得土地收益的唯一的理由。因此，不少村干部更热衷于土地集中，力图将土地经营权重新掌握在自己手中。对种植大户来说，通过土地集中，扩大土地经营规模的成本较低。因为土地集中只需与村集体谈好条件就可以了，而不必一家一户的与农民去谈判。况且，不少种植大户本身就是村干部，其积极性不言自明。这样一来，通过土地集中，实现土地适度规模经营一度在全国不少地方流行起来了。土地适度规模经营以村集体统一经营的方式为主。1993年，有关部门所做的一项调查统计表明，在土地规模经营中，村集体农场经营的土地面积占比为62.8%，劳均经营146亩；大户专业承包的土地面积占比为28.8%，劳均经营37亩；家庭承包经营的土地面积占比为8.4%，劳均9亩。[②]

村集体通过土地集中，实现土地适度规模经营的做法很快就暴露出一些问题。在这一时期的不少农村地区，村集体以土地规模经营为名，以“两田制”和“反租倒包”[③]的方式频繁调整土地。有的村集体以“欠农业税费”为名，

---

① 杜鹰等主编《中国农村人口变动对土地制度改革的影响》，中国财政经济出版社，2002，第215页。
② 同上书，第140页。
③ 有关“反租倒包”的叙述，见本书第十章第二节。

终止承包合同，强迫农户交出或转让土地。在乡镇企业较为发达的地区，不少村集体将已经分给农户的土地以各种方式收了上来，实行土地统一集中经营。这些村集体利用集中上来的土地，违反规划，擅自用于非农建设项目，盖厂房、建市场，甚至建设对外出售的住宅房。这些做法都是中央所不愿意看到的。

值得指出的是，虽然这一时期，在地方政府的积极推动下，土地规模经营有了一定发展，但对此的发展也不能估计太高。据农业部的调查，到 1994 年，全国实行土地适度规模经营（即劳均耕地面积超过 10 亩）的耕地面积为 9084 万亩，仅占农村集体耕地的 6.5%，在土地适度规模经营的耕地面积中，农户承包经营的占比为 83.8%，集体经营的占比为 16.2%。[①] 1996 年第一次农业普查数据显示，如果以户均经营 20 亩以上为土地适度规模经营标准，达到此标准的农户占比仅为 3.71%。具体数据见表 3 - 8。

（三）对土地规模经营的判断及政策调整

到 20 世纪 90 年代中期以后，以土地规模经营为主题的制度试验，包括集体农场、家庭农场、“两田制”等制度试验[②]的结果已经出来了。有关主管部门对土地规模经营制度试验给出的基本结论是：在现阶段，尚不具备大规模推广土地规模经营的条件。[③] 这些制度试验的结果及其结论，对中央有关土地规模经营的政策转向起着关键性作用。

1997 年 8 月，中共中央办公厅、国务院办公厅发出了《关于进一步稳定和完善农村土地承包关系的通知》。该文件提出，“人多地少是我们的基本国情，农业劳动力只有大规模转移到二三产业后，才有可能逐步发展土地的规模经营，而这种条件在现阶段的绝大多数农村还不具备”。[④] 这是中央首次明确地表示对土地规模经营的态度。这实际上也是宣告了以土地规模经营为主题的农村改革试

---

① 农业部农村合作经济研究课题组：《1994 年中国农村土地承包经营制度及合作组织运行考察》，《农村合作经济经营管理》1996 年第 1 期。

② 有关土地规模经营制度试验的叙述，见本书第六章和第七章。

③ 农业部农村改革试验区办公室：《从小规模均田制走向适度规模经营》，《中国农村经济》1994 年第 12 期。另参见农业部农村经济研究中心《中国农村研究报告（1990—1998 年）》（上册），中国财政经济出版社，1999，第 354—369 页。

④ 该文件还指出，“有的地方在实行土地适度规模经营过程中，违背农民意愿，搞强迫命令，引起群众不满”。

验的失败。此后，经过“第二轮土地延包”将村集体收回的承包地重新承包到户，以及对“两田制”的清理，到 1999 年，全国土地规模经营的耕地面积从 1994 年的 9084 万亩下降到 3654 万亩，占全部耕地面积的比例从 1994 年的 6. 5% 下降到 2. 6% 。[①]

在此后一段时间内，中央对土地规模经营采取的是约束性或限制性政策，而不是鼓励或引导性政策，特别是严格禁止以土地集中为手段的土地规模经营，包括制止“两田制”和“反租倒包”。2005 年中央一号文件[②]强调，“承包经营权流转和发展适度规模经营，必须在农户自愿、有偿的前提下依法进行，防止片面追求土地集中”。

(四) 重提土地适度规模经营

随着《农村土地承包法》的落实，村集体频繁调整土地的行为得到了有效遏制。到 21 世纪中期，农户的土地承包关系在政策及法律的保障下基本上被稳定下来了。与此同时，在政策的鼓励下，土地流转市场逐步发育并日趋成熟。受到中央政策鼓励的土地流转已经替代了以行政手段为主的土地集中，成为发展土地适度规模经营的主要途径。另一个重要因素是，发展土地适度规模经营的社会经济与技术条件越来越成熟。

进入 2000 年后，一方面农村劳动力向城市转移的进程在加速，大量的农村土地被“释放”出来；另一方面随着农业机械化、社会化服务的迅速普及，与“一家一户”小规模土地经营相比，土地规模经营的效率优势越发明显。在这一大背景下，中央对土地适度规模经营的政策导向发生了相应的变化，从“否定性”提法，转为“肯定性”提法。2006 年中央一号文件[③]提出，“健全在依法、自愿、有偿基础上的土地承包经营权流转机制，有条件的地方可发展多种形式的适度规模经营”。2008 年中央一号文件[④]提出，“在有条件的地方培育发展多种形式适度规模经营的市场环境”，但同时也提出“依法制止乡、村组织通过‘反租倒包’等形式侵犯农户土地承包经营权等行为”。

① 杜鹰等主编《中国农村人口变动对土地制度改革的影响》，中国财政经济出版社，2002，第 140 页。
② 《关于进一步加强农村工作提高农业综合生产能力若干政策的意见》。
③ 《关于推进社会主义新农村建设的若干意见》。
④ 《关于切实加强农业基础建设进一步促进农业发展农民增收的若干意见》。

2008年10月召开的党的十七届三中全会通过了《中共中央关于推进农村改革发展若干重大问题的决定》，对实现土地适度规模经营的途径，以及土地适度规模经营的主体作出了原则性的规定。该文件提出，“按照依法自愿有偿原则，允许农民以转包、出租、互换、转让、股份合作等形式流转土地承包经营权，发展多种形式的适度规模经营。有条件的地方可以发展专业大户、家庭农场、农民专业合作社等规模经营主体”。这就是说，实行土地适度规模经营的途径是土地流转，土地适度规模经营的主体是专业大户、家庭农场、农民专业合作社。2013年中央一号文件对土地适度规模经营的政策口径又进一步作出调整，由“允许”和“可以”，调整为“引导”和“鼓励和支持”①，也就是说，对土地适度规模经营从消极的肯定转变为积极的肯定。

（五）适度规模经营的量化标准

2014年11月，中共中央办公厅、国务院办公厅印发了《关于引导农村土地经营权有序流转发展农业适度规模经营的意见》。该文件进一步明晰了发展适度规模经营的政策，并提出了土地适度规模经营的具体标准，即“土地经营规模相当于当地户均承包地面积10倍至15倍、务农收入相当于二三产业务工收入”。② 另据《第三次全国农业普查主要数据公报》（2016年），种植业的规模经营户是指一年一熟地区露地种植农作物的土地达到100亩及以上的；一年两熟地区露地种植农作物的土地达到50亩及以上的；设施农业的设施占地面积为25亩及以上的。

三、土地流转下的土地适度规模经营

（一）土地流转与土地适度规模经营

土地流转后，转入土地户无疑会扩大土地经营规模。能扩大多少，则视谁是

① 2013年中央一号文件即《关于加快发展现代农业进一步增强农村发展活力的若干意见》提出，“引导农村土地承包经营权有序流转，鼓励和支持承包土地向专业大户、家庭农场、农民合作社流转，发展多种形式的适度规模经营”。有关对土地流转政策演变及其制度的建立，见本书第八章第二节和第三节。

② 该文件提出，“合理确定土地经营规模。各地要依据自然经济条件、农村劳动力转移情况、农业机械化水平等因素，研究确定本地区土地规模经营的适宜标准。防止脱离实际、违背农民意愿，片面追求超大规模经营的倾向。现阶段，对土地经营规模相当于当地户均承包地面积10倍至15倍、务农收入相当于二三产业务工收入的，应当给予重点扶持”。

土地的转入者而定。一般来说，以代耕方式进行的土地流转，土地经营规模扩大得较小，通常在本村平均每户经营规模的一倍之内。村民之间的转包，土地经营规模扩大得也不会很大。只有以租赁形式进行的土地流转，土地经营规模有可能扩大。租赁土地的通常是乡村中的能人，也有在职职工、机关事业单位的干部、农业科技人员。这些人下乡租赁土地，通常不会只包十亩、八亩地，而至少是包几十亩地，大多是包上百亩地。

2000年代中期以后，在中央以土地流转为导向的土地适度规模经营政策的作用下，中国农村出现了承包地向规模经营户集中的趋势。2011年国务院发展研究中心中国农地流转调查课题组所做的样本量为669个农户的调查显示，有72.8%的土地转入户的转入土地面积在10亩以下，转入土地面积超过10亩的土地转入户的占比仅为27.2%；平均转入土地面积为12.99亩，比种自家承包地户的平均土地经营规模扩大了3倍。种自家承包地户的平均土地经营规模为6.24亩，转入户的平均土地经营规模为19.23亩。[①]

2011年，另一项由中央农村工作领导小组办公室的研究人员所组织的调研更为详尽细致。[②] 该项调查的范围包括东部七省、中部六省、西南六省、西北六省（区）和东北三省，样本量为3400个，均为种粮户。该项调查结果表明：全国平均转入户的土地经营规模为20.25亩，种自家承包地户的土地经营规模为8.09亩；与种自家承包地户相比，转入户的土地经营规模扩大了2.5倍；其中，西北六省（区）东北三省转入户的土地经营规模扩大得最大，分别扩大了3.08倍和2.77倍，分别由15.08亩和19.66亩扩大到46.47亩和54.37亩；东部七省转入户的土地经营规模扩大得最小，为1.4倍，仅由6.77亩扩大到9.48亩。这可能由于东部地区的种粮大户较少，而西北和东北地区的种粮大户较多，且规模较大。总之，土地流转对促进土地规模利用的效果还是比较明显的。

（二）2010年后土地适度规模经营的基本情况

截至2016年，虽然规模小、分散化的土地经营格局并没有根本改变，但也

① 张云华等：《中国农地流转问题调查》，上海远东出版社，2012，第139页、第158页。

② 罗丹等：《中国粮食生产调查》，上海远东出版社，2014，第444页。

出现了不少土地规模经营的“大户”。据农业部经管司提供的数据，2010 年，经营 50 亩以上规模土地的农户的比重为 1.05%，到 2015 年这一比例提高到 1.4%。[①] 另据农业部统计，到 2016 年，全国经营 50 亩以上规模土地的农户已经达到 341 万户，经营耕地面积超过了 3.5 亿亩。[②] 如果以农业部统计的集体所有的耕地面积为基数（2015 年为 14.54 亿亩[③]）的话，土地规模经营的占比大约为 24.07%；如果以国土资源部统计和公布的全国耕地数据（2015 年为 20.25 亿亩）为基数的话，土地规模经营的占比为 17.28%。

土地经营规模水平在不同地区差异较大。土地经营规模普遍较大的省份是黑龙江。据农业部经管司提供的数据，到 2012 年，黑龙江规模经营的土地面积占比达到 30.77%。现代农业较为发达的江苏省和浙江省，土地规模经营的占比更大。截至 2012 年，江苏省耕地有 50% 左右，实现了土地适度规模经营。在浙江宁波，到 2011 年底，土地适度规模经营的占比高达 61%。[④]

与 20 世纪 80 年代和 90 年代相比，这一时期土地适度规模经营的最大不同之处是，除了极个别的村，村集体已经完全退出了农业经营领域。土地适度规模经营的主体为专业大户、家庭农场、农业企业和农民专业合作社，即通常所说的“新型农业经营主体”。据有关课题组对浙江农村土地经营状况的调查，到 2006 年，在浙江，专业大户的土地经营规模中位数为 52.83 亩，最大的经营规模达到 3200 亩；农民专业合作社的土地经营规模中位数为 850 亩，最大的经营规模达到 1.58 万亩；农业企业的土地经营规模中位数为 516 亩，最大的规模面积达到 4.36 万亩。[⑤] 在黑龙江，由于土地资源丰富，各类新型农业经营主体的土地经营规模普遍更大。据有关研究机构于 2014 年在肇东市和克山县所做的调查，在所调查的对象中，专业大户的土地经营规模平均为 1000 亩，最大的经营规模达到 1.27 万亩；家庭农场的土地经营规模平均为 1300 亩，最大的经营规模达到 1.2 万亩；农业企业的土地经营规模为 1.44 万亩（仅调研了一家）；农民专业合作社

---

① 2010 年的数据见本书第三章表 3 - 7；2015 年的数据见农业部农村经济体制与经营管理司、农业部农村合作经济经营管理总站编《中国农村经营管理统计年报（2015 年）》，中国农业出版社，2016，第 40 页。

② 钟真：《中国新型农业经营主体发展的逻辑：内在机制与实践案例》，经济科学出版社，2020，第 6 页。

③ 农业部农村经济体制与经营管理司、农业部农村合作经济经营管理总站编《中国农村经营管理统计年报（2015 年）》，中国农业出版社，2016，第 40 页。

④ 孔祥智等：《土地流转与新型农业经营主体培育》，中国农业出版社，2015，第 34—35 页。另参见高峰《江苏农业适度规模经营的实践与思考》，《江苏农村经济》2010 年第 7 期。

⑤ 黄祖辉、俞宁：《新型农业经营主体：现状、约束与发展思路》，《中国农村经济》2010 年第 10 期。

的土地经营规模平均为 8200 亩，最大的经营规模达到了 5.78 万亩。除了各类新型农业经营主体，一般农户的平均土地经营规模也有约 290 亩，最大的经营规模达到 1200 亩。①

（三）对农业生产规模经营的新认识

按照传统的思维定式，规模小而分散、细碎的土地不利于现代农业生产技术的引入，特别是不利于农业机械进入田间地头。但实践表明，在小农户经营的基础上，也可以与现代农业生产技术对接，实现农业生产的现代化。

2000 年代中期以后，中国农业机械化水平迅速提高。据中国农业机械化协会统计，自 2004 年到 2014 年，机械耕整地面积占种植总面积的比重从 48.9% 提高到 77.5%；机械播种面积占种植总面积的比重从 28.8% 提高到 50.8%；机械收获面积占种植总面积的比重从 20.4% 提高到 51.3%。② 这就说明，通过发展农业社会化服务，可以将“小农”规模的土地经营纳入规模化的农业社会化服务体系中来。农业社会化服务体系的规模化也是一种农业生产的规模经营。2000 年以后迅猛发展起来的跨区农机作业，就是这种农业社会化服务体系规模经营的典型案例。③ 2013 年，跨区农机作业面积达到了 36667 千公顷（5.5 亿亩），与 2004 年相比增加了 1.42 倍。④ 另外，提高“小农”的组织化程度，发展农民专业合作社，在“小农”规模的土地经营基础上，将“小农”组织起来，也可以实现土地“适度规模”经营。

以上的认识对中央的政策制定产生了直接影响。2008 年 10 月党的十七届三中全会通过的《中共中央关于推进农村改革发展若干重大问题的决定》提出，

---

① 程郁、王宾：《农村土地金融的制度与模式研究》，中国发展出版社，2015，第 199 页。

② 中国农业机械化协会：《中国农业机械化发展报告（2004—2014）》，中国农业出版社，2015，第 38—42 页。

③ 时任中央农村工作领导小组办公室主任的陈锡文认为，“土地经营规模的大小是农业现代化的重要因素，但并不构成实现农业现代化的绝对限制”，“像农业机械这类生产要素，虽然在小农场上使用会受到一定的限制，但农户通过购买适宜的农业机械或社会化的农业机械服务，同样也能提高农业机械化水平。我国农机跨区作业就是一个很好的例证。2007 年参加跨区作业的联合收割机达到 41.8 万台，完成机械化收割 3.5 亿亩，小麦综合机械化水平超过 81%。我国跨区作业的联合收割机平均单台单季有效作业时间 200 小时左右，美国、加拿大联合收割机平均单台年作业时间 120 ~ 180 小时，日本仅为 60 ~ 80 小时。跨区作业使我国在小规模经营的情况下，实现了小麦收获的全部机械化，以及超过发达国家的农机作业高效率和高利用率。这说明小规模的土地经营完全能够通过社会化服务的方式实现高性能、高效率的农业机械化”。参见陈锡文、赵阳、罗丹《中国农村改革 30 年回顾与展望》，人民出版社，2008，第 383—384 页。

④ 农业部编《2014 中国农业发展报告》，中国农业出版社，2014，第 25 页。

“培育农民新型合作组织，发展各种农业社会化服务组织”。2013 年中央一号文件进一步将“稳步提高农民组织化程度”“构建农业社会化服务新机制”作为加快发展现代农业的重要举措。①

四、学者对土地规模经营“适度”的估算及讨论

中国农户土地经营规模过小，且地块分散和细碎，这是一个公认的现实。不少学者已经用事实证明，从国际比较来看，中国这种“小农”经营方式是缺乏产业竞争力的，也就是低效率的。② 但农户土地经营规模应该多大才是“适度”的呢？这种对农户土地经营规模“适度”的估算，不仅会促使“农口”政策研究界加深对中国农村土地制度的认识，在一定程度上，也会对中央的政策制定产生影响。

（一）2000 年前学者对土地规模经营“适度”的估算

在实行家庭土地承包经营制之初，学界就有了涉及土地经营规模的讨论。这种讨论往往聚焦在是大规模经营的集体经济优越，还是小规模经营的个体农户经济优越的问题上，以及个体农户的发展是否发展为现代农业的问题。③ 不久，学者的研究就给出了答案，即以家庭经营为基础的个体经济是可以与现代农业的生

① 2013 年中央一号文件即《关于加快发展现代农业进一步增强农业发展活力的若干意见》中提出，“努力提高农户集约经营水平。按照规模化、专业化、标准化发展要求，引导农户采用先进适用技术和现代生产要素，加快转变农业生产经营方式”。

② 一项对 2003 年至 2013 年中国粮食生产各项成本的国际比较表明，6 个主要粮食品种即大豆、玉米、小麦、油菜籽、甘蔗和棉花，无论是单位土地的成本，还是单位产量的成本，都全面超过美国、巴西、阿根廷、加拿大和澳大利亚等主要生产国。参见罗丹、陈洁等《新常态时期的粮食安全战略》，上海远东出版社，2016，第 531—563 页。国务院发展研究中心所做的一项研究也显示，2014 年，中国生产的稻谷、小麦、玉米、大豆、花生和棉花的亩均成本和每百斤产量成本，均超过美国，其中亩均成本超过幅度达到一倍以上的为小麦和棉花，每百斤产量成本超过一倍以上的为玉米和大豆。参见国务院发展研究中心农村经济研究部《找准转变农业发展方式的支点》，中国发展出版社，2016，第 18 页。

③ 1984 年杜润生在解释家庭土地承包经营制时曾说过：“有人提出质疑，把土地包给千家万户，家庭经营搞得太久了，会不会妨碍现代化的发展？这个怀疑是有传统缘由的。过去我们一直提出规模经济。认为规模大才有利于使用机械，提高劳动生产率和盈利率，才积累资金扩大再生产，才有优越性。而家庭经济，规模狭小，有很大局限性，不利于机械化。”杜润生认为“这个认识是有道理的”，但同时也引证了美国家庭农场的案例，解释说“土地规模相对小，也能高产”。参见杜润生《中国农场经济改革》，中国社会科学出版社，1985，226—227 页。

产方式相适应的。[①] 这一答案不久就成为学界的共识。此后，对土地规模经营的讨论就转向了对家庭土地经营规模的讨论。

据中央农村政策研究室在1984年所做的调查，按照当时农村生产力发展水平，最适宜的土地经营规模，淮北平原为15～20亩，江淮丘陵地区为10～15亩，沿江和江南圩区为15亩左右。该调研认为，"从长远来看，每户经营8亩多地，只能使农业滞留在自给自足的小生产状态，很难实现专业化、商品化、现代化，也很难使农民富裕起来"。[②]

1986年，国务院农村发展研究中心等单位曾组织专家对土地规模经营问题进行了一项专项研究。该研究根据当时中国经济发展水平、物质装备程度和生产技术结构，提出了"适度经营规模"的概念，并建立了适度经营规模的计量经济模型。该模型测算了中国几个重点农区的土地适度的"期望必要规模""临界必要规模""过界平均规模"[③]。该研究结果是：华北平原的期望必要规模为劳均经营土地8.5亩，户均经营土地20.3亩；北京郊区的期望必要规模为劳均经营土地19.2亩，户均经营土地20.3亩；苏南地区的期望必要规模为劳均经营土地13.8亩，户均经营土地31.1亩；江汉平原的期望必要规模为劳均经营土地7.2亩，户均经营土地13.7亩；成都平原的期望必要规模为劳均经营土地7.6亩，户均经营土地18亩。根据该模型提出的适度经营规模的标准，中国绝大多数农户的土地经营规模都远远低于"期望必要规模"，处于土地经营规模不经济区间。[④]

20世纪90年代初，中德两国专家曾组成联合课题组对中国农户土地经营规模进行过一项研究。该研究对上海松江、浙江余姚、江苏常熟、北京顺义、陕西

---

① 1984年，中国农村发展问题研究组曾对家庭经营进行了系统的考察，详细地分析了家庭经营的基本特征及其优势，所得出的结论是，"如果说由家庭经营农业是一件很为古老的事实，那么我们可以把现代家庭农场看作资本主义制度对农业家庭经营适合于高度社会化经济条件的发展"，"正是家庭组织所保留并得到发展的一些最基本特征，使它能够比较充分地满足农业活动提出的多种要求，而且在不同经济时代始终保持这方面的优势"。参见中国农村发展问题研究组《农村经济变革的系统考察》，中国社会科学院出版社，1984，第34—73页。

② 中共中央书记处农村政策研究室编《中国农村社会经济典型调查（1985年）》，中国社会科学出版社，1987，第35—36页。

③ 该研究按照区域收入水平的期望值，依据比较利益原理计算的临界值和达到及超过临界限的平均值所计算的必要规模，分别称为"区域期望必要规模""临界必要规模""过界平均必要规模"。

④ 国务院农村发展研究中心联络室、农业部农业机械化管理司编《土地规模经营论》，农业出版社，1990。

武功、广西临桂6县的600个农户的调研发现，农户的经营规模在10～30亩区间，亩产上升，超过30亩，亩产有所下降。这就是说，在这一时期，土地边际产出率由升到降的拐点在30亩附近。该项研究认为，在经济比较发达的地区，土地适度经营规模区间大约为每户经营15～30亩。[①] 但该项研究也认为，虽然土地利用呈现出一定的规模经济性，其亩产差别并不大，对每亩土地投入的影响也不大；农业兼业经营对粮食生产的影响很小；由于兼业化的农户有其他非农收入来源，有资金实力增加对土地的投入，所以，其对土地投入水平明显较高。[②]

同期进行的另一项研究对最佳土地经营规模的估计结果是，以黑龙江省佳木斯市为代表的土地丰裕地区，劳均耕地为120～150亩；北京郊区平原旱地为30～40亩；苏南水田地区劳均耕地为5～7亩；珠三角水田地区为劳均耕地7～12亩（甘蔗地劳均耕地为20～25亩）。[③]

虽然这些估计结果不同，但这些对土地适度规模的估计都表明，这一时期大多数农村地区户均土地经营规模仅为8亩左右，这与适宜的土地经营规模相差甚远。

（二）2000年后学者对土地规模经营“适度”的估算

2000年以后，农民的就业选择空间急剧扩大，土地适度规模不仅仅是一个技术经济问题，而且应将农民非农就业的机会成本考虑在内，要从社会经济方面综合分析土地与劳动力的配置问题。

2015年国务院发展研究中心课题组曾基于2011—2013年全国3063个种植户的调查数据，并结合国家统计局对70720个农户的调查数据，对粮食生产的土地规模进行了经济测算，其测算的标准是在家务农收入与外出务工收入相当。该测算结果是：就粮食生产而言，农户的土地经营规模应在100～150亩，而2012年农户平均土地经营规模仅25亩；如种植水稻，农户的土地经营规模应达到100亩左右，而2012年农户平均土地经营规模仅10.51亩；如种植小麦，农户的土地经营规模应在50～100亩，而2012年农户平均土地经营规模仅21.16亩；如种

① 中国农户土地经营规模研究课题组：《中国农户土地经营规模研究》，《管理世界》1991年第4期。

② 同上。

③ 张红宇等编著《中国农村土地制度建设》，人民出版社，1995，第46页。

植玉米，农户的土地经营规模应达到150亩左右，而2012年农户平均土地经营规模仅15.74亩。该项研究的结论是，“为了达到这一适度规模，需要转移8成以上的农业劳动力”。①

国务院发展研究中心曾利用2012年国家统计局所做的农户抽样调查数据，考察了土地规模经营效率的问题。该项研究结论基本是：土地规模与农业生产效率之所以具有一定的相关性，是因为土地规模越大，生产设施、生产技术以及生产服务等配套条件会更好，政府对规模经营户的支持力度也会更高；但是，如果以亩均产量衡量生产效率，不同土地规模的小农，其生产效率差别并不大。②

有调查显示，农户的土地经营规模与亩均产量及亩均产值成反比。据有关学者对山东农户的调查，土地经营规模小于3亩的农户，其亩产量达992公斤，亩均产值2638元；土地经营规模大于12亩的农户，其亩产量仅为532公斤，亩均产值1188元。③

对土地地块的规模，也有学者从机械化耕作效率方面作了研究，其基本结论是：地块面积在500~1500平方米（0.75~2.25亩），其耕种效率较低，不适宜进行机械化耕作；地块面积在1500~3600平方米（2.25~5.4亩），适宜于小型机械化耕作；地块面积在3600平方米（5.4亩）以上，适宜于大中型机械化耕作，地块面积在9亩以上，引入联合收割机是有效率的。④表3-4和表3-5所列的数据表明，半数以上的地块不适合农业机械进入田间地头。需要说明的是，这里所说的地块面积是指适宜农业机械化耕作的地块面积，并不是指农户经营的地块面积。在平原村庄或丘陵平坝村庄，虽然每家农户所经营的地块面积很小，但如果农户与农户之间的地块是相连的、土地是成片的，并没有以田埂或沟渠作为土地分界，而是用木桩或其他地标作为土地分界。在这种情况下，只要农户之间能够协调成一致的种植品种，成片耕种，农业机械也是可以引入的。

---

① 周群力：《我国农业规模经济的变化与政策含义》，中国发展出版社，2016，第55页、第64页、第77页、第81页。

② 国务院发展研究中心农村经济研究部：《找准转变农业发展方式的支点》，中国发展出版社，2016，第64—69页。

③ 杨学成等：《农村土地关系思考——基于1995—2008年三次山东农户调查》，《管理世界》2008年第7期。

④ 张凤荣主编《农村土地整治的理论与实践》，中国农业大学出版社，2012，第97—98页。

（三）学界的不同观点

然而，对于中国土地经营规模“适度”的判断，学者之间的意见并不一致。有学者从经济组织的角度考察土地经济规模效率问题，所得出的基本结论是：建立在家庭经营基础上的小农经济的组织是有效率的。① 有学者根据田野调查估计，对于一对老年夫妇来说，适度土地经营规模大约为10亩；对于一对青壮年夫妇来说，适度土地经营规模大约为30亩。② 还有学者估计，如果按照粮—菜和种—养（养猪、养鸡等）并重的模式经营，农户的土地适度经营规模，在华北为10～15亩，江南为7～10亩；如果专业化种植蔬菜、食用菌等大棚作物的农户，适度的土地经营规模仅为2～3亩。③ 据此，这些学者认为，小农经营是符合中国国情的，也是有效率的。但也有学者估算，以2014年的农业生产条件和市场条件，如果种植单季稻，单个农户最佳土地经营规模为20亩，如果种植双季稻，单个农户最佳土地经营规模为15亩；但其收入水平只能达到当年农户平均收入水平的30%～50%，农户要维持一定的生活水平，还必须利用农闲期，“搞副业”或“打零工”。④

学者们对土地适度规模经营的估计，之所以出现这样大的差别，是因为不同的研究方法，对土地规模经营的考察视角不同。国务院发展研究中心课题组的学者假定农村劳动力的价格等于城市劳动力市场平均价格，而且按照专业农户的标准考察土地规模的经济性问题；注重田野调查的学者则认为留在农村的劳动力大都是城市劳动力市场竞争中的弱者，或者是不能进入城市劳动力市场的劳动力，农户兼业化是常态，农户作出较小规模的土地经营的家庭生计安排是合理的。由于对农村劳动力估价不同，测算土地适度规模的标准也就不同，所估算出来的结果自然就会不同。可见，在现实中，土地规模经济性的确定所要考虑的因素众多，可选择的土地适度规模的范围可能会很宽。

---

① 该学者认为，大规模土地经营与小规模家庭农户相比并没有显示出可察觉到的全要素节约优势和单位产量优势。参见刘凤芹等《土地的规模效率和农业经济组织绩效研究》，东北财经大学出版社，2011，第93页。

② 贺雪峰：《小农立场》，中国政法大学出版社，2013，第3页、第15页。

③ 黄宗智：《中国的隐性农业革命》，法律出版社，2010，第99—100页。

④ 朱冬亮：《农业治理转型与土地流转模式绩效分析》，中国社会科学出版社，2016，第258页。

第六章　农村改革试验区土地（耕地）制度试验

以“均田”为特征的家庭土地承包经营制存在着一个内在的矛盾，这就是农户土地承包经营权稳定与土地利用效率之间的矛盾。由于每个农户对土地的劳动和资金投入的倾向不同，有的农户倾向高投入，有的农户倾向低投入，所以，同等面积或质量的土地，其产出就会有较大差异。如果这种土地产出差距存在着有利的改善空间而没有得到改善，就意味着出现了土地利用效率的损失。① 在土地市场尚没有生长起来或受到抑制的制度环境下，要保障农户土地承包经营权稳定，限制村集体调整土地，就不得不长期维持一家一户的“小农”经营的格局，这就有可能降低土地利用效率。因此，以村集体为主导，利用农村土地集体所有的制度优势，以土地集中的方式，实现土地适度规模经营，一度成为中国农村土地制度改革的一个重要选项。但这一政策选项能否成功？如能成功，需具备什么样的条件？什么样的社会经济发展状况才会出现这样的条件？依靠村集体发展土地规模经营靠得住吗？农户的土地权益能够得到保障吗？这一系列问题，都摆在中央政策制定者面前。在“稳定”与“效率”之间，发展现代农业，主要靠村集体，还是主要靠分散的“小农”，中央政策制定者处于两难选择的境地。对此，中央的决定是“都来试试看”，哪条路能走通就走哪条路。由此就展开了规模颇为宏大的农村改革试验。从某种程度上说，农村改革试验的不同结果，深刻地影响了之后的中国农村土地制度演进方向和路径。

一、农村改革试验区设立的背景

（一）农村改革后面临的新问题

1985 年，中国农业发展遇到了一个拐点。此时，由于农业生产资料主要是化肥、农药价格的上涨，而粮食收购价格走低，粮食交换条件恶化，导致粮食产量和

① 按照经济学的理论，这就是存在着帕累托改进空间。如果存在着帕累托改进空间而没有得到改进，就是资源配置的无效率。

农民人均收入增长均出现了徘徊不前甚至有所下降的情况，而棉花产量的下降幅度更大。农业生产出现了明显的停滞现象。[①] 与此同时，城市也一度发生了肉、蛋、油、蔬菜等副食品供应紧张的情况，广东、福建及部分大城市甚至出现了“粮荒”现象。例如，南京因大米供应有4个月的缺口，不得不采取每人每月限购5斤的措施，以解燃眉之急。[②] 有些地方还恢复了已经被取消了的肉票。[③] 城市农产品供应的紧张，导致农产品价格的大幅上涨，推动物价总体水平的上升。据统计，从1985年到1987年，全国城镇商品零售价格年均增长率达7.37%，其中食品价格年均增长率为6.5%，1987年食品价格在上年增长7.2%的基础上，又大幅上涨了10.1%。[④]

持续的物价上涨和“价格闯关”的风言，引起了城镇居民的普遍恐慌。1988年8月，出现了全国性的银行挤兑、抢购商品的风潮。[⑤] 国家为了应对这种前所未有的局面，一方面停止了原定的“价格闯关”的计划，紧急推出了银行保值储蓄的政策；另一方面暂停了刚刚起步的粮食购销体制的改革，粮食合同定购制度被迫退回到“计划合同定购制”。[⑥] 然而，此时农户已经获得了很大程度上的自

---

① 1985年，粮食总产量从1984年的4.07亿吨下降到3.79亿吨，直到1987年粮食产量才重上4亿吨大关，之后又几经反复，直到1990年后，才进入波动增长的阶段；与1984年相比，1986年的棉花产量大幅下降了43.5%，此后一直持续走低，且产量波动剧烈。参见国家统计局农村社会经济调查总队《新中国五十年农业统计资料》，中国统计出版社，2000，第37—38页。有学者将当时中国农村经济发展存在的问题总结为以下十一个方面：第一，耕地日益减少；第二，大量水利工程失修；第三，土地肥力减退，土壤恶化；第四，生态环境持续恶化，于农业发展大为不利；第五，实行责任制后，没有适应新的情况，制定相应的农业现代化政策；第六，各行各业冲击农业，行行都比搞农业强，农民无心种田；第七，农民负担逐年加重，已成为农村一个老大难问题；第八，农村的自然经济正向商品经济转化，但流通体制改革改变甚小，农民卖粮难的问题有增无减；第九，农民要扩大再生产，要发展商品生产，深感一家一户力所不能行，许多事办不了办不好；第十，农村基层组织半瘫痪，干群矛盾有所发展；第十一，自上而下不重视农业，不安排农业投资，农民也不投资，不搞农田基本建设。参见陆学艺《农业面临比较严峻的形势》，《农业经济丛刊》1986年第5期。

② 国务院农村发展研究中心联络室、农业部农业机械化管理司编《土地规模经营论》，农业出版社，1990，第12页。

③ 肉票制度是“文化大革命”时期为了应对肉类产品供应紧张，在全国普遍实行的一种凭票向城市居民供应肉类产品的制度。在20世纪80年代初，随着肉类产品供应大增，各地相继取消了肉票，但到了1987年秋冬，有些大城市因猪肉供应不足，不得不恢复了肉票制度。参见朱厚泽《农村形势与改革》（1988年），载《朱厚泽文存》（内部资料），2013，第195页。

④ 发展研究所综合课题组：《中国的发展：财富增长与制度适应——再论国民经济新成长阶段》，《经济研究》1988年第5期。

⑤ 国务院农研中心试验区办公室：《中国农村改革试验区报告》，参见周其仁编《农村变革与中国发展1978—1989》（下卷），牛津大学出版社（香港），1994，第529页。

⑥ 由于粮食供应日趋紧张，导致粮食市场价格大大高于国家粮食收购合同价，因而，农民不再愿意把粮食卖给国家。在此情况下，国家不得不强调要农民保证完成合同交售任务。有的地方在具体执行时甚至宣布“合同就是计划”。合同实质上成了国家规定农民生产经营的计划书。之后，中央也将合同定购改为国家定购。这样，从大门抛出去的统购派购制度又从窗口反弹到“合同”上。参见马九杰、孔祥智《粮食流通体制改革——解决中国粮食难题的一剂良方》，广东经济出版社，1999，第18—19页。

由种植权。如果农户对国家粮食收购政策不满意，农户就会转而种植其他有利可图的作物，消极抵抗，甚至公开抗交定购粮，拒绝完成国家定购粮任务。有些地方，当地政府为了完成国家的定购量任务，在粮食收获季节，在主要路段设置关卡，阻止“私商”收购粮食，防止农民在未完成国家定购任务之前，自行将粮食运往市场。一时间，政府与农民之间的矛盾冲突不断。国家收购粮食遇到了新的困难。

与此同时，国家对农村劳动力流动的限制有所放松，鼓励农业劳动力转向非耕地经营，如林业、牧业和渔业，以及工业、运输业、建筑业、建材业和服务业等。[①] 在沿海发达地区和大城市郊区，乡镇企业迅速兴起，进入了蓬勃发展阶段。在这些地区，有相当比例的农村劳动力“离土不离乡”，转向乡镇企业做工。不少农村劳动力已经完全脱离了农业生产。有些村从事工业的劳动力占比已达到70%以上。这些地区和村成为农村中先富起来的典型。[②] 由于与工业、服务业及运输业相比，从事农业的比较效益明显偏低，[③] 即使还在农村的农民，也不愿在土地上进行投入。种植业发展萎缩，甚至出现了“抛荒”、“撂荒”或“明种暗荒”现象。有农民形象地说：“什么地方的田里草长得长，那里的农民就最有钱。”农业劳动力向非农就业领域的转移，农业劳动力机会成本的提高，还使得农户更倾向于多投入化肥和农药，以减少劳动力的投入，从而推动了化肥和农药价格进一步上涨，导致农产品与工业品的交换条件持续恶化。农业部门的比较收益急剧下降。

据统计，到1988年，与1980年相比，化肥和农药施用量分别累计上涨了68.7%和2.55倍；与1983年相比，化肥和农药的价格指数分别累计超过粮食价格指数34.4%和1.08倍。[④] 另外，由于土地经营规模太小且细碎、分散，大型农

---

① 1984年中央一号文件即《关于一九八四年农村工作的通知》指出，“随着农村分工分业的发展，将有越来越多的人脱离耕地经营，从事林牧渔等生产，并将有较大部分转入小工业和小集镇服务业。这是一个必然的历史性进步，可为农业生产向深度和广度进军，为改变人口和工业布局创造条件”。

② 根据1984年到1985年中央农村政策研究室与国务院农村发展研究中心所做的调查，在这一时期，绝大部分的致富样本村，都靠发展非农产业或非耕地产业起家的；工副业经济总量的占比大都超过了农业；大量劳动力转入工副业就业，工副业就业比例为50%以上。参见中共中央书记处农村政策研究室、国务院农村发展研究中心、农村调查领导小组办公室编《农村在变革中前进——来自基层的调查报告》，农业出版社，1987，第28页。

③ 据当时的调查，按每个投工量的平均收入计算，种植业为4.9元，农产品加工业为8.4元，商业饮食业为8.6元，运输业和工业品加工业则高达15元。参见中共中央书记处农村政策研究室编《中国农村社会经济典型调查（1985年）》，中国社会科学出版社，1987，第29页。

④ 以上数据是根据陈吉元、邓英淘、薛玉炜等所著《中国农村的变革与发展——回顾与展望》中表2－12、表3－1及表3－10的数据计算得出的。参见陈吉元、邓英淘、薛玉炜等《中国农村的变革与发展——回顾与展望》，广东高等教育出版社，1992，第58页、第69页、第90页。

机具难以下地，中国农业的机械化进程整体停滞不前，有些年份还出现了大幅倒退的情况。据统计，自1980年到1985年，全国机耕面积连年下降，最低曾一年下降了14.8%，之后有所恢复，但截至1988年，尚未达到1980年的水平；灌溉面积则一直停滞不前、略有下降。① 有学者将这一时期的农业发展出现的问题归纳为“三个矛盾”：“国家要粮、农民要钱，不同目标的矛盾；分散的家庭决策同稳定市场的矛盾；小规模生产同吸纳先进技术的矛盾”②。

（二）学者对这些问题的讨论

面对上述种种现象，学界普遍认为，以1985年为转折点时，中国农业发展和改革进入了一个新的阶段。③ 但对于这一新的阶段，改革的方向是什么，如何向前走，在学界以及农村管理实际工作者中间争论很大。“有些人认为，1978年以来农村取得的巨大变化，并不能归因于家庭联产承包制，如果把粮食价格和允许搞社队企业的政策交给以前的人民公社，也照样能搞好；有的同志甚至在大会上言辞激烈地提出，产量徘徊的背后，实际上是道路徘徊。”④ 总之，对家庭土地承包经营制度提出了质疑。对于农村土地制度改革的大方向，这一时期，学界的讨论十分活跃，但分歧很大，各执一词、莫衷一是，难以下定论。⑤ 除了对于农村土地制度改革的大方向的讨论，对农户土地规模经营的问题，也是这一时期学界讨论的重点。

---

① 参见陈吉元、邓英淘、薛玉炜等《中国农村的变革与发展——回顾与展望》，广东高等教育出版社，1992，第58页、第90页。

② 黄青禾：《中国农村土地政策的回顾与面临的问题》，载中国农地制度课题组编著《中国农村土地制度的变革——中国农村土地制度国际研讨会论文集》，北京大学出版社，1993，第19页。

③ 最先提出“新阶段”概念的是中国农村发展问题研究组。该研究组对“新阶段”面临的社会经济环境、“新阶段”的特征，以及所面临的重大的选择进行了充分的论述。中国农村发展问题研究组：《国民经济新成长阶段和农村发展》，《经济研究》1985年第7期。有学者认为，以1985年为转折点，中国农村经济超常规增长阶段结束，进入了常规增长阶段。参见发展研究所综合课题组《改革面临制度创新》，生活·读书·新知上海三联书店，1988，第39—64页。

④ 农业部农村改革试验区办公室编著《认识与实践的对话——中国农村改革试验区十年历程》，中国农业出版社，1997，第4页。

⑤ 1988年，国务院农村发展研究中心在贵州省遵义召开了农村土地问题研讨会，对中国农村土地制度改革，会上提出三种截然不同的观点、第一种观点认为应从集体所有制出发，建立多种所有制形式，并促进土地承包经营权流转；第二种观点主张实行土地私有，激发农民投入的积极性，给农户以长期稳定的预期；第三种观点建议实行土地国有，国家利用地租对农户活动进行宏观调节。参见国务院农研中心试验区办公室、贵州省委农研室合编《产权·流转·规模》（内部印刷），1989，第4—10页。在以上三种观点中，主张实行“土地国有、农户永佃”的呼声最高，曾一度占了上风。

1986年，国务院农村发展研究中心等单位曾组织专家对土地规模经营问题进行了专题研究。该项研究认为，1978—1984年中国农业的大发展是“依靠释放被压抑的积极性和价格刺激等非常规手段促成的”；1985年以后，中国农业进入了常规增长阶段；常规增长依靠的是提高农业劳动生产率，而“提高农业劳动生产率的有效途径是扩大单位劳动力的经营规模和相应地用机械化改善生产手段”。考虑当时中国农村的现实情况，大规模地推行土地规模经营不现实，尚不具有可行性。该研究认为，“我国东部地区和京、津、沪大城市郊区已基本具备土地流转集中的经济条件，耕地约有2亿亩，且为历史上的高产区，若能不失时机地通过政策引导和必要的干预推进适度规模经营，扭转粮食生产的颓势，则会先行一步实现农业现代化”。[①] 还有的学者提出，应该学习广东做法，改变目前实行的土地“均分制”的做法，改为集中投包制。[②]

但也有学者持相反的观点，坚持认为，个体农户小规模经营形式可以产生较高的经济效率，对于中国这样的人多地少、经济发展水平较低的国家来说更是如此。[③] 多数学者虽然承认“家庭土地承包经营对于规模经营效率的发挥确有不容忽视的副作用”，“实行适度规模经营是生产发展的必然趋势”，但认为在大量农村劳动力尚未充分转移的、土地仍然是农民基本生活保障的情况下，以提高土地利用效率为目标的农村土地制度改革“选择空间并不大”，可集中利用的耕地比例也有限。[④]

对于如何实行土地适度规模经营，不同的学者也有不同的方案：第一种方案是实行“国有户营制”或“国有永佃制”，允许农户自由交易租赁权，促使土地

---

① 国务院农村发展研究中心联络室、农业部农业机械化管理司编《土地规模经营论》，农业出版社，1990，第1—20页。

② 唐启洪：《转变承包机制是当前农村深化的一个重要问题》，《福建农村研究》1989年第1期。

③ 王诚德：《农地经营规模与经济发展》，参见何康、王郁昭主编《中国农村改革十年》，中国人民大学出版社，1990，第437—439页。该文引用了1986年国务院农村发展研究中心对农村固定观察点的调研。该调研结果显示，户均耕地规模5～20亩的农户，每亩粮食产量为268.6公斤，而户均耕地21～50亩的农户，每亩粮食产量为212.03公斤。就土地产出效率而言，小规模经营明显地高于中等规模经营。

④ 陈吉元、邓英淘、薛玉炜等：《中国农村的变革与发展——回顾与展望》，广东高等教育出版社，1992，第112—115页、第200—202页。该书作者根据耕地和农村人口及劳动力资源状况估计，到2000年，可集中的耕地大约占全部耕地的30%，而且这一进程是比较缓慢的。另参见中国农户土地经营规模研究课题组《中国农户土地经营规模研究》，《管理世界》1991年第4期。该研究认为，“现阶段在农村经营土地仍然是谋生和收入的主要来源，有些地方甚至是唯一来源。土地不仅承担着发展经济的职能，而且对农民来讲经营土地实际上也是一种福利和社会保障。按人口平均分配，小规模分散经营正是这种经济和社会条件的反映，具有某种合理性。在经济结构没有发生根本变化，劳动力没有可能大量转移，以及其他经济社会条件没有相应改变的情况下，扩大农户土地经营规模是十分困难的”。

向种田能手集中；[①] 第二种方案是实行土地私有制，充分利用市场机制，通过土地所有权交易，实现土地与劳动力资源的最佳配置；[②] 第三种是由村集体收回土地，实行土地集中经营，重新发包土地给种田能手。[③] 在上述三种方案中，无论在制度保障上，还是在操作上，第三种方案见效最快、最为现实。而且，这种在村集体主导下进行的土地集中做法，在现实中也是存在的。国务院农村发展研究中心等单位曾组织专家做的研究就明确提出了通过土地调整，实现土地规模经营的建议。[④] 世界银行的专家则更为直接地表示：集体有权强制重新分配土地，这是进行规模经营改革的关键因素。[⑤]

（三）农村管理实际工作者的呼声

1987 年，北京城郊八县的平原村曾经仅用了 2 个月的时间，就将 45% 的村的土地集中到村集体，实行专业承包和集体农场经营。速度之快、规模之大似乎也证明了土地集体所有制在促进土地规模经营方面的巨大优势。[⑥] 在现实中，也有不少村干部赞成土地集中的做法，但也不占多数。根据 1991 年农业部对全国农村固定观察点的调研，在所调查的村干部中，对“集中部分耕地作为经济田，高价承包”持赞成意见的占比为 23.85%，持不赞成意见的占比为 51.1%，不表态的占比为 13.24%。[⑦] 一些地方政府及其政策研究机构也明确提出了依靠集体，

① 杨勋：《国有私营：中国农村土地制度改革的现实选择——兼论农村改革的成就与趋势》，《中国农村经济》1989 年第 5 期。另参见安希伋《中国土地制度问题——论土地国有永佃制》，载国务院农研中心试验区办公室、贵州省委农研室合编《产权·流转·规模》（内部资料），1989，第 125—134 页。

② 文贯中：《大陆土地制度的演变与全要素生产力的相应变化》，载文贯中主编《中国当代土地制度论文集》，湖南科学技术出版社，1994。

③ 有关这一时期对土地规模经营问题的争论，参见梁振华等《关于农业经营规模问题的观点综述》，《农业经济问题》1988 年第 3 期。

④ 该研究提出，“现阶段应使村级区域性合作组织有权根据发展商品经济和专业化经营规模的客观需要，以及多数群众的意愿，对土地承包及时进行合理的调整和分配。特别是对撂荒、半撂荒或者进行掠夺式经营的耕地，有权及时收回另行分配”。参见国务院农村发展研究中心联络室、农业部农业机械化管理司编《土地规模经营论》，农业出版社，1990，第 233 页。

⑤ 世界银行考察中国的土地规模经营的情况后的报告提出，“进行规模经营改革的法律基础是土地为乡镇所有，重新分配土地的权力是关键因素。有效的土地合并，必须要给集体强制实施的权力，否则合并是一个缓慢的过程，强制的土地合并是加速该过程的正确方式”。国务院农村发展研究中心联络室、农业部农业机械化管理司编《土地规模经营论》，农业出版社，1990，第 10—20 页。

⑥ 国务院农村发展研究中心联络室、农业部农业机械化管理司编《土地规模经营论》，农业出版社，1990，第 83 页。

⑦ 中共中央政策研究室、农业部农村固定观察点办公室编《完善中的农村双层经营体制——对 274 个村庄的跟踪调查》，中共中央党校出版社，1992，第 12 页、第 83 页。

通过土地集中，促使土地规模经营的看法。[①] 这些观点和看法不同程度上反映了农村管理的实际工作者的呼声。

然而，对于由村集体主导的土地集中，在学界并没有取得共识，而是充满了各种争议。一些参与政策制定的学者断言：现阶段条件下不允许进行土地关系的大规模调整，反对地方政府及村集体以土地规模经营的方式进行土地调整；稳定和强化土地承包权仍是土地制度建设的重要内容，目前乃至今后二三十年内土地制度建设的核心仍然是如何进一步完善分户承包责任制；而土地规模经营不经济的根本解决之道是建立土地承包权流转市场。[②]

（四）农村改革试验区的提出与建立

学界的这些争论，特别是各地农村的实践，无疑会对中央的农业政策制定产生重要影响。当时中央的政策制定者面临着稳定农户土地承包关系与发展适度规模经营的两难选择，更为紧迫的问题是要破除国家征购粮食的障碍。这时，中央决策层想到的办法就是“试试看”。1987 年 5 号文[③]提出，“京、津、沪郊区、苏南地区和珠江三角洲，可分别选择一两个县，有计划地兴办具有适度规模的家庭农场和合作农场，也可以组织其他形式的专业承包，以便探索土地集约经营的经验”，并提出要设立农村改革试验区。在试验区内，选择若干有代表性的地区，对各种不同做法进行比较试验。农村改革试验区的筹办工作由国务院农村发展研究中心负责。[④]

1987 年 9 月，国务院办公厅下发了转发国务院农村发展研究中心《关于农村改革试验区的请示》的通知，农村改革试验区正式成立。农村改革试验区设立了试验区工作小组和农村改革试验区办公室，归口管理单位是中央书记处农村政策研究室和国务院农村研究中心。[⑤] 农村改革试验区成立当年就确定了北京顺义

① 赵树枫：《京郊农业适度规模经营的实践与思考》，载何康、王郁昭主编《中国农村改革十年》，中国人民大学出版社，1990，第 437—446 页。

② 参见农业部经济政策研究中心课题组《土地制度：现状判断与变革构想》，载农业部经济政策研究中心编《中国农村：政策研究备忘录》，农业出版社，1989，第 353—370 页。

③ 1987 年 1 月中共中央政治局通过并下发的《把农村改革引向深入》。

④ 1987 年 9 月，国务院办公厅转发了国务院农村发展研究中心《关于农村改革试验区的请示》的通知，对试验区的选择、试验主题的确定、试验区的宣传工作，以及试验区所需要的物质支持等方面提出了具体的建议。

⑤ 1990 年农村改革试验区办公室归口农业部，农村改革试验区办公室与农业部农村经济研究中心是“一个机构两块牌子”。

县、河北玉田县、黑龙江尚志市、黑龙江苇河林业局、黑龙江绥滨农场、陕西礼泉县、江苏苏南地区、浙江温州市、安徽阜阳市、广东南海县、广西玉林市、四川广汉市及贵州湄潭县13个农村改革试验区。1988年又增加了内蒙古镶黄旗、山东平度县、山东淄博市周村区、福建三明市、河南新乡市及贵州毕节地区6个农村改革试验区。之后，又有一些市、县及地区进入。到1997年，农村改革试验区已经扩展到30个。①

农村改革试验区首先要确定改革试验的主题。每个试验区各有各的试验主题，有交叉，也有重复，即一个试验区有若干个试验主题，或者是一个试验主题有若干个试验区。② 在试验区成立初期，试验主题有五个：一是粮食购销体制改革，二是土地制度建设，三是农村合作经济组织建设，四是乡镇企业制度建设，五是农村金融体制改革。之后，试验主题和内容都有所扩大，到1997年，农村改革试验区试验主题被归纳为如下“八大主题”：一是粮食购销体制改革和供销社改革，二是农村土地制度建设和土地适度规模经营，三是农村合作社组织和基本经营制度建设，四是贸工农一体化和农业产业化经营，五是乡镇企业股份合作制和农村小城镇建设，六是农村金融和农业税费制度改革，七是扶贫体制改革，八是林、牧、渔体制和国有农场体制改革。本书所关注的“农村土地制度建设和土地适度规模经营试验”涉及7个试验区，即北京顺义县、江苏苏南地区、贵州湄潭县、广东南海县、山东平度县、湖南怀化县和陕北延安市。由于湖南怀化县和陕北延安市的土地制度试验属于非耕地制度改革试验，有关内容分别放在第十三章和第十四章叙述。而山东平度县试验的“两田制”，则是一度风靡全国，影响较大，早已超过平度试验区的范围，且备受争议，所以设立专章，在第七章中叙述。本章只介绍和讨论前四个试验区的运行情况，即北京顺义县、江苏苏南地区、贵州湄潭县和广东南海县的运行情况。

---

① 其余11个试验区有，河北黄骅市与湖北汉川市、石家庄郊区、大连市金州区及其他区县（市）、陕西延安市、福建宁德地区、河南商丘地区、湖南怀化地区、广东清远市、广西北海市、江西鄱阳湖区及云南省。参见农业部农村改革试验区办公室编著《认识与实践的对话——中国农村改革试验区十年历程》，中国农业出版社，1997，第588—592页。

② 有关对各试验主题的讨论，参见国务院农村发展研究中心试验区办公室《中国农村改革试验区报告》，载何康、王郁昭主编《中国农村改革十年》，中国人民大学出版社，1990，第46—83页；另参见农业部农村改革试验区办公室编著《认识与实践的对话——中国农村改革试验区十年历程》，中国农业出版社，1997。

二、农村改革试验区的制度探索

（一）北京顺义县①

1. 背景情况

顺义县地处北京东北部，是北京市的一个郊区县②。截至20世纪90年代中期，该县总面积1016平方公里，耕地85.05万亩，其中粮田60万亩；下辖21个乡镇、430个行政村，总人口54.8万人，其中农村人口46.1万人。顺义县素有“京郊粮仓”之称。

1978年，顺义开始推行农业生产责任制。顺义的农业生产责任制形式从联产到组、联产到劳，发展到联产到户即“包产到户”。农业生产责任制的广泛推行带来了顺义农业的大发展。从1978年至1984年，顺义粮食产量年均增长6.4%，增长率高出全国平均水平1.4个百分点。比农业发展更为迅猛的是乡镇企业的发展。到1984年，顺义的非农产业在经济总量中所占的比重由1978年的不足20%上升至60%；种植业收入在农户总收入中的比重由60%下降至20%以下。1984年，“包干到户”已经在全国普及，在此形势下，根据北京市政府的统一部署，顺义县大部分社队也将土地按人口或按劳动力均分到农户，也有部分社队实行专业承包到户或到组方式。③

顺义县实行“分田到户”的最大积极作用是解放了农村劳动力，大量农村劳动力流向非农领域。到1984年，全县的22万名农村劳动力中有13万人进入乡镇企业就业。但与此同时，农业生产却出现萎缩的情况。从1984年至1986年，顺义县的粮食增长率由之前6年的6.4%降至1.2%。“分田到户”均分土地在顺义遇到了“水土不服”的情况。

---

① 对顺义县农村改革试验区介绍的资料主要来源于《顺义县土地适度规模经营》，参见农业部农村改革试验区办公室编著《认识与实践的对话——中国农村改革试验区十年历程》，中国农业出版社，1997，第136—146页；中共北京市委研究室、市政府研究室：《农业生产方式的深刻变革》，载赵风山、赵文主编《第二次飞跃——顺义县农业适度规模经营资料选编》（内部资料），1994，第2—12页。

② 1998年，经国务院批准，撤销县制，改为顺义区。

③ 根据调查，北京市郊农村普遍实行“包干到户”是从1984年到1986年，比全国其他地区晚了2~4年。中共中央政策研究室、农业部农村固定观察点办公室编《完善中的农村双层经营体制——对274个村庄的跟踪调查》，中共中央党校出版社，1992，第108页。

究其原因，主要有两点：一是农业的兼业化。每家农户仍保有土地，但无力种或不愿种，农民种粮只满足于够吃就行了，挣钱还得靠务工或经商做小买卖，农业成了副业来兼营。有些有门路挣钱的农民干脆弃田而去。村集体要花很大力量督促农民种地。① 二是农业机械化受阻。与全国其他农村相比，顺义农业机械化水平较高。据测算，顺义县的农业机械化水平高出全国农村的 1.1 倍，部分社队已经进入农业生产机械化阶段。土地均分到户后，每家农户的土地经营规模只有 6 亩左右。土地规模小而分散，农业机械难以进入，大量农业机械被闲置。农业机械利用效率仅发挥出 30% ~40% 。②

为了解决上述问题，顺义县政府曾采取两项措施：一是培育种植专业大户，促进土地向种植专业大户集中。当时县里的政策是“你愿意包多少就包多少”。1985 年，全县培养了 3000 个种植专业大户，每个种植专业大户平均承包土地 50 亩，多的有 200 亩，共经营了 10 万亩粮田，大约占全部耕地的六分之一。二是“以工补农”。从 1984 年至 1986 年的 3 年，全县从乡镇企业利润中抽出一部分补贴给种地的农民。这些资金大部分补在化肥、水电、农机作业等生产费用上，亩均补贴 40 多元。然而，上述两项措施的效果并不明显。顺义县有个叫头二营的村，有 5500 亩地，承包给 49 户，平均每户承包土地 100 多亩。有一个叫张松的农民承包了 505 亩。承包一年的结果是：该户农民得到 1.5 万元的纯收入，成了一个“万元户”。③ 但是，小麦的亩产仅为 300 斤，而全县小麦亩产为 500 斤。这就是说，这个种植专业大户的劳动生产率是提高了，但土地生产率却降低了。不仅如此，在小麦收获后，按种植计划下一茬应该种玉米，但由于该户农民忙不过来，种了 300 亩的葵花，另外 200 亩撂荒了。而且，这 300 亩葵花也没有种好，草比葵花还高。对于还承担着国家粮食任务的村集体来说，意味着培养种植大户这条路失败。由于务农与务工或经商的比较收益相差太大，“以工补农”并没有补出农户种粮的积极性，没有促使其增加投入。农业成了顺义县农村经济发展的一个负担。

① 有村支书说，“我们成了六催干部了，即催耕、催种、催收、催粮、催款（农业税和村提留）、催命（计划生育）”。参见绳永珍《适度规模经营是生产力发展的客观要求》，载国务院农研中心试验区办公室、贵州省委农研室合编《产权·流转·规模》（内部印刷），1989，第 262 页。

② 绳永珍：《适度规模经营是生产力发展的客观要求》，载国务院农研中心试验区办公室、贵州省委农研室合编《产权·流转·规模》（内部印刷），1989，第 262 页。

③ 在 20 世纪 80 年代，年均收入超过万元，称为“万元户”。“万元户”是对富裕户的称谓。

在这种情况下，顺义县开始探讨新的解决途径。顺义县委、县政府决定，在全县试办村级集体农场。1986 年，全县试办了 78 个集体农场，314 个粮食生产专业队，经营土地面积占全县耕地的 37%。1987 年，集体农场和粮食生产专业队的做法在全县推广，设立集体农场 613 个、粮食生产专业队 594 个，覆盖全县 94% 的村，集中土地面积占全部耕地的 97%。全县只有 28 个村，2.2 万亩土地，分散在农户手里经营。① 顺义县成为全国首个基本实现“再集体化”的县。② 1987 年，国务院农村发展研究中心在筹办农村改革试验区时，并没有顺义县。之后，北京市政府向国务院申请将顺义县纳入全国农村改革试验区序列，1988 年 6 月，国务院正式批准设立顺义县农村改革试验区。

2. 试验主题与做法

顺义县农村改革试验区的试验主题是，将集体农场作为农业生产的经营主体，以粮食生产为主，实现土地集中和规模经营，推进农业机械化，提高农业现代化水平。顺义县主要试验监测指标是粮食生产的绩效，如劳均土地经营规模、劳均产量、亩均产量等。顺义县采取的土地集中方式是：村集体收回下列农户的承包地，包括就业和收入比较稳定的乡镇企业职工、长期在外有固定收入的合同工及个体工商户、年老体弱者，长期从事饲养业、林业或企业经济作物的农户；③ 村集体将收回的承包地发包给集体农场和种植专业大户；集体农场的土地经营规模为 500 亩左右，后又扩大到 3000 ~ 5000 亩；集体农场数从 1987 年的 613 个缩减到 1989 年的 195 个。顺义县的试验区还要解决土地集中后所带来的问题，如无地农户的就业安置问题、口粮问题等。

---

① 参见绳永珍《适度规模经营是生产力发展的客观要求》，载国务院农研中心试验区办公室、贵州省委农研室合编《产权·流转·规模》（内部印刷），1989，第 263 页。

② 顺义的这种做法很快就引起了中央农村政策研究者的关注。1987 年 12 月，中央书记处农村政策研究室的研究人员发表文章，总结和分析了顺义以集体农场为主体，发展土地适度规模经营的做法。参见张云千、王西玉、郭永利《关于农业适度规模经营问题的思考——北京顺义县的调查》，《农业经济问题》1987 年第 12 期。顺义的做法在北京并非个案。自 1987 年开始，在北京市政府统一部署下，全市各郊县全面推行以集体农场为主体的土地规模经营。到 1990 年，设立集体农场 1.2 万个，经营粮田面积占全市粮田总面积的 50.2%；经营果园面积占全市果园总面积的 69.7%；经营菜园面积占全市菜园总面积的 60.5%，经营鱼塘面积占全市鱼塘总面积的 89.7%；全市各类主体粮田的规模经营面积占比达 67.1%。参见中共中央政策研究室、农业部农村固定观察点办公室编《完善中的农村双层经营体制——对 274 个村庄的跟踪调查》，中共中央党校出版社，1992，第 109—110 页。

③ 1988 年顺义县委、县政府曾出台文件即《关于推进农业适度规模经营的实施计划》，对村集体收回农户承包地的对象，以及对无地农户的就业安置和口粮问题给予规定。

顺义县的集体农场采取“双层承包”经营的方式，即大队与农场场长签订承包合同，农场场长再按任务与农场职工签订承包合同。承包合同内容包括：产量指标、劳动报酬及植保服务等，承包合同一年一定，也有两年的。农场职工的劳动报酬采取计产工资制，先按合同产量定工资，如产量指标为500公斤，月工资50~100元；对超过合同产量部分，有的是全部奖励给承包职工，也有的是超产分成，如“二八分”、“三七分”、“四六分”或“五五分”。对于农机、植保等专业服务，按完成的工作量和质量评级定工资。年终结算时，农场还会根据经营效益，给表现好的职工以超额奖励。

以沙井村为例。[①] 沙井村是个小村，紧邻顺义县城，有人口635人、213户，耕地500亩，其中粮田400亩，菜园100亩。粮田种两茬，一茬种小麦，一茬种玉米。1990年，沙井村粮食总产量为60万斤，亩产1400斤。沙井村以工副业为主，农业收入仅占全部收入的6.4%。1984年以前，该村有两个生产队，因两队土地不均而产生土地纠纷，于1984年被取消，实行生产大队一级管理。1984年底，在县政府的统一要求下，沙井村实行了家庭土地承包经营制度，按人口均分土地，每人大约分得土地1亩，一般是两块地，好地一块，差地一块。沙井村农业生产的机械化水平较高，土地分到一家一户后，仍统一种植、统一耕地、统一播种。农户只负责日常的田间管理、浇地和收割。但即使这样，有些农业机械还是用不上了，农民的劳动强度提高了。加之，沙井村离顺义县县城很近，大量的青壮劳动力到镇或县办工厂打工，有的人甚至到更远的北京找活做，导致不少农户家里的地没有人管。有些农民分到地后，连家里的地在哪里都不知道，大队给他家的地下了种，他都不去地里看看庄稼长得怎么样。大队白给农民化肥，农民都不要，大多数农民要求村集体统一经营。另外，当时正在农村强行推广计划生育，大力破除农村中广泛存在的重男轻女的思想。有的妇女就说：“以后还是要生儿子，不生儿子，庄稼活就没有人干了。”以此向乡镇政府施压，要求多生孩子。1987年，沙井村“分田到户”仅仅实行了两年多，村集体就不得不把大部分土地再次收了回来。村集体将土地收回后，集中起来，成立了集体农场，农场职工共12个人，包括1名场长。农场按每人大约50亩标准，将土地分包给6名农场职

---

① 本例是根据沙井村访谈记录整理而成。参见魏运宏、［日］三谷孝主编《二十世纪华北农村调查记录（第二卷）》，社会科学文献出版社，2012。

工。土地承包人主要负责田间管理和浇地，而耕地、播种、收割都是由集体统一安排。农闲时，农场也搞运输和建筑。农场职工的报酬按产量计算，由农场发工资和奖金，1990 年，农场工人年平均工资 6000 元。

进入 20 世纪 90 年代以后，顺义大力推行的集体农场在经营管理上也遇到了一些问题，因此不得不作出一些调整，根据各乡（镇）经济发展情况，实行分类经营模式。[①] 在二、三产业发达、农民就业门路广和集体经济实力较强的村，主推集体农场。在二、三产业发达，农民就业门路广，但集体经济实力较弱的村，主推专业种植大户。对于仍以传统农业为主的村，则实行家庭土地承包经营。到了 20 世纪 90 年代中期，试验区工作基本结束，顺义县形成了以集体农场为主，专业种植大户和家庭经营并存的土地经营格局。

3. 试验的效果

从土地经营规模上看，到了 20 世纪 90 年代中期，顺义县有集体农场 324 个，经营土地面积占全县粮田面积 62.8%，平均经营规模为 1162 亩，劳均经营土地 145 亩；专业种植大户经营土地面积占全县粮田的 28.8%，劳均经营土地 35 亩；分户承包经营土地仅占全县粮田的 8.4%，户均经营面积 8 亩。值得注意的是，到 20 世纪 90 年代中期，顺义县的集体农场土地经营规模大幅缩小，由试验区之前及之初的 3000～5000 亩，[②] 缩小到 1000 亩左右。该试验结果表明，扩大土地经营规模要适度，不宜过大。

以集体农场为主体的土地适度规模经营，促进了顺义县的农业机械化和喷灌化。到了 20 世纪 90 年代中期，顺义的粮食生产基本上实现了从种到收的全过程的机械化，全县还实行了粮田喷灌化。农业机械进入大田的显而易见的结果是农业劳动生产率的大幅度提高。全县劳均粮食产量由之前的 4000 斤提高到 6 万斤，集体农场的劳均产量高达 20 万斤以上。农业机械化和喷灌化也提高了土地生产率。全县亩产量由之前的 1200 斤提高到 1500 斤。与此同时，种

---

① 1993 年 8 月，顺义县委、县政府出台了《关于完善农业适度规模经营的意见》。该意见提出，“在二、三产业比较发达，劳动力就业充分，农民对土地依赖程度较低和兴办集体农场有一定基础的乡（镇），应坚持集体农场为规模经营的主要形式”，“在农村二、三产业不够发达，劳动力就业不充分，农民对土地依赖程度相对较高的乡（镇），可以因地制宜，采取专业承包到劳、联户经营或试办家庭农场等灵活多样的形式。有条件的地区，也可以搞联村农场和股份合作制农场试点”。赵风山、赵文主编《第二次飞跃——顺义县农业适度规模经营资料选编》（内部资料），1994，第 92—94 页。

② 绳永珍：《适度规模经营是生产力发展的客观要求》，载国务院农研中心试验区办公室、贵州省委农研室合编《产权・流转・规模》（内部印刷），1989，第 263 页。

粮收入也有较大幅度的提高，农业劳均年收入由之前的600元提高到6000元，高的可达上万元。

1994年，顺义县政府向北京市委、市政府提交了一份有关顺义县发展粮田适度规模经营的调查报告。随即北京市委、市政府向全市各区县转批了该调查报告，要求各区县“结合本地区、本部门的实际参考执行”。顺义的粮田适度规模经验在北京市各郊区普遍推广。

土地规模经营在提高农业劳动生产率方面的作用是公认的，但是否能提高土地生产率，部分学者包括政策制定界对此持怀疑的态度。顺义试验的结果证明：在引入适当技术如喷灌的条件下，土地适度规模经营不仅可以大幅度地提高农业劳动生产率，土地生产率也会有所提高，至少不会降低。但顺义试验也存在着一些疑问：一是顺义集体农场的亩均马力比有些发达国家还高，长期来看，这种农业机械的高投入，经济上能否承受？二是集体农场这种经营方式，也暴露出来一系列管理和监督机制问题，如何克服？更为重要的是，集体农场这种经营形式有很大的局限性，能在全国普遍推广吗？如要普遍推广，又如何处理与稳定家庭土地承包经营权的关系？这些问题在顺义土地规模经营试验中并没有好的答案。

到20世纪90年代中期以后，已经由县改区的顺义区依托新扩建的首都国际机场，开始大规模开发建设顺义新城。大量耕地被征用，转为建设用地，即使尚存的耕地也不再以粮食生产为主了。以粮食生产为主题的土地适度规模试验在顺义已失去其原有的意义了。

（二）江苏苏南地区[①]

1. 背景情况

苏南农村改革试验区包括无锡县、常熟县和吴县，后又加上武进县，[②] 即传

① 对江苏苏南地区农村改革试验区介绍的资料来源于《江苏试验区的土地问题调查综述》《无锡县土地承包的情况和今后社会发展趋势》《无锡、常熟、吴县粮食生产情况分析》等，载试验区办公室编《寻求新的突破》（内部资料），1989，第142—162页；以及《苏南农民的一个成功创举——来自江苏农业现代化试验区的报告》，载农业部农村改革试验区办公室编著《认识与实践的对话——中国农村改革试验区十年历程》，中国农业出版社，1997，第122—135页。

② 以上四个县的行政体制都发生了较大的变化。1995年，经国务院批准，无锡县改为锡山市（县级市），2000年，经国务院批准撤销锡山市，设立无锡市锡山区。1983年，经国务院批准，常熟县改为常熟市（县级市）。1995年，经国务院批准，吴县改为吴县市（县级市），2000年，经国务院批准，吴县市撤销，设立苏州市吴中区和相城区。1995年，经国务院批准，武进县改为武进市（县级市），2002年，经国务院批准，武进市（县级市）撤销，设立常州市武进区。

统的环太湖的苏、锡、常地区。历史上，该地区曾是中国著名的“鱼米之乡”。

1982年开始，苏南三县①开始推行家庭土地承包经营制，“分田到户”。与全国其他农村地区相类似，以均分方式分配承包地，其必然后果是土地经营规模小而分散。苏南三县户均承包土地为3.7亩，而且分散在多块土地上。据对无锡县16个村组的调查，所调查农户的户均承包地为3.16亩，土地块数为9.6块，土地承包期为三年至五年。

苏南地区乡镇企业十分发达，早在计划经济时期，该地区的乡镇企业就有了一定的基础，是中国乡镇企业的主要发源地之一。与全国大多数农村不同，家庭土地承包经营制的实施，对这一地区产生的最大影响，并不是刺激了粮食或其他农作物生产的增长，而是释放出大量的农村劳动力，快速推进了乡村工业化进程。据美籍华人学者黄宗智对紧邻苏南的上海松江县的研究，松江县实行家庭土地承包经营制的改革后，不仅没有带来农作物生产的增长，反而造成了农作物生产的下降。其主要原因是：“分田到户”以后，农民自由了，有了更多的就业选择，纷纷转入收入更高的乡镇企业就业，或者是到城镇经商做买卖，这就使务农的机会成本提高了；在务农的机会成本提高的情况下，农民放弃了劳动投入密集的双季稻的耕种方式，改种单季稻，从而造成粮食亩产量下降。② 苏南三县也同样出现了改“三熟制”为“两熟制”③、改双季稻为单季稻，导致复种指数大幅下降的情况。虽然由于化肥的大量使用，带来了亩产量的提高，④ 但这并不能抵消因耕地面积的锐减和复种指数的下降所造成的粮食产量下降。与实行家庭土地承包经营制前的1980年相比，1986年苏南三县的粮食亩（播种亩）产量达到754斤，提高了236斤，但同期粮食总产量则下降1.35%。

在这一时期，苏南三县有65%以上的农村劳动力进入乡镇企业或者是“跑买卖”经商，务农收入仅占其总收入的10%，但这些劳动力仍被束缚在土地上。他们既是乡镇企业职工，又是承包土地的农民，“既未离乡、也未离土”，农业成

① 1987年第一批被列入农村改革试验区的无锡县、常熟县和吴县。

② ［美］黄宗智：《长江三角洲小农家庭与乡村发展》，中华书局，2000，第243—246页。

③ “三熟制”即早稻、晚稻、冬小麦或棉花或油菜，“二熟制”即单季稻、小麦或棉花或油菜。这是苏南地区普遍采取的耕种制度。参见［美］黄宗智《长江三角洲小农家庭与乡村发展》，中华书局，2000，第223—225页。

④ 据黄宗智的研究，在临近苏南的上海郊区，1979年以后，化肥的使用量大增，每亩的化肥使用量达40斤以上，大大超过同期全国的平均化肥使用量。1979年，全国每亩化肥使用量为9.8斤，1984年增长到16.1斤。参见［美］黄宗智《长江三角洲小农家庭与乡村发展》，中华书局，2000，252—253页。

了他们的副业。这种“工业三班倒、农业早中晚”的兼业经营的方式使他们感到很辛苦，又赚不到什么钱，普遍存在着“不想种责任田了”的想法。土地已不再是必要的生产资料，而成了一个包袱。土地抛荒和粗放经营的现象急剧蔓延。[①]另外，由于已落户的知识青年及知识分子纷纷回城，以及顶替招工[②]、进城上学、家属随军等原因，大量原农业户籍的人口转为城市户籍，人员和家庭也转入了城市，导致一些土地无人承包。例如，1986 年无锡县的农业人口与 1982 年相比减少了 1. 22 万人，涉及 1. 12 万户，要求转包的土地 2. 95 万亩。苏南三县面临着土地无人种的窘境。作为发达的农业大县，中国著名的“粮仓”之一，苏南三县仍承担着沉重的国家商品粮任务。如何保证农业生产发展并完成国家征购粮食任务是苏南三县政府不得不面对的问题。当时的苏南三县政府首先想到的是，通过土地调整，将土地集中起来，培育专业种植大户和发展村办农场，提高土地经营规模。

以无锡县为例，土地调整主要采取以下方式：一是“小调整”。对少数因家庭人口的变化需要增减承包地的农户做适当的调整，以解决缺农业劳动力户地种不过来、有农业劳动力户无地种的问题。二是“两田分开、重新组合”。即将口粮田与责任田分开，口粮田成块、责任田连片。口粮田仍按人口均分，责任田则相对集中，集中发包给愿意种地的农户。三是“调整成块、重新承包”。即将一些零散的、不便种植的土地集中起来，收回到村集体，村集体将整块土地转包给劳动力多余的农户，同时要给承接土地的农户一定的补贴。例如，无锡县容南村。该村在 1982 年“分田到户”时，户均承包土地 1. 57 亩，劳均承包土地 1. 16 亩。1984 年该村对责任田进行了重新调整，实行土地集中，调整和集中的结果是：有 82. 1% 的农户和 84. 6% 的劳动力退了所承包的责任田，其余的农户和劳动力承包了村里的全部责任田，使户均和劳均承包土地规模分别达到 8. 8 亩和 7. 56 亩。

1984 年，无锡县开始在全县推广土地适度规模经营，到 1986 年，土地规模经营初步形成了以下四种形式：第一种形式是家庭农场。一些农业劳动力较多的农

---

① 当时曾对该地区 200 名乡镇企业员工做过一次问卷调查，调查显示，有 69. 9% 的人想退掉责任田，想保留责任田的人只有 11%。

② 按照当时的政策，如果父或母在国有企业、事业单位退休，其子女则可以顶替其工作。

户，按劳所分得的责任田就较多，形成了小型的家庭农场。家庭农场的土地经营规模为户均 6.8 亩。第二种形式是专业种植户。对一些种田能手，县、乡政府和村集体有意培育，鼓励土地向这些人或户集中。专业种植户的土地经营规模为户均 8.28 亩。第三种形式是"大户"承包集体农场。村集体将原来的种子队、农科队、知青农场等单位的土地，转包给种植大户。这类种植大户的土地经营规模为户均 27.1 亩。第四种形式是村办农场。村办农场主要是依托村集体主办的村农业综合服务站，由村农业综合服务站承包一定规模的土地。上述四种土地规模经营的形式，以家庭农场居多，其余三种形式数量较少。到 1987 年苏南农村改革试验区设立以前，苏南三县劳均超过 1 公顷（15 亩）的土地规模经营户或单位仅为 139 个。

2. 试验主题与做法

1987 年 9 月，苏南农村改革试验区设立。苏南试验区的试验主题是：以土地集中的方式，培育现代农业生产的经营主体，推进土地适度规模经营，完善农业社会化服务体系，实现农业机械化和农业现代化。与顺义县一样，苏南试验区的主要试验监测指标是粮食生产的绩效，如劳均土地经营规模、劳均产量、亩均产量等。在苏南地区，土地集中主要采取转包方式，即村集体以有偿或无偿方式，将从农户那里收回的承包地[①]，再转包给土地适度规模经营主体。无论是有偿的还是无偿的，其本质是一样的，都是以村集体为主体，进行土地集中。这种土地集中方式存在的现实基础是：农户已经不再把土地作为必要的生产资料了，而作为想要甩掉的"包袱"。

在试验区设立的初期（即 1988 年），苏南三县的土地适度规模经营单位有 339 个，经营耕地规模 16901 亩，平均每个经营单位土地经营规模约为 50 亩，劳均经营耕地规模约为 18.6 亩。到 1993 年，适度规模经营的耕地面积增长了 21.3%，占全部耕地总面积的 22.4%。[②]

1994 年以后，苏南地区的土地适度规模经营试验扩大到苏州、无锡、常州、镇江、扬州 5 市的 26 个市（县）、189 个乡镇、535 个村，[③] 土地适度规模经营单

---

① 通常所收回的承包地是责任田，而口粮田不动。因责任田要承担农业税费，所以，许多农民愿意放弃责任田。

② 参见田晓霞《全国农村改革试验区（苏南）土地适度规模经营论证研讨会简述》，载马恩成主编《广东农村改革试验区实践》，中国农业出版社，2016，第 559 页。

③ 除了中央设立的农村改革试验区，江苏省还在此基础上进行了扩大，设立了省级农村改革试验区，涵盖了苏南五市。

位发展到14342个，经营耕地规模约100万亩，平均每个经营单位土地经营规模约为70亩，劳均经营耕地规模约为31.2亩。苏南的土地适度规模经营主体有家庭农场（种田大户）、村办农场、厂办农场和联户农场。各类土地适度规模经营主体比例数据[①]见表6－1。从表6－1可以看出，与北京顺义县不同，苏南地区的土地适度规模经营的主体以家庭农场（种田大户）为主，大部分村，以家庭为主体的土地承包经营制仍被保留下来。这就表明，家庭农场这种组织形式与土地规模经营是可以兼容发展的，这一经验也为日后中央大力提倡发展家庭农场政策提供了有力的实践依据。

表6－1　苏南试验区三县及苏南地区五市各类土地适度规模经营主体比例（单位:%）

地区	家庭农场	村办农场	厂办农场	联户农场
苏南试验区三县	72.1（70）	26.6（22）	0.4（5）	0.9（3）
苏南地区五市	85	12.5	0.5	2

注：括号内的数据为1988年的数据，括号外的数据为1994年的数据。

3. 试验的效果

苏南地区的试验结果与顺义县差不多，土地适度规模经营，再加上农业机械的普遍采用带来了劳动生产率的大幅度提升。1994年，苏南三县的土地适度规模经营主体的劳均粮食产量达到4.6万斤，与1988年相比提高了1倍。同期，一般农户的劳均粮食产量仅约为1600斤。由于土地适度规模经营主体所转包过来的土地，有60%以上土地是中低产田或边远的湖滩圩田，土地产出率较低。这些土地经过改造和农田水利建设，粮食亩产提高了20.2%，土地产出率已达到或略高于当地中高产田的水平。1994年，土地适度规模经营户的全年劳均收入达到13316.5元，是当地兼业农户同期人均收入的3.3倍，是务工人员劳均年收入的2.2倍。

苏南地区的试验表明，土地规模经营的适度标准是动态的。在设立试验区的初期，土地规模经营的适度标准为劳均经营耕地15～20亩。到1994年，随着农业机械的普遍使用，土地规模经营的适度标准提高到劳均经营耕地30～35亩。以当时的农业生产力发展水平，如果土地规模经营能够达到上述适度标准，纯农

① 农业部农村改革试验区办公室编著《认识与实践的对话——中国农村改革试验区十年历程》，中国农业出版社，1997，第131—132页。

户的收入就可以达到或超过从事非农产业的农户的收入水平。

与顺义的试验类似，苏南地区土地适度规模经营的试验之所以能够取得良好的经济绩效，主要源于农村集体经济组织以及当地政府对农业的高投入，并不是来源于土地集中的农业经营制度本身。土地集中只是能够更有效率地承接外部的各种支农投入及服务。苏南地区的试验显示，土地适度规模经营要取得良好的绩效，需要每亩新增投资 1000 元。在苏南地区，这些投资的 60% 以上是由农村集体经济组织以“以工补农”的方式承担的。在农村集体经济组织的主导下，村镇企业向农业注入大量支持资金。然而，在全国广大的农村地区，有足够实力“以工补农”的农村集体经济组织是较为少见的。① 大量的农村集体经济组织是没有任何经营能力的空壳。这就使人对苏南地区土地适度规模经营的经验是否能在更大范围内推广提出质疑。②

4. 后续发展

进入 20 世纪 90 年代后，不少苏南农村地区开始推广“两田制”，形成了具有苏南特色的“两田制”，以土地适度规模经营为特点的“苏南模式”进入了“两田制”时代。“两田制”时代终结后，苏南农村地区的土地规模经营又有了新的发展。

进入 2000 年以后，苏南地区的乡镇企业（包括村办工业）也出现了明显的两极分化趋势。效益好、发展势头强劲的企业，转制为私人或股份制企业，效益差的、发展前景不好的企业，走上了破产、倒闭或被兼并之路。无论出现哪种情况，都使村集体无法继续采取“以工补农”的方式，支持土地集中和土地适度规模经营。随着村集体从农业经营领域的退出，以农户为主体的土地流转方式开始在苏南地区流行起来了。

---

① 以苏南地区村均土地规模 1200 ~ 1500 亩计算，每个村就需要新增投资 120 万 ~ 150 万元。这只有乡镇企业工业产值超亿元，利润在 1000 万元以上，村办工业超千万元，利润在 100 万元以上的村，才能承担得起。参见农业部农村改革试验区办公室编著《认识与实践的对话——中国农村改革试验区十年历程》，中国农业出版社，1997，第 128 页。

② 除了北京顺义和苏南地区，在这一时期（20 世纪 90 年代），在村集体统一经营方面比较出名的是河北省青县。这一时期，青县政府曾大力推行“大户开发、农民种地、井地分营、共同收益”的做法。以该县周庄子为例。1992 年，周庄子村集体集中了 900 亩土地，规划为林果、蔬菜和经济作物三个种植区。村集体组成了林果专业队，对林果园进行统一管理和经营。农户按出资入股的比例参与分红。参见孙海佑《土地流转制度研究》，中国大地出版社，2001，第 175—176 页。

值得一提的是，到了2010年，富有集体经济传统的苏南地区[①]，集体合作经济又有再度崛起之势。2010年，太仓东林村全面完成“三置换”[②]。通过“三置换”，东林村集体集中了1800亩地。其中，200亩用于建公寓和农民安置住房、400亩用于建厂房、仓储设施和职工宿舍，其余的1200亩农用地由东林村合作农场负责经营管理。东林村合作农场由东林村集体与东林劳务合作社、东林农机专业合作社联合组建。东林村合作农场场长由村干部担任，由村集体出资统一管理。合作农场采取“大承包、小包干”的经营模式。“大承包”是指村集体与两名分场长即农业职业经理人签订承包合同，每人承包600亩，分场长包产、包肥、包农药、包用工、定产量、定奖赔。“小包干”是指分场长雇佣20名农工，水稻每亩每年包干费用200元，小麦每亩每年包干费用150元，包干多少土地由农工自行认定。农场制定统一的生产管理标准，如用肥、用药、用水及田间管理等标准；定成本即每亩成本1150元；定产量即每亩水稻900斤、小麦550斤。分场长每月基本工资1200元，成本降低部分的20%和超产部分的20%作为分场长和农工的奖金。如未能达到定成本、定产量的目标，则扣除场长的基本工资。2011年，太仓市出台文件在全市农村农业地区推广东林村的做法，并推出了一系列的扶持资金政策。到2011年，太仓市组建集体合作农场95家，集中土地面积达10万亩。[③]

（三）广东南海县[④]

1. 背景情况

南海县[⑤]地处珠江三角洲腹地，属佛山地区。在20世纪80年代初，该县的农地面积（包括园地）有80万亩，其中耕地74万亩，农业人口64.72万人，人

---

① 以一直保持集体经营而著名的“天下第一村”华西村就在苏南江阴市。

② 农民宅基地及住房置换城市住房，土地承包经营权置换社会保障、村集体发展留用地置换物业。“三置换”是苏州市政府强力推行的政策。

③ 张云华等：《中国农地流转问题调查》，上海远东出版社，2012，第88—89页。有关东林村合作农场的情况，还参考了神州土地研究院编著《2017年中国农村产权流转交易市场发展报告》，中国农业大学出版社，2017，第106页。

④ 对广东南海农村改革试验区介绍的资料主要来源于马恩成主编《广东农村改革试验区实践》，中国农业出版社，2016。

⑤ 1992年经国务院批准，南海县改为南海市（县级市），2002年，经国务院批准撤销南海市，设立佛山市南海区。

均占有耕地1.14亩，是当时广东省著名的产稻区和农副产品生产基地。与顺义和苏南地区相似，南海也是乡镇企业特别是村办工业比较发达的地区。[①]

1982年以前，南海就有个别穷村自发地搞“包产到户”。[②] 但当时南海大多数村集体经济发展势头良好，工副业发达，时任南海县委书记梁广大坚持“不走回头路”，不允许在南海推行“分田到户”即“包干到户”。1983年中共中央发出了一号文件，将家庭土地承包经营制确立为农村土地经营的基本形式后，“包干到户”成为不可阻挡的大趋势。在此形势的压力下，1983年下半年，南海才开始全面推广“分田到户”，是全国最晚实行“分田到户”的地区之一。[③] 与全国其他地区一样，南海“分田到户”采取的方式是按人口或劳动力均分土地。但不久，这种土地分配方式就与传统的“桑基鱼塘”的生产方式发生了较大的冲突。

历史上，在珠江西岸的广大地区曾广泛采取“桑基鱼塘”的生产方式。按照这种生产方式，基上种桑、塘下养鱼，基塘（即鱼塘加基地）是一个基本的生产作业单元，不可分割。如果将基塘分开，分别承包给农户，不仅不能有效地利用“桑基鱼塘”生产方式，而且，养鱼户和基地种植户还会出现矛盾。如养鱼户只关心自己的鱼塘，不注意维护基地，不给基地养料和上泥[④]，就会造成基地的坍塌和肥力的严重下降。[⑤] 另外，由于鱼塘口数往往少于农户的户数，如果按人口或劳动力均分到各家各户，只能是大户包大塘、小户包小塘，或者是小户联户包塘。即使这样做了，也很难做到家家有鱼塘。[⑥] 在这种情况下，顺德、南海等传统基塘地区的一些村集体开始自发地探索以集中有偿投包方式来解决这些矛盾，并没有对基塘实行分田到户。当时的广东省政府对农民的这种做法给予了肯

① 黄浩新等：《南海县农村经济发展现状（1987年8月）》，载马恩成主编《广东农村改革试验区实践》，中国农业出版社，2016，第42—44页。

② 早在1978年，南海九江公社的少数生产队就偷偷地搞“包产到户”，到1982年，大沥公社开始在一些穷村推行“包产到户”，但当时南海实行“包产到户”的生产队不多。参见中共南海市委农村工作部编《南海县农村生产经营体制志》（内部资料），1995，第138—139页。

③ 汪勇、李尚旗、刘娟：《求索中的演进——佛山夏西村的变迁》，广东人民出版社，2008，第38页。

④ 通过鱼塘清淤给基地上泥，使基地的土地松软肥沃。

⑤ 当时的南海九江镇就曾出现过这种情况。参见黄浩新等《承包机制与地利保护——南海县九江镇土地问题调查》，载广东省农村发展研究中心编《广东农村土地制度建设研究》，广东人民出版社，1991，第189—193页。

⑥ 黄浩新等：《引入竞争机制完善土地管理制度（1987年1月）》，载马恩成主编《广东农村改革试验区实践》，中国农业出版社，2016，第116—118页。

定，提出在“桑基鱼塘”地区，可以将土地按户按人的无偿分包，改为集中有偿投包。[①] 基塘有偿投包是南海进行土地集中，探索土地适度规模经营的一个起点。

改革开放初期，南海以稻谷种植为主，种植水稻的禾田面积占全部耕地面积的68.24%，鱼塘面积约占全部耕地面积的14%。改革开放以后，南海的农贸市场迅速活跃起来，刺激了包括塘鱼产品在内的农副产品的发展。1985年，广东省取消了水产品国家定购的任务，水产品的价格也逐步放开。加之，当时南海是广东省重要的农产品出口创汇基地，大量的鲜活产品销往香港。水产品的价格开始与国际市场接轨，而粮食价格仍实行国家计划价格。这样一来，水产品与粮食的相对价格就拉开了，鱼塘的收益明显高于禾田。这就刺激了南海农民将禾田改造为鱼塘。1985年以后，国家调整了“以粮为纲”的政策，粮食政策有所放松。这也为南海农民“田改塘”创造了有利条件。到1987年，南海的禾田面积减少了约2万亩，同期鱼塘面积增加了约1万亩。[②] 鱼塘收益与禾田收益差距的拉大，使得按人口均分承包鱼塘的矛盾更加突出，这一矛盾在南海传统的基塘地区[③]尤为明显。

1985年，全国普遍开始推行“第一轮土地延包”时，南海县政府利用土地调整的机会，在基塘地区4个镇推广改无偿分包为有偿投包的做法，促进土地集中和规模经营。到1987年，基塘地区4个镇，凡是分包经营期满的，绝大部分都改为有偿投包，投包的基塘面积占总基塘面积的41%。[④]

基塘有偿投包的主要做法是：村集体经济组织将承包到期的基塘收回，村集体按照“价高者得”的原则在村内投标和竞投；取得基塘经营权的竞投人与村集体经济组织签订投包合同，并支付投包金即“投金”和押金；参与基塘投包的人员，一开始仅限于本村的农户，以后范围有所扩大。“投金”的分配采取三种形式：一是按人口和“投金”各半分，即投金的一半分给全体村民，另一半分给投包人；二是按人口和上交的任务各半分，即一半分给全体村民，另一半分给

① 1990年，中共广东省委转批了省委农村工作部的《关于完善农村集体土地经营管理体制的意见》，该意见提出“非粮食作物用地可以采取投包等形式，实行有偿承包”。参见广东省农村发展研究中心编《广东农村土地建设研究》，广东人民出版社，1991，第273—279页。

② 佛山市南海区农业局编《南海市农业志》（内部资料），2008，第117页。

③ 原南海县有18个镇，其中有4个镇属于基塘地区。

④ 黄浩新等：《引入竞争机制完善土地管理制度（1987年1月）》，载马恩成主编《广东农村改革试验区实践》，中国农业出版社，2016，第116—118页。

承担上交国家及村集体任务的农户；三是按人口和口粮均分。前两种分配形式偏重于鼓励基塘的经营者，很快由于基塘投包效益明显，竞争激烈，而被第三种形式即按人口均分所代替。[①] 这种形式是日后南海村集体普遍实行的按人、按股“分红”的最初形态。

2. 试验主题与做法

1987 年 9 月，南海农村改革试验区设立。在设立之初，南海试验区的试验主题是：土地适度规模经营和农产品、出口商品基地建设。按照南海政府提出的试验方案，南海的试验重点放在出口创汇的农产品基地建设上，而不是粮食的规模种植[②]。但作为中央农村改革试验区的主管部门，还是希望把粮食生产纳入南海试验区范围。对南海试验区，主要试验监测指标仍是粮食生产的绩效，如劳均土地经营规模、劳均产量、亩均产量等。

按照南海当时提出的土地适度规模经营标准，禾田为每户 30 亩以上，鱼塘、岗地、果园、基地为每户 10 亩以上，山林地为每户 50 亩以上。据此标准，在设立试验区的初期，全县有土地适度规模经营户 1249 户，承包土地总面积 30628 亩，占全县耕地总面积的 3. 8% ，其中绝大部分是鱼塘、基地和果园等，占比近九成，而种植粮食的禾田只占其中的 10. 8% 。如果以全县禾田总面积计算，禾田的规模经营面积占比不足 0. 7% 。

与顺义、苏南地区的试验一样，南海试验土地适度规模经营也是通过村集体集中土地。南海土地集中方式是有偿投包。村集体将到期的承包地收回，以有偿投包的方式，向农户分配土地承包经营权，促进土地向种养殖大户集中。

1989 年，南海县政府出台文件在全县大力推广基塘有偿投包经验，并将基塘有偿投包扩大至花卉、水果、蔬菜等的种植土地。[③] 到 1991 年，有 10 万亩的鱼塘由无偿分包，转为有偿投包，占全部鱼塘面积的 73. 4% 。[④] 对禾田实行有偿

---

① 黄浩新等：《引入竞争机制完善土地管理制度（1987 年 1 月）》，载马恩成主编《广东农村改革试验区实践》，中国农业出版社，2016，第 116—118 页。

② 参见 1987 年南海政府提出并得到批准的《南海县农村改革试验区试验工作方案》，引自马恩成主编《广东农村改革试验区实践》，中国农业出版社，2016，第 36—37 页。

③ 1989 年，南海县先后出台了《关于进一步完善禾田地区联产承包责任制工作的意见》和《关于进一步完善基塘地区联产承包责任制工作的意见》，上述文件确定了将户户均包改为有偿投包的政策。参见中共南海市委农村工作部编《南海县农村生产经营体制志》（内部资料），1995，第 236—237 页。

④ 南海农村改革试验区办公室：《南海试验区在探索中前进（1991 年 12 月）》，载马恩成主编《广东农村改革试验区实践》，中国农业出版社，2016，第 170 页。

承包。禾田有偿承包与基塘有偿投包之间的主要差别在于：一是有偿承包上缴的承包金较低，一般由当地管理区[①]确定，有偿承包费参照“三提五统”标准制定，大约为每年每亩30元[②]。二是必须要承担国家交公粮的任务。三是给予承包禾田的农户一定的种粮补贴。由于当时粮食价格与其他经济作物价格的差距较大，大部分农户不愿意种粮，而南海当时仍承担着较重的交公粮的任务。[③] 为了鼓励农户种粮，当地管理区不得不给种粮户以一定的补贴。例如，大沥镇禾田的承包金为每亩30元；如亩产达800斤，可获奖励金20元；如亩产达900斤，可获奖励金30元；如亩产1000斤，可获奖励金60元[④]。这就是说，对种粮户来说，如果亩产能够达到900斤以上，土地是无偿承包的，超额的农户还会得到奖励金。到1992年底，全南海实行土地有偿承包或有偿投包的村集体经济组织有1228个，占比为86.4%，其耕地面积为53.2万亩，占全部耕地面积的86.5%。[⑤]

1992年，广东省率先全面放开粮食市场，交公粮不再是必须完成的任务。南海随之将禾田有偿承包过渡到与基塘等地一样有偿投包，投包的“投金”或租金高低是能否获取投包田的唯一条件。由于引入了竞争机制，有偿投包的“投金”大大高于有偿承包的承包费。一般情况下，每亩鱼塘的承包费在200～300元、菜地只有几十元，而采取投包方式，每亩鱼塘的“投金”可以提高到500～600元，菜地可达上千元。[⑥] 与土地承包期限相比，土地投包期限则短得多，而且各类土地的投包期长短也不同。通常，禾田为五年到七年，鱼塘为三年到五年，果园为十年到十五年，菜地和花卉地为二年到四年，林地为二十年到三十年。[⑦] 随着投包户对土地投入的加大，土地投包期限有逐渐延长的

---

① 当时南海实行的是乡镇下设管理区的制度，管理区的管理边界大约是现在行政村的范围。与行政村的管理机构村委会不同，管理区是乡镇下派机构，更多地是承担政府的职能。1999年，管理区被撤销，改为村委会。

② 佛山市南海区农业局编《南海市农业志》（内部资料），2008，第115页。

③ 由于大量原来的禾田改为鱼塘、菜地等，使禾田面积急剧减少，但国家交公粮的任务多年不变。这就使现有禾田的交公粮的负担加重。据统计，平均每亩禾田所承担的交公粮任务高达580斤。参见黄浩新《南海土地规模经营简介》，载国务院农研中心试验区办公室、贵州省委农研室合编《产权·流转·规模》（内部印刷），1989，第277页。

④ 佛山市南海区农业局编《南海市农业志》（内部资料），2008，第115页。

⑤ 刘季芸等：《南海农村土地制度建设的试验、探索和创新（1993年9月）》，载马恩成主编《广东农村改革试验区实践》，中国农业出版社，2016，第199页。

⑥ 同上。

⑦ 南海农村改革试验区办公室：《南海试验区在探索中前进（1991年12月）》，载马恩成主编《广东农村改革试验区实践》，中国农业出版社，2016，第170页。

趋势。

从有偿承包到有偿投包也经历了一个过程。南海一些乡镇将承包地分为口粮田和投包田，口粮田实行按人口平分方式但要交承包金，即当地通常所说的分包，而投包田则采取“价高者得”的投包方式。开始时，口粮田的比重较大。如大沥镇的口粮田占承包地的比重曾达70%以上，而“投包田”则不足30%。随着大量的农村劳动力转移到工业，或经商做买卖，从事农业的劳动力急剧减少，与此同时，大量的农用地以不同方式被转为建设用地，分包的口粮田比重也随之不断下降。到2000年，只有少数边远的农业村还保留着分包的形式，在其他地区，绝大部分的农地变为了投包田。

3. 试验的效果与制度试验方向发生了转变

到了20世纪90年代初，珠三角地区已成为中国市场经济最发达的地区，南海在其中走在前列。在市场化快速推进的背景下，南海试验区走出了一条与其他农村改革试验区不同的道路。

如前所述，粮食生产是南海土地适度规模经营试验的一个重要主题。然而，与其他农产品相比，粮食生产和销售是市场化程度最低的，也是最难以发挥南海市场化程度高的地区比较优势的领域。虽然南海县试验区在设立的初期也花了很大力气，在粮食经营上推广土地规模经营，但效果并不好。[①] 在这种情况下，南海县政府审时度势，务实地将粮食规模经营仅局限于少数试验监测户上，[②] 并没有大力推广，而是将土地规模经营的重点转到水产养殖、水果、蔬菜、花卉生产上，并取得一定的成效。[③] 但在中央的政策制定者来看，农副产品规模经营在全国其他地区很普遍，成功的事例屡见不鲜，无须进行制度试验。农业领域土地规

---

① 在试验区设立初期，南海县曾动员了各级政府和村集体的力量力推粮食生产的土地适度规模经营，结果只有9个种粮专业户集中了500亩地。之后，又在联滘管理区进行粮食生产企业化、规模经营试验，但也是局部的。参见刘季芸等《南海农村土地制度建设的试验、探索和创新（1993年9月）》，载马恩成主编《广东农村改革试验区实践》，中国农业出版社，2016，第193—195页。

② 南海试验区粮食规模经营监测户有17户，1986年，平均每户土地经营面积为60.3亩，1988年扩大到127亩，后因征地等原因减少到14户。参见南海农村改革试验区办公室《南海试验区粮食规模经营专业户三年监测情况（1991年12月）》，载马恩成主编《广东农村改革试验区实践》，中国农业出版社，2016，第162—166页。另参见南海农村改革试验区办公室《对十七户粮食专业户经济效益综合评价表分析》，载试验区办公室编《寻求新的突破》（内部资料），1989，第403—407页。

③ 参见刘季芸等《南海农村土地制度建设的试验、探索和创新（1993年9月）》，载马恩成主编《广东农村改革试验区实践》，中国农业出版社，2016，第196—198页。以鱼塘为例，到2002年，全南海水产品规模经营户的经营鱼塘面积占全部鱼塘面积的78.3%。另参见佛山市南海区农业局编《南海市农业志》（内部资料），2008，第125页。

模经营的难点在粮食、油料、棉花和甘蔗等大宗农产品上，而恰恰是在粮食生产上，南海并没有什么优势，更没有规模经营的优势。也可以说，在农业领域进行土地规模经营，南海试验区并没有提供什么有价值的经验。

南海的试验结果表明，与其他农业品种的生产经营相比，粮食生产规模经营户的效益是最低的。[①] 在高速工业化和城市化的大背景下，粮食生产的比较收益下降速度更快，粮食生产的规模经营收益增长幅度远远抵不过其比较收益的下降幅度。在这种情况下，即使政府和村集体对农户给予多方面种粮补贴，农户也没有意愿扩大土地经营规模。这就使土地经营规模又退到小农经济的水平。南海的水稻种植情况就是如此。到 2002 年，超过 30 亩的水稻种植大户仅有 25 户，其种植水稻的面积仅占全南海水稻种植面积的 0.78%。[②] 水稻种植户绝大多数都是分散的“小农”，其中许多都是“外来户”。

南海农地改革试验的最大成效是有偿投包的制度实践。在全国普遍实行土地承包期三十年不变、免交土地承包费的政策环境下，南海仍以农村股份合作社制为依托，坚持实行农地有偿投包，而且有偿投包的期限只有三年到五年，最多的也不超过十年。而且，在此基础上发展出不少养鱼和蔬菜经营大户。到 2002 年，养鱼规模经营户为 1.32 万个，鱼塘面积占全南海鱼塘总面积的 78.3%；蔬菜经营大户 873 个，平均每个大户经营土地面积 33.4 亩。[③]

1992 年，邓小平发表了著名的南方谈话，加之南海撤县设市，极大地加速了南海的工业化和城市化进程。南海的土地利用也从以农业为主转为以工业和城市建设为主，并由此启动了南海以土地股份合作社为载体，农村集体建设用地入市的改革试验。[④] 南海试验区的试验主题随之发生重大转变，并成功地创造出“南海模式”。[⑤]

---

① 据对纳入试验监测的 17 个粮食生产规模经营户统计，禾田亩均纯收入仅为 212 元，而其他经济作物的亩均收入，甘蔗为 227 元，鱼塘为 403 元、蔬菜为 1971 元。参见南海农村改革试验区办公室《南海试验区粮食规模经营专业户三年监测情况（1991 年 12 月）》，载马恩成主编《广东农村改革试验区实践》，中国农业出版社，2016，第 162—166 页。

② 佛山市南海区农业局编《南海市农业志》（内部资料），2008，第 121 页。

③ 同上书，第 125—126 页。

④ 南海在土地股份合作制下，也探索出一些在农业领域进行土地规模经营的经验，并取得了较好的成效。参见《南海农村土地股份合作制试验报告》，载农业部农村改革试验区办公室编著《认识与实践的对话——中国农村改革试验区十年历程》，中国农业出版社，1997，第 161—172 页。

⑤ 刘宪法：《“南海模式”的形成、演变与结局》，载张曙光等编《中国制度变迁的案例研究（土地卷）第八集》，中国财政经济出版社，2011，第 66—132 页。

（四）贵州湄潭县[①]

1. 背景情况

湄潭县地处贵州北部，属于遵义地区，是贵州省著名的“黔北粮仓”。在20世纪80年代初，该县的耕地面积有47.6万亩，农业人口35.2万人，人均占有耕地1.35亩，是贵州省土地资源相对丰裕且资源条件较好的农业地区。

早在1980年湄潭县就开始广泛推行“分田到户”，而且分得比较彻底。“分田到户”的方式是，以好坏搭配的方式，“田土分开”[②]，按人口均分土地。个别生产队还以解放初土改时各户分得的土地为依据，继承祖业，谁家的地归谁家，多退少补。总之，做得较匆忙，分得也较粗。由于当时“分田到户”还没有完全“合法”，农户认为只要能分到田就很好了，对“分多分少、分好分差”没太计较。“双包”合法化并被提倡以后，农户对土地分配开始认真起来，普遍要求调整土地。1984年，湄潭县政府根据中央关于延长土地承包期的政策，对全县的土地做了一次大范围的名为“小调整”，实为“大调整”的土地调整。

另外，农户与村集体之间土地承包关系不明晰、不顺畅的问题也逐渐暴露出来。作为土地发包方的村集体与作为土地承包方的农户，双方的权利和义务不清。村集体只给承包农户下达任务通知书，没有签订承包合同。而且，发包方的主体也比较混乱，既有生产队，也有生产队下的生产组，有些生产组又分为生产小组，由生产小组发包。由于村集体经济实力弱，“统一经营”的职能严重弱化。集体水利工程因无人管理和维修而损坏严重。村集体不能统一协调农户的用水，农户之间因争水、过水而产生的纠纷不断，甚至大打出手。与此同时，随着农户家庭人口的变动，土地平均分配的格局被打乱。因家庭人口增加要求调入土地的农户，与因家庭人口减少应该调出土地的农户之间的利益冲突也开始显现。频繁的土地调整，导致土地细碎化程度加重。由于农业劳动力与耕地比例的不平衡，加之有些土地分得太碎、太分散，农户认为不值得耕种，还出现了部分土地撂荒

---

① 对贵州湄潭农村改革试验区介绍的资料主要来源于中共贵州省委政策研究室编《土地制度建设试验监测与评估》（内部资料）、《土地制度建设试验制度与推广》（内部资料）和《土地制度建设配套试验》（内部资料），1997；以及湄潭农村改革试验区办公室《湄潭首创“增人不增地，减人不减地”》，载农业部农村改革试验区办公室编著《认识与实践的对话——中国农村改革试验区十年历程》，中国农业出版社，1997。

② 按湄潭当地的说法，“田”是指水田，“土”是指旱地。

的现象。[①]

此时的贵州省委农村工作部有关负责人对贵州农村体制改革十分积极，有很多想法，正在努力寻找改革的突破口。1987年中央5号文下达后，贵州省委农村工作部一方面向中央有关部门争取将贵州纳入全国农村改革试验区序列，另一方面也在贵州各县选点。当时的湄潭县委书记对设立农村改革试验区一事非常积极。经多次考察及多方讨论后，贵州省委决定将贵州的农村改革试验区放在湄潭，并于1987年7月由贵州省委正式向中央提出申请。[②] 1987年9月，湄潭县被列入首批国家农村改革试验区。

2. 试验主题

与其他农村改革试验区不同，湄潭在设立农村改革试验区之前，并没有什么值得称道的先进经验，而是根据问题而设立的。也正因为如此，与其他农村改革试验区相比，湄潭的试验更多地带有“人为设计”甚至是理想化的成分。例如，湄潭试验区根据世界银行专家的意见成立的土地银行。

按照贵州省委和省政府向中央提出的湄潭农村改革试验区方案，其试验内容主要是针对湄潭村集体职能弱化，将试验的重点放在加强村集体经济实力，建立和完善家庭和集体双层经营体制上。[③] 湄潭试验区设立后，在贵州省及全国农村改革试验区办公室的农业政策专家的指导和力推下，湄潭试验区的试验内容逐渐扩大、深化，试验主题也更加明确。湄潭试验区的试验主题确定为：在家庭土地承包经营制的基础上，以调整土地与人口变动关系为核心内容，建立规范化的现代农村土地制度，主要包括土地产权制度和土地流转制度，简称“土地制度建设试验”。[④]

到了1993年，湄潭土地制度建设的试验内容又有所丰富，包括以下几个方面[⑤]：第一，明确集体土地所有权的行使主体。以行政村为单位，设立村经济社，

---

① 湄潭试验区办公室：《湄潭土地承包管理若干问题调查综述》，载试验区办公室编《寻求新的突破》（内部资料），1989，第490—498页。

② 湄潭县农村改革试验点工作领导小组编《改革　实践　探索——湄潭农村改革25年历程（1987—2012）》（内部资料），2013，第287—288页。

③ 中共贵州省委、贵州省人政府：《关于建立贵州省湄潭县农村改革试验区的报告》，载贵州省政策研究室、湄潭县委编《土地制度建设试验制度与推广》（内部资料），1994，第1—4页

④ 农业部农村改革试验区办公室编著《认识与实践的对话——中国农村改革试验区十年历程》，中国农业出版社，1997。值得一提的是，中央确定的7个农村土地制度改革试验区中，湄潭是唯一不以推动土地规模经营为主要目标的试验区。

⑤ 以下对湄潭试验区的试验内容的归纳，参见《湄潭农村改革试验区土地制度建设试验工作总结（1993年）》，载贵州省政策研究室、湄潭县委编《土地制度建设试验制度与推广》（内部资料），1994，第9—35页。

由村经济社行使集体土地所有权的权能，如收回缺乏劳动力户、撂荒户和抗税费户的土地，对收回的土地的分配，采取招标发包方式，向承包土地的农户征收土地使用费，[①] 并对违反土地管理制度的农户给以惩罚等。第二，稳定农户的土地承包经营权。试验区初期规定，耕地承包期二十年不变，林地、荒地五十年不变。之后将这一政策明确为“在承包期内，增加人口和减少人口，不再调整土地[②]”，即“增人不增地、减人不减地”。第三，在稳定农户土地承包经营权的基础上，促进土地有偿流转。有偿流转形式包括农户之间的租赁、转包、入股联营、抵押等形式，也包括村经济社以招标发包方式，重新分配收回的土地和集体所有的非耕地。第四，建立土地金融公司。在贵州省各级政府财政支持下，并以中国农村信托投资公司名义争取到了世界银行贷款，于 1988 年 8 月成立了以土地开发为主要业务的湄潭土地金融公司。1990 年，全国清理整顿金融性公司时，该公司更名为土地开发投资公司。[③] 第五，建立保护耕地和培肥地力制度。这包括划定基本农田保护区，推广培肥地力方法，并制定了相应奖惩措施，对中低产田实施改造整治等。

3. “增人不增地、减人不减地”的制度试验

在上述各项试验内容中，最为引人注意的也是最有价值的是“增人不增地、减人不减地”的制度试验。[④] 当时的政策研究界及学界普遍关心的问题是：这一试验是否可以证明下列假说，即“地权稳定与权能完整，可激励农民增加对土地的投入，并促进土地流转”。地方政府关心的是：村民是否能接受“永不调地”的政策，如果采取这一政策是否可以减轻村民之间、村民与村集体之间的纠纷，

---

① 土地使用费即承包费。土地使用费的收取标准是“田”每亩 3 元/年，“土”每亩 2 元/年，自留地每亩 1 元/年。参见贵州省政策研究室、湄潭县委编《土地制度建设试验制度与推广》（内部资料），1994，第 14 页。

② 1987 年湄潭县委在《关于稳定完善家庭联产承包制若干问题的处理意见》中提出，“对于人口增减引起的承包地悬殊的问题，实行稳定的方针，既不调进，也不调出”。参见贵州省政策研究室、湄潭县委编《土地制度建设试验制度与推广》（内部资料），1994，第 38 页。

③ 湄潭土地金融公司的资金来源是省、地、县三级财政投入 300 万元，中国农村信托投资公司转世界银行贷款 500 万元，本地农户、村经济社、地方国营企业集资入股 60 万元，合计为 860 万元。湄潭土地金融公司的资金使用主要是非耕地开发贷款、农田水利贷款、电力贷款和乡镇企业贷款。开办初期，公司效益良好，曾获中国农村信托投资公司授予的“世行贷款执行机构先进单位”。参见贵州省政策研究室、湄潭县委编《土地制度建设试验制度与推广》（内部资料），1994，第 19 页。但之后不久，公司为了追求短期经济效益，偏离了土地开发的主营业务，向本地国有企业及乡镇企业发放了大量贷款，形成了 550 多万元的不良贷款。1997 年，湄潭土地金融公司被勒令撤销。参见湄潭县农村改革试验点工作领导小组编《改革　实践　探索——湄潭农村改革 25 年历程（1987—2012）》（内部资料），2013，第 168—169 页。

④ 当时除了湄潭，地属毕节地区的金沙县也提出了“生不增、死不减、娶不增、嫁不减”的政策。参见贵州省政策研究室、湄潭县委编《土地制度建设试验制度与推广》（内部资料），1994，第 101 页。

有利于社会稳定，有利于落实国家的计划生育政策。中央政府则面临着对于“大稳定、小调整”的政策，是倾向于“稳定”还是倾向于“调整”的抉择，土地调整政策何去何从，更为本质的问题是“两权”（土地所有权和土地承包经营权）之间孰重孰轻。

与前面几个试验区不同，湄潭是典型的农业县，远离大城市，第二产业和第三产业都不发达，绝大多数农村劳动力是以务农为主、以土地为生。[①] 这就决定了湄潭试验的不是土地规模经营，试验对象不是“大农”，而是“小农”。对中国广大农村地区来说，湄潭的“小农”试验更具代表性，其制度试验的价值更大。一时间，湄潭试验区成为关心中国农村土地问题的各界人士所关注的焦点。[②] 贵州省各级政府也动员了大量的人力和物力投入湄潭试验中。

在试验区设立之前，湄潭对新增人口要求土地，采取“调地”和“调粮不动地、供粮不包田”[③] 两种方式。1984 年，湄潭全县范围内所做的土地调整涉及农户比例高达 90%。有的是调出土地给新增人口，有的是向新增人口提供平价粮。这次土地调整带来了很多遗留问题，如调出的土地都是“坏地”“远地”“边角地”，调入户觉得土地分配不公平，造成土地纠纷不断，三年都没有理顺。而且，每次调整土地都会增加田埂土坎的占地，同时也会使土地更为细碎化。[④] 湄潭县兴隆乡毛栗堡村村民胡应刚，1984 年调进了 2.4 亩地，有 22 块，最大的一块有 2.8 分，最小的一块仅有 2 厘。[⑤] 大多数农户都对 1984 年的这次调地意见很大。地方政府担忧的则是，按人口均分土地，且还根据人口变化不断调整的做法，无疑是鼓励农户多生孩子。当时在湄潭农村就有这种说法，“肚子鼓一鼓，分粮三百五”，“多生一个人、多分一份地”。由于人口增长过快，导致农户的户

---

① 据统计，湄潭农村劳动力转移到非农领域就业的比例，1988 年仅为 1.6%，1991 年仅为 2.9%，而且转移出去的农村劳动力也极不稳定，回流到农村的比例较大。参见湄潭县试验区办公室《湄潭农村改革试验区土地制度两次面上监测分析报告》，载贵州省政策研究室、湄潭县委编《土地制度建设试验监测与评估》（内部资料），1993，第 75 页。

② 湄潭的试验不仅引起国内“农口”专家的广泛关注，世界银行的农村问题专家也参与了湄潭试验的研究。参见国务院农研中心试验区办公室、贵州省委农研室合编《产权·流转·规模》（内部印刷），1989，第 309—350 页。

③ “调粮不动地”是指对增加人口的农户调减交公粮的数量，对减少人口的农户增加交公粮的数量，而不动承包地；“供粮不包田”是指对没有分到承包地的人口，村集体从村提留的储备粮中，以平价供给粮食。

④ 湄潭试验区领导小组：《贵州省湄潭试验区土地制度建设取得阶段性成果》，载国务院农研中心试验区办公室、贵州省委农研室合编《产权·流转·规模》（内部印刷），1989，第 245—246 页。

⑤ 贵州省政策研究室、湄潭县委编《土地制度建设试验监测与评估》（内部资料），1993，第 366 页。这一土地调整所引起的土地细碎化的极端案例，曾被学者广泛引用。

均及人均土地下降。1979 年，全县户均土地 7.3 亩、人均 1.45 亩，到 1987 年分别下降到 5.87 亩、1.34 亩。[①]

湄潭政府下决心推行“增人不增地、减人不减地”的政策，这既是顺应了大多数农户的意愿，也是为了切断新增人口对土地再分配的预期，有利于完成计划生育的硬任务。由于这一时期，各级地方政府普遍面临着计划生育的巨大压力，湄潭这种“永不调地”的做法立即得到了贵州省委的大力支持，并在全省进行推广。[②]

湄潭实施“增人不增地、减人不减地”的政策简单明了，就是在征求了村干部和农户意见，并争取了大多数农户支持和理解的基础上，由县委向广大农户正式宣布“新增人口不再分地了”，也就是“不调地了”。[③] 这就意味着，对湄潭农户来说，1984 年那次土地调整是最后一次调地了，[④] “从今往后再也不动地了”。值得说明的是，湄潭所实行的“不调地”政策，并不是在取得农民一致认可的情况下推行的。湄潭制定这一政策时，曾对村干部和部分农户进行了调查，结果表明，主张调地的村干部和主张不调地的村干部各占一半，所调查的 510 家农户有 64.7% 认可不调地。[⑤] 这就是说，仍有不少农户是要求调地的。到 1990 年，对试验区的试验效果进行监测时，在 1200 个调查户中，赞成不调地的农户占比 50.3%，反对的占比 38%。到 1992 年，赞成不调地的农户占比上升到 67.9%，反对的占比下降到 23.4%。[⑥] 当时全国其他农村地区大多数也是这种情况，只是湄潭县在中央农村改革试验区主管部门及贵州省各级政府的大力支持

① 贵州省政策研究室、湄潭县委编《土地制度建设试验制度与推广》（内部资料），1994，第 11 页。

② 1988 年贵州省委出台的《关于进一步搞好治理整顿和深化改革的决定》中提出，“要把切实保护耕地、合理利用土地和计划生育工作有机地结合起来，坚决执行承包期内‘增加人口、不再分地’的抑制人口增长的土地制度”。参见贵州省政策研究室、湄潭县委编《土地制度建设试验制度与推广》（内部资料），1994，第 98 页。贵州省委农研室在 1991 年向省委提出了《关于建议在全省范围内推广湄潭、金沙两县土地制度建设试验经验的报告》，该报告重点强调了湄潭、金沙两县“增人不增地、减人不减地”的做法对抑制人口增长的作用。参见贵州省政策研究室、湄潭县委编《土地制度建设试验制度与推广》（内部资料），1994，第 67—69 页。

③ 1987 年 10 月，湄潭县委出台了《关于稳定家庭联产承包制若干问题的处理意见》。该文件提出“对于人口增减引起的承包地悬殊问题，实行稳定的方针，既不调进，也不调出”。贵州省政策研究室、湄潭县委编《土地制度建设试验制度与推广》（内部资料），1994，第 38 页。

④ 当时湄潭也存在着“分田下户”时遗留下来的农户间承包地好坏不一、肥瘦不均、远近失调的问题，相当一部分农民有意见。但湄潭政府也决心保持现状，不做纠正了。参见湄潭县试验区办公室《湄潭试验区土地制度建设 1990 年 1200 户问卷调查监测分析报告》，载贵州省政策研究室、湄潭县委编《土地制度建设试验监测与评估》（内部资料），1993，第 17 页。另外，据笔者了解，在全国其他地区也有实施“增人不增地、减人不减地”的，但大多数村集体在实施此项政策之前要调一次地。

⑤ 贵州省政策研究室、湄潭县委编《土地制度建设试验制度与推广》（内部资料），1994，第 25 页。

⑥ 李箐、丁远康：《稳定土地承包关系实行“增人不增地、不再分地的方略”》，《战略与管理》1994 年第 2 期。

下，推行“不调地”政策的力度较大，态度较为坚决。除此之外，湄潭还有一个客观条件也有利于“不调地”，即其可供开发的非耕地资源较为丰富。缺少承包耕地的劳动力富裕户，可以多承包一些非耕地。

4. 非耕地承包

非耕地资源包括可以做经济开发的荒山、荒坡、荒滩和其他荒地，即通常所说的“四荒地”。根据县综合农业区划的资料，湄潭可以直接开发的非耕地的面积为62.7万亩，多集中在近山丘陵，海拔800～1000米，平均海拔915米，土层深厚，并集中连片，可以开发成茶园、桑园、果园及种植经济林等。按照湄潭县政府的规定：非耕地不再采取人口均分的方式，而是全部采取招标发包方式，但承包金标准是由政府确定的，每亩为2～5元，如果农户要转包，转包金为每亩3～6元。这一时期，非耕地相对充裕，而其他要素的投入不足。为了鼓励社会各界投入开发非耕地，政府还放开了对非耕地承包人的限制。非耕地（含国有林地、林场、茶场）的承包单位，可以是国营或集体企业、事业单位、社会团体、党政机关以及其他经济组织等，承包人可以是农民，也可以是城镇居民、在职干部和职工、离退休人员等。[①] 同时，湄潭县还出台了鼓励非耕地开发的优惠政策，[②] 使劳动力富裕户能以较低的代价取得对非耕地的开发权。这在很大程度上缓解了农户之间人地不均的矛盾。到1991年，已有9.67万亩非耕地被开发，参与非耕地开发的有1.8万户，绝大多数是农户。[③]

进入2000年后，大量的非耕地被开发为茶园。到2010年，湄潭的茶园面积达到32.5万亩，茶叶种植、加工和流通也已成为湄潭的主导产业。[④] 从总体上看，茶园的土地价值高于耕地。据笔者在湄潭的实地调查，新集体林权制度改革后，农户承包的茶园和其他山林地同耕地一样，也是实行“增人不增地、减人不减地”的政策，但一些经济实力较强的村集体仍留有一定面积的茶园，没有分包

---

① 参见1991年湄潭县政府出台的《关于非耕地资源开发若干问题的暂行规定》，载贵州省政策研究室、湄潭县委编《土地制度建设试验制度与推广》（内部资料），1994，第76—79页。

② 在非耕地开发上，政府的金融支持很为关键。据统计，在湄潭土地金融公司用于农业及乡镇企业的贷款910.4万元中，有23%为非耕地开发贷款。参见贵州省政策研究室、湄潭县委编《土地制度建设试验制度与推广》（内部资料），1994，第19页。

③ 湄潭县试验区办公室：《湄潭农村改革试验区土地制度两次面上监测分析报告》，载贵州省政策研究室、湄潭县委编《土地制度建设试验监测与评估》（内部资料），1993，第95页。

④ 湄潭县农村改革试点工作领导小组编《改革　实践　探索——湄潭农村改革25年历程（1987—2012）》（内部资料），2013，第69—70页。

到户。

5.“增人不增地、减人不减地”制度试验的效果

为了证实“地权稳定与权能完整，可激励农民增加对土地投入”的假说，湄潭试验区对新石乡的耕地肥力状况进行了跟踪监测。监测结果表明，“不调地”后，耕地肥力确实有所提高，① 但这种耕地肥力提高的趋势，在实行“不调地”政策之前就已经发生了。“分田到户”以后，农户更加注意充分利用土地，在冬季种植可养地的油菜或绿肥。同时，农户养猪的积极性也被调动起来了，生猪饲养量大幅度提高，这就产生了大量的有利于土壤有机质提高的猪粪。再一个因素就是化肥的大量使用。试验区设立之后，湄潭县政府为了得到更好的试验结果，曾出台奖励提高耕地肥力的政策，② 这就使监测点的耕地肥力提高幅度有所扩大，但这一做法也使试验结果受到人为的干扰。总之，“不调地”政策对农户短期投入的影响并不显著。但“不调地”后，对激励农民进行土地长期投资的作用还是比较明显的。在政府金融支持下，湄潭县通过农户集资和村集体积累，投入大量资金进行水利设施建设和土地整治，平均每亩投入 156.5 元③。试验区的微观监测结果也证实了这一点。1992 年的监测结果显示，从 1987 年到 1991 年，有 5 万多名农户曾进行过耕地整治，占农户总数的 56.3%，累计整治耕地 6.7 万亩。④

对于“地权稳定与权能完整能促进土地流转”的假说，在一定程度上也被湄潭的试验所证明。据湄潭试验区的监测统计，1988 年，土地流转涉及的农户

---

① 据统计，与试验区设立前的 1987 年相比，到 1990 年，新石乡的上等田增加了 2.27%，中等田增加了 4.07%，下等田下降了 6.34%。参见湄潭县试验区办公室《湄潭县新石乡耕地肥力追踪监测报告》，载贵州省政策研究室、湄潭县委编《土地制度建设试验监测与评估》（内部资料），1993，第 117—123 页。

② 1988 年湄潭县农经委、农业局土肥站曾出台《耕地等级变化跟踪监测及耕地等级升降奖罚办法》，该办法中规定，每亩耕地每提高一等奖励 15 元，低于原有肥力等级的每亩要收罚款 20 元。参见湄潭县试验区办公室《湄潭县新石乡耕地肥力追踪监测报告》，载贵州省政策研究室、湄潭县委编《土地制度建设试验监测与评估》（内部资料），1993，第 112—116 页。

③ 据统计，1990 年前后，农民集资投入水利建设资金 163 万元。参见湄潭县试验区办公室《湄潭县新石乡耕地肥力追踪监测报告》，载贵州省政策研究室、湄潭县委编《土地制度建设试验监测与评估》（内部资料），1993，第 135 页。从 1988 年到 1993 年，湄潭土地金融公司发放用于农田水利、水电的贷款为 434.9 万元，参见贵州省政策研究室、湄潭县委编《土地制度建设试验制度与推广》（内部资料），1994，第 19 页。到 1994 年，全县农民集资和村集体投入资金 1357 万元，修建防渗水泥沟 3180 公里，新建小水窖 4380 个，整治山塘 505 座，新增和恢复灌溉面积 8.67 万亩。参见农业部农村改革试验区办公室编著《认识与实践的对话——中国农村改革试验区十年历程》，中国农业出版社，1997，第 108 页。

④ 湄潭县试验区办公室：《湄潭农村改革试验区土地制度两次面上监测分析报告》，载贵州省政策研究室、湄潭县委编《土地制度建设试验监测与评估》（内部资料），1993，第 96 页。

数及承包耕地面积所占的比重分别为1%和0.8%，[①] 与同期的全国平均水平相当。[②] 到了1995年，土地流转涉及的农户数及承包耕地面积所占的比重分别上升到5.9%和5.2%；另有占比5.01%的农户有土地互换行为。应该说，高于同期的全国平均水平。[③] 湄潭的试验更为各级地方政府所看重的是，实行“不调地”政策后，农户的生育意愿降低了，计划生育工作好做了，[④] 而且土地纠纷也明显减少了[⑤]。

更令人感到意外的情况：湄潭试验初衷是强化集体土地所有权，主张村集体有权收回农转非户、死亡绝户户、无力耕种户的土地，并按农户人口的变化情况调整土地；[⑥] 但在学者型官员思想倾向的强烈影响下，以及现实巨大的计划生育的压力下，湄潭试验的结果是强化了农户的土地承包经营权。这可能就是湄潭农村改革试验区的真正价值所在。从总体上看，湄潭试验是成功的，而且推广价值也很大，被学界誉为“湄潭模式”。贵州省首先将湄潭及金沙的“不调地”的做法向全省推广。[⑦] 在全国农村改革试验区办公室的积极推荐下，[⑧] 1993年，中央

---

① 湄潭县试验区办公室：《湄潭农村改革试验区土地制度两次面上监测分析报告》，载贵州省政策研究室、湄潭县委编《土地制度建设试验监测与评估》（内部资料），1993，第71页。

② 据农业部统计，1990年，全国土地流转涉及的农户数及承包耕地面积所占的比重分别为1%和0.44%。见本书第八章第一节。

③ 农业部农村改革试验区办公室编著《认识与实践的对话——中国农村改革试验区十年历程》，中国农业出版社，1997，第111—112页。

④ 湄潭试验区的监测数据显示，自1987年到1990年，湄潭的人口出生率由18.53‰降至14.25‰，多胎率由14.57%降至11.37%，计划生育率由70.56%上升至90.46%。同样实行“增人不增地、减人不减地”的金沙县也出现了相似的效果。参见贵州省委农研室在1991年向省委提出的《关于建议在全省范围内推广湄潭、金沙两县土地制度建设试验经验的报告》，载贵州省政策研究室、湄潭县委编《土地制度建设试验制度与推广》（内部资料），1994，第67—69页。

⑤ 湄潭县试验区办公室《湄潭农村改革试验区土地制度两次面上监测分析报告》，载贵州省政策研究室、湄潭县委编《土地制度建设试验监测与评估》（内部资料），1993，第72页。

⑥ 在改革试验过程中，湄潭曾实行过强化集体土地所有权的措施：一是村集体通过收回“四种人户”（农转非人、无力赡养的孤寡户、抗交农业税费和粮食定购任务户和弃耕撂荒户），集中了少量部分耕地（约占全部耕地面积的1.58%），实行招标发包或转为集体的机动地；二是实行按地亩数收取土地承包费。参见湄潭县试验区办公室《湄潭农村改革试验区土地制度两次面上监测分析报告》，载贵州省政策研究室、湄潭县委编《土地制度建设试验监测与评估》（内部资料），1993，第70—71页。但与前面介绍的农村改革试验区相比，之后的湄潭集体经济发展平平，并没有显著地壮大。

⑦ 1989年，贵州省人大在修改《贵州省实施〈中华人民共和国土地管理法〉办法》时，根据湄潭及金沙的经验，在该办法的第三条中加入“在耕地承包期内，新增加人口，不再调整承包耕地”。引自贵州省政策研究室、湄潭县委编《土地制度建设试验制度与推广》（内部资料），1994，第107页。

⑧ 1993年9月，时任农业部试验区办公室主任的杜鹰讲到，湄潭的“承包期内增人不增地”的做法引起了中央高层的重视，并很有可能进入中央决策。参见贵州省政策研究室、湄潭县委编《土地制度建设试验制度与推广》（内部资料），1994，第108页。

将湄潭的经验上升为国家政策。[①]

三、农村改革试验区的试验总结、结论与后续发展

（一）对试验区的总结与结论

自设立农村改革试验区之始，有关部门和研究人员对农村改革试验区的总结就一直持续进行。

1988 年 9 月，国务院农研中心试验区办公室联合贵州省委农研室在贵州遵义召开了“全国农村土地问题研讨会”。会上，有关学者、官员及各试验区的负责人，针对农村土地制度试验中遇到的问题展开了较为充分的理论探讨和经验交流。[②]

1989 年，国务院农研中心试验区办公室应中国政府与世界银行关于中国农村部门调整贷款有关协议的要求，完成了《中国农村改革试验区报告》。该报告详尽分析了设立农村改革试验区的宏观背景，分专题介绍了农村改革试验区改革进展情况、存在的问题及下一步计划。对于土地制度试验，该报告将试验主题归为三种类型：第一种类型是湄潭试验区的制度建设试验，第二种类型是平度试验区的适度规模经营加制度建设试验，第三种类型是苏南地区、南海和顺义的适度规模经营试验。但该报告并没有给出明确的试验结论。

除了主管农村改革试验区工作的机构，不少学者也对农村土地制度试验十分关注，并对各个试验区的做法，在理论上加以提炼和概括，给出了一些政策建议。有学者看到了湄潭试验与平度试验的共同点和区别之处，也注意到了顺义试验和苏南试验之间的差异，以及南海试验的特殊性，明确指出“不同意那种为了解决规模问题或其他动机，而将农户的土地使用权收回搞集中的办法”，并提出了延长农户土地承包期，以土地流转方式促进土地集中、实现土地适度规模经营的政策建议。[③] 事后回顾来看，这一分析是中肯的，判断也是准确的。

1994 年，经过历时 7 年的制度试验后，农村改革试验区办公室对土地规模经

① 1993 年 11 月，中共中央、国务院发出《关于当前农业和农村经济发展的若干政策措施》，该文件提出“提倡在承包期内实行‘增人不增地、减人不减地’的办法”。

② 该会议材料结集为国务院农研中心试验区办公室、贵州省委农研室合编《产权・流转・规模》（内部印刷），1989。

③ 刘守英：《农地制度建设试验区的经验及其启示》，《管理世界》1993 年第 3 期。

营给出了如下五个基本结论：第一，土地规模经济，对于经济发达地区稳定粮食生产、增加务农者收入显示出重要作用，对于建设现代化农业具有积极意义；第二，发展土地适度规模经营需要具备多方面的条件，在实践中制定有差别的政策，处理好全局政策与局部政策的关系；第三，目前实行的土地规模经营，在组织形式选择上要允许多样化，但应主要致力于在农户家庭经营基础上，实现土地适度规模经营；第四，实行土地适度规模经营离不开土地流转机制，建立土地流转制度的可能方向是"明确所有权、稳定承包权、搞活使用权"，为此需要进一步研究"三权分离"问题；第五，如何看待和评价土地规模经营中出现的资本替代劳动现象，涉及一些基本的理论和政策问题，需要从理论和实践的结合上作出科学的回答。总而言之，不支持在村集体主导下，以土地集中方式实行的土地规模经营，认为土地规模经营应该建立在农户家庭经营的基础上，以土地流转方式有限度、有条件地推进，而且，现阶段也不具备大规模推开的条件。①

农村改革试验区所做的土地制度试验对中央政策制定的影响是十分显著的。从某种程度上说，对中国集体农地制度走向起着至关重要作用的两个著名的文件，即 1993 年中央 11 号文和 1997 年中办发 16 号文，② 就是农村改革试验区所做的土地制度试验的直接产物。

1997 年，农业部农村改革试验区办公室编辑出版了一部总结农村改革试验区 10 年经验的书，即《认识与实践的对话——中国农村改革试验区十年历程》。③ 之后，农村改革试验区的名称虽还在，但实际上已基本停止了运作，名存实亡。

（二）试验区的后续发展

2011 年，农业部再次提请中央建立农村改革试验区。经中央批准后，农业

① 农业部农村改革试验区办公室：《从小规模均田制走向适度规模经营》，《中国农村经济》1994 年第 12 期。另参见农业部农村经济研究中心《中国农村研究报告（1990—1998 年）》（上），中国财政经济出版社，1999，第 354—369 页。

② 1993 年 11 月中共中央发出的《关于当前农业和农村经济发展的若干政策措施》和 1997 年 8 月中共中央办公厅、国务院办公厅发出的《关于进一步稳定和完善农村土地承包关系的通知》。前一个文件确定了"增人不增地、减人不减地"和"土地承包期延长三十年"的政策；后一个文件否定大规模推广土地规模经营，否定以村集体为主导的土地集中，否定工商资本下乡大规模租地。

③ 农业部农村改革试验区办公室编著《认识与实践的对话——中国农村改革试验区十年历程》，中国农业出版社，1997。

部将 24 个县（区）列入第一批农村改革试验区，之后，又有 34 个县区入围。本次农村改革试验包括六大主题：第一，稳定和完善农村基本经营制度；第二，改革农村产权制度；第三，完善农业保护制度；第四，建立现代农村金融制度；第五，建立促进城乡社会发展一体化制度；第六，健全农村民主管理制度。2013 年中央一号文件对此做法给予了充分的肯定。[①]

据介绍，到 2017 年底，已有 84 项试验成果在 68 件省部级以上政策文件制定和法律法规修订中得到了充分体现。[②] 2019 年，农村改革试验主管部门编辑出版了《农村改革试验区改革实际案例集》，意在将试验区成功经验在全国推广。对此轮农村改革试验中有关农用地制度试验的叙述，大多分散在本书以下各章节，这里就不再单独叙述了。

值得说明的是，在土地制度改革方面，本轮农村改革试验的政策放宽之处，主要在集体经营性建设用地和宅基地制度改革方面，大多数突破性改革也是来自这两方面。[③] 对农用地改革并没有给出什么特殊政策，实际上，这时也不需要什么特殊政策了。因为农村改革试验区的农用地制度改革，非试验区同样也可以试。对于农用地制度改革，农村改革试验区的主要作用是为“农口”政策制定者提供若干个比较方便的观测点。

---

① 2013 年中央一号文件即《关于加强发展现代农业进一步增强农村发展活力的若干意见》中提出，“尊重农民首创精神，鼓励各地积极探索、勇于改革、大胆创新、做好农村改革试验区工作，及时总结推广各地成功经验”。

② 韩俊主编《农村改革试验区改革实际案例集》，中国财政经济出版社，2019，第 2 页。

③ 2014 年 12 月，中央全面深化改革领导小组召开会议审议和通过了《关于农村土地征收、集体经营性建设用地入市、宅基地制度改革试点工作的意见》。2015 年 2 月，全国人大常委会通过了《关于授权国务院在北京市大兴区等三十三个试点县（市、区）行政区域内暂时调整实施有关法律规定的决定》。这三十三个试点县（市、区）实际上就成了新一轮农村土地制度改革试验区。

第七章　“两田制”的兴衰

在很长的历史阶段，农业的产出品都是分为两个部分的：一部分是供农户自己消费；另一部分作为“剩余”，以地租、赋税、产品交换的方式，供给非农业人口消费。建立在土地集体所有制基础上的家庭土地承包经营制并没有改变这样一种农产品产出的总体分配格局。

在家庭土地承包经营制下，农户的承包地实际上肩负着两种功能：一是满足农户自己基本消费的功能，即保障功能；二是承担着国家、集体交付税费和公粮的任务，并向市场提供农产品，交换“剩余”的功能，即发展功能。从平衡这两个功能的观点出发，实现承包地的保障功能要求土地分配平均，而要发挥承包地的发展功能，则要求土地适度集中。从理论上说，“两田制”是将农户承包地的保障功能与发展功能相分离，充分发挥承包地的发展功能，克服按人均分土地所产生的土地经营规模过小、地块分散且细碎的弊病，实现土地的适度规模经营。而且，“两田制”还能够解决当时困扰着村集体的收不上来村提留和乡统筹，国家公粮任务难以落实等难题。这是“两田制”兴起最为现实的动因。在基层政府和村干部的热烈推动下，“两田制”迅速在全国范围内蔓延开来，一时间成为村集体凭借行政力量进行土地集中的主要方式。可以说，“两田制”是自分田到户到2003年《农村土地承包法》正式实施这段时间里，影响最为广泛的一次变革。[①] 从某种程度上说，“两田制”的实施效果决定了之后中国农村土地制度改革的走向。如果“两田制”成功了，顺利地实现了土地的部分集中，那么中国农村土地制度改革将可能走向土地要素“再组织、再集体化”的道路，土地集体所有权将会“坐实”,[②] 将会出现新型的集体经济形态。当然，历史的发展没有如果。现实的结果是，因“两田制”失败了，中国农村土地制度改革走向土地集

① 有学者曾认为，“两田制”、“规模经营”和“四荒拍卖”是实行家庭土地承包制后三个影响最为广泛的农地制度创新。骆友生、张红宇：《家庭承包责任制后的农地制度创新》，《经济研究》1995年第1期。

② 当然不会走回“政社合一”的人民公社的老路，可能出现类似土地股份合作社那样的新型的集体经济形态。无论新型的集体经济形态是什么，“两田制”的成功，都会使村集体在土地要素市场上，成为土地资源配置的主体。

体所有权“虚化”、农户土地承包经营权“私有财产化”的道路。

一、“两田制”的起源

（一）“两田制”起源于承包地的分配方式

在笔者所能查阅到的资料范围内，最早明确提出“两田制”的是山西省洪洞县辛北大队。洪洞县辛北大队共有583户，2405人，全劳力半劳力930个，耕地3377亩，人均1.4亩，劳均3.63亩。1979年春，该村决定实行以“两田制”为内容的包干到户生产责任制。其做法是：按人口均分0.3亩口粮田，全年抵顶口粮240斤；按劳动力分责任田，一般男劳力每人分1.8亩，每亩定产800斤。口粮田和责任田都是社员自己投劳、投资，队里既不出钱，也不计工分。口粮田自种自收，全部归社员自己；责任田按定产与生产队对半分，超额的归自己，多产多留，少产少留。责任田按定产全部交给收购站，所得收入也是与生产队对半分。①

除了山西省洪洞县辛北大队，同期在全国其他地区也有划分“两田”的做法。例如，安徽临泉县八里庄大队。1979年，该大队在推行生产责任制时，将各生产队的土地分成两块，一块是口粮田，一块是工分田；口粮田包干到户，工分田还是由生产队统一经营。之后不久，该大队就将“两田”并“一田”，全部都包干到户了。② 显然，这种“两田制”不是之后的“两田制”，而是将自留地扩大为口粮田。另外，早在1978年春，山东省东明县也有对耕地划分“两田”的做法，只不过没有冠以“两田制”的称谓。③

“两田制”作为一种制度起源于对承包地的分配。例如，1980—1981年安徽省六安县、滁县推行按人劳比例分田方式，将按人口均分的承包地称为口粮田，

---

① 樊端生等：《洪洞县辛北大队实行口粮田、责任田效果好》，载中国农村发展问题研究组编《包产到户资料选（二）》（内部资料），第139—142页。

② 临泉县委办公室：《认真解决承包土地零碎不便耕种问题》，载中共安徽省委农村工作部编《安徽省农业生产责任制资料选编》（内部资料），1983，第506—507页。

③ 山东省东明县的做法是：将一部分耕地作为口粮田分给农户耕种，全部收益归自己，另一部分耕地作为责任田，包产内统一分配，超产部分全归自己。王庆新主编《山东农村改革二十年（1978—1998）》，人民出版社，1998，第27—28页。有学者所做的一项微观村史反映，1981年初，在江苏省东台县农村也有类似的做法，即将40%的土地作为口粮田，按人均0.5亩或0.6亩分给农户耕种，生产队不再给农户分粮食了，其余的60%还是由生产队统一经营、统一分配。参见［美］李怀印《乡村中国纪事》，法律出版社，2010，第238页。

将按劳动力均分的承包地称为劳力田。[①] 再如，1982 年，浙江省鄞县天童乡勤勇生产合作社将全社的 697 亩耕地中的 424 亩作为口粮田均分给 320 家农户，另外的 273 亩耕地作为责任田承包给 45 个劳动力。[②]

1982 年，全面实行家庭土地承包责任制以后，划分“两田”的做法在全国一些农村地区开始普及开来。对口粮田与责任田的划分有两种：一种是口粮田按人口分地，责任田按劳动力分地，责任田承担各项农业税费及集体提留；另一种也是口粮田按人口分地，责任田按劳动力分地，但口粮田要承担各项农业税费及集体提留。这一时期，凡是采取按人劳比例分地的社队，大多会有对口粮田和责任田的划分。因为缺乏劳动力的农户可以少包责任田，所以，与按人口均分土地相比，划分“两田”对缺乏劳动力的农户来说，其上交的负担要小。如果采取前一种方式划分“两田”，这些缺乏劳动力的农户所上交的负担则更轻。划分“两田”且采取责任田承担各项农业税费及集体提留的村，大多是原来集体经济实力较强的社队。一个比较典型的例子是被列入农村改革试验的苏南地区。

在“大集体”时期，苏南地区的集体经济发展一直走在全国的前列，村集体的统筹能力较强。分田到户以后，为了使国家的征派购任务能够真正落实到农户，苏南地区村集体的分田到户普遍实行的是“三田制”，即将土地分成口粮田、饲料田和责任田。口粮田是满足农村居民口粮所需要的土地，饲料田是为了完成国家的生猪派购计划所需的饲料种植的土地，责任田是为了完成国家商品粮征购派购任务所需要的土地。“三田”分配的基本原则是“人分口粮田、猪分饲料田、劳分责任田”。具体的分配过程：首先，根据各生产队的人地状况，按人口均分口粮田。人均口粮田的面积在这一地区各农村的差异不大，一般为人均 0.43～0.6 亩。其次，按照国家的生猪派购计划落实到户，确定每户的生猪养殖数[③]，按每头猪需 0.05 亩左右饲料田的标准，分配饲料田的面积；最后，扣除了口粮田和饲料田之后为责任田。村集体（生产大队或生产队）根据本集体的劳

① 1980 年，六安县委政策研究室出台《关于包产到户、包干到户具体问题处理的建议》，1981 年，滁县地委出台的《关于完善、提高包产到户责任制的暂行规定》提出实行按人劳比例分田，将按人口分田称为分口粮田。参见中共安徽省委农村工作部编《安徽省农业生产责任制资料选编》（内部资料），1983，第 456—464 页。

② 钟伯荣：《勤勇生产合作社实行“统一经营、专业承包、联产到劳、包干分配”责任制调查》，载红旗杂志社经济编辑室编《八十年代初的我国农业生产责任制——调查报告选编》，红旗出版社，1984，第 146—148 页。

③ 为了计算方便，一般按每人半头猪的标准确定每户生猪的养殖数。

动力数量、国家商品粮任务和责任田总面积，计算出亩均上交国家商品粮的产量和劳均亩数，然后，按农户的劳动力数量，按劳平均分配责任田。劳均责任田的面积在这一地区各农村的差异较大，劳均在0.5～2亩。以苏州吴县为例，口粮田、饲料田和责任田占承包土地面积的比例分别为48.8%、5.8%和45.5%。[①]

再如集体经济实力较强的山东莒县爱国大队。在“大集体”时期，山东莒县爱国大队一直是山东省农业生产的一面旗帜，工副业比较发达。1980年，工副业占全村总收入的52%，有28%的农村劳动力脱离了农业，专业从事工副业。1982年，该大队实行分田到户时，首先以工副业承包方式，将工副业的劳动力固定下来，再将其余的劳动力按能承包土地。具体的分田到户方式：将全大队的土地平分为两块，一块为口粮田，另一块为劳力田；口粮田按人口均分，工副业的劳动力也有一份，人均0.7亩；劳力田仅分给从事农业的劳动力，平均每个劳动力分得3.55亩。爱国大队这样做的主要目的是让专业从事工副业的劳动力安心本职工作，避免出现全部劳力种田的情况。[②]

（二）20世纪80年代中期时的“两田制”

到了20世纪80年代中期，在一些二、三产业就业机会较多的沿海地区和大城市周边地区，许多农村青壮年劳动力纷纷选择了弃农务工或弃农经商。但当时粮食销售体制下，农民没有粮票，口粮还要自己解决，所以，口粮田还是要农民自己种的，不可能完全脱农。同时，在广大农村也存在一些缺劳户[③]。通常情况下，这些缺劳户种口粮田还是有能力的，但再多就种不了了。因此，在当时的条件下，保持按人均分的口粮田是十分必要的。通常口粮田只缴纳国家的农业税，不用交集体提留。除口粮田，多出的土地是责任田，责任田就不再按人口均分了，而是采取按能承包的方式：能者多包地。按能承包的农户除了要交国家的农业税之外，还要向集体交土地承包费和完成国家的征购定购任务。

例如，1984年，上海嘉定县徐行村的两个年轻农民承包了48.5亩耕地，占

① 参见《江苏试验区的土地制度问题调查综述》《无锡县土地承包的情况和今后社会发展的趋势》，载试验区办公室编《寻求新的突破》（内部资料），1989，第142—158页。

② 张振业等：《爱国大队实行“专业分工、包干分配”的调查》，载红旗杂志社经济编辑室编《八十年代初的我国农业生产责任制——调查报告选编》，红旗出版社，1984，第177—178页。

③ 缺劳户一般指丧失劳动能力且无人赡养的五保户、军烈属、职工家属户即家庭主要劳动力一般是丈夫是国家职工的农户、生活困难户，以及乡村教师和乡村医生的家庭。

全村耕地的22.8%。这48.5亩耕地中，有42.5亩为责任田，其余的为口粮田和饲料田。按承包合同规定，这42.5亩的责任田，要上交稻谷16681公斤，上交小麦9987.5公斤。①

还有的村组按能承包还引入了招标的方式，谁能多完成上缴任务，就将责任田包给谁。在一些经济较为发达的地区，不少承包责任田的是外地农民。例如，江苏锡山市华庄镇太湖村。1988年，该村集体将农民不愿种的70亩的责任田包给了一个浙江农民，每亩每年的种田补贴72元。② 另一个较早实施类似“两田制”做法的村组在浙江。浙江鄞县钟公庙乡铜盆闸村的工商业发达，大量农民不愿种地，“广种薄收、明种暗荒”情况普遍，还有的农民要求退包土地。针对这种情况，1984年，该村在全村内进行了一次土地调整，按每人0.458亩均分口粮田，剩下的耕地调整成片后，作为承包田，由村集体统一发包给10个种粮大户，这10个种粮大户承担全村26.12万公斤的粮食定购任务。鄞县钟公庙乡为了促进土地规模化经营，还出台一系列补贴政策。根据该政策，凡承包20亩的种粮大户，每年可享受乡补贴540元，每超过一亩增加18元；家庭农场和合作农场每年每亩享受乡补贴27元。③

（三）“两田制”受到当地政府的支持

虽然上述将口粮田和责任田分开的做法已经具备了“两田制”的雏形，但这只是农民和当地干部自己想出来的土办法，在官方正式场合并没有这样的提法。

最早受到当地政府肯定和支持的“两田制”（只是该村不叫“两田制”，叫“双田制”）是在陕西洛川县胡村。④ 1981年胡村实行分田到户时，并没有把土地全部分到户，而是将耕地划分为两部分，一部分是60%的口粮田，另一部分是40%的责任田，口粮田按人口均分，责任田以社员自愿报名的方式，承

① 中共中央书记处农村政策研究室、国务院农村发展研究中心农村调查领导小组办公室编《农村在变革中前进——来自基层的调研报告》，农业出版社，1987，第148—150页。

② 中国社会科学院经济研究所“无保”调查课题组《中国村庄经济——无锡、保定22村调查报告（1987—1998）》，中国财政经济出版社，1999，第58页。

③ 罗鉴宇主编《土地适度规模经营——浙江的实践与启示》，浙江人民出版社，1998，第20页、第40页。

④ 赵启华主编《腾跃的黄土地》，陕西人民出版社，1991，第15—29页。

包给9个农户。9个农户要负责完成集体提留、国家公粮任务、农田基本建设等。[①] 胡村实行的“双田制”的做法取得了很好的效果，并受到当时陕西省长的赞扬。在当地政府的支持下，一时“胡村的道路”在陕西渭北地区推广开来。值得说明的是，胡村的“双田制”还是被当地政府作为一个发展集体经营的先进经验典型加以推广，而不是将其作为一种制度或政策。

最早将“两田制”作为一种制度加以推广的是山东省高密县。早在1983年实行“大包干”时，高密县政府就明确提出要“两田”分离，搞“两田制”。高密县的做法是将85%（最低不得低于80%）的耕地按人头分田到户，叫承包地，另外的15%（最高不得高于20%）仍掌握在村集体手中，叫机动地。机动地实行“叫行（投标）承包”。[②] 显然，高密的“两田制”与之后的典型的“两田制”差别较大，只是村集体多留机动地的一种做法。几乎与此同时，在四川什邡县、重庆铜梁县、河北景县以及平度县的地方政府也相继分别提出实行口粮田与责任田分开的“两田制”。

1986年，四川什邡县开始在全县推行“两田制”。该县的做法是将承包地分为口粮田和租赁田。口粮田按人口均分，口粮田约占承包地的40%～50%，其余的为租赁田。口粮田承包期一般为十年到十五年，租赁田实行“大稳定、小调整”方式。口粮田仅交农业税和水利费，租赁田除了交农业税和水利费，还要交村集体提留以及土地和设施使用租赁费。土地和设施租赁费每亩40～60元，占经营收入的10%～20%。“租赁田”按公开招标的方式，以租赁的方式承包给种植大户。[③]

几乎与此同时，重庆铜梁县也开始大力推广“两田制”，但铜梁县的“两田制”做法与什邡县有所不同。铜梁县的“两田制”是一种调整土地的方式，即口粮田按人口分配，相对稳定不变，商品粮田按劳分配，根据劳动力的变化调整土地。铜梁县的做法实际上就是之后在全国广泛推行的“动账不动地”的

---

① 1987年，胡村改进了土地承包方式，采取招标承包的办法。招标底价为每亩上交村集体150斤，每户承包10～30亩，承包期为一年到五年，招标承包面积为740亩，占全村耕地总面积的22.8%。在招标承包过程中，竞争还是比较激烈的，最终有40个农户中标，中标价达每亩上交村集体200斤。参见赵启华主编《腾跃的黄土地》，陕西人民出版社，1991，第15—29页。

② 刘文清、林乐斌、成素英：《高密县完善农业生产责任制的措施》，《理论导刊》1984年第1期。

③ 什邡县委调查组：《什邡县实行土地“两田制”的调查与思考》，《农村经济》1987年第10期。另参见周大福《实行“两田制”完善土地承包经营》，《中国农村经济》1987年第12期。

土地调整的雏形，也是“两田制”的一种主要类型。在河北景县，为了解决村集体“空壳化”“敛钱难”的问题，在1987年，就在全县实行“两田制”，责任田有偿承包，负担农业税、上缴土地承包费。到1988年，全县有33个乡实行“两田制”，有偿承包的耕地面积占耕地总面积的76%，每亩平均负担土地承包费12元。到1990年，该县实施“两田制”或“三田制”的村占全县总数的95%。[①] 实行“两田制”最为有名的是山东平度县。山东平度因实行“两田制”力度大，制度配套完整，并在全国产生了较大的影响，而被纳入农村改革试验区。[②]

（四）学者对“两田制”的关注

在实践中产生的“两田制”很快就受到部分学者的关注。1988年，中国社会科学院经济体制纲要课题组曾提出，“经营上实行‘两田制’，划一部分耕地归农户直接经营，作为维持温饱的口粮田，另一部分土地采取大块地招标出租的办法，形成适度经营规模，成为国家所需农副产品的基本来源——商品田”。[③] 有学者认为，“‘两田制’应是土地承包的基本制度”。[④] 但这些讨论在当时的影响并不大。真正引起学界对“两田制”广泛关注的是平度“两田制”的制度试验。

二、平度“两田制”的制度试验[⑤]

（一）背景情况

平度县[⑥]位于山东半岛，属青岛市管辖。1987年，全县耕地面积为260万

① 廖洪乐、习银生、张照新等：《中国农村土地承包制度研究》，中国财政经济出版社，2003，第203—204页。

② 平度“两田制”的经验被编入《中国农民的伟大实践——农村改革和发展典型经验》一书中，并加了编者按。参见中共中央政策研究室编《中国农民的伟大实践——农村改革和发展典型经验》，中共中央党校出版社，1991，第38—45页。

③ 中国社会科学院经济体制纲要课题组：《农村土地制度改革思路》，载王仕元、李修义、杨世文主编《中国改革全书（1978—1991）》（农村改革卷），大连出版社，1992，第308—309页。

④ 李茂岚：《完善土地承包的五点意见》，《农村经济问题》1988年第11期。

⑤ 对“平度模式”试验介绍的资料，主要来源于王明钢主编的《平度土地制度建设》，济南出版社，1991。

⑥ 1989年，经国务院批准，平度县撤县设市，改为县级市。

亩，农业人口118万人，农村劳动力52万个，人均占有耕地2.2亩，劳均占有耕地5亩。与全国其他农村地区相比，平度的土地资源较为丰裕，是全国著名的粮棉油产区。

实行家庭土地承包经营制之前，平度的村集体经济实力普遍较强。经过30多年集体化时期的农田建设，平度有80%的土地成方连片，水利设施配套完整，而且各社队还装备了不少农业机械和机具。正因为平度的村集体经济实力普遍较强，与全国其他农村地区相比，平度推行家庭土地承包经营制比较晚，1982年才开始启动，到1984年，平度县分田到户才基本普遍化。[①] 可以说，平度推行家庭土地承包经营制是较为被动的。

在分田到户过程中，平度绝大多数社队没有将农机具分到户，大型农机具的使用和保养仍然归社队负责，普遍实行的是“六统一”下的包干到户或包产到户，强调村集体的统一经营作用。“六统一”的具体内容：“统一农作物种植计划”、“统一购置、管理、使用大型农机具”、“统一规划和进行农田基本建设”、“统一耕、播、运、脱、排灌和科学种田指导”、“统一购买供应生产资料和优良品种”和“统一经营和发展村集体工副业”。为了与“六统一”相配套，在分田到户时，平度的大多数社队把土地划为“两大块”和“两小块”。“两大块”是种植粮食作物一块、种植经济作物一块，“两大块”约占耕地的85%。“两大块”一次承包给农户，多年不变，但农户的耕种要服从村集体的统一安排。“两小块”是“机动地”一块，约占耕地的10%，由村集体掌握，“自由田”一块，约占耕地的5%。“机动地”投包到户，用于解决由于人口增减而进行的土地调整。“自由田”相当于是农户的自留地，不交集体提留款，农户种什么，怎么种，由农户自行安排。土地分配则主要是采取按人口均分的方式。

虽然平度推行按“两大块”和“两小块”分配土地的方式，力图保持土地连片，不破坏原集体经济下的土地规模经营格局，然而，以追求公平、平均为取向的按人口均分、好坏搭配的土地分配方式，不仅会造成农户的土地经营规模过小，而且大地块也不可避免地会被切碎。事实也确实如此。据调查，平度一般每

---

① 刘守英：《“两田制”变迁与政府行为》，《农业经济问题》1993年第6期。另参见张红宇、陈良彪编著《中国农村土地制度建设》，人民出版社，1995，第202页。

家农户的地块在七八块到十几块不等，个别村农户的地块高达二十几块，而且是分布在东西南北不同方向。[①] 可以想见，在土地切碎的情况下，“六统一”在现实中是难以实施的。随着国家农产品订购派购制度改革的推进，农户获得了更多的经营自主权，由村集体来统一农作物种植计划的做法也就更加无法操作了，除非村集体重新把土地集中起来，统一发包。在平度，确实有村集体进行了这样的一种探索，这就是丈岭村。[②]

丈岭村位于平度县城以西，全村有446户、1783人，土地面积为2930亩，其中山岭旱地800亩，果园450亩，其余的耕地成方连片，适于农业机械化耕种，其占比达50%以上。1984年，该村开始推行“两田制”。其主要做法是：一是按人口均分口粮田。按照保证人均口粮700斤的标准，全村人均分得口粮田0.8亩，共划出口粮田1440亩。口粮田不承担承包任务，供农户无偿使用。二是按能投标承包责任田。全村划出总面积为1490亩的责任田，其中150亩为机动地，机动地采取临时承包的方式。

丈岭村实行的按能投标承包“责任田”的方式是：首先，确定全村承包费总额，按照不同等级的地块，确定土地承包费的上限和下限。每亩土地承包费的上限为70～80元，下限为30元左右，土地承包费一般为纯收入的30%～40%。责任田承包期为五年。责任田负担国家公粮任务，向集体交土地承包费，但不再交任何集体提留。土地承包费以实物折成现金收取。其次，村集体以上述条件，向全村农民招投标。为了保证土地成方连片，实行“一包一方”，即一个招投标的责任田的面积为“一方”，“一方”为30亩。每个劳动力承包的责任田不少于10亩，不多于15亩。再次，实行人口增减、“两田”互补、不动土地的调地方式。在土地承包期内，如果农户增加人口，就按人均0.8亩标准增加口粮田，相应地减少责任田的承包费；如果农户减少人口，就按人均0.8亩标准减少口粮田，相应地增加责任田的承包费。最后，允许土地承包经营权转让。在承包期内，农户既可以转让承包地（包括口粮田），也可以向村集体退包。丈岭村实行“两田制”的结果是：承包耕地的农户有268个，承包果园的农户有106个，另

---

① 吴清晓：《推行“两田制”优化生产要素组合》，载王明钢主编《平度土地制度建设》，济南出版社，1991，第64页。

② 张娴君等：《率先实行“两田制”的丈岭村》，载王明钢主编《平度土地制度建设》，济南出版社，1991，第157—165页。

外的72个农户只承包“口粮田”。显然，与土地全部按人口均分相比，农业专业户的土地经营规模有所扩大，并使土地不被切碎。

丈岭村的“两田制”的做法在平度不是个案。几乎与丈岭村同时，高戈庄也开始探索实行“两田制”，并发明了“叫行投包”① 的做法，更为准确地说是提法。② 不久，这些由村集体和农民自发搞起来的“两田制”就得到了平度地方政府的支持。到1987年，实行“两田制”的村庄已达581个，占全县村庄总数的32%，涉及耕地面积60多万亩，占全县耕地总面积的23%；出现了1995个土地经营规模在30亩以上的种植大户，以及5322个果业专业户，户均经营果园25亩。③

（二）“两田制”被纳入农村改革试验

1987年9月，平度县被列为山东省农村改革试验区。1988年1月，平度县人民政府出台文件，对“两田”的划分、“两田”的承包期和承包费以及“两田”调整的问题给以制度上的规范。④ “分田到户”后，在全国许多农村地区，集体经济迅速瓦解，集体收入和国家公粮任务无保障是全国农村地区普遍面临的难题。“两田制”的实行既可以保证村集体收入来源的稳定、国家公粮任务的完成，同时，也可以通过扩大土地经营规模，增加农业专业户的收入。平度的实践表明：“两田制”可以为破解这些难题提供一个新的思路。因此，平度的做法很快引起当时农村政策研究界的关注。1988年4月，平度县被列入第二批国家农村改革试验区。

平度农村改革试验区的主题是：以划分“两田”⑤ 为核心，通过实行投标承包，促进土地集中，探索以农户为主体的土地规模经营形式。根据平度试验区方

---

① “叫行投包”在当地简称“叫行”，实际就是通常所说的招标承包。只是当地农户对承包地的招标，以叫喊报价的方式进行。“叫行投包”有两种方式：一是农户向村集体投标即“叫行投标”；二是村集体向农户招标。

② 张言辉、栾绍考、吴清晓：《高戈庄靠优化生产要素组合加快经济发展》，载王明钢主编《平度土地制度建设》，济南出版社，1991，第166—170页。刘守英：《“两田制”变迁与政府行为》，《农业经济问题》1993年第6期。另参见张红宇、陈良彪编著《中国农村土地制度建设》，人民出版社，1995，第212—214页。

③ 中共平度县委、平度县人民政府：《平度县农村改革试验区土地规模经营试验方案》，载王明钢主编《平度土地制度建设》，济南出版社，1991，第43页。

④ 参见平度县人民政府1988年1月出台的《关于实行土地适度规模经营和完善土地承包合同的意见》，载王明钢主编《平度土地制度建设》，济南出版社，1991，第107—115页。

⑤ 平度划分“两田”中承包田，在其他地区通常叫责任田。

案，土地适度规模经营的目标是家庭农场为30～50亩，劳均占用土地10～15亩，集体农场的土地经营规模为500亩左右。[①]

平度农村改革试验区设立后，在各级政府的强力介入下，“两田制”迅速在全县普及。到1988年秋，全县实行“两田制”的村庄达1691个，参与的农户达27万户，集中土地面积达243.5万亩，这三项指标占全县总数的93%以上。在全县的农地中，划分口粮田80.4万亩，划分承包田163.1万亩，分别占全县农地的33%和67%。[②]

平度“两田制”典型做法的基本流程如下[③]：

第一，评定土地等级。由村干部和农户代表组成的土地等级评定小组，对土地逐块进行实地丈量，并根据土质、水源、产量和距离村庄的远近，对各地块评定等级。一般是把土地分为三等九级。然后绘制成平面图，标明面积，土地等级以及机井、树木等地面附属物，张榜向全村公布。

第二，确定“两田”比例、划定“两田”。按平度县政府的统一规定，口粮田以人均700斤左右为标准[④]，按土地前三年粮食平均亩产确定口粮田的面积。一般情况下，口粮田人均半亩左右，有的为七八分，多的达一亩。口粮田只负担农业税，不交土地承包费，也不承担国家公粮任务。除口粮田之外，其余的全部作为承包田。承包田中还预留出占总耕地面积3%左右的机动地。口粮田与承包田的比例大约为1∶2.5。口粮田一般安排在村庄附近、有水浇条件的高产稳产地块。口粮田的分配以户为单位，抓阄排好，依次分配。有的村还鼓励以非农产业为主要生活来源的农户自愿放弃口粮田。承包田则要求连片成方，并根据种植作

① 参见中共平度县委、平度县人民政府1988年7月出台的《平度县农村改革试验区土地规模经营试验实施草案》，载王明钢主编《平度土地制度建设》，济南出版社，1991，第47—55页。

② 刘守英：《“两田制”变迁与政府行为》，《农业经济问题》1993年第6期。另参见张红宇、陈良彪编著《中国农村土地制度建设》，人民出版社，1995，第227页。

③ 以下对“两田制”典型做法的总结，主要来源于下列资料。吴清晓：《推行“两田制”优化生产要素组合》，载王明钢主编《平度土地制度建设》，济南出版社，1991，第63—74页；平度市农村改革试验区办公室：《平度两田制：完善和发展家庭承包制的成功探索与实践》，载农业部农村改革试验区办公室编著《认识与实践的对话——中国农村改革试验区十年历程》，中国农业出版社，1997，第113—121页；刘守英：《“两田制”变迁与政府行为》，《农业经济问题》1993年第6期。另参见张红宇、陈良彪编著《中国农村土地制度建设》，人民出版社，1995，第198—239页；魏景瑞、邹书良：《平度“两田制”改革试验及其初步效应》，《中国农村经济》1992年第7期。

④ 口粮包括了种子和饲料粮。具体标准是：口粮每人每年消费450斤粮食；根据当地农村的习惯，每年饲养2头猪和10只鸡，需要200斤粮食；种子用粮每亩需要40斤。参见蒋中一、陈子光、贾彦海《平度县的“两田制”改革和政策效果分析》，《中国农村经济》1994年第4期。另参见农业部农村经济研究中心《中国农村研究报告（1990—1998年）》（上），中国财政经济出版社，1999，第338页。

物，划为粮田和经济作物田。在投标承包前，村集体先要村民申报，摸清不包地的、只包口粮田的和想多包地的各类农户的数量，以此测算出承包田的人均经济面积，确定每个劳动力承包土地规模的上限。一般是掌握在劳均 15 亩的水平。

第三，实行叫行投标。在实行叫行投标前，先确定土地承包费底价。土地承包费底价通常是参照前三年集体提留的平均数来确定，确定总数后，再将土地承包费分摊到每个承包田的地块上。每亩耕地的承包费在纯收入的30%～40%，底标价每亩30～40元，上限为70～80元[①]。土地承包费折合成粮食计算，通常规定麦收后和秋收后，分两次上交。土地承包费底价确定后，由村经济合作社（或由村委会代行）作为集体土地所有者代表，向农户招标，现场投标，公平竞争。农户出投标价时，在底标与上限的范围内浮动。如果所有承包地叫行投标所得的土地承包费大于之前所确定的土地承包费，则对所有的承包地按统一比例调减。这就是说，土地承包费总额是事先确定不变的，但各地块的承包费或其相对价格根据叫行投标结果确定。[②] 为了保证土地不被切碎，实行“划方投标”，一方就是一块连片的土地，而且粮田与经济作物田分开投标。一般情况下，粮田每户投标2～3块。对较大的地块，几家农户可以联合起来投标。中标后，农户当场就要预交15%左右的押金。有的工副业比较发达的村还规定，有职务的村干部和村办企业的骨干不能参与叫行投标。对于无力参与叫行投标的弱势户，通常会在叫行投标前，按人均占有耕地数划给这些农户承包。

第四，签订土地承包合同。无论是口粮田和中标的承包田，农户都要与村集体签订土地承包合同。土地承包合同一式三份，乡（镇）、村和农户各持一份。土地承包合同期为五年。

第五，制定土地调整规则。土地调整采取“动账不动地”的方式。增人户，减少承包田补作口粮田，减人户，减少口粮田补作承包田。用调整土地承包费和国家公粮任务来代替土地调整。对于只包“口粮田”的农户，就只能从集体掌

---

① 根据一项对平度县“两田制”的实地调查，叫行价最低的有每亩75元，高的每亩150元，还有每亩两三百元的。参见陈小君等《农村土地法律制度研究——田野调查解读》，中国政法大学出版社，2004，第154页、第157页。

② 例如，有100亩的两块地，一块是50亩好地，一块是50亩差地，土地承包费总额为5000元。实际叫行投标结果是好地每亩80元，差地每亩50元，土地承包费总额6500元，高出事先确定的土地承包费总额30%。按照上述的规则，就要按30%的比例调减每亩的承包费，调减的结果：好地每亩61.5元，差地每亩38.5元，土地承包总额仍为5000元。

握的机动地中来解决。

下面就以焦家寨村为例，具体介绍平度的“两田制”是如何操作的。焦家寨村有农户386户、1769人、劳动力803人，全村总耕地面积为2650亩，其中粮田1550亩，棉田1000亩，人均占有耕地1.5亩。该村实行“两田制”的办法是：第一步，成立了村领导小组，对全村农户进行摸底调查。调查结果是：有20户“两田”都不要；有50户只要口粮田；参与责任田承包的农户有316户，劳动力为663人。第二步，将全村土地分为三大块。第一块为口粮田，面积为844亩，共22方，每人0.5亩；第二块为粮食责任田，面积为706亩，共21方，每个劳动力承包粮食责任田的上限为8亩，下限为5亩；第三块为棉花责任田，面积为1000亩，共31方。第三步，根据提留金额，确定土地承包费的基数。土地承包费基数为：粮田承包费平均每亩106元，棉田承包费平均每亩为30元。只要口粮田的农户只交农业税和教育基金，“两田”都不要的农户只交教育基金。第四步，确定参与叫行投包的人员。村领导小组规定：违反建房规定的及历年欠款不交的农户和外来户，不分口粮田，也不准参加叫行投包；弱势户只能分口粮田，也不参加叫行投包。第五步，确定了承包户的责任。取得粮食责任田的农户，完成每亩上交855斤小麦的定购任务，取得棉花责任田的农户，完成每亩上交109斤棉花的包购任务，并按国家收购价折款，抵顶这些农户应该上交的土地承包费。土地承包户必须服从村集体的种植计划，不服从的，解除承包合同。另外，参加叫行投包的人员，还必须先按土地承包费基数的30%交付押金。第六步，叫行投包。土地承包方案和叫行投包的规则确定后，该村召开了村民大会，公布土地等级和承包基数，群众自愿组合，分工作片叫行投包。叫行投包结果是：粮田承包费的总额为78980元，棉田承包费的总额为27000元。[①]

与此同时，平度试验区还设计了与之相配套的“两田制”土地流转机制。根据平度试验区方案，对于口粮田，农户可以转让，也可以转包，[②] 也可以以土地入股；对投标叫行的承包田，承包户可以退包、转让，也可以入股。“两田”的区别是，口粮田的转让可以是有偿的，而承包田的转让是无偿的，而且承包田

---

① 刘守英：《“两田制”变迁与政府行为》，《农业经济问题》1993年第6期。另参见张红宇、陈良彪编著《中国农村土地制度建设》，人民出版社，1995，第226—227页。

② 根据平度试验区方案，转让与转包之间的区别是：转让就要解除农户与集体的土地承包关系，而转包则保留农户与集体的土地承包关系。

只能转让，不允许转包。这种规定的意图很明显：防止取得承包田的人，转手“炒卖”土地，从中获取差价。另外，根据平度试验区方案，也允许外来户参与土地流转，即允许通过村集体在本县内跨行政区流转土地。① 这种制度设计，实际上给予了参与叫行投包的农户一个退出机制。如果参与叫行投包的农户经营不下去了，或者改变主意了，可以把土地转包出去。据平度县“百村检测”的统计，到1989年，全面推行“两田制”仅一年，在百村中就有488户将2499亩土地转包出去，户数的占比为2.3%，转包土地的占比为1.4%，接转户为556户，占比为2.7%。在这些转包土地中，有94.5%是无偿转让。② 这就是说，转包的土地绝大多数是叫行投包的承包田。

（三）试验效果

根据平度农村改革试验区的总结，平度实行“两田制”的效果是比较明显的。

第一，集体收入和国家公粮任务有了保障，解决了收提留和收粮两大难题。通过“两田制”，集体土地所有权的权能被强化了，从而做实了村集体作为土地所有权行使人的地位，其重要的体现是村集体的财力增加了。据统计，1989年，平度的村集体积累为1818万元，比上年增长了5.7%，1989年，平度承担的9400万公斤粮食定购任务和1850公斤花生定购任务，夏、秋两季仅各用一周就超额完成了。

第二，实现了土地适度集中。据统计，1989年，平度有2%的农户全部转出了土地，有13%只要口粮田，有47%的农户扩大了土地经营规模，土地经营规模在20亩以上的农户占其中的12%；全市（县）相对集中的土地有30万亩，占全部耕地的11.5%③。到1996年，有3.8%的农户“两田”都不要了，有9.7%的农户只要口粮田，有16%的农户比原来少包地了，有40.1%的农户扩大了土地经营规模；劳均经营土地面积由原来的7.2亩扩大到10.3亩；土地经营规模

---

① 参见中共平度县委、平度县人民政府1988年7月出台的《平度县农村改革试验区土地规模经营试验实施草案》，载王明钢主编《平度土地制度建设》，济南出版社，1991，第47—55页。

② 刘守英：《“两田制”变迁与政府行为》，《农业经济问题》1993年第6期。另参见张红宇、陈良彪编著《中国农村土地制度建设》，人民出版社，1995，第236页。

③ 吴清晓：《推行“两田制”优化生产要素组合》，载王明钢主编《平度土地制度建设》，济南出版社，1991，第63—74页。

在20亩以上的农户占比为2.9%，其所耕种面积的占比为10.4%。[①]

第三，促进了劳动力向二三产业转移。与北京顺义、苏南地区和广东南海相类似，平度所处的山东胶东半岛地区，乡镇企业比较发达，出外做生意的人也较多。非农就业机会多，且非农收入高，许多平度农民不愿种地。[②] 实行“两田制”可以将农民从土地上解放出来。据统计，到1996年，全市（县）从种植业转移出来的农村劳动力有12.6万人，从事种植业的劳动力占农村劳动力的比重由1987年的67%下降到44%。

值得一提的是，平度实行的“两田制”并没有触动家庭土地承包经营的基本制度。农户家庭仍然是土地承包经营的主体，而且，土地分配的基本格局也没有被打乱。据有关抽样调查的研究，有9.1%的农户较大幅度地调减了土地，有12.5%的农户较大幅度地增加了土地，而其余的78.4%的农户没有增减土地或者只是增加了少量土地。这就表明，只有不到10%的农户的土地向12%的农户手中集中，而大多数农户仍维持着小规模经营的状态。另外，扩大土地经营规模的农户，更多地倾向于选择扩大经济作物种植和养殖生产的规模，而不是按照农村改革试验区方案设计者想要的那样，扩大粮食生产规模。[③]

（四）农村政策界对“平度试验”的评价

平度“两田制”取得的成效引起农业政策研究界的广泛关注。平度试验被认为是探索了一条劳动力与土地等要素的优化组合的途径。有的学者认为，与“均分制”相比，“两田制”可以较好地处理公平与效率的平衡关系，给予农民更多的就业选择权，而不是将农民束缚在土地上，而且土地适度集中的制度运行成本也较低。[④] 有的学者认为，平度“两田制”做法的一个主要“亮点”是：既

---

① 平度市农村改革试验区办公室：《平度完善和发展家庭承包制的探索与实践》，载农业部农村改革试验区办公室编著《认识与实践的对话——中国农村改革试验区十年历程》，中国农业出版社，1997，第113—121页。

② 1987年，平度县政府曾做过一次调查，其结果显示，有2%的农户愿意放弃全部土地，有13%的农户只愿意要口粮田，有15%的农户愿意少包地。平度市农村改革试验区办公室：《平度完善和发展家庭承包制的探索与实践》，载农业部农村改革试验区办公室编著《认识与实践的对话——中国农村改革试验区十年历程》，中国农业出版社，1997，第114页。

③ 蒋中一、陈子光、贾彦海：《平度县的“两田制”改革和政策效果分析》，《中国农村经济》1994年第4期。另参见农业部农村经济研究中心《中国农村研究报告（1990—1998年）》（上），中国财政经济出版社，1999，第351页。

④ 同上书，第352页。

克服了“均分制”的弊病，同时，也保障了农民土地权益。[①] 还有学者是从中国农地制度演进的大方向来看“两田制”的，认为“两田制”是中国土地制度改革的一个可行的方案；[②]“两田制”是土地小规模分散化经营向适度规模经营的专业化转变的“一种承前启后的过渡制度”；[③] 将“两田制”称为“平度创造”。[④] 但也有学者提出了不同的看法，认为“两田制”“并不是促进我国土地快速、稳定、有效流转的最优选择”。[⑤]

1992年6月，农业部农村改革试验区办公室和山东省农村改革试验区领导小组，在平度市召开了全国农村改革试验区平度“两田制”及配套制度建设研讨会。这次会议对平度“两田制”的土地制度改革试验给予了充分的肯定和较高的评价。与会人员认为：平度的“两田制”改革基本理顺了土地产权关系，把集体的土地所有权和农民的土地经营权落到实处；形成了土地和劳动力的合理配置机制，促进了生产要素优化组合；改善了农业生产条件，促进了农业技术进步；形成了用地和养地相结合的管理机制，改善了土地经营；完善了双层经营体制，建立了集体内部运行机制。对于当时其他农村地区出现的“两田制”问题，与会人员认为，由于这些地区搞“两田制”的出发点和做法不同，有的地方没有搞好，败坏了“两田制”的名声。同时，与会人员也看到了“两田制”的局限性，认为“两田制”只适用于土地资源比较宽松、二三产业发展有一定基础、农业生产的机械化耕作有了相当的发展、村集体组织健全、村干部素质高的农村地区。[⑥]

应该说，平度的条件确实很特殊。通常，二三产业发展有基础的地区，

---

① 刘守英：《“两田制”变迁与政府行为》，《农业经济问题》1993年第6期。另参见张红宇、陈良彪编著《中国农村土地制度建设》，人民出版社，1995，第238页。

② 中国社会科学院经济体制改革纲要课题组：《农村土地制度改革思路》，《经济参考》1988年8月22日。另参见王仕元、李修义、杨世文主编《中国改革全书（1978—1991）》（农村改革卷），大连出版社，1992，第309页。

③ 王西玉、马苏元：《均田到两田：农村土地制度建设的生长点——关于两田制问题的思考》，《农业经济问题》1990年第2期。

④ 温铁军：《“平度创造”引发的理论探讨》，《农村经济文稿》1992年第7期。

⑤ 1988年9月，在贵州遵义召开的全国农村土地问题研讨会上，韩俊明确地提出了反对“两田制”的观点。他认为“‘两田制’不是促进我国土地快速、稳定、有效流转的最优选择”“‘两田制’算不上什么制度创新”；与会的农业部专家也对“两田制”提出质疑，认为实行“两田制”是用“口粮田”把农民长期固定到土地上，让农民自己解决自己的口粮问题，这实际上是强制保留自给自足的自然经济。韩俊：《土地流转与制度创新》、刘纯彬：《农村改革·土地制度·规模经营》，载国务院农研中心试验区办公室、贵州省委农研室合编《产权·流转·规模》（内部资料），1989。

⑥ 刘玉正：《山东平度市实施“两田制”及配套制度建设改革始末》，《泰山学院学报》2015年第4期。

大多是人多地少、土地资源紧张的地区，如苏南地区、浙江沿海地区、福建沿海地区、珠三角地区等，而平度不仅紧邻青岛市区，具有优越的发展二三产业的条件，而且土地资源还较丰富、土地优质。据统计，1989 年，平度的人均耕地达 2.1 亩，超出全国平均数的 62%，亩产粮达 639 公斤，超出全国平均数的 48%。[①] 对平度的农民来说，务工、务农都有较好的条件，可以说是“农工两便”，因此，在平度农村就分化出两拨人，一拨人愿意扩大土地规模，深耕农业，另一拨人愿意放弃土地，专心到城里或乡镇企业务工。据 1987 年平度政府的调查，在所调查的农户中，有 45% 的农户愿意增加承包地，有 28% 的农户要求减少承包地或转出部分土地，有 2% 的农户计划完全放弃土地。[②]

然而，在当时大多数农村地区，并不具备平度的这些特殊条件。农民基本生活来源还是主要依靠土地。即使在少数二三产业较为发达的地区，由于土地不成规模，本地农民少有人愿意一心务农。因此，平度“两田制”的制度改革是否具有普遍意义、是否能推广，就受到一些农业管理部门的领导和专家的质疑。据农业部农村改革试验区办公室的一个研究人员回忆，当时在试验区内部，对“平度模式”的评价并不高，存在着“扬湄抑平”的倾向。[③] 农业政策的研究界的争论在一定程度上也影响了中央高层的决策。

三、“两田制”的形式与推广

（一）“两田制”向全国蔓延及其形式

虽然当时学术界对“两田制”尚存在诸多争议，国家在政策层面上对此也没有明确的态度，但在 1991 年，平度“两田制”的经验被编入由中共中央政策研究室编辑的《中国农民的伟大实践——农村改革和发展典型经验》一书中，

---

① 蒋中一、陈子光、贾彦海：《平度县的“两田制”改革和政策效果分析》，《中国农村经济》1994 年第 4 期。另参见农业部农村经济研究中心《中国农村研究报告（1990—1998 年）》（上），中国财政经济出版社，1999，第 335—353 页。

② 王西玉：《平度、无锡、乐清耕地制度的比较分析》，载张红宇、陈良彪编著《中国农村土地制度建设》，人民出版社，1995，第 276 页。

③ 温铁军：《“三农”问题与制度变迁》，中国经济出版社，2009，第 317 页。

表明平度的“两田制”得到中央农村政策研究部门的间接认可。[①] 更为重要的是“两田制”所能解决的诸如村集体收不上来“村提留”和“乡统筹”、国家公粮行政任务难以落实等难题，是当时广大农村地区普遍面临的现实问题。对于许多农村地区的基层政府和村干部来说，通过上收土地的控制权和支配权，实行“两田制”确实能够破解这些难题，这无疑是一个明智而又现实的选择。而且，当时中央也强调要加强集体经济统一经营这一块，[②] 这就使“两田制”可以在壮大集体经济、实现土地规模经营的名义下名正言顺地进行。很快，“两田制”就在全国范围内迅速蔓延开来。到了20世纪90年代中期，“两田制”一度成为农村经营体制改革的一个热点。

从广义上说，凡是将口粮田和责任田分开的做法都属于“两田制”。全国各地农村划分“两田”的原则都差不多，大多是人均承包口粮田，保障农户的基本口粮，口粮田只承担农业税；责任田按人或按劳承包，责任田除了承担农业税，还要以土地承包费的形式负担村提留、乡统筹，并要完成国家公粮征收任务。由于各地农村的情况千差万别，“两田制”也有多种多样的形式。

有学者将“两田制”归纳为三种类型。[③] 第一种类型是口粮田和责任田都按人口平均承包。这种类型大多是“动账不动地”的“两田制”，即人口增减不动地，只动“两田”的比例。增加人口户，增加口粮田，减少责任田和土地承包费；减少人口户，减少口粮田，增加责任田和土地承包费。实行这种类型的“两田制”，主要为了解决土地调整难以及“人多地少户”抗交“村提留”“乡统筹”的问题。第二种类型是口粮田按人均分、责任田按劳分或按人劳比例分。原则上，务农劳动力多的农户要多承包责任田。有些农村，为了防止责任田没人要，造成土地撂荒、土地承包费没人负担，要求不管务农还是不务农，只要到了劳动

---

① 中共平度市委、平度市人民政府：《平度市配套建设土地承包制度》，载中共中央政策研究室编《中国农民的伟大实践——农村改革和发展典型经验》，中共中央党校出版社，1991，第38—45页。《中国农民的伟大实践——农村改革和发展典型经验》是一部介绍农村改革和发展典型经验的文集。这部书由时任中共中央总书记江泽民题写书名，时任国务院总理李鹏题词，时任中共中央常委宋平作序，这是一部政治规格很高的书。有学者从中国农地制度演变的角度分析，认为“两田制”是实行家庭承包制后一个可选择的制度创新方案。骆友生、张红宇：《家庭承包责任制后的农地制度创新》，《经济研究》1995年第1期。

② 1991年，中共中央发出《关于进一步加强农村和农业工作的决定》。该文件提出“把家庭承包这种经营方式引入集体经济，形成统一经营和分散经营相结合的双层经营体制”；还提出“目前多数地方集体统一经营层次比较薄弱，要在稳定家庭承包经营的基础上，逐步充实集体统一经营的内容”。

③ 张红宇：《中国农村土地制度变迁》，中国农业出版社，2002，第85—86页。

力年龄段，如18岁到60岁，而且身体基本健康，都要按劳承担责任田和相应的土地承包费。第三种类型是口粮田按人均分，责任田招标承包，即平度的做法，或者是采取责任田定额土地承包金的做法，即土地承包金是一定的，谁愿意负担土地承包金，就把土地承包给谁。在现实中，还有不少假的“两田制”。名义上划分了“两田”，但“两田”在承包期限、承包方式和负担方面没有什么区别。[①]也有的农村将土地分为农户的责任田和集体的机动田，也称之为“两田制”。[②]

狭义的“两田制”或规范化的“两田制”有两个基本特征：一是“划分两田”；二是责任田“有偿承包”。[③] 第一种类型和第二种类型的“两田制”都是只“划分两田”，没有实行责任田“有偿承包”，只是责任田的负担与口粮田不同。其中第一种类型不涉及调地，但第二种类型的“两田制”有可能涉及调地。如果劳动力多的农户愿意多包地，村集体可以增加其承包地，那些不愿负担农业税、村提留、乡统筹的，可以退包，退出责任田，或部分退出责任田。只有第三种类型的“两田制”才同时符合“两田制”的两个基本特征。也就是说，狭义的“两田制”应该仅指第三种类型的“两田制”。

（二）“两田制”在全国的推广

根据公开资料，农业部有关课题组或部门曾对1990年、1992年、1994年和1997年全国实行“两田制”的情况做过四次调查。前三次是农业部农村合作经济研究课题组所做的调查，[④] 第四次的调查数据取自当时在农业部任职的张红宇的著作。[⑤] 以下就是这四次调查的主要结果。

1990年，全国实行“两田制”的村（组）有119万个，其中东部地区占比为49.3%，中部地区占比为23.3%，西部地区占比为27.4%；“两田制”涉及的

① 廖洪乐、习银生、张照新等：《中国农村土地承包制度研究》，中国财政经济出版社，2003，第15页。

② 曹锦清：《黄河边的中国》，上海文艺出版社，2000，第576页。

③ 王西玉、马苏元：《均田到两田：农村土地制度建设的生长点——关于两田制问题的思考》，《农业经济问题》1990年第2期。

④ 1990年的调查，涉及全国29个省（自治区、直辖市）、205个县的5389个村；1992年的调查，涉及全国29个省（自治区、直辖市）、200多个县的7983个村；1994年的调查为对全国农村合作的全面统计，涉及全国25个省（自治区、直辖市）、100多个县的调查。这三次调查的结果引自农业部农村合作经济研究课题组《1990：中国农村土地承包经营制度及合作组织运行考察》，《农业经济问题》1991年第8期；《中国农村土地承包经营制度及合作组织运行考察》，《农业经济问题》1993年第11期；《中国农村土地承包经营制度及合作组织运行考察》，《农业经济问题》1996年第2期。

⑤ 张红宇：《中国农村土地制度变迁》，中国农业出版社，2002，第86页。

耕地为5.5亿亩，占农户承包耕地面积的38.2%，其中东部地区的占比为50.4%，中部地区的占比为38.1%，西部地区的占比为22.1%；“两田制”涉及的耕地中，东部地区的占比为42.8%，中部地区的占比为43.1%，西部地区的占比为14.1%；口粮田和责任田的比例为1∶1.96，其中东部地区为1∶1.55，中部地区为1∶1.92，西部地区为1∶4.67；对责任田的承包方式，采取按人或按劳承包的比例为93.8%，招标承包的比例为6.2%，其中东部地区按人或按劳承包的比例为88.6%，招标承包的比例为11.4%，中部地区按人或按劳承包的比例为95.9%，招标承包的比例为4.1%，西部地区按人或按劳承包的比例为98.1%，招标承包的比例为1.9%。

1992年，全国实行“两田制”的村（组）有170万个，其中东部地区占比为68.1%，中部地区占比为17.9%，西部地区占比为14%；“两田制”涉及的耕地为5.9亿亩，占全部农户承包耕地面积的44%，“两田制”涉及的耕地中，东部地区的占比为37.3%，中部地区的占比为49.1%，西部地区的占比为13.6%；口粮田和责任田的比例为1∶1.93；对责任田的承包方式，按人或按劳承包的比例为94.1%，招标承包的比例为5.9%。

1994年，全国有31%的村（组）实行了“两田制”，“两田制”涉及的耕地为6.3亿亩，占全部农户承包耕地的47.8%；“两田制”涉及的耕地中，东部地区的占比为34.1%，中部地区的占比为48.8%，西部地区的占比为17.1%；口粮田和责任田的比例大体为1∶2；对责任田的承包方式，按人或按劳承包的比例为93%，招标承包的比例为7%。

1997年，全国实行“两田制”的耕地面积为4.66亿亩，占农户土地承包经营总面积的40.7%，其中口粮田和责任田的面积分别为1.54亿亩和3.12亿亩。口粮田与责任田的比例为1∶2.03。在3.12亿亩的责任田中，口粮田和责任日都按人口平均承包的“两田制”，其责任田面积1.56亿亩，占比为50%；口粮田按人均分、责任田按劳分，或按人劳比例分的“两田制”，其责任田面积0.94亿亩，占比为30%；口粮田按人均分，责任田招标承包的“两田制”，其责任田面积0.62亿亩，占比为20%。

在“两田制”最兴盛时期，全国农村固定观察点也曾对“两田”进行了调查和统计。根据该调查，在所调查的村庄中，按家庭承包的耕地面积计算，划分

"两田"村庄耕地的占比多年平均为75.24%，在"三田"中，口粮田、责任田和招标田多年平均的占比分别为22.66%、73.97%和3.38%。具体数据[①]见表7-1。这一统计数据，与农业部的上述调查数据相比，划分"两田"村庄的耕地面积的比例明显偏高。

表7-1 1993—1999年实行"两田"划分村庄耕地占比及"三田"划分的比例

（单位：%）

	划分"两田"村庄耕地占比	口粮田占比	责任田占比	招标田占比
1993	76.31	28.45	68.49	3.06
1995	78.68	23.56	73.27	3.17
1996	75.69	23.34	73.48	3.18
1997	75.18	21.69	75.03	3.28
1998	71.12	19.45	76.77	3.78
1999	74.48	19.45	76.77	3.78
平均	75.24	22.66	73.97	3.38

根据以上调查数据可以得出下述基本判断：第一，在20世纪90年代，划分"两田"的做法在广大农村地区比较流行，而且发展速度较快，规模不断扩大；第二，划分"两田"的做法，有从东部地区扩展到中、西部地区的趋势；第三，虽然狭义的"两田制"影响很大，但是真正采取"平度模式"，对外招标租赁经营责任田的并不多。可以说，除了山东，[②]在全国其他农村地区，采取平度"两田制"的占比则很小。例如，河北省在20世纪80年代中期以来，在全省大规模实行"两田制"，"两田制"的覆盖率达到70%多，其中实行对外招标租赁经营的仅占4.6%。[③]

① 参见中共中央政策研究室、农业部农村固定观察点办公室编《全国农村社会经济典型调查数据汇编（1986—1999年）》，中国农业出版社，2001。

② 据统计，在20世纪90年代初，山东省村集体以按劳或投标承包方式实行"两田制"的占比为23.5%，所集中的土地面积占比为22.8%。赵玉良、李召国、林峰海：《我国农村土地制度建设规律性探讨》，载王明钢主编《平度土地制度建设》，济南出版社，1991，第10页。除了平度，潍坊、日照等山东东部地区推行"两田制"的力度也较大。据统计，到1993年，潍坊实行"两田制"的村占全市行政村总数的80%以上；日照实行"两田制"的村、户和耕地的比例分别为64%、71.3%和62.4%。山东省农委试验区办公室：《山东省农村土地经营制度建设情况的调查》，载张红宇、陈良彪编著《中国农村土地制度建设》，人民出版社，1995，第360页。

③ 廖洪乐、习银生、张照新等：《中国农村土地承包制度研究》，中国财政经济出版社，2003，第201页。

（三）“两田制”的发展阶段

有学者将“两田制”划分为三个发展阶段。①

第一个阶段为1984年到1986年。这一时期的“两田制”主要是采取口粮田按人口平均承包、责任田按劳承包的形式，即前述的第二种类型的“两田制”。到1986年底，实行“两田制”的土地面积占全国家庭土地承包地总面积的22.9%。在此期间，“动账不动地”的“两田制”也开始出现。需要说明的是：这一时期，农业部统计的“两田制”能占这么大的比例，应该包括了所有划分“两田”的方式，既有按劳、按能承包责任田的，也包括按人劳比例均分土地的，其中按人劳比例均分土地的应该占这一时期“两田制”的大头。②

第二阶段为1986年到1990年。在这一时期，土地承包期延长十五年的政策已经出台，按劳承包的方式逐渐被放弃，按人口均分几乎成为唯一的承包地分配方式。如何在土地承包期内进行土地调整，体现“人人有份”的公平原则，就摆到许多农村地区的乡镇政府和村集体面前。这一时期，许多村集体都选择了交易成本较低的“动账不动地”的土地调整方式，这在中国中部的农村地区比较普遍。这种形式的“两田制”是通过调整土地税费负担来调节少地户和多地户的利益的，可以较好地体现公平的原则，因此，普遍为农民所接受，所产生的矛盾不大。到1990年底，实行“两田制”的土地面积占全国家庭土地承包地总面积的34.7%，其中“动账不动地”的占“两田制”面积的65.7%。

第三阶段为1990年到1994年。在这一时期，集体经济实力严重弱化所产生的后果开始凸显。许多农村地区，村干部要靠土地承包费即“村提留”“吃饭”，乡镇政府的日常运转费用也要靠向农民征收“乡统筹”获得。在这种情况下，无论是村干部还是乡镇政府有动力将部分承包地收回，提高土地承包费，并重新发包给能够供养村干部和乡镇政府的种植大户。在县、乡镇基层政府的积极鼓励和大力支持下，“两田制”在全国许多农村地区迅速推广。到1994年底，实行

① 张红宇：《中国农村土地制度变迁》，中国农业出版社，2002，第86—88页。该书关于“两田制”的数据，来源于农业部农村经济体制与经营管理司资料。

② 这一时期的调查显示，按人劳比例分田的比例大约为20%。见本书第三章第一节。

“两田制”的土地面积占全国家庭土地承包地总面积的42.4%，其中“动账不动地”的占“两田制”面积的50.3%，比第二阶段下降了15.4个百分点。这表明，村集体收回部分承包地、重新发包的“两田制”的比例有较大幅度的提高。在一些农村地区，“两田制”采取的是扩大村集体机动地的方式，即提高集体机动地的比例，将集体机动地发包给种植大户。这样一来，集体机动地主要不是用于土地调整，而是为了承担土地税费和完成“交公粮”的任务。这是“两田制”发展的高潮阶段。

第四阶段为1994年到1997年。在这一时期，中央的农村土地制度建设的政策目标逐渐清晰了，这就是将土地承包经营权“固化”给农户，严格限制村集体进行土地调整及扩大机动地。这表明“两田制”政策开始收紧，但考虑到广大农村地区基层政府和村集体的诉求，对通过土地集中的方式推行土地适度规模经营的做法也没有完全封死。[①] 中央对“两田制”的政策态度变化，并没有遏制住村集体收回承包地，扩大集体机动地，提高土地承包费重新发包的势头。根据农业部的调查，在黑龙江、河北、吉林、内蒙古和山西等地，实行“两田制”的比例分别高达89.5%、67.1%、97.2%、68.2%和76.1%；个别地区集体机动地的比例高达30%。[②] 根据全国农村固定观察点办公室的抽样调查，到1997年，按“两田制”方式分配承包地的，占所调查村组的比例为29.3%。[③]

四、“两田制”的现实表现与被制止

（一）“两田制”在经济发达地区

虽然“两田制”在各地的做法大同小异，但在不同地区，其产生的效果却迥异。总的来说，在经济发达地区，其效果较好，在传统的农业地区，其效果较差。浙江和苏南农村地区实行的“两田制”属于效果较好的，特别是浙江在这

① 1994年，国务院批转农业部的《关于稳定和完善土地承包关系的意见》中仍维持之前的有关土地规模经营的提法，该文件提出“在二、三产业比较发达、大部分劳动力转向非农产业并有稳定收入、农业社会化服务体系比较健全的地方，在充分尊重农民意愿的基础上，可以采取多种形式，适时加以引导，发展农业适度规模经营”。

② 张红宇：《中国农村土地制度变迁》，中国农业出版社，2002，第88页。

③ 全国农村固定观察点办公室：《当前农村土地承包地经营管理的现状及问题》，《中国农村观察》1998年第5期。

一时期所推行的“三权分离”是一个亮点。

与“平度模式”有所不同的是，浙江地区实行的“两田制”解决的不是村集体收不上来“村提留”和“乡统筹”的问题，而是农民不愿意种地，国家公粮没着落的问题。据1993年宁波的调查，全市农村退包土地的农户有21736户，退包的土地达67056亩，约占全市农户承包地面积的20%。[①] 不愿意放弃土地的农户撂荒土地的情况也很严重。据统计，1993年浙江省粮食播种面积比1992年下降了10.1%，冬季撂荒的土地达700万亩。[②] 面对这种情况，浙江省提出了土地所有权、承包权和使用权“三权分离”的改革。[③] 按照“三权分离”改革的思路，首先在扣除了预留企业和公建用地之后，将耕地划分为口粮田和商品粮田。以上虞市为例。口粮田与商品粮田比例为46∶54。口粮田按人均分、商品粮田按劳力均分。口粮田和商品粮田承包权均属于农户，但村集体将农户商品粮田的使用权收回，将土地集中起来，对外招标经营或者转包。即将土地承包权与土地使用权相分离。[④] 据统计，到1996年，浙江由村集体统一对外发包的“商品粮田”的面积为353.64万亩，约占全省粮田面积的17%。[⑤] 接包土地的主要是种田大户，其中许多是外地农民。例如，来自河南的农家女尚舒兰，1994年，投标了两块面积达1747亩的滩涂地，经过尚舒兰一家人的辛勤努力，将其改造成700亩棉田、700亩稻田和20亩桑田。[⑥] 据统计，1994年，95%以上的种田大户的土地经营规模在10～50亩。种田大户承担着浙江的绝大部分国家公粮任务。浙江这种“三权分离”的改革，实际上是在“两田制”基础上，引入了以农户为土地权利人的土地流转机制。

与平度同样被纳入农村土地制度改革试验区的苏南地区、广东南海以及北京顺义，在推行土地适度规模试验过程中，也曾采用过“两田制”的做法，其中以苏南地区最为普及。

---

① 罗鉴宇主编《土地适度规模经营——浙江的实践与启示》，浙江人民出版社，1998，第57页。

② 同上书，第64页。

③ 1994年浙江省委、省政府出台的《关于发展粮田适度规模的决定》中提出，“‘稳制活田’‘三权分离’是实行粮田适度规模经营的一项基本政策。在稳定家庭联产承包制的前提下实行土地集体所有权、实施承包权和土地使用权适当分离，搞活土地使用权，建立土地使用权流转机制”。参见罗鉴宇主编《土地适度规模经营——浙江的实践与启示》，浙江人民出版社，1998，第23页。

④ 罗鉴宇主编《土地适度规模经营——浙江的实践与启示》，浙江人民出版社，1998，第23—24页。

⑤ 同上书，第105页。

⑥ 同上书，第293—295页。

在无锡农村地区，实行“两田制”以前，农民不愿意要承包地，为了鼓励农民承包土地种粮，村集体通常要给种粮的农户补贴。实行“两田制”以后，村集体统一对外发包土地，不仅不需要支付种粮补贴，而且还可以收取一定的土地承包费。

例如，江苏锡山刘港村。该村1983年“分田到户”，当时实行的是按劳分地方式。不久，就有人弃耕不种了。按照村里的规定，承包地不许退，家里没劳动力，要由承包户出钱找人代耕。到了1987年，村里决定进行一次“大调整”，由按劳分地改为按人分地。因为在这一阶段，种地还是个很大的负担，劳动力多的家庭愿意到社队企业做工或出外做买卖，不愿多种地，所以，按人分地可以“公平”地分担承包地的负担，村里人都能接受。到了1992年，村里实行“两田制”，对农户的承包地做了一次“大调整”，这次“大调整”内容是口粮田按人口均分，每人5分地，责任田收回到村集体。村集体集中了耕地555亩，对外“招人”承包，条件是要承担交公粮的任务。因为担心没人“接包”，村集体以每亩每年补贴50元的条件“招人”承包，最后招来了8名浙江农民，分8个家庭农场进行经营，承担全村的交公粮任务。后来，村里不仅取消了补贴，承包户还要上缴每亩80元的租金。①

再如，在江苏锡山市溪南村。1991年，该村实行“两田制”，村集体集中了500亩地，划出了三个农场包给本村村民，承包期为五年。村集体为此每年要支付3000元的种粮补贴，承包的条件也是完成全村的交国家公粮任务。1993年，粮价上涨，村里取消了种粮补贴，1994年，承包户还要上缴一定的土地承包费，以补偿村集体对农田基础设施的投入。到1996年，第二次招包时，土地承包费进一步上涨。② 在中国社会科学院经济研究所“无保”调查课题组所调查的村中，所有的村都实行了类似的做法，即将承包地分为口粮田和责任田，责任田对外发包。

在广东南海，也有部分村集体以“两田制”为村集体集中土地的方式。例如，南海平洲镇的平东村和平南村。这两个村的基本做法是：将耕地方便的近田作为口粮田按人口分包给农户（人均3~4分田），将耕种不方便的远

---

① 中国社会科学院经济研究所“无保”调查课题组：《中国村庄经济——无锡、保定22村调查报告（1987—1998）》，中国财政经济出版社，1999，第78—79页、第83页。

② 同上书，第110—111页。

田由村集体集中起来，对外发包，包给种植专业大户，由种植专业大户承担交国家公粮的任务；村集体向种植专业大户提供晒谷场、水泵等部分生产资料。①

在北京顺义，曾将“两田制”作为发展集体农场和专业承包队的一种过渡经营形式。即在暂时不适合发展集体农场和专业承包队的经济比较落后的地区，先实行“两田制”，待条件成熟后，再过渡到集体农场和专业承包队。②

总之，在经济发达地区，村集体发展主要依靠工商产业，绝大多数村民收入的主要来源是非农产业，对耕地的依赖程度很低。在这类地区实行“两田制”，既给村集体卸了包袱，也减轻了农民的种地负担。许多本地农民至少不用交国家公粮了。

（二）“两田制”在传统农业地区

在非传统农业地区，情况则大为不同。对经济发达地区的农民来说，每人5分地左右的口粮田是足够的。农民可以在房前屋后种点菜、种点瓜，在家的老人可以种点自己吃的粮食。而在传统农业地区，种地还是农民的主要收入来源。在这些农业地区，实行“两田制”能够成功的，都有一个前提条件，这就是土地资源比较丰富。例如，平度实行“两田制”的典型高戈庄，1983年人均耕地面积为3.68亩，劳均耕地面积为10.07亩，户均耕地面积为18.47亩。有学者估算，高戈庄在保障了全村人口的口粮需求后，可作为责任田集中利用的承包地的占比高达72.2%。③ 这种土地丰裕条件，在其他广大农村地区是很少见的。在大多数农村地区，承包地几乎就等于口粮田，农户将全部承包地都种上，也只能维持生计。但如果将大部分承包地划为“口粮田”，用于集体发包的责任田就少了，村集体搞“两田制”也就没有什么意义了。在大力推行“两田制”的地区，“两田”的比例大约是各占50%，有的村组的责任田的比例高达80%。④ 显然，对于那些本来承包地就不多，而且是以农为生的农户来

① 马恩成主编《广东农村改革试验区实践》，中国农业出版社，2016，第46页、第53—54页。

② 赵风山、赵文主编《第二次飞跃——顺义县农业适度规模经营资料选编》（内部资料），1994，第39页。

③ 刘守英：《“两田制”变迁与政府行为》，《农业经济问题》1993年第6期。另参见张红宇、陈良彪编著《中国农村土地制度建设》，人民出版社，1995，第217页。

④ 王宗非主编《农村土地承包法释义与适用》，人民法院出版社，2002，第94—95页。

说，留给农民的口粮田实在太少了，难以维持生计。这就说明，在当时的许多农村地区，并不具备推行“两田制”的条件。如果硬推行，就会产生如下几个问题。

第一，农民的种地成本提高。与经济发达的地区不同，在农业地区，村集体缺乏经济来源，乡镇政府的收入也较低，推行“两田制”，提高土地承包费，就成为乡镇及村干部“创收”的唯一途径。据调查，搞“两田制”比不搞“两田制”的，每亩土地承包费要高1倍左右。[①] 有些村，农户承包土地不仅要一次性付清承包费，而且要交一定数额的风险抵押金。这无疑会增加农民种地的负担。例如，平度责任田的土地承包费约占土地纯收入的30%～40%，扣除土地承包费后，承包责任田的农民每亩纯收入只有100～120元。[②] 如果没有一定的土地经营规模，这点亩产收入实在是太低了。

第二，违背农民的意愿。不少地方政府是以搞运动的方式搞“两田制”。地方政府主要官员做总动员、总部署，政府各部门抽调大量的干部下村，包干领导和指挥村干部，突击完成任务。[③] 可以想见，以这种方式推行“两田制”，就很难避免出现违背农民意愿的情况。也有的地区，村干部以搞“两田制”为名，任意扩大集体机动地，机动地实际成了“干部田”。村干部违背农民的意愿，强行收回承包地搞租赁经营，为自己谋利的情况屡见不鲜。

---

① 赵奎：《实行“两田制”不宜过急》，《发展论坛》1997年第10期。

② 蒋中一、陈子光、贾彦海：《平度县的“两田制”改革和政策效果分析》，《中国农村经济》1994年第4期。另参见农业部农村经济研究中心《中国农村研究报告（1990—1998年）》（上），中国财政经济出版社，1999，第338页。

③ 例如，山东平度县。平度县被列入国家农村改革试验区后，全县仅用10天就在各乡镇设立了试验区办公室。全县为此举办各类培训班288期，受训人员达6500人次。各乡镇搞了130个试点村，实际上就是典型村，并制定本镇和本村的实施方案。在实施过程中，前后动员了1100多名干部下乡包片、包村，并组织了9个检查小组，对“两田制”的实施结果进行检查和验收。每镇抽查3个村，全县共检查了135个村。刘守英：《“两田制”变迁与政府行为》，《农业经济问题》1993年第6期。另参见张红宇、陈良彪编著《中国农村土地制度建设》，人民出版社，1995，第224—225页。有学者根据在浙江的调查，较为完整地描述了“两田制”是如何在政府的推行下实施的。浙江某市从1996年8月中心开始，在两个月的时间里对全市767个行政村、58万亩耕地实行“两田制”，该市的做法是，先召开由各行政村党支部书记，各乡镇、办事处党政、人大主要领导，市级各部门主要负责人参加的1300人大会，进行了建立土地使用权流转机制总动员、总部署。要求在两个半月时间里，市镇乡村三级集中力量，集中时间投入攻坚战。这个战役分为三个阶段进行，8月为宣传发动阶段，9月为实施阶段，10月为总结完善阶段。会后，市委、市政府、人大、政协四套领导班子下乡分成五片进行包干领导、现场指挥。市委抽调165名机关干部，其中有熟悉农村工作的副局级以上领导78名，组成38个工作队到镇、乡包干配合。各镇、乡、办事处抽调2500多名机关干部和市委工作队包干落实到700多个行政村，配合村干部夜以继日地开展工作。参见韩俊《中国农村土地制度建设三题》，《管理世界》1999年第3期。

这些做法都引起了部分农民的不满。[①] 据农业部的调查，在实行"两田制"的农村社区中，有 83.5% 是采取行政手段推行的，农民自愿实行的社区仅占 16.7%。[②] 这种做法就突破了中央对发展土地适度规模经营要"尊重农民意愿"的政策底线。

第三，农户承包责任田的意愿降低。在划分"两田"的农村地区，由于口粮田不交村提留和乡统筹，村提留和乡统筹都压到责任田，这就导致农户不愿承包责任田，村集体不得不招揽外来户包种责任田，如招揽不到人种，就只能撂荒。这些外来户包种责任田，也为日后土地承包经营权的确权埋下了隐患。[③]

需要特别说明的是：在 20 世纪 90 年代，村集体为了落实各种农业税费，包括乡统筹、村提留的来源，经常会以不交农业税费或土地撂荒为理由，将农户的承包地收回，以重新发包给外来户。1991 年，新华社曾在《内参》上报道了四川绵阳、广元、南充、涪陵、达县、遂宁等地农村，村集体以发展壮大集体经济为名，强行收回农户的承包地的情况，引起了中央高层的高度关注。[④] 这种做法实际上与"两田制"没有什么关系，但往往也被认为是推行"两田制"的结果。"两田制"的名声越来越差。到了 20 世纪 90 年代中期，农村政策研究界对"两田制"的批评声音盖过了对其赞扬之声。[⑤]

---

① 1998 年 1 月 10 日，山东新泰市汶南镇的一个农民给《乡村论坛》编辑部写信反映"两田制"的问题。《乡村论坛》同年第 2 期发文称"'两田制'不能再搞了"。社会学者曹锦清在河南进行农村实地调研时，记录了农民对"两田制"的抱怨。参见曹锦清《黄河边的中国》，上海文艺出版社，2000，第 576 页。有学者到平度调研"两田制"时，有农民反映"很多村干部当了没两年，家里楼房就盖起来了，钱也不知从哪里来的"。参见陈小君等《农村土地法律制度研究——田野调查解读》，中国政法大学出版社，2004，第 157 页。

② 张红宇：《中国农村土地制度变迁》，中国农业出版社，2002，第 90 页。

③ 湖北宜都市有的村，在税费负担较重的时期，将"责任田"包给外来户。2003 年取消农业税费以后，本村农户要求收回这些"责任田"，重新分配，从而引起地权纠纷。参见郭亮《地根政治》，社会科学文献出版社，2013，第 145 页。

④ 刘守英：《中国农地制度的结构与变迁》，载农业部农村经济研究中心等编《中外学者论农村》，华夏出版社，1994，第 214 页。

⑤ 农业部农村合作经济研究课题组曾对"两田制"作出如下的分析和判断："根据自 1990 年起对'两田制'的跟踪调查以及典型剖析，我们发现：(1) 不管实行'两田制'的初衷如何，农民则是把它作为一种解决人地矛盾制度来接受，因而'两田制'取得了较大的发展。事实上，'两田制'对于缓解人地矛盾也的确发挥了非常积极的作用。(2) 目前的'两田制'已有走向误区的危险，不少地方往往通过消减口粮田，扩大责任田来达到增加承包金的目的，农民对'两田制'的感情已从当初的'欢迎'演变为'抵制'了。(3) 即使是原来意义上的'两田制'，也绝非解决我国人地矛盾的长久之计。因为人口增加和耕地减少在相当长的时期内是不可逆转的。典型调查表明，'两田制'大多是在人均耕地 0.08 公顷以上的地方生根开花，在人均耕地不足 0.067 公顷的地方，责任田的承包金已高到种责任田几乎无利可图的地步，因而'两田制'难以生存。"应该说，这一分析和判断代表了当时农业政策研究界的主流观点。参见农业部农村合作经济研究课题组《中国农村土地承包经营制度及合作组织运行考察》，《农业经济问题》1996 年第 2 期。

（三）“两田制”与中央的政策基调存在着矛盾

从大的方面来看，无论出于何种目的，实行“两田制”都要涉及调地。如果以实现土地规模经营为目的的“两田制”，要村集体上收并集中土地，并根据土地收益实现情况随时更换承包人，承包期也不可能很长。平度作为全国实行“两田制”的典型，也出现了这样的问题。在平度，为了保证土地真正落到有能力种地的农户手中，不会因为农户家庭劳动力的变动造成地没人种或者是地种不过来的情况，土地承包期定得较短，一般为五年。到了 1997 年，大部分五年的土地承包期陆续到期，而这时中央提出了延长土地承包期三十年的政策。在这种情况下，平度的“两田制”如何再继续走下去成了一个很大的问题。[①] 总之，“两田制”与稳定农村土地承包关系的政策总基调构成了直接冲突。这也是中央农业政策部门对“两田制”从谨慎默认转向完全否定的一个重要原因。

与湄潭试验形成鲜明的对照，平度“两田制”试验是以效率为导向的，强调通过强化集体所有权的权能，实现土地资源的最佳配置，而湄潭试验则是更注重公平和农户地权稳定，希望通过以农户为主体的土地承包权的流转，实现土地资源的最佳配置。这是两条根本不同的路径。出于上述的种种考虑，中央政策决策层最后还是明确地选择了后一种路径。1993 年，中央对“增人不增地、减人不减地”的“湄潭模式”给以充分的肯定，而与“湄潭模式”有明显对立关系的“平度模式”并没有被中央决策层所认可。

1994 年 12 月，国务院转批了农业部上报的《关于稳定和完善土地承包关系的意见》，该意见提出：除了特殊用途的土地，无论是口粮田还是责任田，都要上交村提留、乡统筹；并再次强调农民所上交的费用要严格控制在上年农民人均纯收入的 5% 以内。“两田制”的存在基础是口粮田和责任田所承担的税费不同。如果口粮田和责任田所承担的税费不能有差异，划分“两田”就没有任何意义了，也就无法通过“动账不动地”调整“两田”比例的方式调整土地了。农民所上交的费用要严格控制在上年农民人均纯收入的 5% 以内的政策限制，也使村

① 平度市农村改革试验区办公室：《平度完善和发展家庭承包制的探索与实践》，参见农业部农村改革试验区办公室编著《认识与实践的对话——中国农村改革试验区十年历程》，中国农业出版社，1997，第 120 页。

集体通过招标承包提高土地承包费的做法受到了极大的限制。平度也面临这样的问题，不得不想一些变通的办法来应对。[①] 该文件还规定：不留集体机动地，确需留的，集体机动地也不得超过耕地总面积的5%。[②] 在许多农村地区，“两田制”是通过扩大集体机动地的方式进行的。如果集体机动地的比例只有5%，“两田制”也很难实行了。可以说，中央这一政策，把实行“两田制”的所有的路都给堵死了。这表明中央农业政策已经对“两田制”的做法持否定态度了。[③]

（四）“两田制”遭到否定和禁止

1997年8月，中央出台了《关于进一步稳定和完善农村土地承包关系的通知》即1997年中办发16号文。该文件明确表示，中央不提倡“两田制”。没有实行“两田制”的地方不要再搞，已经实行的必须按中央的土地承包政策认真进行整顿。[④] 在整顿“两田制”的压力下，实行“两田制”的农村社区迅速减少。1998年，实行“两田制”的土地面积占全国家庭土地承包地总面积的比例已由上年的40.7%下降至30%左右，到1999年，进一步下降到不足10%。[⑤] 曾因“两田制”而闻名全国的平度县，到2001年，实行“两田制”的村已从鼎盛

---

① 平度市农村改革试验区办公室：《平度完善和发展家庭承包制的探索与实践》，载农业部农村改革试验区办公室编著《认识与实践的对话——中国农村改革试验区十年历程》，中国农业出版社，1997，第120页。

② 1994年12月，农业部上报给国务院的《关于稳定和完善土地承包关系的意见》中提出，“除工副业、果园、鱼塘、‘四荒’等实行专业承包和招标承包的项目外，其他土地，无论是叫‘口粮田’‘责任田’，还是叫‘经济田’，其承包费都属于农民向集体经济组织上交的村提留、乡统筹的范围，要严格控制在上年农民人均纯收入的5%以内”。该文件还提出，“严禁发包方借调整土地之机多留机动地。原则上不留机动地，确需留机动地的，机动地占耕地总面积一般不得超过5%”。

③ 按照官方的说法，“实践证明，‘两田制’不是发展农业生产和农村经济、增加农民收入的好办法”。参见王宗非主编《农村土地承包法释义与适用》，人民法院出版社，2002，第145页。

④ 该文件给出对“两田制”的评价，“八十年代中期以来，一些地方搞‘两田制’，把土地分为‘口粮田’和责任田’，主要是为了解决负担不均和完成农产品定购任务难等问题。但在具体执行过程中也出现了一些问题。有些地方搞的‘两田制’实际上成了收回农民承包地、变相增加农民负担和强制推行规模经营的一种手段”。对于“两田制”的整顿，该文件提出，“对原来为了平衡农户负担而实行的‘动账不动地’形式的‘两田制’，无论是‘口粮田’还是‘责任田’，承包权都必须到户，并明确30年不变，不能把‘责任田’的承包期定得很短，随意调整”，“对随意提高土地承包费，收回部分承包地高价发包，或脱离实际用行政命令的办法搞规模经营而强行从农户手中收回‘责任田’等做法，要坚决予以纠正。农民要求退回的，应退还给农民承包经营”，“少数经济发达地区，农民自愿将部分‘责任田’的使用权有偿转让或交给集体实行适度规模经营，这属于土地使用权正常流转的范围，应当允许。但必须明确农户对集体土地的承包权利不变，使用权的流转要建立在农民自愿、有偿的基础之上，不得搞强迫命令和平调”。

⑤ 张红宇：《中国农村土地制度变迁》，中国农业出版社，2002，第90页。

时期的1649个下降到801个，到2005年仅剩下27个村。[①]

在现实中，整顿“两田制”是与“第二轮土地延包”以及清理村集体机动地同步进行的。在大多数村，整顿“两田制”实际上就是将村集体所掌握的多余的机动地都分到户，在签订“第二轮土地延包”合同时，也不再区分口粮田和责任田了，统统都叫承包地。但由于有些村集体与农户签订的责任田承包合同尚没到期，所以“两田制”不太可能这么快就退出了。据中国人民大学与美国华盛顿大学农村发展研究所联合做的一项调查，到1999年，在所调查的村中，实行过“两田制”的村占比为34.8%，其中有17.2%的村到1999年已经放弃了“两田制”，另有17.6%的村到1999年仍实行“两田制”。该调查还显示，到1999年，实行“两田制”比重较大的地区有陕西（占所调查的村的45.2%）、河北（占所调查的村的40.7%）、江苏（占所调查的村的33.7%）、广西（占所调查的村的31.4%）、山东（占所调查的村的31.3%）和吉林（占所调查的村的30%）。[②] 另据一项学者团队于1999年所做的调研，在所调查的村中，实行过“两田制”的村的比例为50.1%，到1999年这一比例下降到27.8%。[③] 这些调查表明，大约有半数实行过“两田制”的村，到1999年已经放弃了“两田制”。

如前所述，划分“两田”的基本依据是“两田”所承担的税费不同。2000年以后开始的农村税费改革，大幅度降低直至取消农业税费，使得划分“两田”变得毫无意义了，这就彻底瓦解了“两田制”存在的基础。2002年8月全国人大常委会通过的《农村土地承包法》从法律上彻底否定了“两田制”。“两田制”被视为违法。[④] 一度红红火火的“两田制”戛然而止，退出了历史舞台。[⑤] 自此，以村集体为主体，运用行政性手段进行的土地集中，让位于以农户为主体，遵循市场规则或习俗进行的土地使用权流转。这也标志着中国农村土地制度改革进入

① 彭超：《“两田制”兴衰及其原因分析——以山东省平度市为例》，《山东省农业管理干部学院学报》2006年第3期。另参见王庆新主编《山东农村改革二十年（1978—1998）》，人民出版社，1998。

② 叶剑平等编著《中国农村土地产权制度研究》，中国农业出版社，2000，第118—120页。

③ 杨学成、罗伊·普罗斯特曼、徐孝白：《关于农村土地承包30年不变政策实施过程的评估》，《中国农村经济》2001年第1期。

④ 《农村土地承包法》第五十四条第五款规定，“以划为‘口粮田’和‘责任田’等为由收回承包地搞招标承包’”的，视为违法侵权行为。

⑤ 虽然“两田制”的名目被政策所禁止，但个别地区，“两田制”的做法仍然存在。参见寇浩宁、李平菊《两田制、土地流转与“倒地谋利”》，《兰州学刊》2018年第8期。

了土地流转的时代。

（五）“两田制”的“余波”与“后遗症”

虽然“两田制”在政策上和法律上被判了“死刑”，但有些地方干部对中央否定“两田制”的政策是有抵触情绪的。他们认为“两田制”的优点还是很多的：第一，税费比原先容易收取；第二，解决了占用耕地搞建设问题；第三，有利于农业开发和推广农业产业化项目。[①] 根据笔者对“两田制”的文献检索，许多农村基层干部或者基层政策研究人员对“两田制”还是持肯定态度的，认为“‘两田制’功不可没”[②]。可见，对“两田制”的否定，主要来自上层“农口”的政策制定者。时任国务院发展研究中心副主任的陈锡文的意见就是其典型的代表。[③] 当然，陈锡文的反对也不是笼统的反对，而是认为大面积地推广“两田制”的时机并不成熟，在目前阶段，尚不能以规模经营替代“小农”的家庭经营。[④] 陈锡文的这种认识和判断，应该可以代表当时农业政策制定界的主流观点。

另外，“两田制”所产生的后遗症并没有随着“两田制”被终止而消除。到了“第二轮土地延包”时，在有些农村地区，如何处理招标承包的土地就成了一个问题。按照“第二轮土地延包”的政策，“第二轮土地延包”应该在原土地承包关系基础上再顺延三十年，不得打乱重分。但是，在实行“两田制”的村，有的本村村民以投标的方式承包了责任田。如果按照“第二轮土地延包”的政策，这部分投包的责任田也应该顺延继续承包。但如果按照中央对“两田制”的政策，这部分投包的责任田应该被整顿，也就是要收回。如果投包责任田的农户坚持以土地承包合同尚未到期为由不退出责任田，就会与对“两田制”实施

① 廖洪乐、习银生、张照新等：《中国农村土地承包制度研究》，中国财政经济出版社，2003，第215页。

② 山东省沂南县农村社会经济调查队：《“两田制”的功与过》，《调研世界》1998年第4期。

③ 时任国务院发展中心副主任的陈锡文曾在《探索与求实》1999年第1期曾刊登题为《怎样看待“两田制”规模经营》一文，该文认为“现在有的地方搞‘两田制’，实际上是少数干部的愿望，不是广大农民的要求”。之后，陈锡文在接受《南方周末》记者的采访时曾说：“乡村干部主张调地的动机很复杂，更多的有权力和利益的考虑，无论是两田制、招标承包、反租倒包，各种各样的名堂，都不会白折腾，确实折腾出利益来。”（《南方周末》2001年1月1日）

④ 陈锡文等认为，“过多地将理论界、农村实际工作部门和农民的眼光引到土地的‘规模经营’上来，至少在近中期是不理智的。当然，我们绝不反对在那些有条件、农民也愿意搞‘规模经营’的地方先改变农业家庭经营现状，无论是‘两田制’承包，还是农场式统一经营，具备了条件的，当然可以并应当搞。在新开垦的大面积耕地上更应当搞。我们只是认为，在现阶段，不应当将目前只是在极少数地区具有现实意义的土地的‘规模经营’问题与农业以家庭经营为主的基本政策相提并论，以免引起农民和农村基层干部的不必要的误解和不安”。参见陈锡文、赵阳、罗丹《中国农村改革30年回顾与展望》，人民出版社，2008，第385页。

整顿的地方政府，以及要求分地的农户产生矛盾，甚至冲突。地处山东招远市的东城子村就出现了这样的问题。

东城子村共有土地 1300 亩，20 世纪 90 年代该村实行“两田制”时，将土地分为两部分，一部分为口粮田共有 488.26 亩，按人口均分，另一部分为责任田共有 860 多亩，以招标承包的方式分给本村村民，主要用于种植苹果树。“第二轮土地延包”时，该村只是顺延确权了 488.26 亩的口粮田，而另外的 860 亩责任田被搁置，成了该村的一个历史遗留问题。2011 年，该村在当地乡镇政府的支持下，公布了对这 860 亩责任田按人口均分的方案，从而引发 40 多个原土地承包户的集体上访事件。①

① 张兵：《山东招远：“均田风波”》，《中国经济周刊》2013 年 6 月 24 日。